D1727604

Wege zum Lesen und zur Literatur

Herausgegeben

von

Gerhard Härle · Bernhard Rank

Schneider Verlag Hohengehren GmbH

Titelbild:

Rembrandt, Titus van Rijn, der Sohn des Künstlers, lesend
um 1656/57, Leinwand.

Gedruckt auf umweltfreundlichem Papier (chlor- und säurefrei hergestellt).

Bibliografische Information Der Deutschen Bibliothek

Die Deutsche Bibliothek verzeichnet diese Publikation in der Deutschen
Nationalbibliografie; detaillierte bibliografische Daten sind im Internet über
›http://dnb.ddb.de‹ abrufbar.

ISBN 3-89676-794-1

Schneider Verlag Hohengehren, Wilhelmstr. 13, D-73666 Baltmannsweiler

© Schneider Verlag Hohengehren, 73666 Baltmannsweiler 2004
   Printed in Germany – Druck: Frech, Stuttgart

Inhaltsverzeichnis

Eduard Haueis
zum 65. Geburtstag

GERHARD HÄRLE · BERNHARD RANK

Wege zum Lesen und zur Literatur. Problemskizze aus Sicht der Herausgeber

Die Aufsätze in diesem Sammelband basieren auf den Vorträgen, die die Beiträgerinnen und Beiträger im Sommersemester 2003 im Rahmen der Ringvorlesung *Wege zum Lesen und zur Literatur* an der Pädagogischen Hochschule Heidelberg gehalten haben. Als Veranstalter zeichneten die beiden Projekte am Institut für Deutsche Sprache und Literatur und ihre Didaktik verantwortlich: das Kolleg zur Forschungs- und Nachwuchsförderung „Lesesozialisation, literarische Sozialisation und Umgang mit Texten" (Sprecher: Prof. Dr. Bernhard Rank) und das Forschungsprojekt „Das Literarische Unterrichtsgespräch" (Leiter: Prof. Dr. Gerhard Härle). Der einleitende Vortrag zum Thema *Texte verstehen: Ausgangspunkte, Möglichkeiten und Ziele* wollte in die Problemstellungen einführen und Leitfragen für die gesamte Ringvorlesung entwickeln. Dafür wählten die Veranstalter, Gerhard Härle (= *G. H.*) und Bernhard Rank (= *B. R.*), die Form des Gesprächs, die hier bei der schriftlichen Wiedergabe auch beibehalten werden soll.

1. Lesesozialisation und literarische Sozialisation – zwischen Mündlichkeit und Schriftlichkeit

B. R.: Mit dem Thema „Wege zum Lesen und zur Literatur" wird Bezug genommen auf die aktuelle Diskussion in zwei unterschiedlich akzentuierten, aber inhaltlich eng aufeinander bezogenen Feldern fachlicher und didaktischer Forschung: einerseits auf Fragestellungen und Ergebnisse aus dem Bereich der *Lesesozialisation* mit ihren Konsequenzen für ein Lesecurriculum im Deutschunterricht, andererseits auf Untersuchungen und Positionen aus dem Bereich der *literarischen Sozialisation* mit entsprechenden didaktisch-methodischen Folgerungen für das Verstehen literarischer Texte. Um es für den Einstieg in die Problematik zunächst etwas verkürzt zu sagen: Im Rahmen der Lesesozialisation wird der „Weg zum Lesen" erforscht und beschrieben, im Rahmen der literarischen Sozialisation der „Weg zur Literatur". Was beim Durchwandern dieser Wege erworben wird, nennen wir auf der einen Seite „Lesekompetenz", auf der anderen „literarische (Rezeptions)kompetenz".

Zu den Gegenüberstellungen im Einzelnen: „Lesen" meint in der Regel das Entschlüsseln und mentale Verarbeiten schriftsprachlicher Texte; dabei steht der rational-technische Aspekt der „Lesefähigkeit" im Vordergrund. Die literarische Kompetenz ist erforderlich, um poetisch kodierte Texte adäquat aufzufassen und

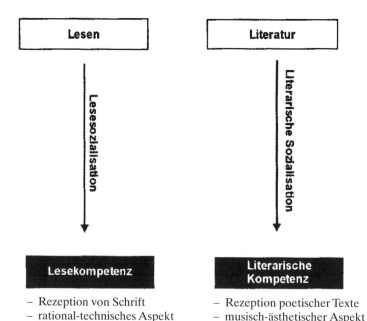

Abb. 1 Der Unterschied zwischen Lesekompetenz und literarischer Kompetenz

betont dabei ästhetische Funktion der Sprache. Ein weiterer Unterschied betrifft den Gegensatz zwischen Mündlichkeit (Oralität) und Schriftlichkeit (Literalität). Die Lesekompetenz ist gebunden an Literalität, die literarische Kompetenz umfasst außer den schriftlichen auch die mündlich realisierten Texte. Die literarische Kompetenz wird in unserem Kulturbereich traditionell höher gewertet, weil die „Buchkultur" immer noch sehr stark vom literarischen Lesen her bestimmt ist (vgl. Rosebrock 2003, S. 153 f.).

Als Vertreter einer „erwerbsorientierten" Deutschdidaktik (vgl. Rank 1994) bin ich besonders an den Verlaufsformen und Entwicklungsprozessen der Lesesozialisation und der literarischen Sozialisation interessiert. In welchem Kontext und nach welchen internen Gesetzmäßigkeiten lernen Kinder das Lesen und Schreiben? Wie und von wem unterstützt wachsen sie hinein in das Reich der Literatur? Und wie kann der schulische Unterricht die Entwicklungen in beiden Bereichen aufgreifen und weiterführen? Das sind zum Beispiel Fragen, die sich auf die Genese und die schulische Vermittlung spezifisch schrift- und literaturbezogener Teilfähigkeiten beziehen. Eine ganz zentrale Frage wird aber viel zu selten gestellt: die nämlich nach dem Zusammenhang oder einer „Schnittstelle" zwischen der Lesekompetenz und der literarischen Kompetenz. Es könnte ja sein, dass die beiden Entwicklungslinien weitgehend getrennt voneinander verlaufen – nach je eigenen Gesetzmäßigkeiten. Mit diesem Denkmodell könnte man die traditionelle Arbeitsteilung in der Deutschdidaktik begründen: die Sprachdidaktik habe sich um die Lesekompetenz zu kümmern, die Literaturdidaktik um die literarische Kompetenz. Die in Abbildung 2 grafisch veranschaulichte Erklärungs-Hypothese sieht anders aus. Sie lehnt sich an Wygotskis Vorstellung von den zunächst getrennt, dann aber zusammenfallenden und in wechselseitiger Abhängigkeit verlaufenden Entwicklungslinien von Denken und Sprechen an:

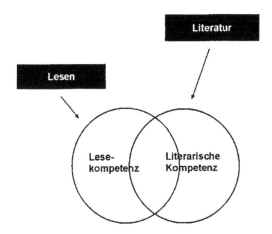

Abb. 2 Die Schnittstelle zwischen Lesekompetenz und literarischer Kompetenz

Thesenhaft verdeutlicht (vgl. Wygotski 1974, S. 87 ff.):

1. Lesekompetenz und literarische Kompetenz haben unterschiedliche Wurzeln, und zwar sowohl in phylogenetischer als auch in ontogenetischer Hinsicht.

2. Die Entwicklung der Lesekompetenz und der literarischen Kompetenz verläuft zunächst unabhängig voneinander auf unterschiedlichen Wegen.

3. Ab einer bestimmten Phase fallen die Entwicklungslinien zusammen: die literarische Kompetenz nutzt auch das Lesen, die Lesekompetenz wird auch literarisch. Die Schnittstelle, an der die beiden Erwerbsprozesse sich treffen und von da an sich wechselseitig befruchten, ist meiner Ansicht nach markiert durch den schulischen Schriftspracherwerb und das Feld des schulischen Umgangs mit Texten.

G. H.: Die Schnittstelle zwischen den Fähigkeiten zu lesen und den Fähigkeiten, Literatur zu verstehen oder sich mit Literatur auseinander zu setzen, ist mit Sicherheit für die Didaktik von großer Bedeutung. Man kann aber meines Erachtens den Akzent auch anders setzen und danach fragen, ob es nicht statt „Wege zum Lesen und zur Literatur" auch heißen könnte: „Wege zur Literatur und zum Lesen". Die Reihenfolge erscheint mir interessant. In der aktuellen didaktischen Diskussion kommt die Aufmerksamkeit für die Frage zu kurz, wie der Mensch von der Erfahrung mit Literatur zum Lesen von Literatur kommt oder geführt werden kann. Die frühen Erfahrungen mit literarischen Kleinformen und Texten, die Kinder unabhängig von bzw. vor oder neben dem Erwerb der Lesekompetenz machen, sind für die Entwicklung von literarischer Kompetenz oder überhaupt für einen Zugang zu Texten besonders wichtig. Es besteht keine eindeutige Korrelation zwischen der kindlichen Fähigkeit, literarische Texte verstehen zu können, und ihrer Fähigkeit, sie überhaupt lesen oder so gut lesen zu können, wie es der Textanspruch eigentlich verlangte. Dies wird von der Deutschdidaktik zu wenig beachtet; dort herrscht nach wie vor ein imaginäres Stufenmodell vor, das die Entwicklung *vom* Lesen *zur* Literatur impliziert. Jedenfalls scheinen nach neueren Untersuchungen viele Lehrerinnen und Lehrer mehr oder weniger bewusst dieser subjektiven Theorie zu folgen (vgl. Pieper u. a. 2002, S. 42 ff.).

Als Gegenmodell bieten sich die Studien an, die inzwischen zum Vorlesen von Literatur im familiären Umfeld vorliegen und die didaktisch noch bei weitem nicht ausgeschöpft sind. An der Universität Oxford wurde eine Studie an Schulkindern durchgeführt,[1] die erbrachte, wie wichtig die frühen Hörerfahrungen von Literatur für Kinder und für ihre weitere schulische Entwicklung sind, und zwar in prinzipieller Hinsicht: Nicht nur ihre Lese- und Literaturkompetenz wird davon beeinflusst, sondern ihre schulische Entwicklung insgesamt, die Förderung von Intellekt, Kreativität und Problemlösungskompetenz. Sie scheinen in diesem sozialen Setting ein „Verstehensmodell" zu erwerben, das sie generell aktivieren und auch auf andere Problemfelder anwenden können. Die Untersuchungen von Bettina Hurrelmann und Petra Wieler zur Lesesozialisation in der Familie weisen in dieselbe Richtung (vgl. Hurrelmann 1997; Wieler 1997).

Deswegen folgen meine Überlegungen den Hypothesen, dass eine basale literarische Kompetenz erworben werden kann *unabhängig* von der Lesekompetenz, vor und neben ihrem Erwerb, dass erst diese literarische Kompetenz zu einer wirklichen Lesekompetenz im vertieften Sinn führt und nicht umgekehrt und dass diese Sichtweise von didaktischer Relevanz ist. Das bedeutet auch eine Akzentuierung *gegen* einen funktionalen Lese- und Literaturbegriff, wie er zur Zeit die Deutschdidaktik und vor allem den realen Deutschunterricht dominiert. Damit ist aber auch eine produktive Differenz zu Ansätzen des handlungs- und produktionsorientierten Unterrichts markiert, in denen die Gefahr besteht, dass der literarische Text in seiner ästhetischen Wertigkeit und Autonomie zurücktritt hinter eine – wie ich meine: vorgebliche – Schülerorientierung, die auch zu problematisieren wäre. Mir geht es in besonderer Weise darum, den Stellenwert des literarischen Textes in der Schule wieder stärker in den Mittelpunkt zu rücken und die Fragen der Qualität oder des Anspruchsniveaus von Texten für den Unterricht neu zu diskutieren. Denn im Rahmen der Leseförderung sind in den letzten Jahrzehnten unendlich viele funktionale Texte entstanden und benutzt

---

[1] Informationen über dieses Forschungsprojekt an der Oxford University finden sich auf der WebSite http://www.apsoc.ox.ac.uk/parenting/Flouri.htm (Stand: 24.11.2003).

worden, an denen Kinder meiner Meinung nach keine literarischen Kompetenzen entwickeln können, weil diese Texte gar keine literarische Qualität aufweisen, sondern funktional konstruiert sind. An ihnen kann man etwas üben, aber man kann mit ihnen nicht *verstehen* lernen. Dieses spezifische literarische Verstehen tritt in der Unterrichtswirklichkeit und auch in der didaktischen Forschung weitgehend zurück, und damit haben sich der Literaturunterricht und die Literaturdidaktik entfernt von den literaturtheoretischen Entwicklungen der letzten 15 Jahre. In der Literatur selbst und in der Entwicklung literaturtheoretischer Positionen lassen sich Bewegungen hin zur Öffnung zu divergenten, widersprüchlichen, vielsinnigen Formen und Interpretationszugängen beobachten. Hingegen haben sich in unseren Schulen Inseln der Literaturrezeption gebildet, die überhaupt keinen Zusammenhang mit dieser Entwicklung erkennen lassen: Der Literaturunterricht, gleich welchem didaktischen Verfahren er verpflichtet ist, vermittelt tendenziell ein Bild von Literatur, das noch immer der Idee verpflichtet ist, Literatur sei etwas, dessen Bedeutung man relativ einfach verstehen könne, wenn man nur die richtigen Techniken dafür erlerne. Und daran scheitern dann viele der redlichen Bemühungen. Da mit Förster (2002, S. 233) zu postulieren ist, dass es letztlich „die Literaturtheorie ist [. . .], die jeweils bestimmt, was es an literarischen Texten zu begreifen gilt",[2] gehört für mich auch die Frage nach dem Konnex zwischen der Literaturdidaktik einerseits und den aktuellen Entwicklungen der Literatur und den Theorien über sie andererseits – man kann sie unter den Schlagworten Poststrukturalismus, Dekonstruktivismus und kritische Hermeneutik zusammenfassen – in den Kontext unserer Überlegungen zur Lesekompetenz und zur literarischen Kompetenz (vgl. Bremerich-Vos 1996; Kammler 2000, S. 2–22). Lernende müssten Erfahrungen damit machen können, dass literarische Texte keine Gegenstände sind, die man sich durch bestimmte Operationen aneignen kann, sondern dass sie der behutsamen, geduldigen und bisweilen detektivischen Annäherung bedürfen, die auch Fremdheit, Nichtverstehen und Ablehnung einschließen muss (vgl. Härle; Steinbrenner 2003).

B. R.: Was die besondere Qualität literarischer Texte – übrigens auch im Bereich der Kinder- und Jugendliteratur – und den Erwerb literarischer Kompetenzen im Literaturunterricht angeht, gibt es zwischen uns nur wenige Differenzen. Die Frage jedoch, welchen Stellenwert die Lesekompetenz für das literarische Lernen hat, ist damit aber noch nicht endgültig beantwortet. Einig sind wir uns in dem Punkt, dass Erfahrungen mit Literatur den Erfahrungen mit Schrift in aller Regel zeitlich und entwicklungslogisch vorangehen. Diesem Argument habe ich im Modell (s. Abb. 2) dadurch Rechnung zu tragen versucht, dass der Bereich der Literatur – von oben nach unten gelesen – *über* dem des Lesens ange-

---

[2] An anderer Stelle fordert er: „Die *Differenzen* zwischen hermeneutischen und poststrukturalistischen Leseweisen sind das Material für eine dem Problem angemessene Modellierung von Literaturunterricht" (Förster 2002, S. 241). Dieser berechtigte Anspruch müsste noch auf die Bedingungen des Literaturunterrichts in der Grund- und Hauptschule hin untersucht und konturiert werden.

ordnet wurde. Was aber nicht heißen soll, dass es nicht auch schon *vor* der „Schnittstelle" Beziehungen und Wechselwirkungen zwischen den beiden „Entwicklungslinien" gibt und sie völlig voneinander zu trennen wären. In den soeben als Beispiel herangezogenen Vorlesesituationen können Kinder nämlich auch etwas über den Gegenstand des Lesens, die Schriftlichkeit, lernen. Ausgehend von der Erfahrung, dass das Vorgelesene immer gleich klingt, stellen sie z. B. Hypothesen darüber auf, woran das liegen könnte. Vielleicht an dem Buch, das die Mutter oder der Vater in der Hand hat? Der Entwicklungspsychologe Jerome S. Bruner, auf den sich Petra Wieler bei ihren Untersuchungen stützt, konnte zeigen, dass in der interaktiven Situation des gemeinsamen Bilderbuch-Anschauens mehr vermittelt wird als die Faszination von Geschichten. Beim Zeigen auf die Abbildungen werden auch sprachliche Bezeichnungen gelernt: „*Da* ist der Wald – *da* ist das Rotkäppchen – *wo* ist der Wolf?". Und beim Nachvollziehen der Geschichte entsteht das Verständnis von Satzzusammenhängen, von grammatischen Unterscheidungen (etwa die zwischen „Handlung" und „Akteur"). Beim Umgang mit Literatur wird also nicht nur das Verstehen fiktionaler, symbolgesättigter Literatur gelernt, sondern auch die ganz basalen Fähigkeiten des Sprach- und Textverstehens, auf die dann der Schriftspracherwerb aufbauen kann.

G. H.: Deswegen betone ich den Aspekt des Weges zum Lesen *durch* Literatur, weil das Lesen durch die literarische Erfahrung angeregt und gefördert wird; er soll natürlich die andere Zugangsweise oder „Stufenfolge" nicht ausschließen, sondern nur die Einseitigkeit relativieren. Die spezifische literarische Kompetenz gerade beim Vorlesen besteht ja nicht in der Erweiterung des Wortschatzes, sondern darin, dass innere Bilder entstehen können, wie ja schon der didaktisch so zentrale Begriff der *Imagination* nahe legt. Dieses Entstehen von Bildern im Kind ist weitgehend unabhängig davon, ob es das *Wort* verstanden hat oder nicht; es ist in der sozialen Situation angelegt, nicht in der Wortsemantik. Gerade das ist ja so interessant, dass Kinder im Vorschulalter nicht den semantischen Gehalt eines Wortes verstehen müssen oder eine Illustration brauchen, um ein inneres Bild zu haben. Ich greife auf eine eigene Erfahrung zurück. Wenn ich das Abendlied von Matthias Claudius mit einem vierjährigen Kind singe, dann singt es ohne Schwierigkeiten die Verse mit: „Der Mond ist aufgegangen,/Die goldnen Sternlein prangen/Am Himmel hell und klar". Der Begriff *Mond* ist für das Kind wahrscheinlich semantisch vertraut; *prangen* hingegen ist für ein Kind vermutlich semantisch nicht erschließbar. Es fragt aber nicht danach, was das Wort bedeutet, und es will auch seinerseits nicht danach gefragt werden: ein (in der Schule übliches) Frage-und-Antwort-Spiel dieser Art würde die sozial verbürgte Situation sprengen. Dennoch zeigt die Erfahrung, dass das Kind zulassen kann, dass in ihm ein Bild entsteht – und dieses Bild ist, wortsemantisch überprüft, möglicherweise „falsch", dient aber dennoch dem Verstehen (und wenn der Irrtum Jahre später bei wachsendem Wortschatz sich aufklärt, verwandelt sich das Missverstehen in eine 'Kindermund'-Anekdote). Wenn wir das Kind also peinlich befragen würden, welches Bild in ihm entstanden ist, würde es das nicht benennen oder erklären können. Und zwar nicht nur deswegen, weil es erst vier Jahre alt ist und seine Erklärungsfähigkeiten noch nicht so perfekt funktionieren, sondern weil die durch Poesie angestoßene Imagination und deren Erläuterung *immer* divergieren. Dies gilt ja auch für die Literaturrezeption Erwachsener: Wenn wir ein komplexes Gedicht oder eine enigmatische Erzählung lesen, stellen wir auch fest, dass wir letztlich nicht erläutern können, was wir da „sehen", „hören", „fühlen". Schon gar nicht können oder wollen wir die Begriffe erläutern, die ja zum Teil ihren Reiz gerade aus ihrer fremden Eigenart beziehen. Allerdings schreckt Literaturunterricht oft gerade vor dieser Dimension zurück, weil viele Lehrenden – und da sind wir Hochschullehrer gar nicht auszunehmen! – einen Horror entwickelt haben vor dem potentiellen und prinzipiellen „Nichtverstehen", so wie Ärzte einen Horror vor unheilbaren Krankheiten haben. Literarische Texte von einigem Anspruch können uns aber gar nicht nahe kommen, wenn sie uns nicht auch hilflos, ratlos und sprachlos machen dürfen.

B. R.: Einverstanden. Aber ich möchte doch nochmals auf mein Denkmodell von der „Schnittstelle" zurückkommen. Die im Vorschulalter bereits angebahnten Wechselwirkungen zwischen Lesekompetenz und literarischer Kompetenz erreichen eine neue Entwicklungsstufe ab dem Zeitpunkt, ab dem Kinder lesen lernen und lesen können. Belegen lässt sich das durch die Beobachtung, dass sich bei vielen Kindern, nicht bei allen, eine erste „Lesekrise" einstellt, die den Zusammenstoß der beiden Entwicklungslinien spürbar macht. Diese Krise ist darauf zurückzuführen, dass die lesetechnischen Fähigkeiten der Kinder zunächst weit unter dem Niveau ihres literarischen Verstehens liegen, dass sie also die Texte, die sie in ihrer literarischen Entwicklung voranbringen würden, noch gar nicht lesen können. So gesehen müssen sie sogar einen Rückschritt in Kauf nehmen. Wenn aber diese Krise überwunden ist, kommt die Wechselwirkung voll zum Tragen. Ist die Fähigkeit des Still-Lesen-Könnens nämlich angeeignet, gibt es einen Entwicklungsschub, einen richtigen „Sprung": Die Kinder wenden sich aus eigenem Antrieb der Welt der Bücher zu, wollen sie alleine für sich lesen, entwickeln Lektürevorlieben und -gewohnheiten. Das heißt: Jetzt nutzen sie die neu erworbenen Lesefähigkeiten für die Erweiterung ihrer literarischen Kompetenz, und das auch relativ unabhängig von der Schule. Also muss es doch Zusammenhänge geben zwischen dem Schriftspracherwerb und dem Erwerb der Lesefähigkeit auf der einen und literarischen Kompetenzen (jetzt ist auch der Plural angebracht!) auf der anderen Seite.

G. H.: Da stimme ich zu: Wenn Kinder lesen gelernt haben, können sie sich den Genuss an literarischen Texten, den sie vorher hatten, auch selbst verschaffen. Mir ist aber wichtig zu betonen, dass sie diesen Genuss vorher schon gehabt haben müssen, um überhaupt auf die Idee zu kommen, dass sie sich ihn durch Lesen verschaffen können.

B. R.: Von hier aus denke ich noch einen Schritt weiter in das, was entwicklungslogisch folgt: wieder mit Wygotski gesprochen wäre es die „Zone der nächsten

Entwicklung". Wenn die von mir gemeinten „Wechselwirkungen" etabliert und eingespielt sind, können auch „reine" Leseübungen, wenn sie vernünftig gemacht sind, eine Erweiterung der literarischen Kompetenz zur Folge haben. Allgemeiner gesagt: Von dem Zeitpunkt ab, wo Schrift mit im Spiel ist, ist eine Weiterentwicklung der zunächst an Oralität erworbenen literarischen Kompetenzen prinzipiell impliziert. Womit ich nicht bestreiten möchte, dass es schulische Formen der Leseförderung und des Umgangs mit Literatur gibt, die verhindern, dass sich diese Implikationen entfalten können. Und natürlich gibt es auch weiterhin einen Bereich außerhalb der Schnittmenge: z.B. die literarischen Kompetenzen beim Besuch von Theateraufführungen und beim Rezipieren audiovisuell vermittelter Fiktion im Film oder die spezifischen Voraussetzungen für die Lektüre wissenschaftlicher Fachtexte. Aber es gibt den Überschneidungsbereich zwischen Lesekompetenz und literarischer Kompetenz und dort liegt meines Erachtens der didaktisch fruchtbarste Ansatz für ein Lesecurriculum. In diesem Feld müsste jetzt die „Kleinarbeit" beginnen: die Erhebung von Teilfähigkeiten, die Formulierung von Hypothesen für mögliche Wechselwirkungen, die empirische Überprüfung des Lernerfolgs entsprechender Aufgabenstellungen. Das gäbe Sinn, und diese Intentionen entdecke ich hinter der Rede von einem „Lesecurriculum", wie es in der fachdidaktischen Diskussion nach PISA gefordert wurde.

2. Didaktische Bedeutung von Lesekompetenz und literarischer Kompetenz – mit und nach PISA

B.R.: Zunächst eine Vorbemerkung: Wir sehen PISA und IGLU nicht als die wichtigsten und zentralen bildungspolitischen Ereignisse in Gegenwart und Vergangenheit an, sondern als einen Kristallisationspunkt von Fragestellungen und Problemen, die schon lange virulent waren. Unser Kolleg für Forschungs- und Nachwuchsförderung „Lesesozialisation, literarische Sozialisation und Umgang mit Texten" wurde mit ganz ähnlichen Fragestellungen ins Leben gerufen, lange bevor man etwas von PISA wusste. Die aktuelle Situation ist dadurch gekennzeichnet, dass die Bildungspolitik und die Öffentlichkeit nicht mehr daran vorbei können, Zusammenhänge und Ergebnisse zur Kenntnis zu nehmen, die in der Fachdidaktik und in den entsprechenden Bezugswissenschaften schon eine ganze Weile diskutiert werden. So gesehen sind PISA und IGLU nur die Spitze eines Eisbergs, unter der sich allerdings eine ganze Menge verbirgt, womit wir uns speziell in der Ausbildung von Deutschlehrerinnen und Deutschlehrern intensiver beschäftigen müssen als bisher.

Im nächsten Schritt wollen wir uns auf einige Problemstellungen aus der aktuellen Diskussion um die Folgen von PISA für die Deutschdidaktik konzentrieren. Das eine ist die Frage, ob und inwiefern in dieser Diskussion der Begriff des Verstehens von Texten adäquat verstanden wird oder ob es hier Einseitigkeiten und

Verkürzungen gibt, die zu korrigieren wären. Uns interessiert also, was insgesamt mit dem Begriff des Verstehens in der Sprach- und Literaturdidaktik passiert. Der zweite Argumentationszusammenhang ist die Forderung nach einem Lesecurriculum: Dem Deutschunterricht wurde auch von Fachdidaktikern vorgeworfen (vgl. vor allem Ludwig 2002), dass ihm kein systematisches Lesecurriculum zugrunde liege. Die dritte Fragestellung hängt mit dem Lesecurriculum zusammen und wir haben sie im ersten Gesprächsdurchgang bereits angesprochen: Welche Gewichtung ist zwischen Lesekompetenz und literarischer Kompetenz, zwischen Zielen des Sprachunterrichts und Zielen des Literaturunterrichts vorzunehmen? Soll es zwei unterschiedliche Curricula geben, eines für literarisches Lesen und eins für das andere, das „normale" Lesen, oder orientieren wir uns am Modell eines „integrativen Deutschunterrichts"?

G. H.: Wofür die didaktische Diskussion um und nach PISA meines Erachtens unsere kritischen Sinne schärfen muss, sind die sozialen und (bildungs-)politischen Implikationen, die mit unseren Text- und Lesebegriffen einhergehen. In einer der neueren grundlegenden Publikationen zur Literaturdidaktik macht Jürgen Förster auf den aktuell herrschenden Umgang mit Literatur aufmerksam:

> Poesie stellt in Frage, entwirft Gegensätze zum Wissenskult, sperrt sich, eingeordnet zu werden, während Repräsentanten der Schul-Kultur sie für ihr Erziehungsgeschäft vereinnahmen und dies in Lehrplänen, Unterrichtshilfen oder Unterrichtseinheiten in Lesebüchern begründen. (Förster 2002, S. 231)

Die Divergenz zwischen dem, was hier der Literatur als Funktion und Leistung zugeschrieben wird, und dem, was Schule aus und mit Literatur *macht,* ist bestürzend. Sie legt die Vermutung nahe, dass der Literaturunterricht der letzten Jahrzehnte sich sehr stark in den Dienst einer gesellschaftlichen Funktion hat nehmen lassen, derzufolge Schule als Zurichtung auf den Berufsalltag, auf das Funktionieren in der Gesellschaft und nicht als Förderung individueller Lebenslösungen verstanden wird. Dies verträgt sich aber per se nicht mit einem Verständnis von Literatur, in dem es gerade auf das Individuelle und Einzelne ankommt. So fragt auch Kämper-van den Boogaart nach dem Ort des Literaturunterrichts, von dem aus noch für Literatur als Medium des „ganz Anderen" gefochten und für das didaktische Ziel einer „literarischen Bildung" als Kontrast zu einer nur funktionalen Ausbildung bildungstheoretisch und -politisch gestritten werden kann (vgl. Kämper-van den Boogaart 2000, S. 8).

Das also ist *auch* eine mögliche Fragestellung in der Literaturdidaktik, heute noch immer oder wieder und trotz alledem. Wenn es aber so ist – und ich schließe mich Förster in dieser Hinsicht an –, dass Dichtung eher etwas ist, das in Frage stellt und wovon Fragen ausgehen, als etwas, das man sich aneignen kann, dann stellt sich das didaktische Problem, was es bedeutet, solche Texte zu verstehen und zum Verstehen solcher Texte beizutragen. Das hieße denn doch, dass es aktuell mehr denn je die Aufgabe des *Literaturunterrichts* – und darin läge sein Proprium gegenüber allem anderen sprach-orientierten Unterricht – sein muss,

„Schülerinnen und Schüler zu befähigen, die prinzipielle Relativität eigener oder fremder Sinnzuweisungen auf ihre Grundlagen hin zu durchschauen. [...] Das ist ein eminent kritisch-aufklärerisches Unterfangen, das den 'kommerziellen und ideologischen Gewohnheiten unserer Gesellschaft zuwiderläuft' (Barthes) und letztlich nur über konzentrierte (Lektüre)arbeit führt" (Förster 2002, S. 246). Mit dieser Zielsetzung könne der Literaturunterricht nicht nur an den literaturtheoretischen Diskurs anschließen, sondern auch seine ihm zukommende „kritische und gegenwartsdiagnostische Aufgabe" (Kammler, zit. n. Förster 2002, S. 246) wieder wahrnehmen.

Wie schon erwähnt ist in der Deutschdidaktik der Begriff des Textverstehens zurückgedrängt und seit den 70er Jahren des 20. Jahrhunderts zunehmend ersetzt worden durch Begriffe wie „Umgang mit Texten", was ja etwas ganz anderes ist als das *Verstehen* von Texten. Das heißt, die didaktische Entwicklung hat sich stärker darauf konzentriert, Schülerinnen und Schülern dazu zu verhelfen, mit Texten umzugehen oder ein begriffliches Verständnis von Texten zu entwickeln. Damit war eine stärkere Konzentration auf die Erfassung der Inhalte verbunden – was meines Erachtens auch in den methodischen Vorschlägen der produktionsorientierten Verfahren (und sicher in ihrer Realisierung) dominiert. Oft entsprechen dem auch die Aufgabenstellungen in Lesebüchern oder publizierten Unterrichtsplanungen (vgl. Köster 2003). In den Aufgabenstellungen und texterschließenden Fragen dominiert die Leitidee des sogenannten „sinnentnehmenden Lesens", dem die Vorstellung zu Grunde liegt, dass der Text ein Päckchen Sinn enthält, das man aus ihm herausnehmen kann wie einen Geldbeutel aus der Handtasche. Als Ergebnis hält man dann diesen Sinn in der Hand, kann ihn verbalisieren oder ins Heft schreiben und „getrost nach Hause tragen". Diese Vorstellung von verstehendem oder zum Verständnis führendem Lesen von Texten funktioniert allenfalls dort, wo ein Text diesen *einen* Sinn hat, und das kann für literarische und poetische Texte nicht gelten. Denn literarische und poetische Texte sind qua definitione vielsinnig und vielstimmig, sonst sind sie keine Literatur; das ist ihr Definitionsmerkmal. Texte, die diesem Kriterium nicht entsprechen, sind keine *literarischen* Texte, folglich dienen sie auch nicht der Entwicklung literarischer Kompetenz.

Allerdings ist gegen diese polarisierende Gegenüberstellung von funktionalem und literarischen Lesen relativierend einzuwenden, dass es auch pragmatische Texte gibt, die nur *scheinbar* eine eindeutige Sinndimension haben, und deren tieferes Verstehen nur möglich ist, wenn man den Schein der Eindeutigkeit durchschaut – das gilt mit Sicherheit für Texte im Bereich der Werbung, der Politik und der Meinungsbildung. Diese Texte haben häufig einen anderen Zweck als ihr vermeintlich offenkundiger Textsinn auszusprechen scheint, und um ihre Intention erkennen zu können, bedarf es einer gewissen „Fiktionalitätskompetenz", nämlich der Einsicht, dass Texte eine eigene Welt entwerfen, die nicht mit der realen Welt kongruent ist. Diese „kritischen Kompetenzen", wie

Gerhard Haas sie nennt (1997, S. 37), müssen zusätzlich zur Lesekompetenz erworben werden oder lassen sich schon im vorschulischen Umgang mit Texten erwerben.

B. R.: Das lässt sich bestätigen, wenn man die bisher vorliegenden Stellungnahmen aus der Sicht der Deutschdidaktik Revue passieren lässt (vgl. z. B. Fingerhut 2002; Hurrelmann 2002; Ludwig 2002; Kammler 2002; Kühn 2002; Rosebrock 2002). Ich möchte es aber nicht ganz so absolut formulieren, sondern sagen: Es besteht die *Gefahr*, dass sich ein auf das Überprüfbare verkürzter Begriff von Lesekompetenz als einziger durchsetzt, wenn – und das vor allem aus der Sicht von Lehrplan- und Prüfungsordnungs-Machern – bildungspolitische Konsequenzen aus PISA gezogen werden. Aber ich sehe auch in PISA schon Ansatzpunkte für einen erweiterten Begriff von Lesekompetenz. Der wichtigste besteht für mich darin, dass die Kompetenz zum Bewerten und Beurteilen von Texten in den Ansatz der Untersuchung mit einbezogen wurde. Wenn man von da aus konsequent weiterdenkt, lässt sich vielleicht auch fragen: Nach welchen Normen soll bewertet werden? Wie kommen Schülerinnen und Schüler zu Normen? Und wie kommen sie zu eigenständigen Normen, sodass sie sich auch in der Beurteilung ihrer Fähigkeiten der Vorgabe entziehen können, dass eine bestimmte Antwort auf eine Aufgabe eindeutig als richtig oder falsch angesehen wird?

Wenn das aber nicht geschieht, dann besteht die große Gefahr, dass wichtige Komponenten der Lesefähigkeit unterschlagen werden. Bettina Hurrelmann nennt z. B. die Komponente der „Motivation", die sich nicht auf den Faktor Leselust reduzieren lässt, sondern auf die emotionale Beteiligung des Subjekts am Vorgang des Lesens und am Gehalt des Gelesenen zielt. Oder die Fähigkeit zur „Anschlusskommunikation", in der die Lektüre im sozialen Kontext verarbeitet wird (vgl. Hurrelmann 2002). Und Karlheinz Fingerhut besteht entschieden darauf, dass Schule und Deutschunterricht die Aufgabe haben, kulturell Bedeutsames zu vermitteln. Daher müssen wir uns in der Fachdidaktik und in der schulischen Praxis der Frage nach dem Geltungshorizont von Normen stellen, die Schülerinnen und Schüler zu einer Identifikation mit oder wenigstens zu einer persönlichen Beteiligung an den Unterrichtsgegenständen bewegen. Und eben das geht nicht, wenn man nur bestimmte isolierte Fähigkeiten schult.

Eingehen möchte ich aber noch auf die Gruppe der Nicht- oder Wenig-Leser, die so genannte „Risikogruppe", die meines Erachtens aus unserer bisher sehr vereinheitlichend gebrauchten Rede von den „Kompetenzen" herausfällt, weil wir dabei von konkreten Inhalten und soziokulturellen Hintergründen weitgehend absehen. Diese Gruppe hat einen ganz anderen Zugang zu Texten und in der Folge auch einen ganz anderen Umgang mit ihnen. Angesprochen ist damit nicht in erster Linie das Problem der Förderung, denn das würde uns wieder auf eine einheitliche, soziale und kulturelle Differenzen verwischende Sicht von Lesekompetenz zurückwerfen. Ein qualitativ, nicht nur quantitativ differenziertes

Konzept von Alphabetisierung, wie es für Länder in der Dritten Welt schon in den 70er Jahren entwickelt wurde, ist ja in der gegenwärtigen Diskussion vollständig in den Hintergrund getreten. Für die Risikogruppe stellt PISA lediglich fest, dass die Schülerinnen und Schüler, die man ihr zurechnet, – wenn man es überspitzt sagt – literarische Kompetenz eigentlich gar nicht erwerben können, weil ihnen schon die basalen Fähigkeiten fehlen, einen Text überhaupt sinnentnehmend zu lesen.

G. H.: Gerade deswegen betone ich den Aspekt, dass die scheinbare Stufenfolge, nach der *zunächst* eine differenzierte Lesefähigkeit entwickelt werden muss, bevor man mit Schülerinnen und Schülern literarische Kompetenzen oder Textkompetenzen zu entwickeln versucht, eher gefährlich als förderlich ist. Denn es besteht die Gefahr, dass die so genannten Risikogruppen ganz aus dem Literaturunterricht herausgenommen werden – eine Tendenz, die in anderen Bundesländern schon weit vorangeschritten ist, in denen anspruchsvollere Literatur aus den Lehrplänen der Haupt- und Sonderschulen weitgehend verschwunden ist. Macht man die Lesekompetenz einseitig zur Voraussetzung für die Vermittlung literarischer Kompetenz(en), versperrt man den Weg zu einer Literaturbegegnung, die – jedenfalls zunächst – auf das Lesen verzichtet. Gesprächsförmige Umgangsweisen bieten eine Möglichkeit, Erfahrungen mit Literatur frei vom Druck und der Frustration des ungenügenden Lesens zu vermitteln oder anzubahnen. Pennacs Modell des Vorlesens in einer literaturfernen Klasse ist meines Erachtens didaktisch und methodisch noch nicht annähernd ausgeschöpft (vgl. Pennac 1994). Doch dafür müssten Schule und Literaturdidaktik andere Zielsetzungen formulieren, als sie das im Augenblick tun: Zielsetzungen, die es Lehrerinnen und Lehrern möglich machen, andere Akzente zu setzen als dieses doch sehr stark internalisierte Modell, zunächst differenzierte Lesekompetenzen vermitteln zu müssen, bevor man auf Literatur zugeht. Schülerinnen und Schüler der Hauptschule, die das nicht erreichen, fallen von vornherein aus der Literaturvermittlung heraus. Sie bekommen nicht die Chance, Literatur in dem oben entwickelten Sinn als *Gegenmodell* zur Funktionalität in der Gesellschaft kennen zu lernen.

B. R.: Das ist richtig, aber wir müssten dann darüber nachdenken, ob unser bildungsbürgerlich geprägtes Modell von Literaturerfahrung, das erstens sehr stark an hoch gewertete literarische Kanon-Texte gebunden ist, zweitens an eine hoch entwickelte Gesprächskultur, auf die Risikogruppe übertragbar ist. Wissen wir überhaupt genügend darüber, welche literarischen Erfahrungen diese Schülerinnen und Schüler vor dem Schuleintritt und dann außerhalb der Schule machen? Auch ich gehe davon aus, dass Kinder in allen Schichten Literatur kennen lernen, bevor sie mit Schrift in Beziehung kommen, aber ich weiß zu wenig über die spezifischen Rezeptionsgewohnheiten der „benachteiligten" Kinder, Jugendlichen und Erwachsenen, die dem Sonderpädagogen Gotthilf G. Hiller zufolge im „Keller" unseres Bildungssystems sitzen (Hiller 1989). Ich nehme an, dass es überwiegend mediengeprägte Erfahrungen sind – es gibt ja eine Menge fiktionaler Geschichten im Fernsehen –, aber auch da können sich wahrscheinlich literarische Kompetenzen ausbilden. Darüber wissen wir allerdings noch zu wenig. Aber was wir wissen ist, dass es dort keine Gesprächskultur gibt; das hat Bettina Hurrelmann ja eingehend untersucht (vgl. Hurrelmann 1996): In leesefernen Familien dominiert ein teilweise extensiver Medienkonsum, und zwar ohne die Einbettung in die soziale Praxis der „Anschlusskommunikation", die für die Verarbeitung des Gesehenen und für die Ausbildung von Fähigkeiten durch „kompetente Andere" von zentraler Bedeutung ist.

G. H.: In der Realität sehe ich die große Gefahr, dass die Ergebnisse der Lesesozialisationsforschung dafür benutzt oder missbraucht werden um zu begründen, weshalb in der Schule – jedenfalls im Umgang mit den „Risikogruppen" – literarische Erfahrung oder gar literarische Bildung keinen Raum haben können, statt umkehrt damit zu begründen, weshalb die Schule hier gerade *kompensatorische Aufgaben* übernehmen muss. Der Befund ist zweifellos richtig, dass es in der schulischen Realität wenig Gesprächsmöglichkeiten in vielen Bereichen – und eben auch im literarischen Bereich – gibt, wobei da auch die Unterschiede wichtig sind, welche Schülerinnen und Schüler im schulischen Kontext sprach- und literaturfern erscheinen, weil sie aus anderen Kulturen stammen, innerhalb derer sie jedoch sehr wohl sprach- und literaturnah leben, und welche Schülerinnen und Schüler aus einer anderen sozialen Kultur stammen, zu der gar kein expliziter oder ein völlig anderer Umgang mit Sprache und Literatur gehört als der der bildungsbürgerlich orientierten „Leitkultur".

B. R.: Konsequent würde sich jetzt die Frage anschließen, ob wir von einer einheitlichen Schulkultur und einem relativ einheitlichen Konzept von literarischer Bildung ausgehen sollten oder ob wir unterschiedliche Schulkulturen ansetzen müssten – mit unterschiedlichen Akzent- und Zielsetzungen für den Umgang mit literarischen und anderen Texten. Übergeordnet ist diesem Problem aber die Frage nach der Rolle, die Lesekompetenz und literarisches Verstehen im Lehramtsstudium spielen bzw. spielen sollten.

3. Konsequenzen für die Ausbildung von Deutschlehrerinnen und -lehrern

G. H.: Alle Fragen nach guten und geeigneten Formen der Vermittlung von Lesekompetenz und literarischer Kompetenz haben ihre Auswirkungen auf die Ausbildung von zukünftigen Deutschlehrerinnen und Deutschlehrern, denn „Lehrkräfte sehen sich mehr denn je vor die Aufgabe gestellt, ihren Reflexionshorizont über Sprache und Literatur sowie deren Funktion in historisch-kulturellen Kontexten zu erweitern" (Förster 2002, S. 233). Dies zieht die Frage nach sich, ob wir in der Ausbildung die dafür notwendigen Kompetenzen oder auch nur das notwendige Problembewusstsein vermitteln können oder ob wir – wie ich meine: zu Unrecht – voraussetzen, dass Studierende des Lehramts diese Professionalität bereits in das Studium mitbringen.

B. R.: Unter Bezugnahme auf Thesen von Otto Ludwig (vgl. Ludwig 2002) wird gefordert, dass Sprachwissenschaft und Sprachdidaktik in der Lehrerausbildung einen größeren Stellenwert als bisher einnehmen sollten. In der Lehrerausbildung dominiere ziemlich eindeutig der Bereich der Literaturwissenschaft und der Literaturdidaktik; Sprachwissenschaft und Sprachdidaktik spielten dagegen eine untergeordnete Rolle. Auch im Gymnasium sei das so: Von der Grundschule bis zur Sekundarstufe II werde der Deutschunterricht zunehmend literarischer. Eine der wesentlichen Konsequenzen aus PISA solle es demnach sein, das Verhältnis zwischen Literatur- und Sprachunterricht wieder zurecht zu rücken.

Das hat auch Konsequenzen für eine Erweiterung des Textbegriffs und die Textauswahl. Ludwig hält ein Plädoyer für ein stärkeres Gewicht der Gebrauchstexte und für die Bereicherung des Lesecurriculums durch nicht kontinuierliche Texte wie Diagramme oder Tabellen. Bei aller Liebe zur Sprachdidaktik möchte ich mich ungern auf eine derartige, vorwiegend quantitative Betrachtungsweise einlassen. Es käme vielmehr darauf an, *qualitativ* zu zeigen, was die unterschiedlichen Disziplinen für die Förderung von Lesekompetenz und literarischer Kompetenz leisten können. Zu konstatieren ist, dass die ersten Konzepte zu einer Didaktik des Umgangs mit Gebrauchstexten aus den 70er Jahren im Ansatz stecken geblieben sind. Daran könnte man wieder anknüpfen. Großen Gewinn hätte man sicher auch von Peter Kühns kritischer Analyse von Aufgabenstellungen in Sprachbüchern und seinem Hinweis auf brauchbare Vorbilder aus dem Umfeld des Unterrichts in Deutsch als Fremdsprache (vgl. Kühn 2002).

Eine quantitative Betrachtungsweise würde auch überhaupt nicht zu meiner Vorstellung eines Lesecurriculums passen, für das man zunächst festlegen müsste, welche Teilfähigkeiten es im Einzelnen umfassen sollte, wie diese Teilfähigkeiten aufeinander bezogen werden können und wie sie sich in konkrete Aufgabenstellungen umsetzen lassen. In diesem Zusammenhang ist dann darüber zu befinden, welche Bezugsdisziplin einschlägig ist, und da gibt es von der Gehirnforschung und der Kognitionspsychologie bis zur Sprach- und Literaturwissenschaft in der Tat ein sehr weites Feld.

Damit ist überhaupt nicht gesagt, dass die Lesefähigkeit im Studium der Deutschlehrerinnen und Deutschlehrer nicht verstärkt gefördert werden müsste. Aber auch hier hat der qualitative Aspekt Vorrang. Man müsste zunächst einmal deutlich machen, wie anspruchsvoll das Lesen von Gebrauchstexten ist. Auch diese Art des Lesens ist nämlich, wenn man sie von ihrer Funktion her sieht, eingebettet in einen Kommunikations- und Interessenszusammenhang. Es ist ja nicht so, dass man ohne jegliche Voraussetzungen einen Zeitungsartikel liest und dann Bescheid weiß. Man muss ja zuerst realisieren, was das ist, was man da liest: eine Zeitung. Welche Aufgabe hat sie, was kann ich von ihr erwarten, was nicht, und wie wird sie verbreitet? Auch das Lesen von Gebrauchstexten geht von oben, von einem globalen Verstehenshorizont aus, nach unten zu den Teilfähigkeiten – und nicht umgekehrt. Dasselbe gilt für ein Beispiel aus dem Studium: den Umgang mit der Textsorte wissenschaftliche Textinterpretation. Hier ist es nicht damit getan, Texterschließungskompetenzen einzufordern, sondern es muss – eingebettet in sinnvolle Gebrauchszusammenhänge – auch vermittelt werden, dass es sich lohnt eine Interpretation zu Kleist zu lesen. Bettina Hurrelmann hat das unter den weit gefassten Begriff der „Lesemotivation" subsumiert: das Interesse zu wecken für eine bestimmte Fragestellung und einzuschätzen, welcher Text dabei weiter hilft. Wir müssten im Studium also stärker darauf achten, nicht nur Literaturlisten auszugeben, sondern zunächst einen Interessenshorizont für die verpflichtende Lektüre zu eröffnen und in diesem Zusammenhang auch konkrete Hilfestellungen für die inhaltliche Erschließung zu geben.

G. H.: Die Forderung von Otto Ludwig, in den Deutschunterricht verstärkt andere als so genannte kontinuierliche Texte einzubeziehen und überhaupt den Sprachunterricht zu stärken, steht für mich sehr stark unter dem Verdacht, dass hier Funktionen trainiert werden sollen, nicht um der Subjekte selbst willen, sondern um der Funktionsfähigkeit der Subjekte willen. Für mich wird hier die Orientierung daran deutlich, welche Kompetenzen denn eigentlich die *Wirtschaft* von Schulabsolventinnen und -absolventen erwartet, und da wird klar, dass es Kompetenzen sind wie Diagramme und Tabellen lesen, einen Text auf seine Kohärenz hin untersuchen und als Anweisung nutzen können; jedenfalls sind es nicht die Kompetenzen des Träumens und des kritischen Widerstands. Dieser Konflikt ist im Deutschunterricht selbst angelegt, aber er sollte als *Konflikt* oder als *Dilemma* erhalten bleiben und nicht durch einseitige Förderung des funktionalen Lesens eliminiert werden. Im Sinne Kammlers und Kämper-van den Boogaarts sollte gerade Literaturunterricht jene kulturellen Bereiche erschließen helfen, in denen wir träumen und Bilder entwickeln können, in denen wir nicht nur funktionieren und in denen die für unser Menschsein wichtigen Dimensionen Platz haben, die nicht nutzbar zu machen sind und gemacht werden dürfen.

Natürlich ist die Fähigkeit, Tabellen lesen zu können, eine lernenswerte Fähigkeit – alles andere würde ja auch der Emanzipation des Subjekts zuwiderlaufen. Aber, um ein Bild zu gebrauchen: Man muss nicht den Fahrplan lesen können, um Zug zu fahren und beim Zugfahren zu träumen. Natürlich riskiert man, im falschen Zug zu sitzen oder an der falschen Station auszusteigen – aber auch das kann eine Lebenserfahrung sein, die viele Möglichkeiten und neue Träume eröffnet. Jedenfalls gibt es keine zwingende Kausalität zwischen diesen beiden Optionen – aber der Deutschunterricht steht in Gefahr, das Fahrplanlesen als *Ersatz* für das Träumen im Zug anzubieten. Zum Glück wird dieser Kontrast seit einigen Jahren in der Literaturdidaktik wieder neu diskutiert. Er war lange überlagert von der Selbstverständlichkeit des pragmatischen Umgangs mit Texten

und durch die Frage danach, wie man Schülerinnen und Schüler motivieren kann
mit Texten umzugehen, wie sie sie gestalten, wie sie sie sich aneignen. Dabei ging
etwas verloren von der Frage, wozu wir uns eigentlich mit Literatur auseinander-
setzen und was das Spezifische an der Auseinandersetzung mit Literatur ist.

Für die Ausbildung von Lehrerinnen und Lehrern hat das meines Erachtens die
Bedeutung, dass im Rahmen der Ausbildung selbst viel stärker auch jene Erfahrungen mit literarischen Texten entwickelt und vermittelt werden müssten, die
diese literarische Dimension auch eröffnen: dass Literatur in Frage stellt; dass sie
in Kontrast stehen kann zu der Welt, wie sie funktioniert und in der wir funktionieren sollen; dass literarische Texte Gegenentwürfe zur Welt sein können und
Gegenentwürfe zu unseren eigenen Vorstellungen von Welt. Dafür brauchen wir
meines Erachtens sehr viel mehr authentische Situationen, in denen das in der
konkreten Lehre, zwischen Lehrenden und Studierenden sich ereignen kann.
Gerade die Ausbildung an der Pädagogischen Hochschule leidet sehr stark unter
der dominanten Sichtweise, dass hier das gelehrt und gelernt wird, was zukünfti-
ge Lehrerinnen und Lehrer *den Kindern* vermitteln sollen, und nicht das, was die
Studierenden selbst erwerben sollten. Ich meine, dass Lehramtsstudierende literarische Texte nur dann angemessen in den Unterricht einbringen können, wenn
sie selber Erfahrungen damit gemacht haben, welche Fragen, Konfrontationen
und Verstehensprobleme die eingehende Auseinandersetzung mit einem anspruchsvollen Text mit sich bringt. Mit dieser Forderung verbinde ich die kritische Anfrage, ob die Gleichwertigkeit der Beschäftigung mit Kinder- und Jugendliteratur im Studium bei aller Wichtigkeit nicht auch die Vermeidung eigener literarischer Erfahrungen mit sich bringen kann. Denn gute anspruchsvolle
Texte der Kinder- und Jugendliteratur stellen zwar für Kinder eine entsprechende Herausforderung dar, aber uns als Erwachsene verlocken sie doch sehr stark
zu einer schnellen Verständigung und ziehen nur selten Nichtverstehen, Bestür-
zung oder tiefer gehende Neugier nach sich. Dafür müssen Erwachsene sich mit
Texten konfrontieren (lassen), die ihrem Alter und ihrer Entwicklung gemäß vergleichbare Verstehensprobleme aufwerfen, wie es kinderliterarische Texte bei
Schülerinnen und Schüler leisten können. Erst wenn wir selber wissen, was Literatur und was ihre Bedeutung für uns sein kann in aller Offenheit des Sinns, der
Suche nach Sinn und des Nichtverstehens von komplexen Zusammenhängen –:
Erst wenn wir das selber erfahren haben, können wir auch darüber nachdenken,
was das für ein Kind bedeutet und welcher (kinderliterarische) Text sich eignet,
diese Erfahrung anzubahnen.

B.R.: Auch ich meine, dass Studierende literarische Erfahrungen an Texten
machen sollten, die ihrem Alter und ihrer Entwicklung angemessen sind, und
solche Texte stammen – abgesehen vom Sonderfall der „doppelt adressierten
Texte" – nicht aus dem Bereich der Kinder- und Jugendliteratur. Aber in unserem
Zusammenhang wäre mir eine Unterscheidung wichtig: die zwischen literarische
Erfahrungen *machen* und literarische Erfahrungen *reflektieren.* Literarische

Kompetenz bildet sich nicht nur durch literarische Betroffenheit aus. Solche Erfahrungen zu *reflektieren*, auch distanziert über Texte und über das Lesen zu reden, ist ja etwas, was wir ebenfalls zu vermitteln haben. Dafür eignet sich Kinder- und Jugendliteratur, weil die Texte überschaubar sind und weil man an ihnen gut literaturtheoretische und literaturgeschichtliche Zusammenhänge erläutern kann. Ich habe noch nie erlebt, dass Campes *Robinson der Jüngere* irgendwelche begeisternden literarischen Erfahrungen ausgelöst hat, wenn man den Text im Seminar besprochen hat, aber es werden Zusammenhänge klar: Was ist Aufklärung? Wie und wo schlagen sich deren Intentionen in den Textstrukturen nieder? Welches textanalytische Instrumentarium brauche ich, um mir das zu verdeutlichen? Und so weiter ...

G.H: Dennoch bin ich überzeugt, dass auch eine Reflexion über Texte erst dann voll sich entfalten kann, wenn sie auf unmittelbarer literarischer Erfahrung basiert; sie muss ja nicht an ein und demselben Text, aber sie muss prinzipiell erworben worden sein. Wir sprechen so selbstverständlich davon, dass Schülerinnen und Schüler „schlecht lesen". Wer einmal mit Lehramtsstudierenden gearbeitet hat weiß, dass es eine große Zahl unter ihnen gibt, die später einmal Deutsch unterrichten werden und die ihrerseits nicht in der Lage sind, einen literarischen Text angemessen zu lesen oder vorzulesen. Die Fähigkeit, einen Schrifttext so in einen Oraltext zu reformulieren, dass man beim Zuhören seine Bedeutung zumindest erahnen kann, ist eine Qualifikation, die mir unerlässlich zu sein scheint, die aber offenbar weder aus der Schule mitgebracht noch im Studium erworben wird. Wir setzen sie völlig zu Unrecht bei einer Studentin/einem Studenten des Lehramts Deutsch voraus. In diesem Mangel wird meines Erachtens der Mangel an literarischer Erfahrung qualvoll spürbar, der dann auch zu Unterrichtsbemühungen beiträgt, die gewissermaßen neben oder vor dem Text stehen bleiben, aber nicht sein Verstehen befördern. In Anspielung auf Kafkas Parabel *Vor dem Gesetz* hat aber jeder literarische Text einen Eingang, der „nur für dich bestimmt ist" – wer nicht hindurchzugehen vermag, dem bleibt sein eigener Weg zur Literatur verschlossen.

Diese für die Entwicklung jeder weiteren literarischen Kompetenz und für deren Vermittlung im Literaturunterricht so unverzichtbare Fähigkeit ist der Schlüssel dazu, dass ein literarischer Text zum Klingen kommen kann; ohne diesen Klang, der im Lauf der literarischen Sozialisation vom äußeren zum inneren Klang – und vice versa – wird, bleibt der Text tot. Deswegen erscheint mir der Rekurs auf die orale literarische Tradition so wichtig, weil sie ontogenetisch wie phylogenetisch Ausgang und Ziel der literarischen Kultur ist. Wie wichtig der Faktor des Hörens und des Angebots zur Internalisierung des Klangs ist, lässt sich daran zeigen, dass in der Kultur der Gehörlosen die fiktionale und poetische Literatur einen recht nachrangigen Stellenwert hat, obwohl man das prima facie vermuten könnte. Jedenfalls kommt ihr bei weitem nicht die Bedeutung zu wie etwa der Musik in der Kultur der Blinden. Offenbar wird literarische Erfahrung weitgehend über

das Hören, den Klang erworben, und das Entwerfen innerer Bilder gelingt allein
aus der Schrift heraus zumindest nur ansatzweise. Eingehende Untersuchungen
zu diesem Phänomen fehlen noch, sie könnten aber für die genauere Bestimmung des Erwerbs von literarischer Erfahrung sehr ertragreich sein. Wenn wir
diesen Weg zur Literatur anbahnen können, dann eröffnen wir damit auch einen
Weg, der nicht nur zur funktionalen Form des Lesens führt, sondern auf dem
auch die ästhetische Funktion der Sprache mit ihrem kreativen und widerständi-
gen Potential erfahrbar werden kann.

4. Aufbau und Zielsetzungen dieses Sammelbandes

Die Aufsätze in diesem Sammelband nehmen allesamt Bezug auf die aktuelle
Diskussion in der Deutschdidaktik, wie wir sie oben zu skizzieren versucht
haben, und führen sie unter jeweils eigenem Blickwinkel weiter. In die Schrift-
fassung gingen auch die Ergebnisse aus den Diskussionen ein, die jeweils im
Anschluss an die Vorlesung geführt wurden. Dabei kommen sowohl sprach- als
auch literatur- sowie mediendidaktische Fragestellungen zum Zuge, da auch das
Spektrum der fachdidaktischen Positionen und Ansätze die Konturierung und
Modellierung der Lesekompetenz, der literarischen Kompetenz und der Medienkompetenz umfasst. Einige Beiträge sind stärker einem anwendungsorientier-
ten Verständnis der Didaktik verpflichtet und beteiligen sich an den Versuchen
einer empirisch begründeten Unterrichtsforschung, aus der Kriterien für die Planung, Zielsetzung und Durchführung von Unterricht zu gewinnen sind. Andere
Beiträge entfalten die angesprochenen Fragestellungen eher mit theoretischer
Fundierung und tragen damit zur Grundlagenforschung der Fachdidaktik bei.
Das Spektrum der Beiträge insgesamt zeigt gleichermaßen die Einheit wie die
Vielfalt der Fachdiskussion auf, ohne sie glätten oder vereinheitlich zu wollen –
im Gegenteil: Die Ringvorlesung sowohl als auch dieser Sammelband verstehen
sich als ein Diskussionsforum der Gegensätze, die erst in ihrem wechselseitigen
Austausch fruchtbar werden können.

Die sprachdidaktisch ausgerichteten Beiträge spannen einen Bogen ausgehend
von den Forschungsperspektiven einer sprachwissenschaftlich fundierten Leseförderung (*Eduard Haueis*) über die kritische Einschätzung und Weiterentwicklung von Erwerbsmodellen des Lesenlernens (*Hartmut Günther*) bis zur empirischen Untersuchung von kommunikativen und interpretativen Fähigkeiten beim
diskursiven Umgang mit literarischen Texten (*Inge Vinçon*). Drei Beiträge nehmen Bezug auf die aktuelle bildungspolitische Debatte um den Begriff der „Lesekompetenz" und thematisieren seine Auswirkung auf die Konzeptionen für integrative Lesebücher (*Karlheinz Fingerhut*), seine Grenzen angesichts der Offenheit literarischer Texte (*Kaspar H. Spinner*) und seine Funktion als Zielsetzung fächerverbindenden Literaturunterrichts (*Ulf Abraham*). Auch die Beiträge von *Cornelia Rosebrock* zur Modellierung des Begriffs „Medienkompetenz"
und von *Susanne Gölitzer* zu Problemen des Literaturunterrichts (nicht nur) in

der Hauptschule stehen im Zusammenhang mit gegenwärtig laufenden Forschungsprojekten zur Lesesozialisation im Medienzeitalter. Drei programmatisch ausgerichtete Beiträge runden den Band ab: *Gerhard Härle* bestimmt die Leistung und den Stellenwert „literarischer Gespräche" im Unterricht, *Marcus Steinbrenner* stellt den Vorschlag zur Diskussion, die Förderung literarischer Kompetenzen verstärkt in die Ausbildung von Lehrerinnen und Lehrern zu integrieren und *Bernhard Rank* begründet die Forderung nach einem „literarisierenden Unterricht" beim Umgang mit Kinder- und Jugendliteratur.

5. Zueignung an Prof. Dr. Eduard Haueis

Wir widmen dieses Buch unserem Kollegen *Prof. Dr. Eduard Haueis*, der im Oktober 2003 seinen 65. Geburtstag begangen hat. Mit dieser Zueignung wollen wir ihn als einen Fachkollegen ehren, der die immanenten Grenzen des Fachs immer wieder mit großer Kompetenz und mit nachhaltigen Auswirkungen auf den fachdidaktischen Diskurs überschritten hat: Für ihn als Wissenschaftler galt weder je die künstliche Unterscheidung von Fachwissenschaft und Fachdidaktik noch die der Bereiche Sprache und Literatur. Die von Sabine Moch zusammengestellte Bibliographie seiner wissenschaftlichen Arbeiten im Anhang dieses Bandes belegt es mit aller Deutlichkeit: Zu allen diesen Segmenten hat er, der als Sprachdidaktiker sich einen Namen weit über seine Wirkungsstätten – vor allem die Pädagogischen Hochschulen Ludwigsburg und Heidelberg – hinaus gemacht hat, Profundes zu sagen und zu schreiben gehabt – und wird es hoffentlich auch inskünftig tun.

Die Zueignung des Bandes *Wege zum Lesen und zur Literatur* an Eduard Haueis verbindet mit der Anerkennung seiner Leistung auch unseren Dank für seine engagierten, stets – auch und gerade in der Provokation – anregenden und herausfordernden Beiträge in Wissenschaft, Lehre und kollegialer Zusammenarbeit sowie unsere besten Wünsche für sein Wirken nach der Entpflichtung von den Geschäften des Hochschulalltags.

Heidelberg, im Oktober 2003   Gerhard Härle und Bernhard Rank

Literatur

Bremerich-Vos, Albert (1996): Hermeneutik, Dekonstruktivismus und produktionsorientierte Verfahren. Anmerkungen zu einer Kontroverse in der Literaturdidaktik. In: Literarisches Verstehen – Literarisches Schreiben. Positionen und Modelle zur Literaturdidaktik. Hg. von Jürgen Belgrad; Hartmut Melenk. Baltmannsweiler: Schneider Verlag Hohengehren, S. 25–49

Fingerhut, Karl-Heinz (2002): Die Evaluation des Leseverständnisses durch die PISA-Studie und der Literaturunterricht in der Sekundarstufe. In: Deutschunterricht, Jg. 55, H. 3, S. 39–45

Förster, Jürgen (2002): Analyse und Interpretation. Hermeneutische und poststrukturalistische Tendenzen. In: Grundzüge der Literaturdidaktik. Hg. von Klaus-Michael Bogdal; Hermann Korte. München: dtv, S. 231–246

Haas, Gerhard (1997): Handlungs- und produktionsorientierter Literaturunterricht. Theorie und Praxis eines „anderen" Literaturunterrichts für die Primar- und Sekundarstufe. Seelze: Kallmeyer

Härle, Gerhard; Steinbrenner, Marcus (2003): „Alles *Verstehen* ist ... immer zugleich ein *Nicht-Verstehen.*" Grundzüge einer verstehensorientierten Didaktik des literarischen Unterrichtsgesprächs. In: Literatur im Unterricht, Jg. 4, H. 2, S. 139–162

Hiller, Gotthilf G. (1989): Ausbruch aus dem Bildungskeller. Pädagogische Provokationen. Langenau-Ulm: Vaas

Hurrelmann, Bettina (1996): Familienmitglied Fernsehen. Fernsehgebrauch und Probleme der Fernseherziehung in verschiedenen Familienformen. Opladen: Westdeutscher Verlag

Hurrelmann, Bettina (1997): Familie und Schule als Instanzen der Lesesozialisation. In: Lesen im Wandel. Hg. von Christine Garbe u. a. Lüneburg: Universität, Fachbereich I: Didaktikdiskurse: eine Schriftenreihe, S. 125–148

Hurrelmann, Bettina (2002): Leseleistung – Lesekompetenz. Folgerungen aus PISA, mit einem Plädoyer für ein didaktisches Konzept des Lesens als kultureller Praxis. In: Praxis Deutsch, Jg. 29, H. 176, S. 6–18

Kammler, Clemens (2000): Neue Literaturtheorien und Unterrichtspraxis. Positionen und Modelle. Baltmannsweiler: Schneider Verlag Hohengehren

Kammler, Clemens (2002): Rezepte ohne Beipackzettel. Zu Otto Ludwigs Vorschlägen für eine Reform des Deutschunterrichts nach PISA. In: Der Deutschunterricht, Jg. 54, H. 6, S. 91–93

Kämper-van den Boogaart, Michael (2000): Leseförderung oder Literaturunterricht: zwei Kulturen in der Deutschdidaktik? In: Didaktik Deutsch, Jg. 5, H. 9, S. 4–22

Köster, Juliane (2003): Konstruieren statt entdecken – Impulse aus der PISA-Studie für die deutsche Aufgabenkultur. In: Didaktik Deutsch, Jg. 8, H. 14, S. 4-20

Kühn, Peter (2002): PISA und die Lesekompetenz. Wie die Muttersprachendidaktik von der Fremdsprachendidaktik (Deutsch als Fremdsprache) profitieren kann. In: Der Deutschunterricht, Jg. 54, H. 4, S. 91–95

Ludwig, Otto (2002): PISA 2000 und der Deutschunterricht. In: Der Deutschunterricht, Jg. 54, H. 2, S. 82–85

Pennac, Daniel (1994): Wie ein Roman. Köln: Kiepenheuer & Witsch

Pieper, Irene; Wirthwein, Heike; Zitzelsberger, Olga (2002): Schlüssel zum Tor der Zukunft? Zur Lesepraxis Frankfurter HauptschulabsolventInnen. In: Didaktik Deutsch, Jg. 7, H. 13, S. 33–49

Rank, Bernhard (1994): Wege zur Grammatik und zum Erzählen. Grundlagen einer erwerbsorientierten Deutschdidaktik. Baltmannsweiler: Schneider Verlag Hohengehren

Rosebrock, Cornelia (2002): Folgen von PISA für den Deutschunterricht. In: Praxis Deutsch, Jg. 29, H. 174, S. 51–55

Rosebrock, Cornelia (2003): Lesesozialisation und Leseförderung – literarisches Leben in der Schule. In: Deutschdidaktik. Leitfaden für die Sekundarstufe I und II. Hg. von Michael Kämper-van den Boogart. Berlin: Cornelsen Scriptor, S. 153–174

Wieler, Petra (1997): Vorlesen in der Familie. Fallstudien zur literarisch-kulturellen Sozialisation von Vierjährigen. Weinheim, München: Juventa

Wygotski, Lew Semjonowitsch (1974): Denken und Sprechen. Mit einer Einleitung von Thomas Luckmann. Frankfurt a. M.: S. Fischer, 5. Aufl. (= Conditio humana)

EDUARD HAUEIS

Im toten Winkel:
Leseförderung und Schriftspracherwerb

Den Kindern der Emmertsgrundschule Heidelberg

In meiner Bibliothek stehen zwei Handbücher zum Lesen. Das eine ist vor 30 Jahren erschienen (Baumgärtner 1973), das andere 1999, in der Taschenbuch-Ausgabe zwei Jahre später (Franzmann u. a. 2001). Obwohl beide in etwa gleichen Umfangs, unterscheiden sich die Werke schon hinsichtlich des Buchkonzepts. Das ältere Handbuch ist systematisch durchgegliedert, in den einzelnen Kapiteln ist die Forschungsliteratur qualitativ und quantitativ gleichmäßig aufgearbeitet. Das neue Handbuch stellt sich dagegen als eine Abfolge von relativ selbständigen Beiträgen unterschiedlicher Qualität zu einzelnen Aspekten des Lesens dar. Hinsichtlich der aufgeführten Themen stimmen sie weitgehend überein. Bemerkenswert sind allerdings zwei Unterschiede, die nicht schon bei einem Blick in die Inhaltsverzeichnisse in die Augen springen. Der eine besteht in der ungleich geringeren Gewichtung, die das neue Handbuch dem Lesenlernen in der Schule beimisst. Ein weiterer Unterschied zeigt sich darin, dass im aktuellen Handbuch das Kapitel über Lesedidaktik (selbst da, wo vom Anfangsunterricht die Rede ist) von nichts anderem spricht als vom literarischen Lesen. Sprachliche Aspekte des Erlesens und Verstehens von Texten werden im überaus instruktiven Beitrag von Christmann und Groeben (1999) zur Psychologie des Lesens behandelt, worin allerdings auf Probleme der Aneignung und Vermittlung nicht eingegangen wird. Haben sich womöglich die sprachdidaktischen Beiträge zum Aufbau und zur Entwicklung von Lesefähigkeiten in der Zwischenzeit als verfehlt oder doch wenigstens als überflüssig herausgestellt? Wäre dem so, könnte man annehmen, dass es einer sprachlich fundierten Leselehre eigentlich gar nicht bedürfe. Wer etwas für die Leseförderung bewirken will, müsste sich lediglich darum kümmern, dass interessante Lesestoffe bereit stehen und der schulische Umgang mit Gelesenem motivierend bleibt. Schon das wäre alles andere als eine leicht zu bewältigende Aufgabe.

Der internationale Vergleich (vgl. Deutsches PISA-Konsortium 2001) zeigt uns aber nicht nur, dass unter den 15-Jährigen in Deutschland ein höherer Anteil als in den meisten anderen europäischen Ländern am Bücherlesen wenig Freude findet. Wir müssen auch zur Kenntnis nehmen, dass beim Lösen von Aufgaben, in denen das literarische Lesen eine ungleich geringere Rolle spielt als der verständige Umgang mit Sachtexten aus dem Umfeld der Sekundarschulbildung, hierzulande sich mehr als ein Fünftel dieser Altersgruppe auf Kompetenzniveaus bewegt, die zumindest in der Nähe dessen liegen, was international als funktionaler Analphabetismus gilt; unter den Hauptschulabsolventen trifft dies sogar

für etwa die Hälfte zu. Wir erfahren auch, dass fast nirgendwo in den Industrie-
ländern es der Schule so wenig wie in Deutschland gelingt, den Zusammenhang
zwischen sozialer Herkunft und Lesefähigkeit zu lockern; anders gesagt: Wer das
Pech hat, mit der Schriftkultur nicht schon daheim vertraut zu werden, ist in
einer deutschen Schule besonders schlecht gestellt. Ganz neu ist das Wissen um
solche Probleme nicht. Nur ist es jetzt, aufgrund des vorliegenden Daten-
materials, nicht länger von der Hand zu weisen. Was also das Lesen betrifft,
scheint die Deutschdidaktik auf dem Weg zum gegenwärtigen Stand der Dinge
irgendwo falsch abgebogen zu sein.

Ich möchte hierzu zwei Fragen erörtern:

1. Ist es nachvollziehbar, dass die sprachdidaktischen Beiträge zur Leselehre
   weitgehend in Vergessenheit geraten sind?

2. Wird in den Begründungszusammenhängen für die heutige Lesedidaktik etwas übersehen?

Beiden Fragen gehe ich zunächst anhand der überaus lesenswerten und plausibel
erscheinenden Ausführungen von Mechthild Dehn u. a. (1999) im *Handbuch Lesen* nach. Die Erörterung wird zeigen, dass beide Fragen zu bejahen sind. In Anlehnung an das von Wolfgang Herrlitz (1994) vorgeschlagene interpretative Verfahren[1] führt dies zu weiteren Fragen:

3. Ist die im Unterricht praktizierte Leselehre sprachlich gut fundiert?

4. Wie kann die Schriftsprache in den toten Winkel der Lesedidaktik geraten?

5. Kann die Schriftsprache in das Blickfeld der Lesedidaktik kommen?

1. Ist es nachvollziehbar, dass die sprachdidaktischen Beiträge zur Leselehre weitgehend in Vergessenheit geraten sind?

Über Leselehrmethoden informiert das lesedidaktische Kapitel von Dehn u. a.
(1999) genau so wenig wie über die sprachdidaktischen und lesepsychologischen
Impulse zur Weiterführung basaler Lesefähigkeiten nach der Phase des Anfangsunterrichts. Der Informationsverzicht geht so weit, dass noch nicht einmal
Hinweise auf entsprechende Standardwerke gegeben sind, die vom Ende der
sechziger bis Mitte der achtziger Jahre zum Erstlesen und weiterführenden Lesen erschienen sind.[2]

Gründe dafür sind in dem von Mechthild Dehn verfassten Teilkapitel *Lesenlernen – Lesenlehren* (S. 570–584) zu erkennen. Es beleuchtet Lesenlernen

---

[1] Die Arbeit von Herrlitz bezieht sich auf die vergleichende Erforschung von Muttersprachunter-
richt. Sie geht davon aus, dass die metonymische Struktur von Unterrichtsprozessen nur einen Teil
des relevanten Geschehens sichtbar werden lässt. Die soziale Konstruktion von Lerngegenstän-
den, die Annahmen über Lernvoraussetzungen und -wege und die grundlegenden pädagogischen
und didaktischen Maximen sind dagegen nur interpretativ zu erschließen.

[2] Z.B. der für den Anschluss an die internationale Diskussion und die Wegbereitung des Sprach-
erfahrungsansatzes so wichtige Sammelband von Hofer (1976).

– als Schriftspracherwerb,
– als Erweiterung literaler Praktiken,
– als Entfaltung literarischer Kompetenz
– und als Problemlösen;

es geht auf Stufenmodelle ein und streift schließlich Lernschwierigkeiten und Frühlesen. Im Hinblick auf das Lesenlehren (S. 581 ff.) wird hervorgehoben, dass die kognitiven Schemata, die es zu verändern gelte, „direkter Instruktion nicht zugänglich" seien; deshalb komme es darauf an, „'Objekte' bereitzustellen, die den Anfänger herausfordern, und soziale Kontexte, die es für ihn lohnend erscheinen lassen, die Objekte zu 'erkunden'" (S. 582). Von besonderer Bedeutung sei daher die Unterstützung des impliziten Lernens. Diese Modellierung des Lehrens und Lernens stellt eine deutliche Absage an die Teilleistungskonzepte dar, die das didaktische Denken und Handeln im Anfangsunterricht des Lesens und Schreibens lange Zeit dominierten.

Bis zur Überwindung des Methodenstreits über den Erstleseunterricht vertraute man nämlich darauf, die volle Schreib- und Lesefähigkeit werde sich im Lauf der Zeit als Summe aus einzelnen, nacheinander erworbenen Teilleistungen von selbst ergeben. Deshalb begann man den Anfangsunterricht im Schreiben wie im Lesen zunächst mit einem sehr engen Verständnis von Schrifterwerb: Lesen als die Zuordnung von Graphem- zu Phonemfolgen, Schreiben als die korrekte handschriftliche Produktion von Buchstaben und Buchstabenfolgen. In diesem Kontext galt – unabhängig von der Wahl der Methode (zu deren Begründung neben wahrnehmungs- und lernpsychologischen zunehmend auch sprachpsychologische Argumente herangezogen wurden) – die erste Phase des Anfangsunterrichts als abgeschlossen, sobald das selbständige Erlesen von Wörtern gesichert war. Dies bedeutete aber nicht schon das Ende des Lesenlernens. Es wurde im weiterführenden Lesen fortgeführt durch den Ausbau von Lesetechniken, die Steigerung der Geläufigkeit und der Sicherheit im Lesevortrag; auch hier griff man Anregungen aus der Sprachdidaktik auf.

Unter dem Einfluss international verbreiteter Arbeiten zum Schrifterwerb änderte sich die Auffassung von einem kind- und sachgerechten Anfangsunterricht grundlegend. Betont wird seither die aktive Rolle der Kinder bei der Aneignung von Schrift. Damit ist das Teilleistungskonzept mit seiner strikten Trennung von Erstlesen und Erstschreiben ebenso obsolet wie das Festhalten an einem Lehrprozess, der im Schrittmaß einer als „richtig" geltenden Methode alle Kinder auf dem gleichen Weg und in gleicher Zeit durch einen Lehrgang führt. Vielmehr kommt es nun entscheidend darauf an, dass die Kinder von Anfang an einen adäquaten Begriff von Schrift und Schriftlichkeit bekommen.

Mit der Betonung der aktiven Rolle der Kinder und der Aufhebung der strikten Trennung von Erstlesen und Erstschreiben kehren sich die alten Dominanzverhältnisse um. Bis in die siebziger Jahre des 20. Jahrhunderts richtete sich die didaktische Aufmerksamkeit für den Anfangsunterricht in erster Linie auf das Lesen. Ausgearbeitete Methodiken für das Schreiben standen kaum zur Verfügung; außerdem galt es als selbstverständlich, dass der Leselehrgang zeitlich dem Schreiblehrgang vorausgehen sollte. Inzwischen wird Schriftaneignung überwiegend unter dem Aspekt des Schreibens in den Blick genommen, wobei derzeit die frühe Wahrnehmung der „Autorenfunktion" die meiste Aufmerksamkeit der Didaktik auf sich zieht. Die Lehrkräfte im Anfangsunterricht des Lesens und Schreibens stehen damit vor einer nicht zu unterschätzenden fachlichen Herausforderung. Einerseits sollen sie einen vollständigen Begriff von Schriftlichkeit im Auge behalten, damit sie nicht riskieren, dass die Kinder demotiviert und desorientiert werden. Andererseits besteht die Notwendigkeit, dafür zu sorgen, dass langsamere Kinder nicht den Anschluss verlieren und fehlende häusliche Vorerfahrungen mit Schriftlichkeit in der Schule nachholen können.

Verstärkt auf das Lesen lenkt Dehn die Aufmerksamkeit der Didaktik insofern, als sie die Erweiterung literaler Praktiken, die Entfaltung literarischer Kompetenz und die Anleitung zum Problemlösen zu den Angelpunkten ihrer Überlegungen macht. Denn damit erscheint Schriftaneignung durch das Lernen in der Schule als das Bewusstwerden und Ausdifferenzieren von Erfahrungen, über die schon vor jedem Unterricht Kinder durch Teilhabe an kulturellen Praktiken verfügen: etwa durch das Übernehmen von Haltungen und Bewegungsmustern, die mit Aktivitäten des Lesens und Schreibens verbunden sind; oder durch das Vertrautwerden mit literarischen Mustern aus vorgelesenen oder in den Medien aufbereiteten Geschichten. Solche Erfahrungen können in Gesellschaften, die von Schriftlichkeit so stark geprägt sind wie die unsere, trotz aller quantitativen und qualitativen Unterschiede grundsätzlich unterstellt werden. Gestützt werden diese Überlegungen durch kulturanthropologische wie sprachwissenschaftliche Forschungen zur Schriftlichkeit. Dabei übernimmt Dehn als Schlüsselbegriff von Koch und Oesterreicher (1994) den der konzeptionellen Schriftlichkeit.

Dieser Begriff dient ursprünglich dazu, den Unterschied zwischen Mündlichkeit und Schriftlichkeit nach zwei Dimensionen zu charakterisieren: medial als den Unterschied zwischen Gesprochenem und Geschriebenem, konzeptionell nach Nähe und Distanz (Koch; Oesterreicher 1985). Getroffen wird diese Unterscheidung, damit man nicht alles Gesprochene zur Mündlichkeit und alles Geschriebene zur Schriftlichkeit rechnen muss. Denn offensichtlich ist ein Nachrichtensprecher jemand, der einen geschriebenen Text abliest; und auch ein Vortrag, selbst wenn er nicht abgelesen, sondern frei gehalten wird, ist vorher schriftlich konzipiert und bearbeitet worden, also handelt es sich beide Male um Beispiele für konzeptionelle Schriftlichkeit. Umgekehrt wird beispielsweise ein Beitrag für einen Internet-Chat zwar geschrieben, hat aber mit spontanen Redebeiträgen in Gesprächen mehr Ähnlichkeit als etwa mit einem Zeitungskommentar und gehört deshalb konzeptionell zur Mündlichkeit.

Ich möchte diese wichtige Unterscheidung aber nicht mit den Begriffen „Nähe" und „Distanz" kennzeichnen, weil damit ungewollt ein wertender Aspekt ins

Spiel kommt. Konzeptionelle Mündlichkeit im Sinne von Koch und Österreicher ist in informellen Gesprächssituationen anzutreffen, also von vornherein dialogisch angelegt, während Textualität gerade darin besteht, die Begrenzungen solcher Situationen (geteilter Wahrnehmungsraum und Flüchtigkeit des Sprechens) zu überschreiten. Dass Dehn ihren Ausführungen ein etwas anderes Verständnis von konzeptioneller Schriftlichkeit zugrunde legt, führt zu einigen Problemen, auf die ich im zweiten Abschnitt näher eingehen werde.

Zuvor ist noch nachzutragen, dass weitere Parameter zu berücksichtigen wären, um – auch in einer didaktischen Perspektive – die Qualität von Schriftnutzung zu charakterisieren, nämlich:

- im Hinblick auf äußere und innere Mehrsprachigkeit: die Unterscheidung zwischen vernakulärer Haus- und Bildungssprache;
- im Hinblick auf die kulturell bestimmten Umgangsweisen die Unterscheidung zwischen Alphabetisiertheit (mit der Beschränkung auf die „Kulturtechniken" des Lesens und Schreibens) und entfalteter Literalität (mit der Kompetenz zu selbständiger, kritisch-reflektierter Teilhabe an der Schriftkultur);
- und schließlich didaktisch nach der Orientierung der Aufmerksamkeit auf einzelne Aspekte der Schrift.

Die beiden zuletzt genannten Punkte verdienen in der didaktischen Diskussion eine besondere Aufmerksamkeit. Die Beschränkung auf Alphabetisiertheit würde schreibdidaktisch bedeuten, dass sich der Unterricht darauf konzentriert, zur Wahrnehmung der „Sekretärsfunktion" (also zum Abschreiben und zum Schreiben nach Diktat) zu befähigen und die Wahrnehmung der „Autorenfunktion" der höheren Bildung zu überlassen. Lesedidaktisch hätte die Beschränkung zur Folge, dass man sich mit der Vermittlung der Fähigkeit zufrieden gibt, einen kleinen, aber streng festgelegten Bestand an Texten fehlerfrei lesen zu können. Diese Einschränkungen entsprechen nicht dem Bild, das die Didaktik heute von einem zeitgemäßen Schreib- und Leseunterricht entwirft. Deshalb soll schon der Anfangsunterricht den Kindern zu einer möglichst vollständigen Vorstellung davon verhelfen, was es heißt, lesen und schreiben zu können. Trotzdem wird man die Aneignung der „Techniken" des Schreibens und des Lesens nicht vernachlässigen. Für die Schreibdidaktik ist es selbstverständlich, die Aufmerksamkeit gezielt auch auf die graphomotorisch-orthographischen Aspekte der Schrift zu lenken. In der Lesedidaktik dagegen setzt man eher darauf, dass allein der Sog, den interessante Lesestoffe ausüben, eine Steigerung der Lesefertigkeit bewirkt.

Der Prozess der Leistungssteigerung steuert sich zwar von einer bestimmten Lesefertigkeit an durch eigenständige Buchlektüre in der Tat selbst. Dies geschieht, wenn eine Automatisierung eingetreten ist, die eine verkürzte Form des Zusammenspiels der einzelnen Teilfunktionen gestattet. Aber bis dahin sind Schwierigkeiten zu überbrücken, die in der Besonderheit von Alphabetschriften liegen. „Leicht" sind diese Schriften nämlich nur insofern, als sie wegen des kleinen

Grapheminventars das Gedächtnis nicht stark beanspruchen. Dafür stellen sie besonders hohe Anforderungen an metalinguistische Fähigkeiten. Dies gilt in zweifacher Hinsicht:

– Erstens muss man, um auch nur ein Wort erlesen zu können, die Abfolge von Graphemen in eine Klanggestalt übersetzen (*rekodieren*). Die Klanggestalt ist aber nicht unmittelbar aus der Graphem-Phonem-Korrespondenz zu erlesen; denn artikulatorisch wird diese Gestalt nicht durch Phoneme, sondern durch Silben gebildet. Das Lesen einer Alphabetschrift erfordert demnach, sich vom einzelnen Graphem zu lösen und eine schriftlich nicht repräsentierte Zwischengröße, die Silbe anzusteuern.

– Zweitens haben Alphabetschriften individuelle, lokale und soziale phonologische Varietäten zu überbrücken. Die Klanggestalt, die Leser aus der Abfolge der Phoneme konstruieren, ist meistens keineswegs identisch mit der, die sich aus der Artikulation in der eigenen Sprechsprache ergeben würde. Leser einer Alphabetschrift müssen von solchen phonetischen Unterschieden abstrahieren.

Schon deswegen, erst recht unter Berücksichtigung konzeptioneller Schriftlichkeit, ist lesedidaktisch auch die Beziehung zwischen Vernakulär- und standardisierter Schriftsprache von Belang. Nur für einen Teil der Kinder ist die Illusion aufrecht zu erhalten, dass die Schriftsprache des zu Lesenden nichts anderes sei als die Spiegelung der erworbenen oralen Sprache.

2. Wird in den Begründungszusammenhängen für die heutige Lesedidaktik etwas übersehen?

Obwohl konzeptionelle Schriftlichkeit eine Schlüsselrolle für die Darstellung des Lesenlernens im neuen Handbuch spielt, bleiben die zuletzt genannten Punkte unberücksichtigt. Das liegt daran, dass Dehn den Begriff zwar übernimmt, ihm aber eine eigene Interpretation angedeihen lässt, in deren Zusammenhang die sprachlichen Aspekte von konzeptioneller Schriftlichkeit irrelevant zu sein scheinen. Mit Recht geht sie davon aus, dass der Alltag der Kinder durchaus in dem Maße von Schriftgebrauch bestimmt ist, wie dieser „integrierter Bestandteil des Lebens in literalen Gesellschaften" geworden sei (S. 571). Es ist m. E. aber schon fraglich, ob man daraus ohne Vorbehalt schließen darf, „daß die Kinder bestimmte Formen konzeptioneller Schriftlichkeit kennen und in der Rezeption beherrschen, lange bevor sie lesen (und schreiben) lernen" (ebd.). Für Dehn ist das insofern kein Problem, als sie schon das Erzählen von Geschichten als ein wesentliches Kriterium dafür betrachtet, dass konzeptionelle Schriftlichkeit vorliegt. Zur Absicherung dieser Auffassung beruft sie sich auf den russischen Psychologen Wygotski,[3] der in den dreißiger Jahren „das Kriterium der Abstraktion von der Situation [...] zur Unterscheidung von gesprochener und geschriebener

---

[3] Zu dessen Aktualität vgl. Lompscher 1996.

Sprache eingeführt hatte" (S. 572). Sie verkennt dabei nicht, dass dort der Argumentationszusammenhang ein anderer ist; worauf es ihr ankommt, ist der Hinweis darauf, dass konzeptionelle Schriftlichkeit etwas mit dem Überschreiten von unmittelbar gegebenen Situationen zu tun hat – und das trifft eben auch für das Narrative zu: Erzählt werden kann nur etwas, das sich nicht hier und jetzt in der Sprechsituation ereignet.

Der Hinweis ist also prinzipiell nicht unangebracht und doch in dieser Form irreführend. Was Dehn anspricht, ist ein Kennzeichen von Texten. Zweifellos ist konzeptionelle Schriftlichkeit an Textualität gebunden. Da aber auch mündliche Kulturen über Texte verfügen, kann das allein noch nicht das ausschlaggebende Kriterium für konzeptionelle Schriftlichkeit sein. In der schriftlichen Überlieferung obliegt das Geschäft des (Wieder-)Herstellens der Rede dem Lesenden. Das ist insbesondere bei Texten, die in einer Alphabetschrift verfasst sind, eine sprachliche Aufgabe, die zu bewältigen weit über eine bloße Kulturtechnik hinausgeht.

Der Umstand, dass schriftkonstituierte Texte keine Möglichkeit zu unmittelbarem Rück- und Nachfragen bieten, verschärft die Bedingungen der Situationsentbundenheit. Es ist daher mit größerer Explizitheit zu formulieren. Das wirkt sich nicht nur darauf aus, mit welchen sprachlichen Mitteln auf Gegenstände und Sachverhalte verwiesen werden kann. Schriftkonstituierte Texte sind prinzipiell monologisch, auch wenn sie Dialoge wiedergeben können. Was in einem realen Gespräch vom jeweiligen Partner an Einwänden und Nachfragen vorgebracht werden kann, muss in konzeptionell schriftlichen Texten vom Autor vorweggenommen und in die monologische Textgestaltung integriert werden. Die Verfahren hierzu – beispielsweise die Tendenz zur Hypotaxe – sind zu einem großen Teil für die Schriftsprache grammatikalisiert und in der primären Mündlichkeit viel weniger in Gebrauch.

Das Erlesen von Texten, die im Bereich konzeptioneller Schriftlichkeit angesiedelt sind (schon Tageszeitungen gehören dazu), erfordert demnach, dass man die Bedeutung bestimmter grammatischer Konstruktionen erfasst, zum Beispiel die Funktion des Konjunktivgebrauchs, das Ineinandergreifen von Propositionen in Satzgefügen oder das Verdichten von Informationen durch Nominalisierungen. Es kommt eine Besonderheit von Alphabetschriften hinzu: Dies alles ereignet sich in einer Sprache, die nicht identisch ist mit der gesprochenen. Denn die für die Kultur eines Landes gültige Schriftsprache kann nur funktionieren, wenn sie die bestehenden mündlichen Varietäten überwölbt. Wir schreiben nicht so, wie wir sprechen, aber wir können lernen, fast so zu sprechen, wie wir schreiben. Dann wird uns die Sprache der konzeptionellen Schriftlichkeit zur zweiten Natur (vgl. Ivo 1994). Davon, dass man die sprachliche Fähigkeit, aus Schrift artikulierte Rede zu erzeugen, erst erlernen muss, mag man in der Literaturwissenschaft absehen, in der Lesedidaktik sollte man es nicht.

3. Ist die im Unterricht praktizierte Leselehre sprachlich gut fundiert?

Dass gleichwohl dieser Aspekt didaktisch so stark vernachlässigt wird, verlangt nach einer Erklärung. Sie ist vermutlich darin zu suchen, dass es in den Praktiken, die den Leseunterricht dominieren, nur eine sehr schmale Basis für eine sprachlich fundierte Leselehre gibt. An Lesestunden fehlt es ja nicht. Aber wenn man einmal zusammenstellt, welche Handlungsmuster darin eine Rolle spielen, dann kommt man auf folgende Aktivitäten, die dem sprachlichen Erfassen von Texten dienen sollen:

– das laute Lesen mit stillem Mitlesen;
– das laute Lesen zur Steigerung der Lesegeläufigkeit und zur Entfaltung eines wirksamen Lesevortrags;
– eine Reihe von verständnissichernden Maßnahmen
  – durch das Hervorheben von Wichtigem,
  – durch das Untergliedern in Sinnschritte,
  – durch das Finden passender Überschriften zu Texten und Abschnitten,
  – durch die Wiedergabe des Gelesenen in eigenen Worten.

Das laute Lesen brauchen Leseanfänger, um überhaupt über die Klanggestalt von Buchstabenfolgen Zugang zur Bedeutung sprachlicher Einheiten zu finden. Schon im Laufe der Grundschulzeit tritt ein Funktionswandel des lauten Lesens ein. Die Lesenden müssen nicht mehr laut artikulieren, um einen Zugang zur Bedeutung zu erlangen. Allerdings können zuweilen Verlesungen Aufschlüsse über Textstellen geben, deren Bedeutung nicht sicher erfasst worden ist. In solchen Fällen geschieht meist nicht mehr als eine beiläufige Korrektur, durch die Falsches durch Richtiges ersetzt wird. Der Funktionswandel des lauten Lesens ist den Lehrkräften selbstverständlich bekannt. Praktiken an Lesetexten wie das Unterstreichen wichtiger Wörter, das Markieren von Betonungen oder das Abgrenzen von Sinnschritten setzen ja die Fähigkeit des stillen Lesens voraus.

Wenn nach dem Anfangsunterricht das laute Lesen die einzige Lektürepraxis darstellt, die unmittelbar dem Prozess des Erlesens gilt, beruht dies auf der stillschweigenden Unterstellung, dass die sprachliche Bedeutung eines Textes sich von alleine ergibt, sofern richtig rekodiert wird und alle Wörter „bekannt" sind. Genau das lässt sich im Unterricht beobachten. Es ist ein erwartbares Ritual, dass Schülerinnen und Schüler nach der stillen oder lauten Lektüre eines Textes gefragt werden, welche Wörter sie nicht verstanden haben. Ist die Bedeutung dieser Wörter erklärt, gilt der Text prinzipiell als „verstanden". Das heißt: Im Unterricht werden nur Probleme mit Wortbedeutungen zur Bearbeitung aufgerufen. Das macht aber nur einen kleinen Teil dessen aus, was für das sprachliche Erfassen von Texten erforderlich wäre. Es käme darauf an – das Schreckenswort lässt sich auf Dauer nicht vermeiden –, die grammatische Konstruktion von Texten in die Leselehre einzubeziehen (vgl. Giese 1998).

Im Augenblick sieht es jedoch so aus, dass man aus dem unbefriedigenden Zustand der Leselehre in der Unterrichtspraxis nach anderen Auswegen sucht. Gemeinsam ist ihnen, dass sie als Zusätze – oder sogar als Gegensätze – zum alltäglichen Unterrichtsgeschehen in Erscheinung treten: als Leseabende und -nächte, als Vorleserunden und -wettbewerbe. Solche Vorschläge werden gerne aufgegriffen, und so gut wie nie wird versäumt, bei der Inszenierung solcher Veranstaltungen eine Atmosphäre der Kuscheligkeit zu schaffen, wie sie beim Vorlesen im Familienkreis herrschen mag. Ein wesentliches Moment des häuslichen Vorlesens lässt sich auf diese Weise aber nicht in die Schule übertragen. Zuhause sitzen kleine Kinder meistens so, dass sie zusammen mit dem Erwachsenen, der ihnen etwas vorliest, in das aufgeschlagene Buch blicken und mit den Fingern auf einzelne Stellen zeigen oder den Lesevorgang begleiten können. So werden sie nicht nur mit Inhalt und der Sprache vertraut, in der die Texte verfasst sind, sondern zugleich mit der optischen Gestalt, in der sie sich schriftlich präsentieren. Diese Zugriffsmöglichkeit auf „Grammatisches" in Texten (ihre Linearität, die Abgrenzung von Wörtern durch Zwischenräume, die Kennzeichnung größerer Sinneinheiten) liegt in den Situationen häuslichen Vorlesens offen zutage, in der Schule dagegen nicht, weil nur wenige Kinder gleichzeitig mit ihren Blicken am Vorlesen eines Erwachsenen teilhaben können. Es stellt sich also auch hier die Frage, was zu tun ist, um das, was im „Nebenher" außerhalb der Schule gelernt werden kann, unter den Bedingungen der Schule zu sichern – und damit müsste es zumindest im Kopf von Didaktikern seine Beiläufigkeit verlieren. An der Erweiterung von didaktischen Handlungsmustern, die in den regulären Unterricht zu integrieren sind, kommt also die Leselehre nicht vorbei. Dazu möchte ich vorschlagen, den gegenwärtigen Bestand noch einmal in den Blick zu nehmen.

4. Wie kann die Schriftsprache in den toten Winkel der Lesedidaktik geraten?

Die Praktiken der Leselehre schenken dem sprachlichen Erschließen von Texten, sofern es über die Klärung unbekannter Wörter hinausgeht, zu wenig Beachtung. Insofern müssen sie als unzulänglich gelten. Dieser Befund erfordert eine weitere Klärung. Denn es ist nicht sehr wahrscheinlich, dass ein Unterrichtswesen in einem so zentralen Bereich wie dem Lesen Jahrhunderte lang mit einem derartigen Mangel behaftet ist, ohne dass es in der didaktisch-methodischen Diskussion zu einer intensiven und kontinuierlichen Suche nach Abhilfe kommt. Vereinzelte Ansätze hierzu hat es zwar gegeben, in den siebziger Jahren des 20. Jahrhunderts etwa die Arbeiten von Peter Braun (1971), Gert Kleinschmidt (1971) und Erhard Peter Müller (1978). Insgesamt aber sind in der Didaktik des Deutschunterrichts die sprachlichen Aspekte der Texterschließung kaum thematisiert worden, weder positiv durch das Unterbreiten geeigneter Vorschläge noch negativ durch Kritik an ihrer Vernachlässigung. Dies deutet auf das

Bestehen von literalen Praktiken hin, in denen der eben konstatierte Mangel nicht sichtbar wird, sodass die Didaktik wenig Veranlassung zur Intervention sieht. Wenn es solche Praktiken gibt, sind sie vermutlich so beschaffen, dass darin das Verhältnis zwischen mündlichem Vernakular und der Bildungssprache der konzeptionellen Schriftlichkeit als verhältnismäßig unproblematisch erscheint.

Betrachtet man unter diesem Aspekt die heute für den Unterricht bevorzugt ausgewählten Lesestücke, stößt man bereits auf literale Praktiken, die den Blick auf die Notwendigkeit der sprachlichen Erschließung von Texten verstellen könnten. Denn die Diskrepanz zwischen der schriftlichen und der mündlichen Sprache fällt umso weniger auf, als die Texte in ihrer Gestaltung konzeptioneller Mündlichkeit angenähert sind. Das ist eine Entwicklung, die in der literarischen Moderne vielfach zu beobachten ist (vgl. Betten 1987), man denke etwa an die literarischen Annäherungen an Alltagsgespräche oder an die Bedeutung von inneren Monologen. Sie spielt erst recht eine große Rolle in der Gestaltung von Unterhaltungsliteratur oder in der Kinder- und Jugendliteratur. Mit anderen Worten: Die konzeptionellen Unterschiede zwischen Mündlichkeit und Schriftlichkeit treten in den bevorzugten literarischen Texten sowohl der Privat- als auch der Schullektüre nicht so deutlich zutage, dass von einem didaktisch zu bearbeitenden Spannungsverhältnis gesprochen werden müsste. Aber Lesefähigkeit ist auf diesem Niveau unzulänglich und wenig stabil. Fiktionale Texte, die im dialogischen Wechsel von Rede und Gegenrede Mündlichkeit reproduzieren, sind leicht ersetzbar durch die szenischen Angebote in der Medienkultur. Mit Texten, die stärker von konzeptioneller Schriftlichkeit geprägt sind, bekommen es Schülerinnen und Schüler am ehesten in den Sachfächern zu tun. Auch hier macht sich aber in den Schulbüchern die Tendenz bemerkbar, diese Texte sprachlich stark zu vereinfachen oder in der didaktischen Aufbereitung des Lernstoffs zu ersetzen.

Dieses Bedingungsgefüge für literale Praktiken ist indessen so jungen Datums, dass es nicht als einziges für den blinden Fleck der Lesedidaktik in Frage kommen kann. Daher muss man zur Klärung der Frage, inwiefern das Verhältnis von Vernakular und Bildungssprache als unproblematisch erscheinen kann, etwas weiter ausholen. Besonders deutlich tritt es als Spannungsverhältnis dort in Erscheinung, wo kanonisierte Texte in einer Sprache verfasst sind, die sich von den mündlichen Vernakularen stark unterscheiden und trotzdem in der Lebenspraxis fest verankert sind. Das gilt etwa für den Umgang mit Texten einer Sakralsprache, die auch ohne eine genauere Sprachkenntnis liturgisch in Gebrauch genommen werden können. Ich nenne einige Beispiele: Auch vor dem Zweiten Vatikanischem Konzil mussten katholische Laien nicht Latein gelernt haben, um ihren Part in der Liturgie übernehmen zu können. Türkische Muslime lesen selbstverständlich den Koran auf Arabisch; was nicht zwangsläufig mit der Fähigkeit verbunden ist, eine arabische Tageszeitung zu verstehen. Hingegen gibt es in der evangelischen Tradition, die für Herausbildung der deutschen Literatursprache von entscheidender Bedeutung ist (vgl. zuletzt Schlaffer 2002), den Unterschied zwischen einem Vernakular, das der zwischenmenschlichen Verständigung dient, und einer Sakralsprache, die man zuweilen nur in Formeln nach genau festgelegten Abläufen anwenden können muss, nicht in gleicher Weise. Die Luther-Bibel ist nicht in einer Sakralsprache verfasst, allerdings auch nicht als Verschriftlichung eines bestehenden Vernakulars, sondern in einer Konstruktion, die möglichst im ganzen deutschen Sprachraum zugänglich sein sollte. In dieser Tradition nun trifft man auf literale Praktiken, in denen einerseits das Verstehenkönnen und das Verstandenhaben keineswegs zu vernachlässigen sind, andererseits durchaus ein deutliches Spannungsverhältnis zwischen den regionalen Vernakularen und der Sprache der Schrift besteht. Lange Zeit wird diese Sprache nirgendwo in Deutschland gesprochen, es sei denn von „Experten" in Situationen konzeptioneller Schriftlichkeit: zunächst in der Predigt und in der katechetischen Unterweisung, später zunehmend im Unterricht und auf den Bühnen des Theaters und der Politik. Das Kirchenvolk kann in dieser Sprache zwar beten und singen, aber nicht frei sprechen.

Eigentlich hätte das schon Anlass genug sein können, den Abstand zwischen Vernakular und Schriftsprache als ein Problem für das verstehende Lesen in den Horizont des didaktischen Denkens zu rücken, wenn die Rahmenbedingungen für die darauf beruhenden traditionsverhafteten literalen Praktiken denen glichen, die für den gegenwärtigen Leseunterricht bestimmend sind. Die Unterschiede sind jedoch nicht zu übersehen. In den genannten Traditionen ist die Lektüre auf einen begrenzten Kanon von Texten beschränkt, die entweder in liturgisch geregelten und wiederholten Situationen Verwendung finden oder zu einem festen Bestand an Bildungsgütern gehören; an eine freie Auswahl von Lesestoffen und individuelle Zielsetzungen für die Lektüre ist nicht gedacht. Gelesen wird nicht privat, sondern im Rahmen sozialer Situationen; schon damit ist ein Grundverstehen gesichert. Gelesen wird in diesen Kontexten auch nicht mit dem Ziel, sich durch die Lektüre Unbekanntes zu erschließen; vielmehr dient das Gelesene als ein Schatz an Deutungsformeln für das, was einem im Leben widerfahren kann. Pointiert formuliert: Es geht primär nicht darum, einen fremden Text verstehend zu erschließen, sondern darum, einen gemeinsamen Besitz an Texten auf das Verständnis des eigenen Lebens anzuwenden. Mit den Zielsetzungen einer eingeschränkten Alphabetisiertheit für die Masse der Bevölkerung funktionieren nach diesem Muster auch die literalen Praktiken, die kanonisierte nicht-religiöse Texte zum Gegenstand haben.

Demnach war die nationale deutsche Literatursprache selbst unter schulischen Bedingungen einer eingeschränkten Alphabetisiertheit gleichwohl in Praktiken verankert, die im religiösen Leben, im politischen Wirken unterprivilegierter Schichten und im kulturellen Brauchtum wie etwa in der Pflege des Liedgutes eine Rolle spielten. Eben weil diese Sprache im Alltag nicht gesprochen wurde, sondern dort nur in der Gestalt von Zitiertem passiv wie aktiv in Gebrauch genommen wurde, konnte in der Schule eine grundlegende Vertrautheit mit den Spannungsverhältnissen zwischen Mündlichkeit und Schriftlichkeit, mündlich erworbener Varietät und Einheitssprache als Selbstverständlichkeit vorausgesetzt werden. Für kulturell und sprachlich so heterogene Gesellschaften wie die unsere (vgl. etwa Erfurt 2003) mit literalen Praktiken, die sich durch freien Zugang zu einem unübersichtlich gewordenen Medienangebot und durch individuelle Lektüre auszeichnen, gilt dies nicht mehr.

5. Kann die Schriftsprache in das Blickfeld der Lesedidaktik kommen?

Rückgängig zu machen sind die eingetretenen Veränderungen nicht. Werden sie von der Didaktik nicht als Herausforderung, sondern allenfalls in kulturkritischer Nostalgie zur Kenntnis genommen, errichtet sie Bildungsschranken, gegen die sich ein ökonomisch gesteuerter Zugang zu höherwertigen schulischen Qualifizierungen als vergleichsweise harmloses Hindernis ausnimmt.

Die bestehenden Herausforderungen aufzugreifen, würde bedeuten, dass die Lesedidaktik den Gedanken, an die literalen Praktiken außerhalb der Schule anzuknüpfen, konsequent weiter verfolgt. Dann müsste sie nämlich diese Praktiken differenzierter beschreiben, sodass nicht nur deutlich wird, worauf sich die Schule stützen kann, sondern auch – wie dies beispielgebend Shirley Brice Heath (1983) gezeigt hat –, inwiefern sich die von den Kindern erfahrenen Praktiken im Hinblick auf das Ziel einer nicht eingeschränkten Schriftlichkeit als problematisch erweisen können.

Bezogen auf das hier dargestellte Problem einer Leseförderung, die das Spannungsverhältnis zwischen alltagsweltlicher Mündlichkeit und konzeptioneller Schriftlichkeit nicht umgeht, kommt es darauf an, entsprechende literale Praktiken unter den Bedingungen des Schulunterrichts zu modellieren. Dies kann gelingen, wenn man die Arbeiten, die hierzu bereits geleistet wurden,[4] aufgreift und weiter entwickelt. Dies sollte m. E. unter Berücksichtigung folgender Gesichtspunkte geschehen:

1. Leseförderung durch die Schule kann sich nicht damit zufrieden geben, dass Kinder und Jugendliche gerne Gelesenes häufig lesen. Sie muss auch dazu befähigen, schwierige Lesestoffe in Angriff zu nehmen.

2. Der Fähigkeit zur Lektüre literarischer Texte kommt eine Bedeutung jenseits engerer literaturdidaktischer Zielsetzungen zu. Die skizzierten Spannungsverhältnisse werden in der Sprache der Schrift nirgendwo so vollständig und vielfältig artikuliert wie in literarischen Texten. Solche Texte lesen zu können, das heißt sie aus der Schrift für sich selbst artikulieren zu können, ist daher auch eine nicht zu vernachlässigende sprachdidaktische Zielsetzung.

---

[4] Immer noch Maßstäbe setzend: Kleinschmidt 1971.

3. Leselernprozesse sind so zu gestalten, dass man für jeden der zu erlesenden Texte basale Lesefähigkeiten zum Ausgangspunkt für Weiterentwicklungen nutzen kann. Zu realisieren ist dies mit Hilfe der heute zur Verfügung stehenden Technologie der Textverarbeitung; ihr Fehlen ist vielleicht einer der Gründe dafür, dass die operativen Ansätze des weiterführenden Lesens sich in der Unterrichtspraxis bisher nicht durchgesetzt haben.

Ein Wort zum Schluss. Mir liegt daran, hervorzuheben, dass dies den Rahmen, den das neue Handbuch für das Lesenlernen und -lehren absteckt, nicht sprengen würde. Es sollte nur die Aufmerksamkeit auf einen wichtigen Punkt gelenkt werden: dass konzeptionelle Schriftlichkeit in unserer Kultur an eine Sprache gebunden ist, deren Gebrauch im Lesen sich nicht mehr für alle von selbst versteht. Diese Sprache ist auch heute ein Konstrukt – kein politisches mehr zur nationalen Identitätsstiftung, sondern ein didaktisches (vgl. Haueis 1999), damit der Zugang zu konzeptioneller Schriftlichkeit allen offen steht, die hier zuhause sind.

Literatur

Balhorn, Heiko; Niemann Heide (Hrsg.) (1997): Sprachen werden Schrift. Mündlichkeit – Schriftlichkeit – Mehrsprachigkeit. Lengwil: Libelle

Baumgärtner, Alfred Clemens (Hrsg.) (1973): Lesen – ein Handbuch. Hamburg: Verlag für Buchmarkt-Forschung

Betten, Anne (1987): Grundzüge der Prosasyntax. Stilprägende Entwicklungen vom Althochdeutschen zum Neuhochdeutschen. Tübingen: Niemeyer

Bickenbach, Matthias (1999): Von der Möglichkeit einer „inneren" Geschichte des Lesens. Tübingen: Niemeyer

Blackall, Eric A. (1966): Die Entwicklung des Deutschen zur Literatursprache 1700 – 1775. [Dt. EA 1959]. Stuttgart: Metzler

Braun, Peter (1971): Das weiterführende Lesen. Düsseldorf: Schwann

Christmann, Ursula; Groeben, Norbert (1999): Psychologie des Lesens. In: Handbuch Lesen. Hg. von Bodo Franzmann u. a.. Baltmannsweiler: Schneider Verlag Hohengehren, S. 145–223

Dehn, Mechthild u. a. (1999): Lesesozialisation, Literaturunterricht und Leseförderung in der Schule. In: In: Handbuch Lesen. Hg. von Bodo Franzmann u. a.. Baltmannsweiler: Schneider Verlag Hohengehren, S. 568–637

Erfurt, Jürgen; Joachim Gessinger (Hrsg.) (1993): Schriftkultur und sprachlicher Wandel. OBST, H. 47

Erfurt, Jürgen (Hrsg.) (2003): „Multisprech": Hybridität, Variation, Identität. OBST, H. 65

Deutsches PISA-Konsortium (Hrsg.) (2001): PISA 2000. Basiskompetenzen von Schülerinnen und Schülern im internationalen Vergleich. Opladen: Westdeutscher Verlag

Franzmann, Bodo; Löffler, Dietrich; Schön, Erich (Hrsg.) (1999): Handbuch Lesen. Baltmannsweiler: Schneider Verlag Hohengehren

Gessinger, Joachim (1980): Sprache und Bürgertum. Sozialgeschichte sprachlicher Verkehrsformen im Deutschland des 18. Jahrhunderts. Stuttgart: Metzler

Giese, Heinz W. (1998): Grammatikunterricht von Anfang an: Der Schriftspracherwerb als Anlaß für grammatische Gespräche. In: Sprache thematisieren. Fachdidaktische und unterrichtswissenschaftliche Aspekte. Hg. von Heinz Giese; Jakob Ossner. Freiburg: Fillibach, S. 67–78

Glück, Helmut (1987): Schrift und Schriftlichkeit. Stuttgart: Metzler

Günther, Hartmut (1998): Phonographisches Lesen als Kernproblem der Dyslexie. In: Schriftspracherwerb. Hg. von Rüdiger Weingarten; Hartmut Günther. Baltmannsweiler: Schneider Verlag Hohengehren, S. 28–115

Haueis, Eduard (1997): Leseförderung im Kontext des Schriftspracherwerbs. In: Lesezeichen, H. 3, S. 35–50

Haueis, Eduard (1999): Kann die Schule ein Ort des Sprachlernens bleiben. In: Sprache an der Jahrtausendwende. OBST, H. 60, S. 77–93

Heath, Shirley B. (1983): Ways with words. Cambridge University Press

Herrlitz, Wolfgang (1994): Spitzen der Eisberge. Vorbemerkungen zu einer vergleichenden Analyse metonymischer Strukturen im Unterricht der Standardsprache. In: Muttersprachlicher Unterricht an Europas Schulen. Hg. von Eduard Haueis. OBST, H. 48, S. 13–51

Hofer, Adolf (Hrsg.) (1976): Lesenlernen: Theorie und Praxis. Düsseldorf: Schwann

Ivo, Hubert (1994): Muttersprache – Identität – Nation. Sprachliche Bildung im Spannungsfeld von einheimisch und fremd. Opladen: Westdeutscher Verlag

Kleinschmidt, Gert (1971): Theorie und Praxis des Lesens in Grund- und Hauptschule. Frankfurt a. M.: Diesterweg, 2. erw. Auflage

Koch, Peter; Oesterreicher, Wulf (1985): Sprache der Nähe – Sprache der Distanz. Mündlichkeit und Schriftlichkeit im Spannungsfeld von Sprachtheorie und Sprachgeschichte. In: Romanistisches Jahrbuch 36, S. 15–43

Koch, Peter; Oesterreicher; Wulf (1994): Schriftlichkeit und Sprache. In: Schrift und Schriftlichkeit. Writing an its Use. Hg. von Günther, Hartmut; Ludwig, Otto. 1. Halbband, Berlin; New York: de Gruyter, Sp. 587–604

Leseleistung – Lesekompetenz (2002): Praxis Deutsch, H. 176

Lompscher, Joachim (Hrsg.) (1996): Entwicklung und Lernen aus kulturhistorischer Sicht. 2 Bde. Marburg: BdWi-Verlag

Manguel, Alberto (1998): Eine Geschichte des Lesens. Berlin: Volk und Welt, 3. Auflage

Müller, Erhard Peter (1978): Lesen in der Grundschule. Grundlegung und Praxis eines sinngerichteten Leseunterrichts. München: Oldenbourg

Oerter, Rolf (1999): Theorien der Lesesozialisation – Zur Ontogenese des Lesens. In: Lesesozialisation in der Mediengesellschaft. Hg. von Norbert Groeben. Internationales Archiv zur Sozialgeschichte der deutschen Literatur, Sonderheft 10. Tübingen: Niemeyer, S. 27–55

Pangh, Claudia (2000): Schriftlichkeit in der Hauptschule im Spannungsfeld von Homogenisierung und Heterogenität. Wiss. Hausarbeit. Heidelberg: Pädagogische Hochschule [Masch. Ms.]

Schlaffer, Heinz (2002): Die kurze Geschichte der deutschen Literatur. München: Hanser

HARTMUT GÜNTHER

Modelle des Lesenlernens

> Die guten Leutchen wissen nicht, was es einem für Zeit und Mühe
> gekostet, um lesen zu lernen. Ich habe achtzig Jahre dazu gebraucht
> und kann noch jetzt nicht sagen, daß ich am Ziele wäre.
>
> Goethe zu Soret am 25. Januar 1830

Vorbemerkungen[1]

Als ich im Sommer 2002 die Einladung erhielt, im Rahmen der Ringvorlesung
Wege zum Lesen und zur Literatur einen Vortrag mit dem genannten Thema zu
halten, habe ich bedenkenlos und frohgemut zugesagt und dann, voll gefordert
durch andere Verpflichtungen, das Ganze in den Schuber „eilt nicht" abgelegt.
Als ich im April 2003 die Email mit dem endgültigen Programm erhielt, bin ich
etwas erschrocken, und zwar erstens, als ich feststellte, dass ich nicht über Modelle des Schriftspracherwerbs sprechen sollte, sondern über Modelle des Lesenlernens, und zweitens, als ich den Titel der Gesamtveranstaltung zur Kenntnis
nahm. Denn das, worüber ich zu sprechen gedachte, nämlich die Struktur gegen-
wärtiger kognitionspsychologisch-psycholinguistisch orientierter Entwicklungsmodelle des basalen Schriftspracherwerbs, das scheint zunächst einmal gar nicht
so recht in eine Veranstaltung zu passen, wo in den meisten anderen Beiträgen
die Rede ist vom Lesen von Texten, von Literatur oder beidem – das ist ja gerade
das, was nach einem gängigen Verständnis von den basalen Grundfertigkeiten zu
unterscheiden ist:

> Textlesen ist das Erschließen und Verarbeiten von satzübergreifenden Zusammenhän-
> gen. Dieses Niveau wird nicht automatisch am Ende der Entwicklung der basalen Lese-
> fähigkeit erreicht, sondern stellt einen neuen [...] Entwicklungsabschnitt dar [...] es ist
> damit ein neuer, eigentlicher, ja der normale Umfang der Leseleistung gemeint, der nur
> durch eine situativ bedingte bzw. von Lehrmethoden herbeigeführte Konzentration auf
> Satz-, Wort- oder Buchstabenlesen eingeengt wurde. [... Es geht darum], Texte beliebi-
> ger Länge, unterschiedlicher Schwierigkeitsgrade und aller Sorten lesen zu können. Le-
> sen bedeutet hier selbstverständlich verstehen, wobei verstehen als ein Arbeits- und Lei-
> stungsraum begriffen wird, dessen Dimensionen (was und wie viel es zu verstehen gilt)
> grundsätzlich unabsehbar sind, auch wenn im einzelnen Fall das verstanden haben im-
> mer wieder und glücklicherweise einen Abschluss bildet.

Das war ein längeres Zitat aus einem ganz frischen Handbuchbeitrag mit dem
Titel *Entwicklung des Textlesens* (Aust 2003). Die Hoffnung freilich, in diesem
Beitrag wirklich Einschlägiges im Sinne meines Themas zu finden, trog – eine
Modellierung des Entwicklungsverlaufes des Erwerbs der Lesekompetenz
findet man hier nicht.

---

[1] Die Form des mündlichen Vortrags ist weitestgehend beibehalten worden.

Man findet sie freilich auch anderswo nicht. Das neue, im Auftrag der „Stiftung Lesen" herausgegebene *Handbuch Lesen* (Franzmann u. a. 1999) verzeichnet keinen entsprechenden Artikel, und die gewünschte Information ist auch nicht unter anderer Überschrift versteckt. Darin unterscheidet es sich von seinem Vorgänger *Lesen – ein Handbuch* (Baumgärtner 1973) – dort finden wir einen sehr umfangreichen Artikel *Die Entwicklung des Lesers* von Alexander Beinlich (1973). Er gibt einen umfassenden Überblick über Ansätze zur Modellierung der Entwicklung von Lesekompetenz – halt, das natürlich nicht: Von „Versuchen" einer Phasen-Einteilung der literarischen (Lese-)Entwicklung, und da liegt der Hase im Pfeffer: Lesen wird ohne weiteres mit dem Lesen von Literatur gleichgesetzt, und die „Modelle" orientieren sich an der jeweils altersmäßig präferierten Literatur. Schon Beinlich selbst ist bezüglich solcher Einteilungen skeptisch; für heutige Verhältnisse interessant ist sein Hinweis darauf, dass die moderne angelsächsische Lesepsychologie solchen Phasenmodellen ablehnend gegenüberstünde. Also – Modelle der Entwicklung der Textlesefähigkeit oder, besser, Modelle der Entwicklung der Lesekompetenz existieren anscheinend nicht. Das heißt natürlich nicht, dass wir über die Entwicklung des Lesens nichts wüssten. Die Lesesozialisationsforschung hat sehr viel an Wissen über Parameter zusammengetragen, die den Erfolg oder Misserfolg einer Leserkarriere beeinflussen – ich komme darauf zurück – aber explizite Entwicklungsmodelle fehlen.

Interessanterweise gibt es auf der produktiven Seite kein solches Defizit. Im Handbuch *Schrift und Schriftlichkeit* hat Sylvie Molitor (1996) Modelle des Erwerbs der Schreibkompetenz dargestellt. In seiner großen Studie zur Schreibentwicklung diskutiert Michael Becker-Mrotzek (1998) vergleichend einige dieser Modelle und belegt mit seinen empirischen Untersuchungen deren Salienz.

Ich will im folgenden in dieser etwas misslichen Situation zunächst kurz die Struktur von Modellen der Entwicklung der basalen Lese- und Schreibfähigkeiten kennzeichnen, anschließend einige Fragen zum Begriff der Lesekompetenz aufwerfen. Im dritten Teil soll ein Modell des Erwerbs der Schreibkompetenz vorgestellt werden. Im letzten Teil möchte ich darüber reflektieren, warum es solche Modelle für den Erwerb der Lesekompetenz noch nicht gibt, und auf der Folie des Entwicklungsmodells der Schreibkompetenz ein wenig über die Struktur eines entsprechenden Modells der Entwicklung der Lesekompetenz spekulieren.

1. Stufenmodelle des basalen Schriftspracherwerbs

Die Verlaufsmodelle des basalen Schriftspracherwerbs, die gegenwärtig diskutiert werden, gehen alle zurück auf ein Modell, das Uta Frith (1985) Ende der siebziger Jahre im Kontext der neuropsychologischen Erforschung erworbener Lesestörungen entwickelt hat. Ihr Artikel mit dem bezeichnenden Titel *Beneath the surface of developmental dyslexia* erschien in einem Sammelband, der die Oberflächenalexie, eine spezifische Form von Sprachstörungen bei Erwachsenen nach Schlaganfall, Hirnverletzungen o. ä. zum Gegenstand hatte (Patterson, Marshal & Coltheart 1985). Uta Frith hat ihr Modell m. W. in Deutschland zuerst 1983 auf einer Tagung der Studiengruppe „Geschriebene Sprache" in Bad Homburg vorgestellt und ich erinnere mich sehr gut, dass damals der Oldenburger Kognitionspsychologe Eckart Scheerer nach ihrem Vortrag kurz und prägnant bemerkte: „Das wird ein Klassiker". Das Modell ist in Deutschland dann insbesondere durch meinen Bruder Klaus B. Günther (1986) populär gemacht worden. Beide, Frith und Günther, sahen das Modell vornehmlich als Folie, auf deren Basis problematische Entwicklungen möglichst frühzeitig diagnostizierbar werden sollten. Es war der Clou des Frith'schen Modells, dass sie zeigen konnte, dass Störungen des Schriftspracherwerbs auf einer Stufenfolge lokalisierbar sind und dass bestimmte Merkmale im Verlauf von Oberflächendyslexien bei Erwachsenen auch in gestörten Erwerbsprozessen zu finden sind.

Die Grundidee des Modells und all seiner teilweise hochdifferenzierten Ableger besteht darin, dass basales Lesen und Schreiben erstens die Einsicht in den phonographischen Abbildungscharakter der Schrift voraussetzt, was nur möglich ist durch die Einsicht in den zweistufigen Zeichencharakter der Schrift, und dass zweitens diese Einsicht zum adäquaten Lesen und Schreiben nicht ausreicht.

Ein weiteres zentrales Merkmal dieses und aller Folgemodelle ist es, dass der Schriftspracherwerbsprozess als eigenständig modelliert wird. D. h. in einer Umgebung, in der Differenzierung und Individualisierung als Banner über aller pädagogischen Reflexion zum schulischen Lesen- und Schreibenlernen wehen, in der von individuellen Zugängen zur Schriftlichkeit nicht nur gesprochen wird, in der einzelne Kinder da abgeholt werden sollen, wo sie stehen – da behauptet eine Familie von Modellen des Schriftspracherwerbs, dass es sich bei der Aneignung der Schrift um einen gleichförmigen Prozess handelt bei Kindern in Heidelberg und in Köln, in Dresden und München, in Flensburg und Stuttgart, und zwar unabhängig von Lehrpersonal und -methode, Klassengröße und sozialem Umfeld, und was der beobachtbaren Faktoren mehr sind. Ein Widerspruch zur herrschenden Pädagogik besteht dennoch gerade nicht. Die grundsätzliche Idee ist es, dass das Kind sich die Schriftsprache selbst aneignet und dass dabei mindestens drei Strategien anzutreffen sind, die zudem in zeitlichem Nacheinander mit Überlappungen erfolgen. Individualisierung und Differenzierung müssen dann zu einer Passung der schulischen Verhältnisse an die individuelle Entwicklung des Lesen und Schreiben lernenden Kindes führen. Der Weg aber, auf dem Kinder *Die Schriftsprache entdecken,* wie es im Titel von Christa Röber-Siekmeyers (1997) schönem Buch heißt, ist abgesteckt und gut markiert.

Mit dem Namen Röber-Siekmeyer verbindet sich eine zweite wichtige Erkenntnis der neueren Schriftspracherwerbsforschung: Entdeckt und angeeignet werden kann die Schriftsprache nur, weil sie regulär aufgebaut ist, und so folgt denn auch die Logik der Modelle der Logik des Aufbaus der Schriftsprache. Aus diesem Grunde werde ich mich im folgenden wie auch schon in früheren Beiträgen einer anderen Terminologie bedienen. Statt wie Frith (1985) und K. B. Günther sowie die meisten anderen Autoren von logographischer/logographemischer, alphabetischer und orthographischer Phase zu sprechen, verwende ich die Termini semantische, phonographische und grammatische Strategie. Der Ausdruck Strategie lenkt ab von einer allzu starren Fahrplanvorstellung solcher Modelle. Die Adjektive semantisch, phonographisch und grammatisch beschreiben die drei Domänen des Aufbaus der Schriftsprache; es ist der zu erwerbende kognitive Gegenstand, der den Entwicklungsverlauf determiniert. Kurz zu den drei Termini:

– Semantisch statt logograph(em)isch: Geschriebenes hat Bedeutung, und Anfang und Ziel des Lesenlernens ist es, die Bedeutung des Geschriebenen zu erfassen. Es geht in dieser Frühphase nicht, wie der Ausdruck logographisch nahe legt, um das Lesen von Wörtern (selbst wenn das de facto stattfindet), sondern um das Erkennen von Bedeutungen.

– Phonographisch statt alphabetisch: Es geht um das Erkennen des Lautbezugs des Geschriebenen insgesamt, nicht nur der Beziehung von einzelnen Lauten und Buchstaben, wie das der Ausdruck alphabetisch nahe legt. Die seit knapp 10 Jahren berichteten Erfolge von Methoden, in denen das Konzept Silbe die zentrale Rolle in der Entwicklung phonographischer Kenntnisse bildet, sind schlagend und man kann davon ausgehen, dass auch der Erwerb nicht-alphabetischer Schriftsysteme einen phonographischen Anteil aufweist.

– Grammatisch statt orthographisch: Der Begriff „orthographische Phase" hat wohl die meiste Verwirrung gestiftet. Vielfach erscheint dies als die Phase, in denen die misslichen Abweichungen der Orthographie von einer phonetischen Schreibweise gelernt werden müssen. Anderswo wird dies als die Phase angesehen, in der die Regeln zu lernen sind, die über die Wortschreibung hinausgehen, also insbesondere Groß- und Kleinschreibung oder Interpunktion. Das sind grobe Missverständnisse. Grammatische Strategie bedeutet, dass alle Ebenen der Sprachstruktur beim Schreiben und Lesen entdeckt und genutzt werden, auf der Wort-, Satz- und Textebene, und dies dauert seine Zeit. Selbstverständlich meint der Begriff grammatisch genauso wenig nur die Syntax, wie phonographisch nicht auf Graphem-Phonem-Korrespondenzen beschränkt ist, er ist vielmehr im umfassenden Sinne moderner Grammatiktheorien zu verstehen: Grammatik als Organisation von Phonologie, Syntax, Semantik und Pragmatik.

Ich möchte im folgenden kurz die Grundstruktur solcher Modelle des Schriftspracherwerbs etwas detaillierter erläutern. Ich werde dabei auf frühere Darstellungen zurückgreifen und versuchen, knapp diejenigen Punkte herauszuheben, die für den restlichen Teil meines Beitrags von Wichtigkeit sein werden.

1.1 Semantische Strategie

Kinder bauen in dieser Phase ein Sichtvokabular auf. Woran sie bei dieser semantischen Strategie ein Wort eigentlich erkennen, ist unklar – es sind irgendwelche, zufällig eingeprägte visuelle Merkmale. Entscheidend ist, dass das graphische Element, ein zugeordnetes lautliches und die Bedeutung ungetrennt sind, nicht einzeln zur Verfügung stehen. Der Eintrag im „mentalen Lexikon" (Aitchison) ist eine unlösbare Verbindung von Name und Ding selbst; auf diese Verbindung wird das graphische Signal bezogen, es wird Teil der Gesamtrepräsentation.

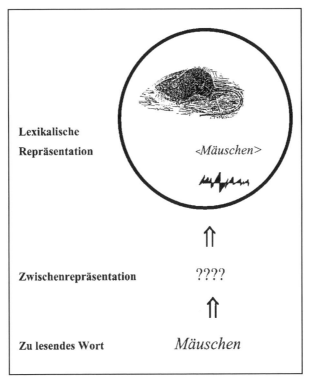

Abb. 1 „Lesen" des Wortes *Mäuschen* mit der semantischen Strategie

Abbildung (1) kennzeichnet den „Lese"vorgang in dieser semantischen Phase. Es ist noch keine Gliederung erkennbar; von einem gesehenen Wort *Mäuschen* wird irgendeine Repräsentation gebildet (????), mit deren Hilfe dann die Information im Gedächtnis abgerufen wird. Das kann eine Eigenschaft des gehörten Signals sein (durch ein Fantasie-Oszillogramm angedeutet), der phonetischen

Repräsentation [moisçn] oder auch einer visuell-graphischen Teilrepräsentation, etwa ›Mäuch‹. Sache und Name sind ungetrennt; sie werden zusammen aktiviert. Die Leistung des Kindes besteht darin, erkannt zu haben, dass Schrift (sprachliche) Bedeutungen transportiert, und Bedeutungen ausmachen zu wollen.

1.2 Phonographische Strategie

Das Ausmaß, in dem Kinder eine semantische Strategie anwenden, ist sehr unterschiedlich. Einzelne Kinder scheinen kaum so zu lesen, sondern mehr oder weniger von Anfang an zu versuchen, phonographisch zu operieren. Dazu muss das Kind lernen, zwischen dem Gegenstand und seinem Namen, zwischen Form und Bedeutung zu unterscheiden. Bekannt sind z. B. Antworten von Kindern, die auf die Frage nach dem längeren Wort die Kuh vor dem Schmetterling nennen, weil erstere das größere Tier ist. Die Unterscheidung von Name und Sache, von Wort und Bedeutung ermöglicht es überhaupt erst, den Namen (das Wort) und seine Lautstruktur als solchen zum Gegenstand kognitiver Vorgänge

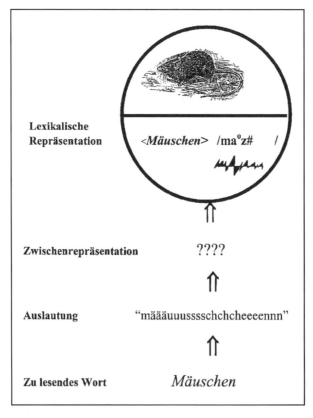

Abb. 2 Lesen des Wortes *Mäuschen* mit der phonographischen Strategie

zu machen, und das ist nötig, um Buchstaben- und Lautfolgen einander zuordnen zu können. Das Mäuschen hat vorne kein „mmmm", sondern ein Schnäuzchen, und hinten ein Schwänzchen, kein „nnnn".

In dem Moment erst, in dem zwischen dem Mäuschen mit Schnäuzchen vorne und Schwänzchen hinten einerseits und dem [moisçn] ausgesprochenen Wort mit vorne „mmmm" und hinten „nnnn" andererseits unterschieden wird, kann eine Konzentration auf die lautliche Form ohne direkten Rekurs auf die Bedeutung erfolgen – es wird etwas auf dem Papier Stehendes verlautet, nicht begriffen.

Der Unterschied zur in Abbildung 1 modellierten semantischen Strategie ist der waagrechte Strich. Es geht darum, dass (a) im „Lexikon" des Kindes Wort und Sache analytisch getrennt werden, einander nur noch zugeordnet sind, und dass (b) der Zugriff auf die phonologische Repräsentation hin erfolgt. Das Kind sieht die Buchstabenfolge „Mäuschen", es lautiert sie „määäuuusssschchcheeeennn" und versucht, diese Klangfolge als phonetische Folge zu verstehen, was hörbar sehr weit entfernt ist von dem Lautierten. Die interne Repräsentation des so Gehörten (angedeutet wieder durch ????) muss nun mit dem Eintrag /maᵒz#çen/ im mentalen Lexikon in Verbindung gebracht werden. Der Weg vom geschriebenen „Mäuschen" zum Verständnis, dass hier das Wort „Mäuschen" steht, gelingt nur über Verlautung und daraus gefundener phonologischer Repräsentation; diese ist quasi das „Interface", das in der semantischen Phase noch nicht verfügbar ist. Dabei wird im Zuge der Automatisierung dieser phonographischen Strategie (klassisch nennt man das „verschleifen") das Verlauten dem Ziel immer ähnlicher, und immer leiser.

1.3 Grammatische Strategie

Phonographisches Lesen ist nur ein Durchgangsstadium. Wer nur (laut oder leise) verlautend lesen kann, hat den wesentlichen Sprung zum grammatischen Lesen nicht vollzogen, d.h. er versteht es nicht, die über den phonographischen Aspekt hinausgehenden Informationen auf dem Papier auszunutzen. Der Übergang ist qualitativer Natur. Es geht nicht darum, dass das phonographische Lesen durch „Verschleifen" der Laute „automatisiert" wird – es geht darum, dass anders gelesen wird. In diesem Sinne habe ich 1998 phonographisches Lesen als die Ursache der Dyslexie bezeichnet; erst wer im Regelfall nicht mehr lautsprachlich liest, ist ein moderner kompetenter Leser (vgl. zu diesem Aspekt ausführlich Günther 1998, S. 107–113).

Qualitativ vollzieht sich ein ähnlicher Übergang wie von der semantischen zur phonographischen Strategie. Galt es dort, von der Bedeutung abzusehen, so gilt es nun, von der Lautung abzusehen, über die Lautung hinaus sprachliche Struktur zu entdecken und zu nutzen. Schriftliche Äußerungen müssen im Regelfall aus sich selbst heraus verständlich sein, deshalb geben sie die grammatische Struktur greifbar vor; davon Gebrauch zu machen muss das Kind lernen. Es muss das vorfindliche handgreifliche Modell der Schrift anwenden auf die unbe-

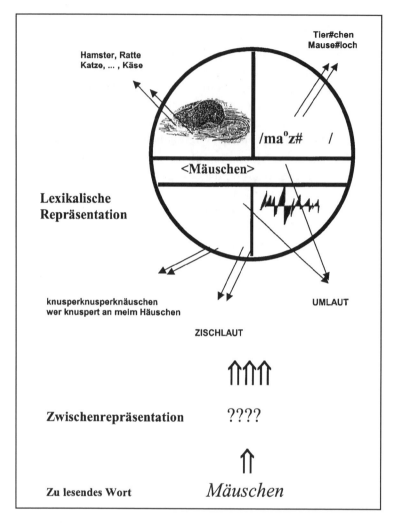

Abb. 3 Lesen des Wortes *Mäuschen* mit der grammatischen Strategie

kannten Strukturen der eigenen Lautsprache. So wenig, wie für das Kind vor dem Erstlesen phonologische Repräsentationen zugänglich sind, so wenig gibt es vorab Kategorien wie Wort, Satz, Substantiv, Überschrift etc. Dabei geht es nicht nur darum, dass sich das Kind Kategorien, die ihm lautsprachlich schon zur Verfügung stehen (im Sinne eines „knowing how"), nun nur noch bewusst machen muss (im Sinne eines „knowing that"). Der Erwerb metasprachlicher Fähigkeiten ist quasi ein Nebenprodukt; de facto geht es um den Aufbau eines strukturierten und kognitiv zugänglichen Systems, dessen Organisationsbasis die Etiketten, die Wörter sind und gerade nicht die Sachen. In der Schrift spiegelt sich – sehr gebrochen – die Organisiertheit der Wörter im mentalen Lexikon des Lesen und

Schreiben beherrschenden Erwachsenen; beim Schriftspracherwerb geht es darum, die lexikalischen Einheiten nach sprachlichen Parametern zu ordnen und einen effizienten Zugriff auf die in dieser Organisation aufgehobenen Einheiten zu erwerben.

Abbildung 3 zeigt davon einen minimalen Aspekt: Der Lexikoneintrag für Mäuschen enthält nun neben dem Wissen um den Gegenstand eine Organisation der verschiedenen Aspekte dieses Wortes, von denen nur einige angedeutet sind, etwa der Unterschied zwischen phonetischer und phonologischer Repräsentation, die morphologische Struktur, etc. Durch die aus dem Kreis herauszeigenden Doppelpfeile wird verdeutlicht, dass dieser Lexikoneintrag bzw. seine Komponenten im Netzwerk des mentalen Lexikons mit vielen anderen verbunden ist – mit semantisch benachbarten (Hamster, Ratte; Katze), mit reimenden (Knusper … häuschen), mit anderen Diminutiven auf -chen, mit der Information über Schriftstruktur (Umlaut wegen Maus, sonst schriebe man „Meuschen"), etc. In dem Maße, in dem das Kind die Trennung zwischen Sache, Name und ihren vielfältigen Eigenschaften und Verflechtungen durchführen kann, gelingt auch das direkte Lesen immer besser: Der Zugriff erfolgt immer seltener, schließlich beim erfahrenen Leser praktisch überhaupt nicht mehr über die phonologische Repräsentation.

1.4 Textlesen

Der Sinn des Lesens, wie wir eingangs bemerkt haben, ist aber nicht das mehr oder weniger perfekte Entziffern von Buchstabenfolgen und Wörtern in Sätzen. Gewiss ist das ein Teilaspekt und in verschiedenen Beiträgen habe ich auch darüber gehandelt, was da im Einzelnen passiert – aber das Ziel des Lesenlernens ist es ja, dass dieses ganze mühsame Geschäft unsichtbar wird, automatisiert. In diesem Sinne hat Klaus B. Günther seiner Modellierung eine weitere integrativ-automatisierte Phase hinzugefügt, die meine Studierenden immer etwas verwirrt. Denn diese Phase dauert bis zum Ende des Lesenkönnens; bezeichnet ist damit der Umstand, dass die Leserin sich um den Lesevorgang als solchen nicht mehr kümmern muss, sondern die Aufmerksamkeit auf das inhaltliche Verarbeiten der Texte allein im Hinblick auf das Leseziel konzentrieren kann. Für diese Fähigkeit ist in den letzten Jahren der Begriff Lesekompetenz in Gebrauch gekommen.

2. Lesesozialisation, Lesekompetenz

Es ist bemerkenswert, dass die Diskussion von Modellen des basalen Schriftspracherwerbs völlig losgelöst ist von anderen Forschungen, die es ebenfalls mit der schriftsprachlichen Entwicklung von Kindern zu tun haben – ich spreche von der seit etwa 20 Jahren existierenden Lesesozialisationsforschung. Cornelia Rosebrock (2001) hat in ihrem Beitrag *Schritte des Literaturerwerbs* im Lesezentrum der Pädagogischen Hochschule Heidelberg einige Aspekte skizziert.

– Der Lesesozialisationsprozess beginnt lange vor dem Lesenlernen (mit dem Vorlesen etwa) und erstreckt sich weit über Kindheit und Jugend hinaus.

– In der Lesebiographieforschung zeigen sich gut belegte Einflüsse verschiedener Parameter insbesondere auf die Lesemotivation, für die sich ein idealtypisches Verlaufsschema entwerfen lässt; der Lesemotivation aber kommt eine zentrale Rolle bei der Entwicklung der Textlesefähigkeit (Lesekompetenz) zu.

– Für den Erfolg einer Leserkarriere spielt offenbar die soziale Situation eine besondere Rolle (Leseklima und literarisches Interesse in der Familie, Herkunftssprache etc.).

– Lesekompetenz setzt das Beherrschen der basalen Lese- und Schreibfertigkeiten voraus, ist damit aber noch nicht bestimmt.

All das ist mit der eingangs zitierten Vorstellung, das eigentliche Lesen folge als wesentlicher Entwicklungsschritt dem basalen Fertigkeitserwerb, wie ich ihn eben skizziert habe, nicht kompatibel. Vielmehr ist die Entwicklung des zentralen Konzepts der Lesekompetenz verwoben mit dem Erwerb basaler Lese- und Schreibfertigkeit – sie beginnt früher und dauert darüber hinaus an. Rosebrock bemerkt deshalb:

> Man muss also einen parallelen Zweig der Biographie entwerfen, ein Erwerbsmodell, das den Gang der Aneignung von Lesekompetenz idealtypisch nachzeichnet. [...] Der Erwerb der Lesekompetenz muss erstens vom Gegenstand und seiner jeweiligen 'Passung' an die Verstehensmöglichkeiten der Heranwachsenden aus gedacht werden. Zweitens sind diese Verstehensmöglichkeiten ihrerseits schwerlich als Produkt biologischer Reifung zu denken, sondern entscheidend von der Art und Weise der sprachlichen Interaktionen abhängig, in denen das Kind alltäglich vor allem in Familie und Schule handelt (Rosebrock 2001, S. 38).

Zunächst ist zu sagen, dass Rosebrock hier ein absolutes Desiderat formuliert. Denn wir haben zwar eine Reihe von auch sehr konkreten Vorstellungen darüber, was beim entfalteten Lesen alles eine Rolle spielt – mentale Modelle, Schemata, Kohärenzbildung, Makro- und Mikrostrukturen und was die Handbücher sonst noch alles hergeben (vgl. u. a. Christmann; Groeben 1999; Richter; Christmann 2002) –, wie das jedoch aufgebaut wird, ob es einen typischen Verlauf dabei gibt etc., das ist unklar. Aber ähnlich wie in den skizzierten Modellen des Erwerbs der basalen Lese- und Schreibfertigkeiten müsste es, wie Rosebrock fordert, möglich sein, Entwicklungsschritte in der Lesekompetenz dingfest zu machen.

Freilich: Wenn Rosebrock die Möglichkeit verneint, sich die Entwicklung von Lesekompetenz als biologischen Reifeprozess vorzustellen, so ist dies ein doppeltes Missverständnis. Die eingangs geschilderten Stufenmodelle kognitionspsychologisch-psycholinguistischer Provenienz sind nicht biologisch, sondern sprachlich determiniert. Es ist die Logik des Gegenstandes Schriftsprache, die einen solchen Verlauf induziert; er ist nicht durch die Organisation der menschlichen Psyche vorgegeben. Zudem wurde das Modell dazu entwickelt, Erklärungen möglich zu machen, woran manche Kinder beim Lesen- und Schreibenlernen Probleme haben oder scheitern, nicht, warum dies geschieht, und nur wenige Proponenten sehen solches Scheitern als grundsätzlich biologisch oder genetisch oder neuropathologisch determiniert.

Das zweite Missverständnis besteht darin, bei der Kennzeichnung des Begriffs der Lesekompetenz aufgrund des Reichtums der Befunde der Lesesozialisationsforschung den Gegenstand aus dem Blickfeld zu verlieren. Die vorgestellten Schriftspracherwerbsmodelle, das hatte ich herausgestellt, sind gerade unabhängig „von der Art und Weise der sprachlichen Interaktionen [...], in denen das Kind alltäglich vor allem in Familie und Schule handelt". Viele lernen trotz eines miserablen Lehrers Lesen und Schreiben und viele haben trotz einer engagierten und kompetenten Lehrerin große Schwierigkeiten. Die einen schaffen es sehr schnell, die anderen brauchen sehr lange – aber die Verlaufsform lässt sich nachfahren, etwa wenn der typische Dyslektiker auf dem Level phonographischen Lesens stagniert. Und das müsste für den Kern des Begriffs Lesekompetenz genauso machbar sein. Dazu bedarf es zunächst einer konkreten Modellierung, was denn unter Lesekompetenz zu verstehen sei, sodann der Entwicklung von Methoden, Kompetenzen auf verschiedenen Entwicklungsebenen zu messen, schließlich konkreter Modellvorstellungen der Kompetenzentwicklung.

3. Ein Modell der Schreibentwicklung

Bevor ich diesen Gedanken aber weiterführe, möchte ich rasch die erstaunliche Tatsache kommentieren, dass es auf der Produktionsseite eine Fülle solcher Entwicklungsmodelle der Aneignung der Schreibkompetenz gibt (zum Überblick Molitor 1996; Becker-Mrotzek 1998: Kapitel 4). Zur Illustration wähle ich eines der ältesten Modelle. Es entstammt der Schule um Carl Bereiter und wird verschiedentlich auch unterrichtlich aufbereitet (schon Baurmann 1991).

Von der Struktur her beschreibt das Modell die Entwicklung der Textschreibfähigkeit unter wechselndem Fokus der drei Komponenten Schreibprozess, Schreibprodukt und Leser. Am Anfang steht das assoziative Schreiben. Das Gedachte, Erinnerte, zu Erzählende aus dem Kopf auf das Papier zu bringen, erfordert die volle Aufmerksamkeit des Schreibers; es findet keine Führung des Lesers statt, auch die Form wird nur wenig beachtet (nicht nur die Orthographie holpert, auch die Benutzung von Absätzen, Überschriften und anderen textgliedernden Mitteln fehlt oder ist unsystematisch) – der Schreiber ist ganz mit der direkten Wiedergabe seiner Assoziationen beschäftigt. Formalen Aspekten nähert sich das flüssige Schreiben, wo die Form des Produkts bezüglich formaler und sprachlicher Korrektheit in den Fokus der Aufmerksamkeit gerät, und zwar einerseits als entlastende Hilfe für den Schreiber, andererseits als Qualitätsmerkmal des entstehenden Schreibprodukts. Kommunikatives Schreiben schließlich rückt den Leser in den Fokus: Der Schreiber beginnt darauf zu achten, dass der

Text von einem (oft unbekannten) Leser verstanden werden muss, und wendet entsprechende Mittel der Kohärenzbildung, Gliederung etc. an. Beim reflektierten Schreiben wird zusätzlich dem Text und seiner Form besondere Aufmerksamkeit gewidmet: Er soll nicht nur für Leser verstehbar sein, sondern er soll auch in Hinsicht von Textform, Aufbau, Prägnanz etc. gelungen sein. Epistemisches Schreiben schließlich vereint alle Züge der vorangegangenen Ausprägungen: Schreiben wird hier zu einem Vorgang des Wissenserwerbs; durch das Erarbeiten schriftlicher Formulierungen, durch Revisionen, Umstellungen, Neuansätze wird das eigene Wissen umgeformt, strukturiert.

Assoziatives Schreiben	Prozess
Flüssiges Schreiben	Produkt
Kommunikatives Schreiben	Leser
Reflexives Schreiben	Produkt/ Leser
Epistemisches Schreiben	Produkt Leser Prozess

Abb. 4 Modell der Entwicklung der Schreibkompetenz (vgl. Molitor-Lübbert 1996)

Andere Modelle (vgl. Becker-Mrotzek 1998) setzen Akzente anders, sind aber nicht unbedingt konträr dazu. H. P. Ortner etwa sieht einen Verlauf vom egozentrischen zum intersubjektiven, vom spontanen zum reflexiven und vom auf die Mikroebene konzentrierten Schreiben hin zu einem auf die Makrostruktur des (längeren) Textes bezogenen Schreiben. Die Forschergruppe um Gerhard Augst sieht eine Abfolge von erlebnisorientiertem, sachlogisch orientiertem, formal orientiertem und leserorientiertem Schreiben. Wesentlich ist ihr Hinweis, dass die Stufen zentrale Konzentrationspunkte beschreiben, nicht isolierte Tätigkeiten. Kritiker solcher Modelle bemängeln vor allem die Zeitschiene: Dass der assoziative Schreiber noch gar nicht an die äußere Form den Leser denke, scheint problematisch; bestimmte Formen des ja nicht erst spät einsetzenden Tagebuchschreibens haben Problemlösungscharakter, etc. Man wird also davon ausgehen müssen, dass sich die Entwicklungsstufen überlappen und dass spätere Stufen rudimentär schon auf früheren Ebenen angelegt sind; die Stufennamen benennen den Kern der Aktivitäten, nicht eine ausschließliche Strategie (vgl. ausführlich Becker-Mrotzek 1998).

3. Modellierung der Entwicklung der Lesekompetenz

Festzuhalten ist aber, dass solche Modelle den Anspruch erheben, in dem Sinne unabhängig von den jeweiligen Sozialisationsbedingungen etc. zu sein, als ein Verlauf beschrieben wird, dessen Komponenten als solche innerhalb variabler zeitlicher Dimensionen festzustehen scheinen. Es käme also für ein Modell der Entwicklung der Lesekompetenz darauf an, existierende Daten zu sichten im Hinblick auf denkbare Angelpunkte, Schlüsselkompetenzen und ihre sachlogisch bedingten Beziehungen und diese in Bezug zu setzen zur kognitiven Entwicklung des Kindes und dem Ort des Handelns.

Dazu hat die angelsächsische Literacy-Forschung wesentliche Bausteine beigetragen, wie sie in dem Konzept der „Schlüsselqualifikation Lesekompetenz" in PISA vorgelegt wurde. In ihrem schönen Artikel *Leseleistung – Lesekompetenz* hat Bettina Hurrelmann (2002) dieses Konzept diskutiert. Abbildung 5 zeigt eine Modellierung dieses Konzepts, wie es der PISA-Studie zugrunde lag:

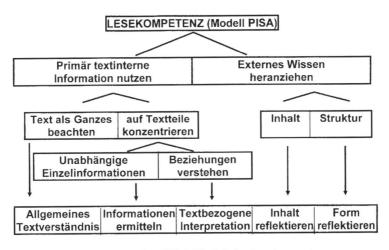

Abb. 5 Das PISA-Modell der Lesekompetenz

Es handelt sich dabei um eine analytische Kennzeichnung von Komponenten der Lesekompetenz, keine Darstellung vom Einzelprozessen. Zunächst ist zu unterscheiden zwischen textinterner Information und externem Wissen. Bei der Nutzung der textinternen Information kann der Fokus auf dem Text als Ganzem liegen oder auf Textteilen, hier wiederum eher auf Einzelinformationen oder auf Bezügen im Text. Die Hinzuziehung externen Wissens kann sich auf den Inhalt oder die Form des Textes beziehen. Es resultieren Aspekte der Lesekompetenz, deren Vorhandensein aufsteigende Lesekompetenz anzeigen: Allgemeines Textverständnis, Ermitteln von Informationen, textbezogenes Interpretieren, inhaltliche Reflexion, Reflexion der Textform.

Für die Auswertung in PISA wurden diese Aspekte in drei Kategorien zusammengefasst: Ermitteln von Informationen, textbezogenes Interpretieren, Reflektieren und Bewerten; dazu kam, etwas außerhalb stehend, die Fähigkeit zum Lernen aus Texten. Im Prinzip besteht zwischen den ersten drei eine Rangfolge: Lediglich Informationen zu ermitteln ist eine geringere Leistung als textbezogenes Interpretieren, dieses ist weniger als reflektierte und bewertende Lektüre. Das Lernen aus Texten steht quer zu diesen Parametern.

egozentrisch, Mikroebene, spontan	Informationen ermitteln	assoziativ
		flüssig
	textbezogenes Interpretieren	kommunikativ
		reflexiv
intersubjektiv, Makroebene, reflexiv	Reflektieren und Bewerten	epistemisch
	Lernen aus Texten	

Abb. 6 Skizze einer möglichen Analogie von Schreibentwicklungsmodellen
zu einem Modell der Entwicklung der Lesekompetenz

Versuchen wir, diese Qualifikationen plausibel in ein Entwicklungsschema zu passen, das sich an Schreibentwicklungsmodelle anlehnt (Abbildung 6). Die Übereinstimmung mit der Ortner'schen Abfolge Mikro-/Makrostruktur, spontan/reflexiv und auch egozentrisch/intersubjektiv scheint naheliegend: Wo nur Einzelinformationen ermittelt werden, bleibt man auf der Mikroebene, kann dies auch spontan tun. Reflektieren und Bewerten erfordern intersubjektive Bezüge, Betrachtung der Makrostruktur und intersubjektives Verständnis (die Absicht des Textes muss mit berücksichtigt werden). Allerdings liegt der Verdacht nahe, dass mit dieser Modellierung tatsächlich nur Etiketten der kognitiven Entwicklung auf die Entwicklung des Konstrukts Lesekompetenz geheftet würden; eine speziell sprachliche Entwicklung ist nicht recht erkennbar – wobei es eine sehr spannende Frage ist, ob man denn die kognitive und die sprachliche Entwicklung wirklich auseinanderdividieren kann.

Auf der rechten Seite von Abbildung 6 habe ich versucht, eine Näherung zu den Konzepten des Bereiter'schen Modells herbeizuführen.

Danach wäre reines Informationsermitteln aus Texten eher assoziatives Lesen, kann bei steigender Kompetenz aber durchaus zu flüssigem Lesen werden. Kommunikatives Lesen ist ein Un-Terminus, aber in Zusammenhang mit dem Schreibmodell hier verständlich: Es läge genau dann vor, wenn der Leser über die Ermittlung von Einzelinformationen hinausgehend einen Text als solchen, auch im Hinblick auf einen Schreiber, verarbeitet. Reflexives Lesen würde dann den Einschluss des Gelesenen in das eigene Wissen und seine Bewertung umfassen. Prima facie paradox ist das Konzept des epistemischen Lesens schon allein aus der alltagspraktischen Definition „Lesen ist die Informationsaufnahme aus geschriebenen Texten". Vielleicht zeigt dieses Paradoxon aber auch nur die Oberflächlichkeit einer solchen Definition: Informationen aufnehmen, sie verarbeiten, bewerten etc. sind unterschiedliche Tätigkeiten.

Ich möchte ausdrücklich betonen, dass dies kein Modellvorschlag ist, sondern eine kleine Spekulation. Dennoch könnte sie ein Potential bieten, wie zu einem

Modell der Entwicklung der Lesekompetenz zu gelangen wäre. Denn wenn die vorher vorgetragenen Überlegungen richtig sind, dass die Modelle des basalen Schriftspracherwerbs sich aus der Logik des zu erwerbenden Gegenstandes ergeben, dann ist zu fordern, dass Modelle der Entwicklung von Lesekompetenz aus einer Logik des Gegenstandes erwachsen müssen, auf den sie gerichtet ist. Das sind, sehr allgemein gesprochen, schriftliche Texte – und die psychologische Leseforschung hat hier wesentliche Beiträge geleistet (Überblicke bei Richter; Christmann 2002, Christmann; Groeben 1999). Es käme darauf an, aus diesen abstrakten Grundgegebenheiten die Logik eines Modells der Entwicklung der Lesekompetenz herzuleiten.

Ein letzter Punkt. In ihrem Beitrag *Leseleistung – Lesekompetenz* unterstreicht Hurrelmann (2002) die Salienz der Modellierung des Konzepts Lesekompetenz in PISA, kennzeichnet aber auch kritisch dieses Modell als defizitär im Hinblick auf ein umfassenderes Modell der Lesekompetenz im Kontext der Lesesozialisationsforschung (ausführlicher: Groeben; Hurrelmann 2002). Gefordert wird insbesondere die Berücksichtigung der Faktoren Motivation, Emotion und Fähigkeit zur Anschlusskommunikation. Unbestreitbar ist, dass diese Aspekte die Entwicklung von Lesekompetenz und das Ausmaß der Lesetätigkeit beeinflussen. Auf die Gefahr hin, grässlich missverstanden zu werden, möchte ich den Begriff Kompetenz aber für die kognitive Domäne reserviert wissen, wie das auch dem allgemeinen Sprachgebrauch entspricht (vgl. Günther 2003). Die von Hurrelmann genannten Faktoren wären eher einer Leseperformanz zuzuweisen, deren wissenschaftliche Erforschung vielleicht von noch höherer Dringlichkeit ist als die der Lesekompetenz. Denn: In einer Lesedidaktik Faktoren wie Motivation und Emotion auszublenden ist extrem töricht, obwohl es allenthalben geschieht. In einem Modell der Lesekompetenz freilich haben sie auch nichts zu suchen, weil ein solches Modell keine didaktische Handlungsanweisung ist, sondern eine Folie, auf der Didaktik sich entwickeln kann (ausführlicher Günther 2003).

Literatur

Aitchison, Jean (1997): Wörter im Kopf – Eine Einführung in das mentale Lexikon. Tübingen: Niemeyer

Augst, Gerhard; Faigel, Peter (1986): Von der Reihung zur Gestaltung – Untersuchungen zur Ontogenese der schriftsprachlichen Fähigkeiten von 13–23 Jahren. Frankfurt: Lang

Aust, Hugo (2003): Entwicklung des Textlesens. In: Didaktik der deutschen Sprache – Ein Handbuch. Hg. von Ursula Bredel; Hartmut Günther; Peter Klotz; Jakob Ossner; Gesa Siebert-Ott. Paderborn u. a.: Schoenigh (UTB 8235/6), S. 525–536

Beinlich, Alexander (1973): Die Entwicklung des Lesers. In: Lesen – Ein Handbuch. Hg. von Alfred Clemens Baumgärtner. Hamburg: Verlag für Buchmarkt-Forschung, Beitrag 2.4, S. 172–210

Baurmann, Jürgen (1990): Aufsatzunterricht als Schreibunterricht. Für eine neue Grundlegung des Schreibens in der Schule. In: Praxis Deutsch, H. 104, S. 7–12

Becker-Mrotzek, Michael (1997): Schreibentwicklung und Textproduktion. Opladen: Westdeutscher Verlag

Franzmann, Bodo; Hasemann, Klaus; Löffler, Dietrich; Schön, Erich (Hrsg.) (1999): Handbuch Lesen. München: Saur

Frith, Uta (1985): Beneath the surface of developmental dyslexia. In: Surface dyslexia. Neuropsychological and cognitive studies of phonological reading. Ed. by Karalyn E. Patterson; John C Marshal; Max Coltheart. London: LEA, S. 301–330

Groeben, Norbert; Hurrelmann, Bettina (Hrsg.) (2002): Lesekompetenz. Weinheim und München: Juventa

Günther, Hartmut (1998): Phonologisches Lesen als Kernproblem der Dyslexie. In: Schriftspracherwerb. Hg. von Rüdiger Weingarten; Hartmut Günther. Baltmannsweiler: Schneider Verlag Hohengehren, S. 98–115

Günther, Hartmut (2003): Über Lesekompetenz. Deutschseminar, EWF, Universität zu Köln: MS zur Publikation

Günther, Klaus B. (1986): Ein Stufenmodell der Entwicklung kindlicher Lese- und Schreibstrategien. In: ABC und Schriftsprache – Rätsel für Kinder, Lehrer und Forscher. Hg. von Hans Brügelmann. Konstanz: Faude, S. 32–54

Hurrelmann, Bettina (2002a): Leseleistung – Lesekompetenz. Folgerungen aus PISA, mit einem Plädoyer für ein didaktisches Konzept des Lesens als kultureller Praxis. In: Praxis Deutsch, H. 176, S. 6–18

Hurrelmann, Bettina (2002b): Prototypische Merkmale der Lesekompetenz. In: Lesekompetenz. Hg. von Norbert Groeben; Bettina Hurrelmann. Weinheim; München: Juventa, S. 275–286

Molitor-Lübbert, Sylvie (1996): Schreiben als mentaler und sprachlicher Prozeß. In: Schrift und Schriftlichkeit – Ein interdisziplinäres Handbuch internationaler Forschung. Hg. von Hartmut Günther; Otto Ludwig u. a., Vol. 2. Berlin: de Gruyter, S. 1005–1027

Ortner, Hanspeter (1993): Die Entwicklung der Schreibfähigkeiten. In: ide. Informationen zur Deutschdidaktik, H. 17, S. 94–125

Richter, Tobias; Christmann, Ursula (2002): Lesekompetenz: Prozessebenen und interindividuelle Unterschiede. In: Lesekompetenz. Hg. von Norbert Groeben; Bettina Hurrelmann. Weinheim; München: Juventa, S. 25–58

Röber-Siekmeyer, Christa (1997): Die Schriftsprache entdecken – Rechtschreiben im offenen Unterricht. Weinheim: Beltz (3. Aufl., 1. Aufl. 1993)

Rosebrock, Cornelia (2001): Schritte des Literaturerwerbs. In: Lesezeichen. Mitteilungen des Lesezentrums der PH Heidelberg, Heft 10, S. 35–62

INGE VINÇON

Diskutieren und Argumentieren beim Umgang mit literarischen Texten

1. Vorbemerkungen zu den Zielsetzungen

Wenn Schülerinnen und Schüler im Deutschunterricht literarische Texte zu analysieren und zu interpretieren versuchen, entstehen rein funktional auch Unterrichtssequenzen, in denen diskutiert und argumentiert wird. Das ergibt sich

– aus der Offenheit vieler fiktionaler Texte,

– vor dem Hintergrund schwer verständlicher Textpassagen,

– aus der Notwendigkeit, zu Konfliktbeschreibungen in Texten Stellung zu beziehen,

– aus Widersprüchen mit dem Ziel, beispielsweise bei vieldeutiger Metaphorik mögliche Interpretationen zu entwickeln oder

– aus der angestrebten didaktischen Konzeption eines literarischen Unterrichtsgesprächs.

Mein Beitrag wird auf der Grundlage eines kleineren Unterrichtsforschungsprojekts, das ebenfalls den Titel „Diskutieren und Argumentieren beim Umgang mit literarischen Texten" trägt, einige relevante Interaktionsprozesskriterien und einige Elemente des Textverstehens in Bezug auf den Erwerb literarischer Kategorien genauer beschreiben. Es geht darum, welche zentralen Sprach-, Text- und Interaktions- bzw. Kommunikations-Kompetenzen Schüler in ihrem expliziten Sprachgebrauch beim Diskutieren und Argumentieren über Texte erwerben und erwerben sollten, um literarische Texte besser zu verstehen. In meinen Untersuchungen werden psychologische, pädagogische, literaturdidaktische und sprachdidaktische Aspekte miteinander verknüpft.

Bei einem literarischen Unterrichtsgespräch laufen vielschichtige Multitasking-Anforderungen ab. In den literarischen Interpretationsprozess werden vor allem Imagemaking-Passagen, Selbststilisierungen und Selbtsideologisierungen der Schülerinnen und Schüler in der Interaktion mit den Lehrern integriert. In vielen der beobachteten Unterrichtsstunden spielt der Inszenierungsaspekt der Diskutierenden eine mindestens ebenso große Rolle wie die „primäre" Aufgabenstellung, einen literarischen Text zu interpretieren. Der literarische Textverstehensbegriff auf den wir uns dabei beziehen, ist in den Kontext einer kommunikationsorientierten Hermeneutik einzuordnen. In unseren Unterrichtsanalysen wird dieser Textverstehensbegriff verknüpft mit spezifischen Kriterien der Gesprächsanalyse.

Bezugnehmend auf die Frank-Rezeption Gerhard Härles und Marcus Steinbren-
ners im Zusammenhang des Literarischen Unterrichtsgesprächs (Härle; Steinbrenner 2003) lege ich meinen Ausführungen umrisshaft einige Passagen aus
Manfred Franks *Das Sagbare und das Unsagbare* (1989) zugrunde:

> Eine gemeinsame Repräsentation des Welt- und insofern auch des Textverständnisses für
> alle in ihr sozialisierten und kulturalisierten Subjekte ist nicht mehr ausgemacht. (S. 47)
>
> Textdeutungen sind immer Deutungen in der Situation, sie können sich immer wieder
> verändern. (S. 46 ff.)
>
> Die Verallgemeinerung von Vernunftwahrheiten – bezogen auf den Text – stellt sich als
> Etappen von Verständigungsprozessen in Gesprächen ein. (S. 49 ff., Bezug zu Schleier-
> macher)
>
> Die Geltung der Interpretationen, die Intersubjektivität bedarf der wechselseitigen An-
> erkennung. (S. 79, Bezug zu Sartre)
>
> Der Rezipient des Textes sammelt die zersplitterten Textreferenzen im Text gemäß seiner
> gesellschaftlichen Erfahrung und Imagination auf. (S. 146 ff., Bezug zu Derrida)
>
> Der Dissens [über den Text] kann nur in den [verschiedenen] Positionen der Gesprächs-
> partner gründen. (S. 67)

Damit die Textdeutung jedoch nicht der Willkürlichkeit der Textdeutungen aus-
geliefert ist, muss der Anspruch auf plausible Deutungen verschiedener Textreferenzen gelten. Plausible Deutungen, die sich in der Zeit im Rahmen unterschiedlicher Gesellschaftsverhältnisse verändern. Das ist zugegebenermaßen
besonders schwierig, insbesondere wenn man bewusste und unbewusste Machtverhältnisse des gesellschaftlichen Diskurses einbezieht. (S. 415 ff., Bezug zu
Foucault)

Das Textverstehen bezieht sich also sowohl auf einzelne Aussagen des Textes als
auch auf den situativen Interpretationsprozess des Individuums im Kontext gesellschaftlicher Erfahrungen und Wissenshintergründe. Die Zitate verweisen
darauf, dass Textdeutungen niemals statisch sein können, sondern sich durch gesellschaftliche, kulturelle, politische, künstlerische und religiöse Veränderungs-
prozesse in dynamischer Weise verändern. Im Vordergrund stehen dabei Verän-
derungsprozesse des Individuums bzw. des Lesers/der Leserin selbst, deren ethnologische und soziale Wissens- und Interessensgrundlagen eine große Rolle
spielen. Schon beim Prozess des Lesens eines Textes ergeben sich Aufmerksam-
keits- oder Tabuisierungsmomente bei jedem Leser, die die Textdeutung wesentlich bestimmen und lenken. Wird der Text innerhalb einer Gruppe interpretiert,
entstehen dynamische Interaktions-, Sympathie-, Dominanz- und Machtverhältnisse, die die Aussagen und das „Textverstehen" deutlich oder auch in sehr
verborgener Weise beeinflussen.

Vor allem im Deutschunterricht sollten daher zukünftig nicht mehr bestimmte
Normen aufrechterhalten werden, nach denen vorwiegend der Lehrer/die Lehrerin als die besten Interpreten eines Textes gelten. Die Rolle der Lehrenden
sollte sich während des literarischen Unterrichtsgesprächs in eine authentische

Moderatorenrolle verwandeln, die innerhalb des Textverstehensprozesses der diskutierenden Schüler dazu genützt wird, grobe Willkürlichkeitsinterpretationen in Bezug auf den vorliegenden Text zu verhindern und auf einige wesentliche Textreferenzen aufmerksam zu machen, ohne die der Text unangemessenen Fehldeutungen ausgesetzt wäre.

2. Die Verknüpfung ausgewählter Texte mit (zu erwerbenden) literarischen Textkompetenzen

Die Auswahl eines Textkorpus für den Deutschunterricht setzt hinsichtlich der zu erwerbenden literarästhetischen Kategorien eine sorgfältige sozialisationsbezogene, in Teilen auch individuelle Schülerorientierung voraus.

In meinem Projekt habe ich eine Textauswahl getroffen, von der ich annahm oder auch schon in Unterrichtsstunden überprüft hatte, dass sie Schüler entsprechender Altersstufe interessiert und zwar auf dem Hintergrund ihrer ethnischen, kulturellen, sozialen und geschlechtsspezifischen Erfahrungen. Genauso wichtig wie dieser Aspekt der Schülerorientierung war mir jedoch das Kriterium, welche literarischen und literarästhetischen Kategorien in diesen Texten erscheinen. Dementsprechend habe ich das Textkorpus für die Klassen 9/10, 7/8 und 4/5/6 mit unterschiedlichen – in einem Curriculum aufeinander zu beziehenden – literarischen Kompetenzen verknüpft.

2.1 Textkorpusauswahl

Klasse 9/10

1. Alfred Andersch: *Sansibar oder der letzte Grund*
   Verknüpfung relevanter Textteile und Deutung – Offenheit des Textes – Transfer
2. Paul Celan: *Die Todesfuge*
   Deutung der Metaphorik und Übertragung auf historische Realität – Inhalts- und Stilistikdiskussion
3. Bertolt Brecht: *Mitte Mai 1945*
   Herstellung relevanter Referenzbezüge im Text; Übertragung auf historische Realität
4. Thomas Brussig: *Wasserfarben*
   Transferbezug: Zwei Brüder unterhalten sich über die Zukunft – Wertungsdiskussion eines fiktionalen Textes: Was bewirkt das Gespräch? Wie wirkt das Gespräch?
5. Günter Grass: *Love Parade*
   Diskussion über Selektion der Wahrnehmungen. Gelingt Grass eine fiktionale literarische Beschreibung im Vergleich mit einer Filmreportage? Was ist literarisch am Text von Grass?
   Bezugnahme auf Interferenzen und textkritische Wahrnehmung
6. Ernst Jandl: *krieg*
   Diskussion über inhaltliche und formale Elemente im Kriegsgedicht und deren Wirkung

7. Rainer Kunze: *Fünfzehn*
   Diskussion über den fiktionalisierten Blickwinkel der Erwachsenen auf die jüngere Generation – Transfer

Klasse 7/8

8. Kirsten Boje: *Erwachsene reden, Marco hat etwas getan*
   Stellenwert des fiktionalen perspektivischen Erzählens – Offenheiten (Vielfachdeutungen) im Text

9. Georg Britting: *Brudermord im Altwasser*
   Diskussion über poetisierte Geschwisterkonflikte – Diskussion über stilistische (Natur-)beschreibungen im Text und deren Funktionen – Offenheiten im Text

10. Birol Denizeri: *Das verlorene Gesicht*
    Fremdverstehen – Transfer

11. Willi Fährmann: *Es geschah im Nachbarhaus*
    Fremdverstehen – Transfer

12. Peter Härtling: *Die Möhre*
    Diskussion über fiktional dargestellte Konfliktsituationen im Krieg – Perspektivität

13. Die Toten Hosen: *Ausländer*
    Perspektivität im Rap-Song – Wirkungen von Sprachstilen und Musikstilen

Klasse 4/5/6

14. Anonym: *Sommercollagegedicht*
    Erkennen von Bildlichkeit und Verdichtung in der Lyrik – Transfer

15. Christian Berg: *Tamino Pinguin und der Geist Manitus*
    Entwürfe verschiedener Antizipationsmöglichkeiten in der phantastischen Erzählung

16. Irina Korschunow: *Ich bin so gemein gewesen*
    Diskussion über Konflikte in der Freundschaft – Transfer – Über Gefühle sprechen

17. Ursula Wölfel: *Hannes fehlt*
    Entwicklung von Empathie – Transfer

18. Alex Wedding: *Das Wasser gehört allen*
    Diskussion über Konfliktlösungen und deren Begründungen – Transfer

19. J. K. Rowling: *Harry Potter*
    Verknüpfung komplexer Inhalte und Bewertungen des Romans mit Begründungen

2.2 Der Wissenshintergrund

Um Texte zu verstehen, muss sowohl faktisches, kategoriales als auch prozedurales Textwissen vorhanden sein bzw. ausgebildet werden. Um dieses Wissen herzustellen, brauchen die Schüler Kategorien und Begriffe, mit denen sie Inhalte sowie sprach- und textästhetische Aspekte beim Diskutieren über Texte verdeutlichen können. Der Diskussionsprozess über Literatur ermöglicht also zum einen Textstellen kategorial zu benennen und zum anderen gleichzeitig ein kreativ prozedurales interpretatives Wissen und Textverstehen in der jeweiligen Interaktionssituation zu erwerben. Die bisherige Schüler-Leseforschung hat gezeigt, dass Schüler über zu wenig Wissen in diesen beiden Wissens- und Verstehensbereichen verfügen.

2.3 Grundkategorien literarischer Kompetenzen

Die *Grundkategorien literarischer Kompetenzen*, mit denen ich empirisch gearbeitet habe, beziehen sich auf die folgende Auswahl, die ich hier gleich in Lernziele fasse:

Die SchülerInnen sollen fähig sein,

1. wichtige und relevante Textpassagen in Texten zu erkennen, sie gegebenenfalls in Beziehung zueinander zu setzen und sie in der Interaktion mit den Mitschülern zu paraphrasieren. Sie sollen allmählich befähigt werden, sich kritisch über Texte und deren Fiktionalität zu äußern;

2. die Empathiefähigkeit mit literarischen Figuren soll vor ethnologischem, kulturellem, sozialem und geschlechtsspezifischem Hintergrund entwickelt und gegebenenfalls artikuliert werden;

3. SchülerInnen sollen die Offenheit in unterschiedlichen literarischen Texten in ihren Funktionen verstehen lernen;

4. sie sollen die Funktion von Perspektivität in literarischen Texten kennenlernen und verbal in der Diskussion darauf Bezug nehmen lernen;

5. Sprachbilder, Metaphorik, symbolische Formen sollen (in ihren Funktionen) in den Texten gedeutet werden können;

6. weitere stilistische Auffälligkeiten wie beispielsweise die Qualität von Natur-, Personen- oder atmosphärischen Beschreibungen, Wiederholungen, Schlüsselwörtern etc. sollen erkannt und gedeutet werden, d. h. die Schüler sollen auch den inhaltlichen und ästhetischen Wert fiktionaler Texte von Alltags- und Sachtexten sowie von visualisierten Texten unterscheiden lernen;

7. Fremdverstehen soll in Bezug auf innovative, imaginäre Inhalte oder auf Verhalten von Protagonisten gefördert und in die Diskussion eingebracht werden;

8. Identitätskonzepte der SchülerInnen sollen in der Diskussion aufgebaut, gefördert und gestützt werden;

9. Antizipationsfähigkeiten sollen explizit gefördert werden;

10. Transfermöglichkeiten sollen ausgebildet werden, d. h. die SchülerInnen sollen anhand aktueller und auch „klassischer" literarischer Texte lernen, sich kontrovers, divergent und konvergent mit Inhalten auseinanderzusetzen, die nicht nur dem jeweiligen Zeitgeist entsprechen;

11. die SchülerInnen sollen ethische Textansprüche oder Textdeutungen diskutieren und auf mögliche Wirklichkeitshintergründe und Erfahrungen oder andere Texte beziehen lernen.

Insgesamt will diese Skizze literarischer Textkompetenzen bewusst machen, dass Schüler literarische Qualitäten fiktionaler Texte allmählich sprach- und textbewusst erkennen lernen sollen und damit auch entdecken können, worin der Wert fiktionaler Texte für sie liegt.

Aus ihren Sozialisationsbedingungen heraus ziehen viele Schüler, die den Umgang mit fiktionaler Literatur nicht gewöhnt sind, Texte vor, die ihnen entweder direkte Ratschläge für ihre Lebenssituation geben oder ihnen durch einseitigen Actioncharakter eine unterhaltsame Flucht aus der Realität ermöglichen. Die Funktion anspruchsvoller fiktionaler Literatur, Rituale und bereits bekannte Wahrnehmungsmuster zu durchbrechen und Neues zu thematisieren, wird zunächst nicht erkannt und teilweise auch nicht akzeptiert. Deshalb ist es notwendig, die vielfältigen Kompetenzaspekte zum Erschließen der literarästhetischen Qualitäten Schritt für Schritt mit den Schülern zu erarbeiten. Im Verlauf dieses Wissenszuwachses können fast alle oben genannten literarischen Kompetenzen explizit erworben und auch von den SchülerInnen sprachbewusst und textbewusst in unterschiedlichen Präzisionsgraden benannt werden.

Es gibt einige Ausnahmen: Wenig genau überprüfbar ist das Entwicklungspotential an Empathiefähigkeit und individueller Bewertung bezogen auf die Texte, da diese insbesondere durch die Interaktion in der Institution Schule nicht fassbar gemacht werden können. Texte können individuelle Nachwirkungen bei den SchülerInnen haben, die in der Regel niemand kennen kann. Wie Identitätsentwicklungen bei den SchülerInnen in literarischen Diskussionsprozessen ablaufen, ist bislang auch nur in wenigen Ansätzen diagnostizierbar, insbesondere was deren emotionalen Charakter betrifft.

Das explizit curricular allmählich aufzubauende literarische Wissen kann durch das Diskutieren und Argumentieren im literarischen Unterrichtsgespräch gefördert werden, wenn der Lehrer seinerseits über das strategische explizite Wissen verfügt, diese literarischen Texkompetenzen am jeweiligen Text in der Interaktion mit den Schülern fruchtbar zu bearbeiten. Das heißt nicht, dass der Lehrer eine systematische und starre Textanalyse mit den Schülern in Gang setzen soll, sondern dass er im Rahmen eines Textcurriculums darauf achtet, dass ganz allmählich die literarischen Kompetenzen in Diskussionsprozessen erworben werden, und die Texte so ausgewählt worden sind, dass entsprechende literarische und literarästhetische Textelemente zur Sprache kommen müssen.

3. Einige Ziele des Diskutierens und Argumentierens im literarischen Unterrichtsgespräch

1. Die Schüler erkennen in der kontroversen, divergenten oder konvergenten Diskussion, dass ein fiktionaler Text oft in vielfältiger Weise deutbar ist.

2. Sie lernen, sich in einer Vielfältigkeit von Meinungen zum Text und zu unterschiedlichen Textstellen zu orientieren.

3. Sie lernen, ihre Meinungen und Aussagen zu begründen und gegebenenfalls einzuschränken oder zu revidieren.

4. Sie lernen in der Großgruppe der Klasse Entscheidungen zu fällen, indem sie ihre Textdeutungen und Meinungen plausibel vertreten.

5. Sie lernen schwierige Textaussagen individuell oder in größeren Gruppen zu klären.

6. Sie lernen die Meinungen und Argumente der anderen Mitschülerinnen und Mitschüler zu akzeptieren und auszuhalten.

7. Sie lernen, ihre unterschiedlichen Text- und textästhetischen Kompetenzen zu artikulieren.

8. Sie lernen Transfervorschläge zum Text von MitschülerInnen kennen und zu bewerten.

9. Sie lernen, einen Streit über Textinhalte zu beenden, indem sie Strittigkeiten über Textstellen anerkennen.

10. Sie lernen in der Diskussion mit anderen, ihre Meinungen und Argumente kritisch zu überprüfen.

11. Sie lernen, andere zu überzeugen oder sich gegebenenfalls auch Meinungen anderer anzuschließen oder ihnen zu widersprechen.

12. Sie lernen in der Interaktion Qualitäten von Texten zu bewerten oder abzulehnen.

13. Sie lernen, dass auch Einzelinterpretationen von Schülern in Bezug auf Texte wesentlich sein können.

4. Eine Beispielanalyse

Für die Unterrichtsanalyse wurde der Text *Wasserfarben* von Thomas Brussig ausgewählt (siehe unten S. 77 ff.). Es geht darin um einen orientierungslosen Jugendlichen namens Anton, der seinen älteren Bruder Leff kurz vor seinem Schulabschluss aufsucht, um mit ihm über seine Lebenskrise zu reden. Der ältere Bruder hört ihm zu und geht auf seine Schwierigkeiten ein. Er gibt ihm Ratschläge und erzählt von seinen eigenen Erfahrungen.

Die Schüler sollen herausarbeiten, ob und inwieweit die Zuwendung des älteren Bruders dazu führt, dass der jüngere Bruder wieder neuen Lebensmut gewinnt. Danach soll ein Transfer zur Situation der Schüler folgen, die gerade die Mittlere Reife absolviert haben und sich ebenfalls vor neuen Lebens- und Berufsherausforderungen befinden.

Der vorliegende Ausschnitt des Unterrichtsgesprächs befindet sich noch in einer anfänglichen Unterrichtsphase der Diskussion über den Text. Vorausgegangen waren die Phasen:

1. Vorlesen des Textes durch die Lehrerin und

2. erste kurze Textinhaltsanalyse und Textdeutung durch die Schüler.

4.1 Transkriptausschnitt: Realschule 10. Klasse, Zeile 0038 – 0207

| 0038 | LE | Und schreibt Texte. Und ähm * was, was für=n Ratschlag kann der Leff denn nun geben an seinen jüngeren Bruder ** |
| 0041 | SJ5 | Dass er noch soviel wie möglichst viele Sachen ausprobieren sollte * und dann kucken soll, was ei=m am meisten gefällt und was ei=m – ich weiß net wie der=s sagt, ich kann die Stelle g=rad nicht finden – aber der sagt so irgendwas. |

0045 SJ12   (...)

0047 SJ14   Ja, so irgendwas!

0049 LE   Ja, noch was? *5*
Ist des=n guter Ratschlag **, den er da bekommt, der Anton, ich mein= ihr
seid selbst in ner Umbruchssituation, für ja euch endet jetzt auch die Schule,
für euch muss ja jetzt auch ne Entscheidung fall=n *8*

0054 SJ1   Ja, schon mal, ich denk nicht, dass man sich gleich festlegen kann** wenn
man was macht, macht man das ja 30 Jahre lang und wenn man gleich des erste nimmt **, das erste Angebot und wenn ma dann mehr durchprobiert,
is= schon besser – oder?

0058 LE   Ja, der Ratschlag von Leff heißt nochmal wie? ** Sind ja 2 Dinge, die er dem
Anton empfiehlt *5*, na einen hat der Stefan ja schon gesagt, nämlich?

0061 SJ4   Sein Wesen einzubringen in den Job oder zu Problemen

0063 LE   Sein Wesen einzubringen und möglichst viel auszuprobieren * Jetzt hat der
Thomas so nett gesagt, man macht des ja 30 Jahre ** stimmt es denn? *5*
Wenn ihr euch jetzt entscheidet, in 4 Wochen, wenn ihr hier fertig seid ** ist
das dann ne Entscheidung tatsächlich für die nächsten 30/40 Jahre? Stefan

0067 SJ4   Ne, des würd= ich net sagen, das war früher extremer, weil früher, wenn
man nen Beruf gelernt hat – als Handwerker oder so – dann war des klar,
dass man ihn weiterführt. Aber heutzutage, wenn man ne Ausbildung
macht, dann macht man die 3 Jahre, und dann kuckt man weiter, ob man
weiter auf die Schule geht, oder ob man in dem Beruf bleibt oder in den anderen Beruf (...). Heute is= eher so, dass man machen muss was man kriegt
und früher konnte man wählen, des was man wollte **

0073 LE   Hättest du dann persönlich ne Chance zu verwirklichen, was der Leff dem
Anton empfiehlt?

0075 SJ4   Nee, weil der sagt man soll so viel wie möglich ausprobieren, aber wenn ma
jetzat in der Realschule war, macht seine Realschule, hat seine Mittlere Reife, dann sagt er probier so viel wie möglich aus, des is eigentlich – find ich –
dummes Rumgeschwafeln, weil des is son Rat wie jeder andere, ja, jeder
muss schon selber finden was er will, kuck halt was dir am besten gefällt und
mach des, super, damit könnt ich persönlich net soviel anfangen. **

0080 LE   Mit was könntest du denn persönlich was anfangen?

0082 SJ4   Ja, mit konkreten Sachen, wenn man sagt ** ah, isch weiß net ** mit konkreten Ratschlägen, besser als so allgemeines Geschwafel, weil * so was regt
mich auf, wenn Leute einfach nur so=n, allgemein meinen ja, jeder findet
schon seinen Weg, jeder macht was draus * du musst, ach kuck halt und irgendwas bla, bla, bla, so was kann ich net abhab=n *3*

0087 LE   Ja, wenn du jetzt nochmal an den Ratschlag von dem Leff denkst, kuck in
den Text bitte * wenn du da dran denkst *5* Gibt der jetzt den richtigen Ratschlag oder ist das, was er von sich gibt, nur das, was du eben genannt hast,
nämlich Sprüche, mit denen du vielleicht nichts anfangen kannst?

0091 SJ4   Also ich find=se nur Sprüche **

0093 SJ6   Er will ihn ja nur ermutigen, nur, er sagt ja ähm später wirst du des ja unmittelbar bewusst werden „ es kommt nicht darauf an etwas zu finden, was tief-
ster Natur entspricht, das heißt, dass er ihm nur sagt, dass es irgendwann, er

		will ihn ja ermutigen, dass er irgendwann was finden wird, dass er genügend Möglichkeiten hat was rauszufinden, was ihm und seiner Meinung entspricht *5*
0098	LE	Wie sieht des denn bei den anderen aus? Is= des=n guter Ratschlag von dem Leff, oder is= des=n Spruch? Indem er den Anton ruhigstellt, nachdem er ihm 2 Stunden die Ohren vollgejammert hat.
0101	SJ5	Ansich is es schon in Ordnung, weil er hat Recht damit, man sollte kucken was einem gefällt, wo man reinpasst, aber wenn man den ersten Job nimmt, dann ist es ja blödsinnig, wenn der eim nicht gefällt. Und da hat er schon recht, man sollte ausprobieren und kucken wo man reinpasst und wo man net, wo man am besten mit klarkommt. Also ansich hat er schon Recht damit*, ob er jetzt was Genaueres hätte sagen können nach den 2 Stunden, weiß ich jetzt nich= so **
0107	LE	Jetzt hat der Stefan ja nun bemerkt, dass man heute gar nicht mehr suchen könne, sondern, dass man des nehmen müsste, <u>was man bekommen hat.</u>
0110	SJ4	<u>Natürlich kann man suchen,</u> aber man kann, man kann jetzt nicht sagen ich will jetztat weiß was ich, Bankkaufmann werden, man kann sich net nur dadrauf spezialisieren und sagen – ha ja gut – jetzt bewerb= ich mich nur bei Banken. (…) hat oder so, dann hat man heutzutage schon=n Problem damit. Dann muss ma sagen, ha ja gut, entweder entscheid ich mich jetzt für irgend=ne Arbeit im Büro oder ich mach= ne handwerkliche Ausbildung oder mach sonst irgendwelche körperliche Arbeit, also ich find, ma muss des schon unterteilen und kann jetzt sagen ich will genau des machen, man muss auch Gebietsgruppen nennen und sich dann dafür interessieren. Man kann net nur so einzelne Sachen machen.
0118	LE	Und wenn du jetzt nochmal auf den Text schaust, die Frage war ja nun bei dem Ratschlag: „ich halte das Was auch nicht für weiter wichtig, ich halte für wichtig, dass du suchst, dein Wesen einzubringen und dass du etwas findest, mit dem du in so viel Wahrhaftigkeit verbunden bist, dass du gar nicht anders kannst als Gutes vorzulegen." Ja,* Robert entschuldige bitte.
0124	SJ7	Ich find= also des is schon =n Spruch, weil des macht ma „ find ich automatisch, wo ma= sich reinlegen kann, was ei=m Spaß macht so, find ich. Wie, wo ma seine, sich reinlegt und was vorweisen ** (…) des macht ma ja, find ich, automatisch, wenn ma=n Beruf ausübt
0128	LE	Ja gut, aber die Frage war ja, ob die wirtschaftliche Notwendigkeit in diesem Moment überhaupt die Chance gäbe, dich irgendwo reinlegen zu können?*3*
0131	K	Gemurmel
0133	LE	Schon. Hast du ne= Gegenmeinung Stefan*4*
0135	SJ4	Ich hab=n Robert seine Meinung nicht ganz verstanden, weil es so komisch grammatikalisch falsche Sätze waren, sozusagen.
0138	K	Gelächter
0140	LE	Robert, könntest du=s ihm nochmal sagen, <u>so dass er=s versteht?</u>
0142	K	Gelächter

0144	SJ7	Was hast du nicht verstanden?

0146 SJ4   Haja, des Ganze. Du hast am Anfang hast du so komische Wörter von dir <u>ge-geben.</u>

0148 SJ7   <u>Haja</u>, ich find, wenn ma, wenn ma, * ich find des automa, man bringt. Wenn ma den Beruf aussucht, dann sucht ma sich automatisch erstmal was aus, was eim Spaß macht und wo man sich reinhängt.

0151 SJ4   Ja

0153 SJ7   Un=ähm ** natürlich muss ma sich schon der Wirtschaft äh* was g=rad, also was ma machen kann, was, was die Wirtschaft anbietet. <u>Wo ma Erfolg</u> haben kann.

0156 SJ4   <u>Ja</u> *3*

0158 SJ7   Ja, und ich find auch, man hat schon Auswahl, <u>find=</u> ich, so (...)

0160 SJ4   <u>Ja, natürlich hast du Auswahl. Dir wird nicht vorgeschrieben, was du arbei-ten musst oder so</u>

0162 SJ7   <u>Ja, ja</u>

0164 SJ4   aber du hast eben net so =ne richtige Auswahl, weil du äh, wenn du =ne richtige Auswahl hättest, dann könntest du sagen, ich will des machen, ich will jetzt des machen, dann machst du des auch, kannst sagen * – was weiß ich – ich will jetzat Schreiner werden, dann wist=de Schreiner, aber du musst (...) kucken, wo Leute gebraucht werden und wo dich Leute nehmen und was du mit deinen Zeugnissen und deinen Gegebenheiten machen kannst, kannst ja jetzt net einfach sagen, jetzt hat irgendein Schüler auf der Sonderschule, kannst jetzt net einfach sagen, ja, ich will weil – was weiß ich – Manager bei irgendnem Fußballclub werden, weil so was ist ja unrealistisch

0172 K   <u>Husten</u>

0174 SJ7   Natürlich, man brauch auch gewisse Voraussetzungen

0176 SJ4   Haja und deswegen hat man net so, find ich net keine große Auswahl. Man muss scho eigentlich sich beschränken * Weil, wenn man dann verschiedene Aus ... ähm Abschlüsse hat, mit nem Hauptschulabschluss hat man eigentlich gar keine Auswahl, kann man auswählen, ob man Straßenpenner werden will oder ob man weiter auf die Schule geht *6*

0182 LE   Wenn wa schon dabei sind, die Frage is ja, der Leff versucht ja die Sache näher zu erklären und zwar mit diesem nächsten Gleichnis, das im Text drin ist, der Geschichte mit dem Hochspringer. Wenn ihr euch die bitte nochmal anschaut, die is ja gerade nochmal im Anschluss. * Ja

0186 SJ2   Ich hab nochmal ne Frage an Stefan. Äh, du hast ja vorhin gesagt, dass ma früher mehr Auswahl hatte was ma macht, und so, also im Gegensatz zu heut, dass ma heut, dass ma heut des nimmt, was ma <u>abkriegt</u>

0189 SJ4   <u>Ja früher</u>

0191 SJ2   <u>Ich fra...</u>

0193 K   Räuspern

0195 SJ2   Also, ich find, dass ma g=rad früher weniger Auswahl hatte und des genommen hat, was ma gekriegt hat, früher und da hat meistens der Vater g=sagt, früher, äh, ja, jetzt mach mal des und mach des oder. <u>Ich find ...</u>

0198 SJ4   Ja, aber früher war=s anders, du, heutzutage früher, wenn du dich früher für irgendwas beworben hast, und bist hingegangen, dann hat, wenn du jetzt zum Beispiel – was weiß ich – Bauarbeiter werden wolltest, ja, angenommen jetzat, dann bist dahingekommen, da hat er nicht auf ein Zeugnis gekuckt, da hat er deine Arme angelangt, hat gekuckt, haja, der kann was tragen, dann kann er den Beruf auch machen. Und wenn da so=n kleines Hemd hingegangen wär=, dann hätt= er gemeint, ah was, net so gut, mach lieber was anderes und ma hat früher – ich weiß net – da kams net, wars net extrem wie heut mit=n Arbeitslosen * und so, da hat man schon irgendwie mehr machen können was man wollte, weil wenn ma jetzt unbedingt irgend=ne Sache machen wollte, dann hat ma irgen=n Betrieb gefunden, der eim nimmt, aber heutzutage ** ist für eine Ausbildungsstelle 50 Bewerbungen oder so und früher wars halt net so extrem, da wars halt 2, 3 und dann hast schon bessere

0207   Chancen gehabt, zu das machen, was man wollte *6*

In dem vorliegenden Diskussionsausschnitt werden von Zeile 0038 – 0207 folgende Inhalte angesprochen:

– Welchen Ratschlag gibt der ältere seinem jüngeren Bruder?
– Ist der Ratschlag Leffs wirksam?
– Muss man sich beruflich gleich auf viele Jahre festlegen?
– Transfer der Lehrerin zur beruflichen Zukunftsorientierung der Schüler (Zeile 0064)
– Vergleich der Ausbildungssituation früher und heute von Seiten eines Schülers
– Kritik am Text von Seiten desselben Schülers (Zeile 0077)
– Wunschäußerung desselben Schülers nach konkreten beruflichen Ratschlägen
– Wiederholung der Frage nach der Nützlichkeit des brüderlichen Ratschlags von Seiten der Lehrerin
– Kontroverse Meinungen verschiedener Schüler
– Wiederholte Kritik und Versuch zur realen Berufssituation heute
– Rückbezug auf den Text von Seiten der Lehrerin (Zeile 0118)
– Der Schüler Robert (SJ7) macht den Versuch seine eigene Meinung zu erläutern
– Dieser Versuch wird von Schüler Stefan (SJ4) als unverständlich beurteilt
– Die Lehrerin weist auf das Gleichnis des Hochspringers im Text hin
– Die beiden Schüler Stefan (SJ4) und Robert (SJ7) tragen jedoch ihre Kontroverse aus
– Stefan versucht Recht zu behalten

Die Schwierigkeit des Diskussionsausschnitts besteht zunächst in dem zu raschen Transfer der Lehrerin auf die Lebenssituationen der Schüler. Hier wäre es sinnvoller gewesen, zunächst den Text zu erarbeiten und später einen Transfer anzuschließen. Dies ist ein generelles Problem: In unseren Untersuchungen hat sich sehr häufig gezeigt, dass die Texte nicht gründlich genug analysiert werden und dass der Transfer zur Realität in den Vordergrund gerückt wird. Begründet wird das häufig mit Motivationsargumenten. Oft ist es schwierig, die Schüler zu einer genaueren Textanalyse anzuleiten. Als Lernprodukt entsteht jedoch bei dem zu raschen Transfer das gewohnte Schülerverhalten, den Text nicht genau zu lesen.

Die zweite Schwierigkeit besteht in der Rivalität des Schülers Stefan mit seinem Mitschüler Robert. Hier findet ganz deutlich ein Imagemaking und eine Image-verletzung auf der Beziehungs- und Rivalitätsebene der beiden Schüler vor der Klasse statt, eine Interaktion, wie sie für Stefan charakteristisch ist. Er will sich in seinem Selbstbild immer wieder als kompetenter Wortführer der Klasse stili-sieren, indem er die Beiträge der Mitschüler und auch der Mitschülerinnen ab-qualifiziert.

Auch in dieser Unterrichtssituation hat er Erfolg damit, Robert zu kritisieren. Die Mitschüler stimmen dieser Kritik durch ihr Gelächter zu. Robert wiederholt seinen Beitrag und bemüht sich offensichtlich mit einer Reihe von Refomulie-rungen: Zeile 0148: „Haja, ich find, wenn ma, wenn ma, ich find des automa, man bringt. Wenn ma den Beruf aussucht, dann sucht man sich automatisch erst-mal was aus, was eim Spaß macht und wo man sich reinhängt."

In seinen Diskursregeln betont Foucault (2001), dass jeder Mensch seine Aussa-gen auch nach den Erwartungen des Publikums formuliert. Er spricht von einem ethischen Gewaltpotential, das die Aussage jedes Individuums steuert und be-einträchtigt. Unser Beispiel ist ein Paradebeispiel einer solchen Kommunikati-onssituation im Unterricht. In Zeile 0124 – 0181 versuchen die beiden Schüler miteinander rivalisierend ihre Positionen darzustellen in Bezug auf größere oder begrenztere Auswahlmöglichkeiten in der Berufswahl. In Zeile 0182 mischt sich die Lehrerin wieder ein und greift inhaltlich das Problem auf, indem sie auf das Gleichnis im Text rückverweist, dessen Interpretation vielleicht weiterhelfen könne. Robert will jedoch seine Interaktion mit Stefan nicht beenden und stellt ihm noch eine Frage zu einer seiner vorausgegangenen Aussagen. Stefan geht auch darauf ein, indem er erneut Gegenpositionen zu Robert bezieht (Zeile 0198 – 0207). Solche rivalisierenden Interaktionspassagen sind charakteristisch, ins-besondere im Pubertätsalter der Schüler. In der Unterrichtsforschung ist bisher kaum berücksichtigt worden, durch welche metakommunikativen Strategien solche Rivalitätsdialoge wieder aufgelöst werden können.

4.2 Transkriptausschnitt: Zeile 0208 – 0282

Im zweiten Abschnitt der Stunde geht es um die Schülerinterpretationen des Gleichnisses eines Hochspringers im Text. Einige Schüler versuchen, ihre Deu-tungen zu erklären und zu begründen:

0208 LE   Kucken wir uns des bitte nochmal an. Wie gesagt, er verdeutlich ja seine Vor-
                stellungen ja mit dem Gleichnis, das da anschließend kommt: „Ich kannte

z. B. mal einen Hochspringer, aber er legte die Latte immer auf 2,70 und weil er jedes Mal riss, glaubte er nicht mehr an sich und wurde schließlich ein sehr mittelmäßiger Weitspringer, kapiert?" Was soll denn dieses Gleichnis hier im Text? * Ja, Daniel

0213	SJ2	Der hat=n Glauben an sich verloren, der Weitspringer, also der ** äh * Hochspringer
0215	SJ6	Der Hochspringer hat seine Ziele schon sehr hoch gesetzt äh und wollt (…) ähm wollt dem nicht ausprobiern, von unten ab, von 1,10, ich hab= da keine Ahnung von, eben gleich des Höchste, oder ich weiß nicht wie hoch 2,70 sind. Und <u>deswegen,</u>
0219	SJ2	Der hat sich zuviel vorgenommen
0221	SJ6	<u>der hat sich</u> zuviel vorgenommen und hat=s nicht mit kleinen, von klein auf probiert, immer höher, immer höher, bis es dann eben nicht mehr ging **
0224	LE	Hat er sich wirklich zuviel vorgenommen, wenn er immer nur die gleiche Höhe springen will? **
0226	SJ1	Irgendwann wird er's schaffen (…) wenn er's übt, wenn er's dauernd die 2,70 probiert, irgendwann schafft er's eigentlich, sollte er's schaffen
0229	SJ6	Mit =ner Körpergröße von 1,30
0232	K	Gemurmel
0233	LE	Der Stefan findet es nicht, sagt er, warum
0235	SJ4	Ja, dann könntest du genau sagen, wenn ich jetzat wollt, dann könnt ich auch ** – was weiß ich – übers Schulhaus springen, wenn ich jeden Tag trainiere ***
0238	SJ1	Ist doch gar kein Erfolgserlebnis, wo ihn aufbaut, der verliert des ganze Vertrauen in sich
0240	SJ4	Wenn er irgendwann kein= Bock <u>mehr hat</u>
0242	SJ1	Weil <u>2 Meter 70</u> sind schon ziemlich ordentlich
0244	SJ4	Ja, ja **
0246	LE	Ja, aber Thomas hat vollkommen Recht mit dem Erfolgserlebnis **
0248	SJ1	Wenn er, wenn er nich=mal unten anfängt **, dann weiß er ja nicht ob er, ob er nur die 2 Meter schaffen würde
0250	SJ4	Ja, der muss der ja schon irgendwo unten angefangen haben, weil sonst kann er ja nicht sagen, ob er=n guter Hochspringer war *4* Ja oder
0253	K	Durcheinander
0255	SJ4	Ich hab gesagt guter Hochspringer, aber da steht nur Hochspringer
0257	LE	Warum bleibt er aber mittelmäßig? *8* Weil, der Moritz hat eben gesagt, wenn er's lang genug trainiert, dann müsste er irgendwann die 2,70 schaffen, aber es steht ausdrücklich drin, er bleibt mittelmäßig, du hast schon recht gesagt, des hat irgendwas mit Erfolgserlebnissen zu tun, Thomas, was denn?**
0261	SJ1	Ja, der verliert des Vertrauen in sich, <u>Selbstbewusstsein</u>
0263	LE	<u>Ja, wenn man</u> aber die. Wenn ihr aber an den Ratschlag vorher denkt
0265	SJ5	Sein Bruder meint damit, dass er klein anfangen soll, d. h. er soll erstmal diesen, diesen Abschluss machen, diesen Schulabschluss und dann soll er

sich etwas irgendwas em eben aussuchen, eben äh Ausbildung oder er soll weitermachen auf der Schule oder auf =ner (...) oder so, des sind dann so kleine äh – sach ich mal – Erfolgserlebnisse, wenn sie Hochspringer wären, vielleicht. D. h. er macht sein Abschluss des is schon mal ein Erlebnis, weil er damit abgesichert ist, dann könnt er entweder ne Ausbildung machen, weil er die hat, hat er auch schon mal Chancen auf =nen Job, oder wenn er eben auf die Universität geht. Und so meint er des, der soll sich hocharbeiten in kleinen Schritten **

0273	LE	Versteht der Anton des auch so?
0275	SJ4	Also ich würd=s anders sagen
0277	LE	Ja, du würst=s anders sehen?
0279	SJ4	Ja, ich würd= sagen, dass des bedeuten soll,* also, ich weiß net – (...) der soll sich net, net so ** gleich auf so wichtige Sachen, auf so große Sachen, jetzt, was er später mal arbeiten will, darum geht's ja jetzt erstmal garnet, nach der, nach der Schule. Der kleine Junge denkt schon so weit, also, der kleinere denkt schon so weit, was er
0282		später arbeitet und was er machen kann und was er <u>sein ganzes Leben machen will</u>

Hier bemüht sich die Lehrerin ab Zeile 0208 wiederholt um einen Rückbezug zum Text. Sie beharrt auf ihrem Gleichnisverweis im Text. Die sich anschließende Diskussion bezieht sich auf verschiedene Deutungen des Hochspringergleichnisses. Nicht für alle Schüler wird die Deutung präzisiert, sie bleibt eher im Vagen, weil die Lehrerin an dieser Stelle auf eine eigentlich notwendige Klärung verzichtet.

Wenn auch das Gleichnis in mehrere Richtungen hin interpretiert werden kann, darf die Deutung von Seiten der Schüler nicht ins Beliebige gehen. Deshalb müsste die Lehrerin zumindest dazu Stellung nehmen, wie sich mehrere Deutungen auch durch Plausibilität begründen lassen: d. h. Deutungsversuche bedürfen einer Stabilisierung, wenn sie akzeptabel sind. Deutungen, die nicht plausibel sind, müssen zurückgewiesen werden. Diese Diskussionselemente interaktiver Bedeutungskonstitutionen sind deshalb notwendig, damit nicht das Interpretationsverhalten völliger Beliebigkeit der Deutungen bei den Schülern entsteht. Dazu gehört ein wiederholtes und genaues Eingehen auf den Text und Kontext des Gelesenen. Ein häufiges Defizit literarischer Gespräche beruht darauf, dass die Lehrer darauf verzichten, dass unterschiedliche Bedeutungsverständnisse koordiniert werden.

Reflektiert man den Ergebniswert dieser zwei kleinen unterrichtlichen Diskussionseinheiten lässt sich Folgendes feststellen:

– Die Lehrerin verfolgt die Strategie, die SchülerInnen relativ eng zu führen.

– Nur einige Schüler beteiligen sich an der Diskussion, indem verschiedene bewusste und unbewusste Äußerungsmotivationen deutlich werden: Motivationen verschiedener Schüler auf der Interpretationsebene des Textes und Äußerungsmotivationen auf der Rivalitätsebene.

– In der ersten Diskussionsphase mischen sich die Schülerinnen kein einziges Mal ein. Erst auf Aufforderung der Lehrerin hin beteiligen sie sich in der letzten Unterrichtsphase an der Diskussion.

– Obwohl sich der Schüler Robert in seinen kommunikativen Fähigkeiten Stefan offensichtlich unterlegen fühlt, vertritt er – auch nach einer Imageverletzung durch Stefan vor der Klasse – seine Meinung.

– Das Gleichnis im Text wird auf Aufforderung der Lehrerin offen interpretiert. Inwieweit dessen ästhetischer Wert im Text erkannt wird, bleibt allerdings unklar, weil die Deutungen von der Lehrerin hier nicht stabilisiert werden.

– Die metakommunikative Äußerung Stefans über die Unverständlichkeit der Argumentation Roberts hat zwei Ziele: a) der eigenen Imageüberlegenheit und b) einer verständlicheren Paraphrasierung des Gesagten.

Die Klasse steht kurz vor ihrer Schulentlassung mit der Mittleren Reife. Vor allem die männlichen Schüler wollen in der Argumentation zeigen, was sie können. Die Mädchen verhalten sich in dieser Situation jedoch unerwartet zurückhaltend, möglicherweise, weil ihr weibliches Zugpferd in der Klasse fehlte. Möglicherweise aber auch, weil die beiden Protagonisten im Text männlich sind. Möglicherweise fordern die beiden männlichen Protagonisten im Text zunächst nur die männlichen Schüler in der Klasse zur Diskussion heraus. Die Lehrerin führt die Schüler zwar in ihrem Diskussionsprozess, bleibt aber an entscheidenden Stellen zu wenig explizit: a) um eine genauere Textkenntnis von den Schüler zu erreichen und b) um die Funktion des Hochspringer-Gleichnisses für alle Schüler verständlich zu klären.

Die Diskussionsergebnisse der Schüler haben sich in einer anderen Klasse, einem 9. Schuljahr, ganz ähnlich entwickelt. Die Schüler nehmen allzu rasch Bezug auf ihre eigenen Zukunftsorientierungen, ohne näher auf den Text einzugehen. Auch in anderen Diskussionsstunden literarischen Unterrichts haben sich ähnliche Muster gezeigt: Der Text wird oberflächlich als Folie benutzt, um eigene Erfahrungen zu verbalisieren. Die Lehrer übernehmen an diesen Stellen nicht die notwendige metakommunikative Führung, zuerst die Textintentionen intensiv zu bearbeiten und erst danach einen Transfer zum eigenen Leben zu versuchen.

Der vorliegende Text von Thomas Brussig war für die Schüler ausgewählt worden, um das Bruderverhältnis zu diskutieren und die unerwartete Fürsorge des älteren Bruders gegenüber dem jüngeren im Text zu belegen und herauszuarbeiten. Dabei hätte man eine intensive Analyse an der Beschreibung des Raumes, des Ortes und der Handlungen und Reaktionen der zwei Brüder vornehmen müssen. Das Gleichnis des Hochspringers ist in diesen Textbezug integriert und hat die Funktion eines wichtigen Ratschlags von Seiten des älteren Bruders, der aber so formuliert wird, dass er nicht wie Besserwisserei klingen soll. Die Lehrerin hätte an dieser Stelle mit einer Substitution arbeiten können, eben gerade einen moralisierenden Ratschlag an Stelle des Gleichnisses einzusetzen, um es den Schülern zu erleichtern, die Funktion des Textgleichnisses und dessen Stilisierung zu erkennen. Anton soll selbst zum Nachdenken über seinen Berufsweg gebracht werden, aber nicht isoliert, sondern begleitet von der Fürsorge des älteren Bruders. Das ist eine andere Beratung als die eines Arbeitsamtes, auf die die Schüler bei ihrem Transfer schnell Bezug nehmen. Es geht im Text um eine Beziehung zwischen zwei Brüdern und nicht um eine anonyme Beratertätigkeit.

Hinsichtlich ihrer textbezogenen Argumentationskompetenzen zeigen die Schüler in dieser Arbeitsphase unterschiedlich komplexe Fähigkeiten beim gemeinsamen Argumentieren:

– sie beziehen sich argumentativ auf Inhalte und Deutungen des Textes,
– sie erkennen das zentrale Gleichnis im Text und interpretieren es in seiner Offenheit,
– sie formulieren Pro- und Contraargumente,
– sie können ihre Argumente begründen,
– sie können sie durch Beispiele belegen,
– sie können folgern,
– sie können einlenken,
– sie können einander zustimmen,
– sie können ihre Argumente ablehnen und einschränken,
– sie können Metakommunikation formulieren,
– teilweise können sie auch auf die Argumente anderer Mitschüler Bezug nehmen, indem sie sie weiterführen.

Die Defizite der SchülerInnen zeigen sich in der Nicht-Wahrnehmung der Textqualität außerhalb oberflächlicher inhaltlicher Bezüge. Der Anspruch der Fiktionalität des imaginativen Gesprächs zwischen zwei Brüdern wird vor allem von Stefan schon am Anfang der Diskussion vorschnell abqualifiziert: Wenn der ältere Bruder Leff sagt „probier so viel wie möglich aus, des is eigentlich – find ich – dummes Rumgeschwafeln, weil des is son Rat wie jeder andere, ja jeder muss schon selber finden was er will, kuck halt was dir am besten gefällt und mach des, super, damit könnt ich persönlich net soviel anfangen. – Ja mit konkreten Sachen, ... mit konkreten Ratschlägen, besser als so allgemeines Geschwafel, weil, sowas regt mich auf, wenn Leute einfach nur so=n, allgemein meinen ja, jeder findet schon seinen Weg, jeder macht was draus du musst, ach kuck halt und irgendwas bla bla bla, so was kann ich net abhabn ... ich find's nur Sprüche ...“ (Zeile 0076 – 0082/0091).

Diese Negativbewertung Stefans ist nicht auf die Fiktionalität des Textes, das Gespräch zwischen den Brüdern bezogen, sondern sie wird reduziert auf seine individuelle Situation, für die er andere eng begrenzte normative Ansprüche hat. Die Lehrerin hätte insistieren müssen, den Text genauer zu bearbeiten: z.B. in

Bezug auf die Stützung Antons durch seinen Bruder Leff, der sich Zeit für ihn nimmt, ihm aus seiner Krise herauszuhelfen. Viele Passagen im Text bringen diese notwendige Zuwendung deutlich zum Ausdruck. Die SchülerInnen werden zu wenig angeleitet, bestimmte Textteile noch einmal genauer zu lesen und zu analysieren.

In dieser Stunde wird als charakteristisches Phänomen deutlich, wie stark die Lehrer unter Zeitdruck stehen, sodass genaue Textinterpretationen sehr häufig unmöglich werden. Das bedeutet, dass die Stundenplanungen für den Deutschunterricht anders aussehen müssen. Mindestens einmal in der Woche müssten im Deutschunterricht mehrere Stunden hintereinander zur Verfügung stehen, damit Texte ausreichend intensiv bearbeitet werden können.

Allgemein zeigen die SchülerInnen in Bezug auf ihre Reflexionskompetenz bzw. ihre Sprachbewusstheit beim Argumentieren große Schwächen: Stefan forciert am stärksten – er argumentiert so lange, bis er andere zum Schweigen gebracht hat, die nicht seine Position vertreten. Die meisten Schüler resignieren bei dieser Art des Forcierens. Wenn sie sich dagegen wehren, dann tun sie es implizit und individuell, insofern bleibt ihre Abwehrstrategie gegen die Diskussionsdominanz von Stefan ineffektiv. Die Schüler nehmen ihre Diskussionsrolle, ihre *turns* in der Klasse zum großen Teil nicht bewusst, sondern automatisch ein. Ihre rhetorischen Fähigkeiten können deshalb auch nur wenig gestützt werden.

5. Kriterien der Unterrichtsanalyse

Im Folgenden sollen einige Kriterien der Unterrichtsanalyse vorgestellt werden. Zunächst erweist sich eine Analyse der Grobstrukturen, eine Analyse der wesentlichen Sequenzen des Unterrichts als sinnvoll.

5.1 Analyse der Makroebene

1. Welche Unterrichtsphasen entstehen? Welche Wirkungen haben diese Unterrichtsphasen auf das Textverstehen? Wie wird das in der Diskussion deutlich? Diese Unterrichtsphasen sind sowohl methodisch als inhaltlich bedingt: z. B. durch Herstellen der Motivation durch ein Cluster oder Vorlesen des Textes oder durch bestimmte Aufgabenstellungen zum Text oder durch einen inhaltlichen Themenwechsel der Lehrerin oder auch der Schüler.

5.2 Analyse der Mesoebene – Analyse der einzelnen Unterrichtssequenzen

2. Wird der Text effizient präsentiert, d. h. haben die SchülerInnen den Text für die Diskussion präsent?

3. Auf welche Textstellen reagieren die einzelnen Schüler in der Diskussion und in welcher Weise? Zeigen sie sich z. B. interessiert an einer Deutung oder ab-

wehrend, themenkompetent oder abwegig, problematisierend oder kompetitiv, orinetiert an positiver oder negativer Textbewertung etc.

4. Welche literarischen und ästhetischen Elemente werden an welchen Stellen im Unterrichtsprozess angesprochen?

5. Werden relevante Inhalte des Textes erkannt? Welche ja, welche nein, welche nur teilweise? Wie geschieht das? Durch mehrere SchülerInnen – durch einen Schüler/eine Schülerin – durch Vermittlungshilfen des Lehrers/der Lehrerin?

6. Wie wirkt der Text auf die Schüler? Wie wird der fiktionale Text von einzelnen SchülerInnen bewertet? Wird die Fiktionalität des Textes, seine Produziertheit erkannt?

7. Welche Rezeptionssteuerungen und welche relevanten Vermittlungshilfen gibt der Lehrer? Mit welchem Resultat? An welchen Stellen des Unterrichtsprozesses steuert er erfolgreich? An welchen Stellen kontraproduktiv?

8. Wie verläuft die Interaktion zwischen den Schülerinnen und Schülern? Welche und wie viele Schüler beteiligen sich am Gespräch? Welche Schüler zeigen aktive, welche nur reaktive Beteiligungen? Gibt es stark gruppenbezogene Interaktionen, werden Äußerungen bestimmter Schüler ausgegrenzt?

9. An welchen Stellen des Unterrichtsgesprächs entsteht eine „lebendige" Interaktion – in Bezug worauf? „Greift" und überzeugt der Text selbst oder veranlassen die Äußerungen der Mitschüler bestimmte Schüler zu weiteren Stellungnahmen?

10. An welchen Stellen zeigt sich deutliches Desinteresse – am Text – an der Interaktion und warum? Worin zeigt sich das explizit und implizit durch lange Pausen und Schweigen?

11. Wo entstehen Störungen im Unterrichtsverlauf? Welcher Art sind diese Störungen?

12. Wie verläuft die Interaktion von Schülern und Lehrer? Dominiert der Lehrer durch seine Rezeptionslenkungen zu stark?

13. Gibt es geschlechtsspezifische Auffälligkeiten? Welcher Art sind diese: text-, transfer- oder interaktionsbezogen?

14. Welche literarischen Kompetenzen sind bei den einzelnen Schülern bzw. bei der ganzen Klasse vorhanden oder werden während des Unterrichts entwickelt? Mit welcher Wirksamkeit?

15. Über welche Diskussions- und Argumentationskompetenzen verfügen die einzelnen Schüler – in dieser Unterrichtsstunde – allgemein?

  – Begründen sie ihre Meinungen in Bezug auf den Text? Inhaltsbezogen oder literarästhetisch?

  – Tauschen sie ihre Meinungen gegenseitig aus oder liefern sie nur ihren Beitrag beim Lehrer ab?

  – Hören sie einander zu?

– Gehen sie aufeinander ein? Ergänzen sie ihre Argumente?
– Verleitet ein mangelnder Textbezug oder ein Mangel an Reflexion die Schüler zu einer vorschnellen Stellungnahme?
– Schränken die Schüler ihre Meinungen gegebenenfalls auch ein? Revidieren sie sie gegebenenfalls?
– Leiten sie Folgerungen aus den Argumentationen ab – ziehen sie Schlüsse aus den Argumentationen? Inhaltsbezogen oder textästhetisch?
– Akzeptieren sie die unterschiedlichen Argumentationen?
– Stellen sie Äußerungen in Frage – problematisieren sie sie?
– Weisen sie irrelevante Äußerungen zurück?
– Werden Handlungsvorschläge gemacht?
– Setzen sie ihre Meinungen durch? Mit zutreffendem oder falschem Ergebnis?

16. Wieviele und welche SchülerInnen – sei es als Einzelne, sei es als Gruppe – schweigen während der ganzen Diskussion oder in bestimmten Phasen? Gibt es Erklärungen dafür?

5.3 Analyse der Mikroebene

17. Diskutieren die Schüler verständlich? (Individuelle Analyse und interaktionsbezogene Analyse)

18. Worin und an welchen Stellen des Unterrichtsprozesses war der Unterricht bezogen auf die oben angeführten oder andere Ergebnisse effektiv, worin war er nicht ergebnisreich?

5.4 Zusammenfassende Beurteilung

Dieses Unterrichtsanalyse-Modell kann nur heuristischen Vorschlagscharakter haben. Da sich die literarischen und kommunikativen Kompetenzen der SchülerInnen auch altersspezifisch unterscheiden, ist jeweils eine angemessene situationsspezifische Auswahl für die Unterrichtsanalyse zu treffen. Trotz seiner relativen Komplexität kann das Modell jederzeit noch ergänzt werden; ich habe es zunächst auf diese 15 Kategorien reduziert, damit man es in der praktischen Anwendung gut im Gedächtnis behalten kann.

Das Modell ist in Teilen deskriptiv, in Teilen ist es aus didaktischen Gründen bewertend bzw. normativ. Jeder Lehrer setzt spezifische Lernziele, die können in Bezug auf bestimmte Texte in Teilen übereinstimmen, aber eben nur in Teilen. Deshalb muss im Unterricht oder danach jeweils eine kreative Auswahl dieser Diagnosekategorien erfolgen. Für die Unterrichtsforschung ist es dagegen notwendig, bei einer vergleichenden Unterrichtsanalyse systematisch zu verfahren. Wenn jedoch Lehrer und Lehrerinnen im Schulalltag diese Kategorien nicht kreativ handhaben, erstarrt mit der Analyse auch der Unterricht. Jeder Unterricht ist so multivalent, dass es im Ermessen des Lehrers liegen muss, wo er seine Schwerpunkte des zu Erlernenden legen will. Ebenso ergeben sich durch die unterschiedlichen Texte, Themen und Klassenstufen jeweils spezifische Schwerpunkte des Wissenserwerbs literarischer Kompetenzen und somit auch der Analyse.

6. Geschlechtsspezifische Aspekte in Diskussionsprozessen literarischer Texte

In einem Vortrag (2001) haben Carmen Spiegel und ich schon darauf hingewiesen, dass es *die* fixierte weibliche Rolle und *die* männliche Rolle in der Interaktion zwischen den Geschlechtern nicht geben kann. Genderverhalten ist nie festgeschrieben: Es ist von sich ständig verändernden ethnologischen, kulturellen, sozialen sowie individuellen, thematischen und situativen Faktoren abhängig. Das damals entworfene Modell ist weiterentwickelt und auf Diskussionen und Argumentationen im Literaturunterricht bezogen worden. Es gibt mindestens 22 Faktoren, die die Kommunikationssituation im Literaturunterricht beeinflussen, darunter ist nur einer geschlechtsspezifisch.

Faktoren der Kommunikationssituation beim Diskutieren und Argumentieren über literarische Texte

Alle folgenden Faktoren korrelieren in einer Unterrichtssituation und können unterschiedliches Gewicht erhalten:

Alter	Literarische Kompetenz	Ethnischer Hintergrund	Textwissen	Sprachwissen
Sprachbewusstheit	Kommunikative Kompetenz		Sozialisation	Geschlecht
Argumentationskompetenz		Individueller Hintergrund		Weltwissen / Sachwissen
Institution Schule		Sprachlich in der Situation initiativ oder reaktiv		Interesse am Text und Thema
Psycho-physische Verfassung	Status / Image		Konfliktfähigkeit	Motivation
Lehrer–Schülerverhältnis		Schüler–Schülerverhältnis		Raumkonstellation

Vorallem können sich diese einzelnen Kriterien bei den einzelnen Schülerinnen und Schülern sehr unterschiedlich gewichtig in der Unterrichtsdiskussion auswirken. Auch in einzelnen Sequenzen des Unterrichts können sich die Gewichte verschieben. Bei bestimmten Aussagen kann die Geschlechterrelevanz von großer Auswirkung sein, bei anderen spielt sie so gut wie keine Rolle. In bestimmten Konstellationen können sich allerdings geschlechtsspezifische Verhaltens- und Rezeptionsfaktoren verstärken. Ich greife nur vier der häufigsten genderspezifischen Verhaltensweisen heraus:

a) Zweifellos engagieren sich Mädchen mehr für Textinhalte, die besondere Empathiefähigkeiten bei der Interpretation beanspruchen.

b) Wenn die Protagonisten im Text alle männlich oder alle weiblich sind, können sich geschlechtsspezifische Identifikationsmöglichkeiten und Empathieentwicklungen einengen. In der Regel ist es für Mädchen leichter, sich mit männlichen Protagonisten zu identifizieren als für Jungen mit weiblichen Protagonistinnen.

c) Bei einer bestimmten Thematik im Zusammenhang mit eher auf Männlichkeitsbilder bezogenen Textreferenzen, z. B. bei Texten über den Krieg, können sich geschlechtsspezifische Barrieren bei der Motivation ergeben, sich mit dem Text zu beschäftigen. Beispielsweise hat sich bei der Behandlung eines Kriegsgedichts von Brecht in einer 9. Realschulklasse kein einziges Mädchen an der Diskussion beteiligt, weil das Gedicht stark auf männliche Vorstellungsweisen referiert.

d) Die geschlechtsspezifischen Gruppenbildungen in der Klasse wirken sich sehr häufig beim gemeinsamen Diskutieren aus: Mädchengruppen und Jungengruppen schweigen insgesamt. Sie verweigern phasenweise ihre aktive Teilnahme – z. B. verursacht durch geschlechtsspezifische Themen, Textfiguren oder Argumentationen ihrer MitschülerInnen.

Bei der Interpretation von Gender-Verhalten oder Gender-doing – Letzteres betont die Aktivität des Gender-Verhaltens – muss die genderbezogene Unterrichtsforschung weit differenzierter vorgehen als das bisher der Fall war, um nicht stereotype Rollenbilder weiterhin festzuschreiben. Es muss stärker der Fokus der Untersuchung darauf gelegt werden, wie sich die Geschlechtsspezifik in spezifischen Situationen verändert. Dadurch wird dem Veränderungsprozess eine größere Chance gegeben, da festschreibende Rollenzuordnungen eher lähmend wirken und Veränderungen verhindern.

7. Zusammenfassung und einige zukunftsorientierte Bemerkungen zum Diskutieren und Argumentieren mit literarischen Texten

Für die SchülerInnen und LehrerInnen bedeutet das Diskutieren und Argumentieren mit literarischen Texten konzentrierteste Arbeit. Die Unterrichtsaufzeichnungen dokumentieren sehr unterschiedliche Grade der Konzentration, sehr oft auch demonstrativen Unwillen der Schüler bei dieser Konzentrationsleistung, insbesondere in den Phasen anspruchsvoller Reflexionen, die über inhaltliche Diskussionen hinausgehen. Dennoch betont mein Ansatz den expliziten sprach- und textbewussten Wissenserwerb von bestimmten Kategorien literarischer Kompetenz, der diese Reflexionsleistungen herausfordert.

Unsere Projektergebnisse über sprachbewusstes Argumentieren im Deutschunterricht haben allerdings auch gezeigt, dass nachweislich die meisten sprachlichen Prozesse eher unbewusst oder intuitiv ablaufen. Mit den Ergebnissen der PISA-Studie ist jedoch ebenso zweifelsfrei klar geworden, dass zu viele Schülerinnen und Schüler über zu wenige literarische Kompetenzen bzw. auch über zu wenige Kategorien des Textbewusstseins verfügen, um Texte besser verstehen können. Als besonders auffällige Defizite der SchülerInnen beim Umgang mit literarischen Texten und als wiederholte Mängel der Lehrersteuerungen haben sich folgende Aspekte erwiesen:

1. Häufig wählen LehrerInnen nicht sorgfältig genug die Texte für ihre SchülerInnen aus, z. B. nach den miteinander zu verbindenden Kriterien:

a) Ist der Inhalt von besonderem Interesse?

b) Welche literarästhetischen Qualitäten weist der Text auf?

c) Welche Kompetenzen können die Schüler durch welchen Text erwerben?

2. Sehr häufig wird der Text schlecht präsentiert. In den meisten Deutschstunden haben die SchülerInnen den Text nicht parat bzw. der Text ist nur in Bruchstücken verstanden worden. Hier bietet sich das zweimalige Vorlesen von Lehrerseite an. Spätestens beim zweiten Vorlesen lesen die Schüler den vorliegenden Text mit.

3. Das Unterrichtsgespräch verläuft zu spontan und zu wenig zielorientiert. Dem Lehrer/der Lehrerin fehlen häufig die Strategien und Kriterien für das literarische Unterrichtsgespräch mit den Schülern.

4. Sehr selten werden Texte für eine Analyse vorbereitet. Meist werden sie den Schülern spontan vorgelegt. Dadurch werden häufig die Reflexionsmöglichkeiten stark eingeschränkt.

5. Interpretationsversuche der Schüler werden häufig nicht vom Bedeutungsverständnis her abgesichert und mit dem Bedeutungsverständnis der Mitschüler koordiniert.

6. Die Schüler erwerben zu wenig Wissen über Textproduktions- und Textrezeptionsbedingungen.

7. Eine Resultatanalyse nach gehaltenem Unterricht fehlt in den meisten Fällen. So bleibt der literarische Unterricht oft im vagen, beliebigen „anything is possible" stecken – Hauptsache, es wurde irgend etwas zum Text gesagt.

8. Literarästhetische Kompetenzen werden nicht gezielt curricular aufgebaut, sondern sie bleiben im Rahmen eines rein zufälligen Erwerbs. Dadurch wird viel Zeit vertan.

7.1 Folgerungen für die weitere Unterrichtsforschung im Bereich der Förderung literarischer Kompetenzen

Hervorzuheben ist mit Blick auf die Erweiterung der literarischen Kompetenzen durch Diskussionen und Argumentationen im Deutschunterricht, dass der angesprochene prozedurale und kategoriale Wissenserwerb in Bezug auf das Verstehen von Texten nur curricular gezielt erreicht werden kann. Die literarischen

Textkorpora sind natürlich austauschbar. Der Textreferenzbezug bestimmter literarästhetischer curricular zu erwerbender Kategorien ist dagegen nicht austauschbar. Anhand einer sich weiter entwickelnden diagnostischen Unterrichtsforschung kann gezeigt werden, welche spezifischen Wissens- und Lernkategorien mittels bestimmter Textqualitäten erreicht werden können.

Ein großes Defizit der Unterrichtsforschung in Bezug auf literarische Kompetenzen liegt meines Erachtens in den mangelnden präzisen Kenntnissen der großen Unterschiede literarischer Kompetenzen von Hauptschülern- Realschülern und Gymnasiasten. Hier stehen vergleichende Untersuchungen in Kurz- und in Langzeitstudien an. Außerdem hat die Analyse der Unterrichtsaufzeichnungen ganz deutlich gezeigt, dass die Diskussionen in größeren Klassen in vielen Teilen sowohl für die SchülerInnen als für die LehrerInnen unüberschaubar werden müssen. Deshalb werde ich in kontrastiven Untersuchungen weiterer Unterrichtsstunden die Klassen in kleinere Gruppen von 8 – 15 Schülern und Schülerinnen teilen, gegebenenfalls auch mit geschlechtsspezifischer Perspektive. Ich bin mir sicher, dass dann die Ergebnisse fruchtbarer werden. Um den Unterrichtsverlauf genauer diagnostizieren zu können, wäre das folgende diagnostische Modell eine Hilfe.

7.2 Diagnostisches Modell mit 4 Formaten literarischer Diskussionskompetenz

Das von mir vor dem Hintergrund der Videoanalysen konzipierte Modell hat rein heuristischen Wert. Es soll dem Lehrer einige Diagnosekategorien an die Hand geben, wie er die zu erwerbenden Textkompetenzen in der Diskussion um den Text besser steuern und fördern kann.

1. Format

Die SchülerInnen sind noch wenig initiativ, selbständig wichtige Textstellen im Klassengespräch zu bearbeiten. Sie beziehen sich reaktiv weitgehend nur auf Lehrersteuerungen und liefern auch nur beim Lehrer ihre Beiträge ab. Ihr interaktiver Blickkontakt ist fast nur auf die Autorität des Lehrers bezogen.

2. Format

Die SchülerInnen bearbeiten initiativ wichtige Textstellen und gehen auch auf ästhetische Kategorien im Text ein. Sie verknüpfen jedoch ihre Beiträge nur punktuell und noch wenig strategisch mit den Beiträgen ihrer Mitschüler. Ihre Textdeutungen bleiben insofern explizit noch isoliert, wenn nicht die Lehrerin den Dialog weiterführt.

3. Format

Die SchülerInnen sind fähig, sowohl auf inhaltliche und literarästhetische Kategorien im Text einzugehen als auch die Diskussionsbeiträge der MitschülerInnen in die Klassendiskussion zu integrieren, einzuordnen, zu bewerten und Schlüsse daraus zu ziehen. Dennoch sind sie auf dieser Stufe noch auf textrezeptionslenkende Impulse von Seiten des Lehrers angewiesen.

4. Format

Die Schüler haben gelernt, initiativ, text- und sprachbewusst mit Texten umzugehen, sie sind nur noch wenig auf Impulse des Lehrers angewiesen. In Ausnahmefällen kann sogar einer der Mitschüler die Moderation in der Diskussion übernehmen. Dabei bleibt allerdings immer noch das Problem bestehen, dass die Schüler noch über sehr wenig Strategien verfügen, die Diskussion der Mitschüler zielorientiert zu leiten, sowohl hinsichtlich der Textinterpretation als auch hinsichtlich der Interaktionen der Klasse.

Es ergeben sich in Format 4 bzw. bei diesem interaktiven Verfahren jedoch andere Diskussionen als die stärker lehrergesteuerten. Es beteiligen sich andere SchülerInnen an der Diskussion. Die Diskussion verläuft häufig sehr viel strittiger und kontroverser, weil sich bestimmte Gruppen oder bestimmte Schüler von den Beiträgen der anderen aggressiver abgrenzen. Oft steht nicht mehr die Plausibilität eines textbezogenen Arguments im Zentrum, sondern eine sehr spontane wenig reflektierte individuumsbezogene oder gruppenbezogene Meinung.

Natürlich vermischen sich im Stundenverlauf der Unterrichtsdiskussionen diese 4 Formate. Für den Lehrer ist es jedoch hilfreich, situativ diagnostisch zu erkennen, auf welcher Stufe sich der Schüler befindet, um gegebenenfalls metakommunikativ fördernd eingreifen zu können und die Schüler auf eine differenziertere Stufe zu bringen.

In Diskussionen und Argumentationen mit literarischen Texten im Deutschunterricht sollten möglichst viele der hier noch einmal zusammengefassten Kompetenzen erreicht werden:

– Fähigkeit zur Empathie mit literarischen Figuren,

– Erkennen relevanter Textstellen,

– Fähigkeit der Verknüpfung relevanter Textstellen mit dem ganzen Text,

– Wissensaneignung von wichtigen Textkategorien, z. B. Stilmerkmale für Personen-, Orts- und Raumdarstellungen etc.

– Fähigkeiten zur Interpretation von Bildlichkeit – Metaphorik – Symbolik etc.,

– Erkennen textsorten-, themen- oder autorbezogener stilistischer Varietäten,

– Reflexion über die Qualität von Vieldeutigkeit und Offenheit in fiktionalen Texten,

– Akzeptanz der verschiedenen Deutungen der Mitschüler in plausibler Argumentation,

– Begründetes Zurückweisen falscher Deutungen,

– Antizipations- und Transferkompetenz,

– Wissen über Einordnungsmöglichkeiten in gesellschaftliche Wirklichkeit oder Utopien.

Ein gezieltes Arbeiten mit den oben angeführten literarischen Kategorien in kleineren oder größeren Textcurricula sollte sich effektiver auf den bewussten Wissenserwerb der Schüler auswirken, als wenn man vorrangig nur auf die Inhalte von Texten eingeht und nicht auch auf deren Ästhetik.

Es bleibt immer die schwierige Frage: Worin zeigt sich die literarische Ästhetik eines Textes? Wir könnten sagen: Ästhetik ist Angemessenheit und Klarheit in der Textaussage. Oder: eine innovative Ästhetik durchbricht erstarrte Wahrnehmungsmuster; oder: Ästhetik bietet kreative Identifikationsmöglichkeiten mit unterschiedlichen Textebenen an; oder: Ästhetik fordert erkenntnisöffnende Fremdheit und neue Reflexionsmöglichkeiten heraus.

Voraussetzung für diese Wahrnehmungsprozesse beim Textverstehen ist allerdings, dass sich die Schüler auf den Text einlassen. Das kann durch die Diskussion und Argumentation über den Text entstehen, wenn wir ihnen Zeit einräumen, ihre eigenen und neue Erfahrungen mit Texten zu machen. Hegel meinte noch: Ästhetik ist alles, was wahr ist. Der andauernde nachfolgende Diskurs ist stetig vielschichtiger geworden. Jedenfalls postuliert die heutige Literaturdidaktik, dass sich rationales, ästhetisches und emotionales Erkennen und Textverstehen in ethnischen und kulturellen Kontexten ergänzen müssen. Die Schüler sollten in ihren Diskussionen überprüfen können, ob ihre Erkenntnisse über literarische Texte zu ihren individuellen und zu allgemein gesellschaftlichen Wertvorstellungen passen. Und dazu gehört sicherlich auch die Erkenntnis, dass ästhetische Erfahrung auch immer das ethische Bewusstsein geschärft hat.

Literatur

Becker-Mrotzek, Michael (2001): Unterrichtskommunikation. Tübingen: Niemeyer

Butler, Judith: (2003): Kritik der ethischen Gewalt. Frankfurt a. M.: Suhrkamp

Christ, Hannelore u. a. (1995): „Ja, aber es kann doch sein …". In der Schule literarische Gespräche führen. Frankfurt a. M.: Lang

Deppermann, Arnulf; Spranz-Fogasy, Thomas (2002): be-deuten. Wie Bedeutung im Gespräch entsteht. Tübingen: Stauffenburg

Foucault, Michel (1993): Die Ordnung des Diskurses. Frankfurt a. M.: Fischer

Foucault, Michel (2001): Fearless Speech. Hg. von Joseph Pearson. New York

Frank, Manfred (1989): Das Sagbare und das Unsagbare. Frankfurt a. M.: Suhrkamp

Härle, Gerhard; Steinbrenner, Marcus (2003): „Alles *Verstehen* ist … immer zugleich ein *Nicht-Verstehen*." Grundzüge einer verstehensorientierten Didaktik des literarischen Unterrichtsgesprächs. In: Literatur im Unterricht, Jg. 4, H. 2, S. 139–162

Knoblauch, Hubert (1995): Kommunikationskultur. Die kommunikative Konstruktion kultureller Kontexte. Berlin: de Gruyter

Merkelbach, Valentin (1995): Zur Theorie und Didaktik des literarischen Gesprächs. In: Christ, Hannelore u. a.: „Ja, aber es kann doch sein …". In der Schule literarische Gespräche führen. Frankfurt a. M.: Lang, S. 12–52

Merkelbach, Valentin (1998): Über literarische Texte sprechen. Mündliche Kommunikation im Literaturunterricht. In: Der Deutschunterricht Jg. 50, H. 1, S. 74–82

Nothdurft, Werner (2002): Embodiment und Stabilisierung-Prinzipien interaktiver Bedeutungskonstitution. In: Deppermann, Arnulf; Spranz-Fogasy, Thomas: be-deuten. Wie Bedeutung im Gespräch entsteht. Tübingen: Stauffenburg, S. 59–72

Spiegel, Carmen (2002): „du musst mich erst mal überzeugen". Zum Prozess der Bedeutungskonstitution am Beispiel der Argumentation in der Schüler-Lehrer-Interaktion. In: Deppermann, Arnulf; Spranz-Fogasy, Thomas: be-deuten. Wie Bedeutung im Gespräch entsteht. Tübingen: Stauffenburg, S. 203–221

Vinçon, Inge (2002): „Schüler und Schülerinnen lernen argumentieren". Eine neue Didaktik der Argumentation auf der Basis sprachtheoretischer und empirischer Untersuchungen. In: Informationsschrift der Pädagogischen Hochschule Heidelberg, Nr. 61, S. 4–21

Textbasis: Thomas Brussig: Wasserfarben

Roman. Aufbau Taschenbuchverlag Berlin, 4. Auflage 2002, Textcollage aus S. 214 ff.

Einige Bemerkungen zur Situation Antons:

Anton steht kurz vor seinem Schulabschluss. Er wohnt in Berlin. Genau weiß er noch nicht, was er nun mit seinem zukünftigen Leben anfangen soll. Er zweifelt oft an dem was er vorhat. Da entschließt er sich, seinen Bruder Leff zu besuchen, der ein paar Jahre älter ist. Leff wohnt auch in Berlin, er ist Mitglied einer Musikband.

Auf dem Hof sah ich, daß bei ihm noch Licht brannte. Er wohnt im zweiten Stock. Er war tatsächlich zu Hause. Ich klingelte, und es dauerte einen Moment, bis er öffnete. „Ah, du!" sagte er. „Komm rein!"

„Hallo!" sagte ich.

„Ich hab jetzt Zeit", sagte er. „Soviel du willst."

„Gut", sagte ich. Er rieb sich die Nase.

„Warte mal, ich muß nur . . ." murmelte er und verschwand in der Küche. „Geh schon mal ins Zimmer!" rief er von da.

Die Zimmertür stand offen.

Ich war ewig nicht mehr hier gewesen. In der Zimmermitte standen sich zwei Stühle gegenüber. Auf dem einen stand eine Schreibmaschine. Ich wußte gar nicht, daß er eine Schreibmaschine hat. Der Bogen war sogar noch eingespannt.

Irgendwie interessierte mich, was Leff gerade geschrieben hatte. Ich war sozusagen ziemlich neugierig. Der Bogen war ja noch eingespannt. Ich warf einen Blick darauf. Wahrscheinlich war es ein neuer Text oder so was, aber leider war es nur die dritte Strophe und der Refrain. Ich verstand nicht viel von dem, worum es in der Strophe ging. Sicherlich lag das daran, daß ich die ersten beiden Strophen nicht kannte. Ich kann mich jedenfalls nur an den Refrain erinnern.

> Entweder du kapierst oder nich
> Glaube an gar nichts oder glaube an dich
> Leg dich zur Ruhe oder leg dich schräg
> Geh vor die Hunde oder geh deinen Weg

„Willst du was trinken?" schrie er aus der Küche.

„Was hast'n da?" schrie ich zurück.

„Cabernet." Er schrie nicht mehr so laut.

Ich brummelte: „Ja, gerne."

Er kam ins Zimmer. Dabei sah er, daß ich seinen Text gelesen hatte. Ich stand immer noch neben der Schreibmaschine.

„Sag mal", fragte ich, „für ein Gedicht finde ich es ziemlich unförmig." Es sah wirklich nicht wie ein Gedicht aus. Höchstens der Refrain. Aber von der Strophe waren alle Zeilen unterschiedlich lang.

„Ist ja auch kein Gedicht", sagte er. „Das ist ein Song. Und Song ist Song. Die ganzen Unregelmäßigkeiten kannste beim Singen wieder . . . reinholen."

Dann wippte er mit dem Fuß und fing an zu singen. So was macht er immer. Er hat keine Hemmungen, was singen angeht. Er hat es sich zur Angewohnheit gemacht, immer in der Lautstärke zu singen, mit der er in sein Mikro singt. Er singt sozusagen aus vollem Halse, aber man merkt, daß es der *echte Leff* ist, der da singt.

Als er mit der ersten Strophe und dem Refrain durch war, fragte er mich: „Und? Geht doch! Merkst du, daß es geht?"

Ich war etwas verunsichert. Ich sagte, daß ich gar nichts damit anfangen kann und daß ich überhaupt nicht bemerkt habe, was daran das *Lied* ist.

„Naja", sagte er, „das war nur das, was *ich* mache. Es kommen ja noch die anderen Instrumente dazu ..." Er griff die Gitarre und hängte sie sich schnell um. Dann fing er noch mal an. Diesmal mit der zweiten Strophe.

Es war tatsächlich ein Song. Weiß der Teufel, wie er das macht. Es stimmte vorn, und es stimmte hinten. Ich mußte sogar leise lachen. Einfach, weil ich mich freute. Ich fand es einfach schön, meinen Bruder zu sehen und zu hören, wie er aus vollem Halse einen Song sang.

Als er fertig war, lachte ich immer noch. „Alles klar!" sagte ich.

Leff ging aus dem Zimmer. Er kam aber gleich mit einer Weinflasche und zwei ollen Preßglasgläsern zurück und sagte: „Kannste mal kommen? Ich will dir was zeigen."

Ich ging ihm hinterher. Er wollte aus der Wohnung gehen. Als er die Tür aufmachte, fragte er mich: „Wolltest du nur mit mir quatschen, oder ist sonst noch was?"

„Nö", sagte ich. „Nur quatschen."

Er ging mit mir nach oben, bis auf den Dachboden. Es war stockduster. Leff sagte zu mir: „Halt mal!" und drückte mir die zwei Preßglasgläser und die Weinflasche in die Hand. Sie war eiskalt. Er stellt seinen Wein immer in den Kühlschrank. Er stellt überhaupt alles in den Kühlschrank. Sogar den Zucker.

Leff stieg auf eine Leiter, öffnete die Dachluke und stieg ins Freie. Er stand tatsächlich auf dem Dach. Dann ließ er sich von mir die Flasche und die Gläser geben. Ich kam hinterher. Als ich draußen war, fragte er mich: „Und?"

Es war eine herrliche Nacht. Die Luft war lau und, weiß der Kuckuck, sie war *weich*, und wir standen auf dem Dach irgendwo in Berlin. Die Häuser in der Gegend hatten alle ungefähr dieselbe Höhe. Man hatte also einen Rundblick über die Dächer von Berlin.

Wir setzten uns auf diesen Schornsteinfeger-Holzsteg, gossen uns Wein ein, und ich fing dann einfach an zu erzählen. Von der Schule und so. Eben von allem, was mir so passiert ist, mit dem Philosophiestudenten und mit Martin und das in der S-Bahn. Eben über all dieses Zeug. Wahrscheinlich redete ich zwei Stunden lang. Eine halbe Ewigkeit. Ich war gerade in der Stimmung dazu. Leff unterbrach mich auch nicht. Er ließ mich einfach reden. Aber trotzdem hörte er sehr genau zu. Er ist sowieso der beste Zuhörer, den ich kenne. Ganz im Ernst.

Als ich fertig war, sagte er eine ganze Weile nichts. Er nahm statt dessen die Weinflasche in die Hand und drehte sie. Er ließ sich Zeit mit der Antwort. Außerdem sprach er erst mal ziemlich stockend.

„Weißt du, ich muß dir vielleicht als erstes etwas sagen, was für mich ... sehr wichtig ist. Es klingt vielleicht idiotisch – aber laß mich trotzdem ausreden."

Er stand auf und zeigte über die Dächer.

„Berlin ist eine Riesenstadt. Millionen Menschen. Unter all diesen Dächern wohnen sie, und *jeder*, jeder einzelne von denen ist ... 'ne reichlich komplizierte Kiste." Er holte tief Luft. Dann setzte er sich wieder.

„Weißt du, ich würde die Vorstellung unerträglich finden, daß die Millionen Menschen unter all diesen Dächern Sorgen mit sich herumschleppen, für die es keinen Ausweg gibt oder nicht mal Trost. Und ich habe nicht nur die Hoffnung, daß jedem geholfen werden kann – es ist mehr als eine Hoffnung. Ich spüre es in den *Knochen*. Ich kann mich auch irren, aber eines weiß ich so sicher wie nur irgendwas: Dir kann geholfen werden."

Er hielt plötzlich inne. Ich hörte unten die Haustür zuschlagen und sah, wie im Treppenhaus des Vorderhauses Licht anging. Es dauerte eine ganze Weile, bis Leff weiterredete. Er kreiselte dabei mit dem Finger auf dem Rand der Weinflasche. Ich kann dieses Kreiseln nicht leiden. Ich muß dann immer pinkeln.

„Dein Problem ist wahrscheinlich, daß du glaubst, es gibt nichts in der Welt, von dem du ganz und gar gepackt werden kannst. Du hast kein Ziel und also auch keinen Grund, dich in irgendeine Richtung zu bewegen. Du stehst patt."

In diesem Augenblick ging das Licht im Vorderhaus wieder aus. Leff sprach jetzt irgendwie entspannter. Der Anfang war ihm wohl doch etwas schwergefallen.

„Nun werden dir solche superklugen Sprüche nicht viel nutzen. Du stehst patt und weißt nicht weiter. Was kannst du tun?"

Er hörte endlich mit dieser blöden Kreiselbewegung auf und sah mich von der Seite an. Dann grinste er.

„Frage die Dinge! Sie werden dir antworten", sagte er. Ich drehte mich erst mal weg. Ich sah ihn zwar nicht an und sprach gewissermaßen ins Leere, aber ich meinte ihn. „Immer wieder Sprüche, Sprüche, Sprüche. *Es steht mir bis hier.* Du grinst mich an und verteilst Weisheiten. Weißt du", ich drehte mich wieder zu ihm, aber dann sagte ich nur genervt, „ach ..." Ich wurde ziemlich krötig, vor allem weil er mich so angegrinst hatte.

„Anton", er stockte einen Moment und überlegte, „das sind keine Sprüche. Wenn du einfach mal in alles reinkriechst, dich mit allen denkbaren und undenkbaren Dingen beschäftigst und dich völlig zwanglos mit möglichst vielen Sachen auseinandersetzt, wenn du also *die Dinge fragst*, dann wirst du etwas Wunderbares erleben, etwas wirklich Wunderbares. Du wirst erleben, daß die Dinge beginnen, sich für dich zu interessieren. Du wirst erleben, daß nicht nur du dich ihnen näherst, sondern sie sich auch dir."

Er machte eine kurze Pause, aber ich sagte nichts. Allerdings begann ich es überzeugend zu finden, was er sagte. Er sprach dann leiser, aber dadurch klang es noch eindringlicher.

„Und du wirst auf eine vollkommen neue Art von Wissen stoßen. Eine Art von Wissen, das dich *mitten ins Herz* trifft – sofern du dich dafür offenhältst. Nenn es, wie du willst, ich nenne es – Gegenseitigkeit. Ich nenne es – Harmonie."

„... aber es ist mir furchtbar unangenehm, und sag jetzt bitte nicht, daß es eh sinnlos ist, mir was darüber zu erzählen, also über Suche und alles Weitere, aber ..." Ich setzte noch mal neu an, aber ich hatte trotzdem meine Schwierigkeiten. „Du sagst mir, wie ich suchen soll, und sicher ist da auch was dran, aber ich weiß ja nicht mal – oh, Gott! Ich weiß ja nicht mal, *was* ich suchen soll oder was ich finden soll – klingt das nicht idiotisch?"

Er sah mich entgeistert an.

„Es kommt dir doch darauf an – und früher oder später wirst du dir dessen auch unmittelbar bewußt werden –, es kommt dir doch darauf an, etwas zu finden, was zutiefst deiner Natur entspricht. Was das sein wird – ob Journalismus oder was anderes –, mußt du schon selbst rausfinden. Ich halte das 'Was' auch nicht für weiter wichtig. Ich halte für wichtig, daß du suchst, dein *Wesen* einzubringen, und daß du etwas findest, mit dem du in so viel Wahrhaftigkeit verbunden bist, dass du gar nicht anders kannst, als Gutes vorzulegen."

Er machte eine Pause und grinste schon wieder vor sich hin. „Ich kannte zum Beispiel mal einen Hochspringer. Aber er legte die Latte immer auf zweisiebzig, und weil er jedes Mal riß, glaubte er nicht mehr an sich und wurde schließlich ein sehr mittelmäßiger Weitspringer. Kapiert?"

Er nahm ganz unvermittelt sein Glas und kippte sich den Wein hinter. Er verschluckte sich fast, weil er gleich weitersprechen wollte.

„Anton, deine ganze Situation und alles ist doch eine Herausforderung. Eine Herausforderung an dich selbst. Du hast die Chance, deine eigene Entwicklung mit so etwas wie *Wahrhaftigkeit* in Einklang zu bringen.

Es ist *deine* Chance. Ich kann nur hoffen, du begreifst diese Chance und . . ."

„Jaja." Ich unterbrach ihn mittendrin. Ich war ziemlich aufgeregt. Nur deshalb passierte es. Es war wieder mal völlig unpassend.

„Begreifst du wirklich, ja?"

„Ja." Ich meinte es vollkommen ernst. Ich begriff es wirklich.

„Gut . . .". Er grinste wieder. „No future ist eben noch nicht alles".

Er atmete tief durch und sagte: „Du kannst noch 'ne Flasche Wein holen. Ich hab noch eine, okay?"

Ich nickte. Im Grunde war es mir egal.

Er stand auf und kramte in seiner Hosentasche. Er suchte den Wohnungsschlüssel. Ich fragte ihn, ob er denn noch *so viel* erzählen könnte. Immerhin war es schon eine Menge gewesen. Er meinte, daß ihm sicher noch was einfällt. Ich sagte ihm, daß ich mich natürlich sehr gerne weiter mit ihm unterhalten würde. Mehr wollte ich ursprünglich auch nicht sagen. Aber dann redete ich los und fand einfach kein Ende mehr.

KARLHEINZ FINGERHUT

Thematisch, integrativ, fächerverbindend, kompetenzorientiert – Märchen, Sage, Fabel im neuen Deutschunterricht der Klassen 5 und 6

Langsam zeichnen sich die Prinzipien der Neuentwicklung im Deutschunterricht ab, die nach dem so genannten PISA-Schock zu neuen Lehrplänen, neuen Lehrbüchern, neuen Unterrichtsformen und neuen Formen der Leistungsmessung geführt haben.

1. Die Entwicklung der Lehrpläne zu Bildungsstandards und Kerncurricula

Zur Qualitätsverbesserung der Schulbildung sollen nach Ansicht der baden-württembergischen Kultusministerin das „fachliche Spezialwissen abgebaut" und „Fächer übergreifende Bildungsstandards fest gelegt" werden. Die Stundentafeln werden flexibilisiert, um einzelne Lern-Bausteine intensiver vermitteln zu können. Die angestrebte „Nachhaltigkeit des Lernens" wird durch eine neue „Infrastruktur der Bewertung" (sprich: Vergleichsarbeiten) sichergestellt.[1]

Deutschlehrer/innen sind sowohl Kulturvermittler als auch Lernprozessbegleiter. Ein Wechsel in der Wertigkeit dieser beiden Lehrer-Rollen wird sichtbar. Die öffentliche Aufmerksamkeit gilt dem Organisator von Lernprozessen. Das spiegelt sich in der Struktur der Unterrichtsmedien. Im integrierten Deutschbuch wird dem Lernen mehr Beachtung geschenkt als dem Kennenlernen. Der Aufbau der Unterrichtseinheiten erfolgt nach den Prinzipien der Lernprogression und des „kumulativen Lernens". Wie viel kulturell bedeutsame Gegenstände die Kinder und Jugendlichen dabei kennen lernen, ist nachrangig. Denn die „Nachhaltigkeit des Lernens" kann nicht aus den noch immer vorwiegend literarischen Fachgegenständen abgeleitet werden. Lehrer müssen also lernen, ihren Unterricht von Lernprozessen statt von ihren Fachgegenständen aus zu denken und zu planen.

Das bedeutet auch theoretisch einen neuen Ansatz zur fachdidaktischen Begründung des Deutschunterrichts. Die Kognitionspsychologie löst weitgehend als Bezugswissenschaft die Germanistik ab.

---

[1] Bericht Stuttgarter Nachrichten vom 12.10.2001. Vgl. auch: Magazin Schule 7 (Sommer 2002), hrsg. vom Ministerium für Kultus, Jugend und Sport, S. 16 f. Die Entwürfe der Bildungsstandards und Kontingentstundentafeln finden sich unter www.lbs.schule.de/aktuelles/bplan

1.1 Bildungstheorie und Lerntheorie in Konkurrenz

Wir sind gewohnt, das Fach Deutsch (als Sprach- und Literaturunterricht) von seinen Gegenständen und von der bildenden Qualität, die wir diesen zuschreiben, her zu begründen.

Mit der „Qualifikationsoffensive" wird die allgemeine Begründung des Unterrichts auf „Schlüsselqualifikationen" und des Fachunterrichts auf „Erwerb von Kompetenzen" umgestellt. Es handelt sich um Qualifizierungen, die vorwiegend mit den Erfordernissen für das spätere Berufsleben begründet werden.

Diese neue Orientierung am „output" schulischer Bildungsprozesse nimmt lernpsychologische Erkenntnisse auf. Es sind dies:

– Lernen ist dort erfolgreich, wo es sich mit bereits Gelerntem verbinden kann (Vernetzungsprinzip),

– Lernen ist da erfolgreich, wo es als sinnvoll, notwendig und nützlich erlebt wird, generell gesprochen dort, wo es einen „Sitz im Leben" hat (Prinzip des Lebensbezugs),

– Lernen, das der Lerner selbstständig plant und organisiert, ist effektiver als Lernen, das fremdbestimmt erfolgt (Prinzip der Selbstverantwortlichkeit des Lerners).

Was in diesem Lernkonzept fehlt, ist das „Kennenlernen" durch einfache und möglichst individuelle Begegnungen. Zwar wird immer wieder von der Aufgabe der Schule gesprochen, Lesefreude zu wecken, und die Forschungen zur Lesesozialisation haben erbracht, dass etwa die Bedeutsamkeit der familialen Lektüren nicht auf dem Lernen, sondern dem Kennenlernen beruht. Aber aus der Planung der schulischen Kerncurricula bleibt Lesen als Kennenlernen kulturell bedeutsamer Texte weitgehend ausgeblendet. Fachliche Qualifikationen, die vom Deutschunterricht erwartet werden, sind hingegen die Fähigkeit, „konzise Texte" zu formulieren und zu präsentieren, die Fähigkeit, mit Sachtexten und Fachsprachen unterschiedlicher Art angemessen umzugehen. Letztere wird in internationalen Vergleichsstudien wie PISA unter Lesefähigkeit (reading literacy) subsumiert.

Literarische Texte wie Märchen, Sagen, Fabeln, mit denen wir uns im Folgenden näher beschäftigen wollen, sind in diesem Zusammenhang nicht in erster Linie Bildungsgut oder kanonische Texte, welche die Schüler/innen kennen lernen sollen, sondern Texte, an denen sprachliche Analyseoperationen gelernt und komplexere Verstehensleistungen erbracht werden.

Die in den Fächern zu erwerbenden Methodenkompetenzen hingegen – etwa das Ergänzen eines Textes durch weitere Informationen oder das Verarbeiten eines Textes zu einem Thesenpapier – gewinnen zunehmend an Bedeutung. Sie sollen möglichst genau beschrieben und evaluiert werden. Es bleibt indes ein kognitionspsychologisches Problem bestehen, das die Fachdidaktik herausfordert. Kompetenzen müssen als Leistungen an Gegenständen erbracht werden. Eine auf Kompetenzerwerb ausgerichtete Didaktik muss sich also weiterhin um Gegenstände kümmern und feststellen, wie das Verhältnis von Lerngegenstand und Lernerfolg zu sehen ist. Die Frage selbst ist einfach: Wo sind kulturell bedeutsame Gegenstände des Deutschunterrichts auch als Lerngegenstände erfolgreicher einzusetzen als Sachtexte?

Gegenstandsorientierte Fachkonzeption	*Kompetenzorientierte* Fachkonzeption
Lehrpläne nennen die *Lehrinhalte*, die die Schüler/innen in einem Schuljahr kennen lernen sollen	*Lehrpläne* nennen die *Kompetenzen und Standards*, die am Ende eines Schuljahrs erworben worden sein sollen
Lehrwerke erschließen Lerninhalte: Schreiben und Sprachreflexion im *Sprachbuch*, Umgang mit Texten [und Medien] im Lesebuch. Im *Lesebuch* finden sich Anregungen zum produktiven Umgang mit Literatur	*Lehrwerke* sind nach Unterrichtseinheiten aufgebaut, sie arbeiten *integrativ*, Themen, Lerninhalte und Arbeitsformen sind „lehrplankonform" vorgegeben, Schreibaufgaben finden sich in allen Unterrichtseinheiten, oft auch Elemente aus der Sprachreflexion. Arbeitsanregungen zielen auf Kompetenzerwerb

1.2 Das Stufen-Konzept der „reading literacy"

Ansätze zu einer empirisch überprüfbaren Korrelation von Gegenstandsstrukturen und Lernerfolgsmessungen finden sich in den internationalen Vergleichsstudien zur Lesekompetenz von Fünfzehnjährigen.

Fünf *Leseniveaus*, die zu einem „umfassenden Verständnis von kontinuierlichen und diskontinuierlichen Texten gehören", werden in der PISA-Studie gemessen: Allgemeines Textverständnis, Informationen heraussuchen, Textinterpretation, über den Inhalt eines Textes reflektieren und über die Form eines Textes reflektieren.

Besonders die beiden letzten Niveaustufen verlangen das Einbeziehen eigener Gedanken und Erfahrungen. Dieses „aktive" Element entspricht der lerntheoretischen Vorannahme, dass Lesen eine konstruktive Tätigkeit ist:

> Der Leser erzeugt als Reaktion auf einen Text Bedeutung, indem er vorhandenes Wissen und eine Reihe von text- und situationsbezogenen Anhaltspunkten nutzt, die oft soziales und kulturelles Allgemeingut sind. (Deutsches PISA-Konsortium 2001, S. 23)

Die Sachstrukturen werden typologisiert über *Formate*. Zuerst wird unterschieden nach kontinuierlichen (z. B. Erzählung) und diskontinuierlichen Texten (z. B. Tabellen), dann wird binnendifferenziert:

kontinuierliche Texte unterteilen sich nach	nicht-kontinuierliche nach
Erzählungen	Diagramme
Darlegungen	Tabellen
Beschreibungen	Karten
Argumentationen und Anweisungen	Anzeigen

Jedes Format verlangt vom Lesenden andere Kompetenzen bei der Informationsentnahme, der Feststellung des Gesamtsinns, der Reflexion über die Textinhalte und die Textformen.

Ein Beispiel: Im Deutschunterricht der sechsten bis achten Klasse lernen Schüler/innen, dass literarische Texte häufig symbolisch zu lesen sind. Es ist z. B. im Text davon die Rede, dass ein Wanderer im Wald, „so für sich hin" gehend, eine Blume findet, die er ausgräbt und mit nach Hause nimmt. Gelernt wird, dass hier „durch die Blume" von einer Blume geredet und ein Mädchen gemeint ist. Die Regel, dass literarische Texte häufig, wenn nicht immer, etwas meinen, von dem sie nicht sprechen, ist Lerngegenstand des Literaturunterrichts. Sie gehört zum textsortenspezifischen Wissen und bezieht sich – grob gesprochen – auf die Differenz zwischen poetischem Sprechen und der Sprache in Informationstexten.

In der PISA-Studie wird den Probanden eine solche Lektüre in der Unit *Das Geschenk* als Beleg für das Erreichen der Lesestufe 4 abverlangt, wenn etwa der Schlusssatz der Erzählung „im Sinne der thematischen Vollständigkeit" interpretiert werden soll. Gelöst ist die Aufgabe, wenn der Proband Schlusssatz und Titel zueinander in Beziehung gebracht hat, denn das gehört zum Textformat einer Kurzgeschichte. Nicht gelöst ist die Aufgabe hingegen, wenn eine symbolische Lektüre verweigert oder eine „realistische" Antwort gesucht wurde.

1.3 Qualitätssicherung über Bildungsstandards? [2]

Das bedeutsamste Ergebnis der neuen bildungspolitischen Besorgnis um das effektive Lernen in einem erfolgreichen Bildungssystem ist die Aufmerksamkeit, die die Begriffe des „Wissenserwerbs" und des Erwerbs von „Kompetenzen" dadurch erfahren, dass sie mit den Begriffen „Evaluation" und „Sicherung" korreliert werden. Denn schließlich äußert sich Besorgnis auch dadurch, dass man möglichst bald und möglichst genau wissen möchte, ob das gewünschte neue Lernen denn auch erfolgreich war[3] und die beschriebenen Qualifikationen erreicht wurden. Besonders seit durch PISA E Ländervergleiche möglich geworden sind, möchten Bildungspolitiker Effektivität empirisch gesichert auf ihre Fahnen schreiben können.

---

[2] Einen guten Überblick gibt die Expertise „Zur Entwicklung nationaler Bildungsstandards", vorgestellt am 18.2.2003 von der Bundesbildungsministerin in Berlin. Teamkoordinator: Eckehard Klieme.

[3] Vgl. den Bericht [des Ministeriums für Schule und Weiterbildung] an den Landtag des Landes Nordrhein-Westfalen zur „Entwicklung und Absicherung der Qualität schulischer Arbeit" vom März 1998.

Bei all diesen Innovationen geht es also angeblich um die Stärkung des selbst verantworteten, selbst organisierten, lebensbezüglich orientierenden Lernens auf Kosten des eher deklarativen, begriffsbezogenen Wissens; aber da man sicher gehen möchte, dass das neue Lernen auch in dem traditionellen Bereich des Faches erfolgreicher war, versuchen Lehrpläne und Lehrwerke immer wieder den Spagat zwischen Arbeitsvorschlägen, die den selbstständigen Lerner voraussetzen und solchen, die auf Wissenserwerb und fachspezifische Methodenkompetenz zielen. Besonders im Bereich der Sprachreflexion gilt immer noch das Benennen von Wortarten und das Klassifizieren von Gliedsätzen oder die Bestimmung von Satzgliedern als Ausweis „grammatischer Kompetenz". Und wehe dem integrierten Lehrbuch, das hier linguistischen Begriffszuschreibungen nicht folgt, das Präpositionalobjekt nicht von der adverbialen Bestimmung trennt und das Prädikativ oder Prädikatsnomen nicht einführt. Die Gutachter werden die länderspezifische Zulassung nicht erteilen.

Auffällig ist demzufolge – zum Beispiel bei den jüngst ins Netz gestellten Bildungsstandards des Landes Baden-Württemberg – der Widerspruch zwischen programmatischen Äußerungen einerseits (sie betonen immer den selbstständigen Lerner) und Aufgabenstellungen vor Ort andererseits (sie zielen auf *Niveaukonkretisierungen*, d. h. auf evaluierbare fachspezifische Lernleistungen).

Ein Beispiel: Für die Klasse 6 sind in Bezug auf das schriftliche Erzählen folgende Standards festgelegt:

– Die Schüler können „anschaulich und lebendig erzählen" und „Allerweltswörter" bei Textüberarbeitungen entsprechend ersetzen.[4]

– Sie können eine Erzählung „sinnvoll aufbauen", dabei Wesentliches und Unwesentliches unterscheiden, dementsprechend fremde Texte korrigieren und verbessern.

– Sie können eine „Erzählperspektive einhalten", äußere und innere Handlungen unterscheiden und eine Textvorgabe in diesem Sinne umschreiben oder ausgestalten.

Sie erhalten eine Aufgabe, bei deren Lösung sie den Erwerb dieser Kompetenzen unter Beweis stellen sollen:

> *Vor rund 240 Jahren wollte der Erfinder und Instrumentenbauer Joseph Merlin die Gäste eines Maskenballes beeindrucken. Er schnallte sich selbst gebastelte Rollschuhe unter die Füße, nahm seine Geige und lief spielend in den festlich geschmückten Saal ein. Da er nicht daran gedacht hatte, Stopper zu installieren, konnte er nicht bremsen: So raste er mit voller Wucht in einen großen Wandspiegel, zerschmetterte ihn, zerbrach sein Instrument und verletzte sich schwer.*

> Gestalte den Erzählkern zu einer Geschichte aus, Schreibe aus der Sicht Joseph Merlins.

---

[4] Hier ist der Unterschied zu den Vereinbarungen der KMK über Kompetenzbereiche für das Fach Deutsch (vom 4.7.2003) zu erkennen. Dort ist als „Standard" für „Sprechen und Zuhören" das Erzählen als „Form mündlicher Darstellung" genannt, die vom Informieren, Berichten usw. abzugrenzen ist. Unter „Schreiben" erscheint das Erzählen als eine „zentrale Schreibform", die „aktiv beherrscht" werden soll. Im Arbeitsbereich „Lesen – Umgang mit Texten und Medien" werden Kenntnisse literarischer Erzählungen und Analysebegriffe (z. B. Erzählperspektive) erwartet.

Drei Niveaukonkretisierungen zeigen, was von einem mäßigen, einem durch-
schnittlichen und was von einem guten Sechstklässler erwartet wird:

– Der mäßige Schüler erfasst alle im Erzählkern vorgegebenen Informationen
  in seiner Geschichte, deren Handlung ist konsequent aufgebaut (Einleitung,
  Hauptteil, Schluss), er erwähnt auch Gedanken dessen, aus dessen Perspektive er erzählt.

– Der Durchschnittsschüler baut die Handlung logisch auf und um ein zentrales
  Ereignis herum; das stellt er „glaubwürdig und anschaulich" dar. Neben der
  äußeren hat er eine „innere Handlung" entwickelt und setzt „erzähltechnische
  und sprachliche Mittel der Spannungssteigerung ein".

– Von einem guten Schüler verlangt das Konzept nicht nur Einleitung, Hauptteil, Schluss in einem „angemessenen Verhältnis zueinander", sondern eine
  Akzentuierung der inneren Handlungszusammenhänge (Gedanken, Gefühle,
  Charaktereigenschaften der Hauptperson). Alles ist zudem spannend und anschaulich erzählt und der Schreiber kann sich „teilweise vom Einfluss der
  mündlichen Kommunikation lösen".

Man sieht: Diese Niveaukonkretisierungen sind umgeschriebene Erwartungs-
horizonte von Klassenarbeiten. Sie fordern Erfüllungen von Aufsatznormen:
Aufbau, Stil, Erzählweise werden gemessen an dem, was in der Unterrichtseinheit „Erlebniserzählung" zuvor Gegenstand des Unterrichts war.[5] Von erworbenen Kompetenzen, die außerhalb des schriftlichen Erzählens eines Ereignisses
für den Umgang mit Sprache bedeutsam sind, ist nicht die Rede.

Bei Niveaukonkretisierungen handelt es sich um die jüngste Begriffskreation im
Bildungsdiskurs. Sie dient dazu, die beiden Bereiche des Unterrichts – das Lernen und Erwerben von Kompetenzen einerseits und das Überprüfen derselben
andererseits – zu verbinden. Denn wie Bildungsstandards evaluiert werden sollen, über zentrale Klassenarbeiten oder lernpsychologische Tests, darüber gibt
es noch keine Einigkeit. Die von Bildungsforschern erstellte Expertise (Klieme
2003) betont, dass die verschiedenen Formen von Leistungsmessung deutlich auf
die Bereiche begrenzt werden müssen, für die sie entwickelt wurden. (Vgl. Klieme u. a. 2003, S. 67–73; vgl. auch Köster 2003, S. 19–25)

Einigkeit scheint in der KMK vorderhand nur darin zu bestehen, dass man die
traditionellen Lehrpläne so überarbeitet, dass in den Domänen der Schulfächer
Bildungsstandards als „fachliche Standards" ausgebracht werden und dass man
offen lässt, welche fachlichen Standards welche berufsverwertbaren allgemeinen
Qualifikationen ergeben.[6]

---

[5] Bildungsserver des Landes Baden-Württemberg, Bildungsplan Gymnasium, Klasse 6 – Niveau-
konkretisierung 1 (Erlebniserzählung).

[6] Klieme und Mitarbeiter äußern sich vorsichtig über das Zusammenwirken fachbezogener und Fächer übergreifender Kompetenzen. Sie gehen davon aus, dass sich beide in entsprechenden „An-
wendungskontexten" gemeinsam entwickeln (vgl. Klieme u. a. 2003, S. 61 f.).

Fachstandards, wird gesagt, seien die abprüfbaren Erscheinungsweisen „fachlicher Kompetenzen", also „fachlich strukturiertes und regelorientiertes Wissen" und „selbständiges Arbeiten im Fach". Fachstandards im Deutschunterricht, wird dann weiter argumentiert, seien messbar „insbesondere an schriftlichen Darlegungen", z. B. an der Entwicklung jenes „konzisen Gedankengangs"[7], von dem oben schon die Rede war.

Was hingegen genau eine Kompetenz für ein Ensemble aus Fähigkeiten, Orientierungswissen und Fertigkeiten, aus Erfahrung, Entscheiden-Können und Motivation ist, wird weder in den Vereinbarungen noch in den neuesten Lehrplänen zufrieden stellend geklärt. Die Expertenstudie selbst kämpft mit ihrem Begriff der *Kompetenzmodelle* („das Gefüge der Anforderungen, deren Bewältigung von den Schülerinnen und Schülern erwartet wird") um einen kognitionspsychologisch fundierten Begriff, der an die Tätigkeit des Problemlösens in einem Fach gebunden ist (vgl. Klieme u. a. 2003, S. 59; dazu auch Bremerich-Vos 2003, S. 4–10).

Weitgehend ungeklärt bleibt auch – gerade in den Niveaukonkretisierungen im Anschluss an die baden-württembergischen Bildungsstandards wird das sichtbar –, wie Kompetenzen in Niveaus skalierbar sind und ob sie – z. B. in andere Fächer – transferierbar sind.

2. Die Deutsch-Lehrbücher der neuen Generation

Die Lehrpläne verlangen – um der Effektivierung des Lernens willen – Lebensbezug, Progression im Lernprogramm, Integration der Teilbereiche des Deutschunterrichts und fachübergreifende Zusammenarbeit z. B. mit den Sachfächern. Deswegen liegen im Augenblick die integrierten Lehrbücher im Trend. Sie versuchen in Materialarrangement, Aufgabenstellungen und Zusatzinformationen eine Quadratur des Zirkels zwischen Gegenstandsorientierung und Orientierung an dem Erwerb von gegenstandsübergreifenden Fachkompetenzen. So wird ein Deutschunterricht entworfen, der Unterricht vorwiegend von den Tätigkeiten der Lernenden her plant und begründet (vgl. Kämper-van den Boogaart 2000, S. 4–22).

2.1 Kompetenzerwerb in Unterrichtsvorhaben des „integrierten Deutschunterrichts"

Nachdem sich gezeigt hat, dass weder der traditionelle Grammatikunterricht mit seiner klassifizierenden Begrifflichkeit und seinen formalen Operationen noch der Literaturunterricht, der auf das Lernen von Textsorten- und Epochenmerkmalen und das Interpretieren von bedeutenden Werken abzielt, im Sinne der

---

[7] Vereinbarung über Einheitliche Prüfungsanforderungen in der Abiturprüfung. Beschluss der Kultusministerkonferenz vom 01.06.1979 i.d.F. vom 24.05.2002, S. 1.

Qualifikationen erfolgreich sind, sucht man neue Wege der Arbeitsorganisation. Es erfolgt die Umstellung von der „Grammatikstunde" und der „Ganzschriften-besprechung" auf das „Unterrichtsvorhaben", in dem unter dem Dach einer Thematik eine Fülle von analytischen wie kreativen auf Texte bezogenen Tätig-keiten vorgestellt und erlernt werden kann.

Unterrichtsvorhaben/Unterrichtseinheiten haben einen thematischen Fokus (der mit dem realen Leben der Schüler/innen zu tun haben soll) und mehrere Lernbausteine. Handelt es sich dabei um einen integrierten Deutschunterricht, so sind diese Lernbausteine aus verschiedenen Lernbereichen des Fachunter-richts zusammengestellt. Die Texte und Textauszüge sind nach den Bedürfnissen des Lernarrangements komponiert und durch Aufgabenstellungen miteinander verknüpft.

Im Gefolge der Diskussion um die Evaluation der Lernerfolge zeichnet sich in-nerhalb des integrierten Deutschunterrichts ein weiterer Entwicklungsschritt ab. Es geht nicht mehr nur darum, Lebensbezug über Themen und Textkombina-tionen zu erzielen, sondern vor allem darum, die Unterrichtsvorhaben an Kom-petenzmodelle anzunähern. Das verlangt eine exaktere Planung der Lernpro-gression in Stufen, die Beschreibung der Schülertätigkeiten als Schritte des Kompetenzerwerbs, die Ausrichtung der Unterrichtseinheit auf Möglichkeiten der Leistungsüberprüfung.

Offen bleibt die Frage, wie eine messbar höhere Lerneffektivität erzeugt werden soll, wenn gleichzeitig die Lehrpersonen sich als „Lernprozessbegleiter" mehr und mehr aus dem unmittelbar in der Schule ablaufenden Lernvorgang zurück-ziehen. Hier soll die Neugestaltung der Lehrbücher eine Hilfe sein. Sie rücken sozusagen in die Position des Handlungsinstruktors nach, die der Lehrer verlas-sen hat.

2.2 Die Weiterentwicklung integrierter Unterrichtssequenzen zu Kompetenzmodellen

Lehrbuchseiten sehen heute anders aus als noch in den achtziger Jahren, als Le-sebücher thematisch oder nach Textsorten gegliederte Textanthologien waren. Sie organisieren Lernprozesse an diesen Texten. Das tun sie nicht nur durch Ar-beitsanregungen, sondern auch durch Schnitt, Arrangement und Präsentation der Texte.

Sehr häufig sind literarische Texte nur in Auszügen abgedruckt; sie sind durch In-formationstexte ergänzt. Lernoperationen werden in Merkkästen oder Schau-bildern übersichtlich zusammengefasst. Es gibt Bilder, die zum Vergleich heran-zuziehen sind. Begriffe, die zur Verständigung über die Texte geeignet sind, werden eigens eingeführt und geklärt.

Das Textverstehen als Teil der reading literacy verlangt also über das einfache Lesen hinaus Aufmerksamkeit für das Arrangement, die Hilfstexte und die nonverbalen Informationen, die auf den Zentraltext zugeschnitten sind. Auf diese Weise sollen unterschiedliche Fähigkeiten gleichzeitig gefördert werden. Die Schüler/innen sollen vorhandenes Wissen aktivieren, eventuell neues beschaffen, angemessene methodische Entscheidungen treffen, das eigene Vorgehen mit einem allgemeinen Orientierungswissen im Fach bewerten und schließlich – im Lerntagebuch – den eigenen Zugewinn an Problemlösungskompetenz registrieren.

Die Aufmerksamkeit der Lesenden ist nicht mehr frei schwebend, sondern gelenkt. Lesebuch[doppel-]seiten übernehmen Teile der Lehrerrolle, indem sie auf Details aufmerksam machen, Bezüge zu Kontexten hervorheben oder Operationen einfordern. Sie ermöglichen dabei mehr selbstständiges Arbeiten, denn Schüler/innen können sich selbst anhand der vorgegebenen Materialien die dazugehörigen Lehrerfragen stellen.

Aber der Reflexionsprozess, der zu dieser Arbeitshaltung hinführt, ist auch eine Vor-Leistung der Konstrukteure der Unterrichtseinheit. Die Schüler können dem vorgespurten Arrangement folgen. Ihr Lernen ist dann ein Nach-Denken von Vorgedachtem.

2.3 Aufgabenstellungen in integrierten Lehrbüchern

Untersucht man die Aufgaben und Arbeitsanweisungen in den zur Zeit marktgängigen Sprach- und Lesebüchern, also denen, die auf Planungen in der Mitte der neunziger Jahre zurückgehen, so findet man häufig anregende Aufforderungen: Bilder sind zu zeichnen, alternative Schlüsse zu entwerfen, Personen aus der Geschichte in die eigene Lebenswelt herüberzuholen usw. Alles das sind im weitesten Sinne kulturelle und ästhetische Operationen. Weniger häufig finden sich Aufforderungen, die ein minutiös genaues Lesen des Textes, die Berücksichtigung von Sach-Wissen, Begriffskenntnis, Vertrautheit mit Textsorten-Normen und der Situation, aus der heraus der Verfasser schreibt, verlangen.

Die Aufgabenstellungen zielen sehr schnell auf voraussetzungsreiche lebensbezügliche Sinnkonstitution, sie überspringen die für ein genaues Lesen erforderlichen Operationen der niedern Niveaus wie Inhaltssicherung, Begriffsklärung, Beachtung der im Textformat gespeicherten Anweisungen zum angemessenen Lesen gerade dieses Textes. Das ist möglicherweise daher zu erklären, dass diese Aufgaben im fragend-entwickelnden Erschließungsgespräch von der Lehrperson „sowieso" gestellt werden, also nicht eigens ausgedruckt werden müssen.

Die Aufgaben verlangen häufig Gespräche. Diese verfolgen Leseverstehen indes zumeist nicht als lebens- und berufsbezügliche Kompetenz, sondern als Beitrag zur Identitätsbildung oder als Beitrag zur ästhetischen Bildung, nämlich den Schüler/innen zu zeigen, wie man lernen kann, lesend Vergnügen an Gedichten wie Goethes *Gefunden* zu finden. Das Aufgabenarrangement der Lehrwerke ist bisher also stark auf die Lehrer-Rolle des anregenden Impulsgebers abgestellt.

Oft bleibt unklar, was durch die Bearbeitung einer Aufgabe denn gelernt werden kann.

Hier setzen die zur Zeit in den Verlagen laufenden Konzepte zur Anpassung der integrierten Lehrwerke an die aktuelle Bildungsdebatte um Kompetenzentwicklung und Kompetenzniveaus ein. Arbeitsanregungen werden auf das von ihnen gestützte Lernprofil hin ausgerichtet. Es ist anzunehmen, dass sich auch dadurch in näherer Zukunft im Deutschunterricht vor allem der Arbeitsstil der Schüler/innen in Richtung auf Differenzierung und Individualisierung des Lernens entwickeln wird.

3. Kompetenzerwerb unter den Bedingungen regelmäßiger Evaluation oder: Was wird nach PISA neu an den integrierten Lehrbüchern?

Neue Lehrwerke bieten sich den Planern von Kerncurricula als Innovationshelfer an. Ihre Unterrichtseinheiten sind kunstvoll komponierte Text-, Bild- und Aufgabenfolgen, an deren Ende projektähnlich angelegte Arbeitseinheiten auch zu Leistungsmessungen herangezogen werden können. Arbeitsvorschläge leiten die Schüler/innen zu selbstständigem Erschließen der Materialien an. Es entstehen Schüler-Produkte, an denen zu erkennen ist, was gelernt wurde. In den Lehrerhandbüchern werden Vorschläge für die Leistungsskalierung gemacht.

Man kann die Sache auch anders sehen: Es entstehen didaktisch modellierte, diskontinuierliche Supertexte, in denen etwa Goethes Ballade *Der Fischer* einmal bezogen wird auf eine Illustration, welche einen Angler im Gespräch mit einer Nixe zeigt, dann auf einen Infokasten, der über Balladen informiert, dann auf einen, der Wissenswertes über Goethe anbietet. Das ganze läuft unter der Überschrift „Schuld und Sühne" und bekommt über die Aufgabenstellungen dann leicht eine wenig angemessene ökologische Aktualisierung (Blickfeld Deutsch, Kl. 9, 1999, S. 92).

Deutschbuchseiten nähern sich durch die neue Gegenstands-Kompetenzerwerb-Doppelung den Magazinseiten der Jugendzeitschriften an, die Hilfestellungen fürs Leben geben. Unter dem Stichwort „Präsentationskompetenz" wird die Schreib-, Schnitt- und Layouttechnik des Lehrbuchs dann selbst wieder zum Modell für Präsentationen gemacht.

Integrierte Deutschbücher enthalten sodann in eigenen Kapiteln das Lernwissen und die zusammenfassend dargestellten Methodenkompetenzen, die am Ende des Schuljahrs beherrscht sein sollen. Diese Kapitel heißen dann oft recht blumig „Werkstatt" oder „Orientierung" oder „Tandem-Training". Das zu erwerbende Orientierungswissen ist so formuliert, dass es den Schülern als Nachschlagewerk und als Repetitorium zugleich dienen kann. Es präsentiert deklaratives Wissen als Lehrhilfe für zu spät Gekommene. Dies fachliche Orientierungswissen ist damit zugleich ein heimlicher Führer durch das Lehrbuch. Denn durch die Zersplitterung der Sachsystematik auf die Unterrichtseinheiten, in denen es aufgearbeitet wird, fehlt vielen Schülern die Systematik und der Überblick über den Lernstoff.

Die Buchkapitel „Orientierungswissen", „Training" oder „Werkstatt" stützen ein anderes Lernen als die Präsentation des Lernstoffs in den Unterrichtseinheiten. Dort ist der Lernweg vorwiegend induktiv angelegt, problemorientiert und auf Plausibilität hin ausgerichtet. Hier ist alles knapp, übersichtlich und möglichst auf Eindeutigkeit abgestellt. Lern-Wissen wird angeboten und nachgefragt.

4. Kanon-Texte im lernorientierten Deutschunterricht – oder: Wie in integrierten Deutschbüchern eine allgemeine „literacy" an die Stelle einer „kulturellen Kompetenz" tritt

Kanon als wertende Textauswahl der Schule für die Schüler/innen ist vom Gesichtspunkt des Bildungsauftrags der Schule, nicht aber vom Kompetenzerwerb her zu begründen. Wohl aber würde er Überprüfbarkeit der erworbenen Kompetenzen besser garantieren. In den Ländern mit zentralem Abitur existieren unterschiedliche Typen von Kanonlisten (in Baden-Württemberg die sog. „Sternchenwerke", die im Abitur geprüft werden, der Kanon der Textsorten, die in den „Bildungsstandards" genannt sind, der Kanon der „Leselisten", welche die Lehrplanvorgaben empfehlend begleiten). Deswegen hält man sich für die Qualifikationsoffensive hier für besser gerüstet als die anderen Bundesländer.

Lesebücher suchen – ich möchte sagen: in vorauseilendem Gehorsam – an diese Texte Anschluss zu gewinnen, indem sie Auszüge aus ihnen in ihre Unterrichtseinheiten integrieren. Lernpsychologie und die Zielvorstellung des Erwerbs von Kompetenzen spielen hier eine nachgeordnete Rolle. Die Wichtigkeit der Gegenstände ergibt sich nicht aus ihrem Funktions- sondern aus ihrem (angenommenen) schulischen Traditionswert.

Die Kanontexte haben sich gegenüber vergangenen Lesebuchgenerationen nur geringfügig geändert. Noch immer ist Goethe vorwiegend über den *Zauberlehrling*, den *Erlkönig* und einige Gedichte präsent. Von Lessing gibt es Fabeln, von den Brüdern Grimm Märchen zu lesen. Aber die an diesen Texten zu erarbeitenden Aufgaben sind ganz andere geworden. Es geht nicht mehr in erster Linie um Verstehen auf dem Weg über das fragend- entwickelnde Interpretationsgespräch mit der Lehrperson, sondern um Fragen eines manchmal sehr „unkulturellen" Umgangs wie Eingreifen in Formulierungsentscheidungen, Unterbrechung oder Verzögerung der Lektüre, Schreib- und Recherchieraufgaben, Präsentationsweisen.

Die Texte bleiben als kulturell bedeutsame Gegenstände erhalten, aber sie übernehmen dienende Funktionen in den schulischen Lernvorhaben. Dazu werden vor allem die einfache Begegnung mit dem Text, das Anschlussgespräch, die „Deutung" auf dem Altar des Qualifikationserwerbs und der Kompetenzüberprüfung geopfert. An die Stelle des Text-Verstehens im hermeneutischen Sinn ist die Pluralität subjektiver Lektüren getreten. Die vom Lesebuchteam beigegebenen Kontexte bestimmen dabei in hohem Maße, was als Deutung höhere Plausibilität beanspruchen kann.

Die Ausarbeitung unterschiedlicher Lektüren zählt viel auf der Kompetenzen-Skala, an deren oberen Ende das „selbstständige Problemlösungsverhalten" rangiert. Bei der Arbeit an häufig behandelten Werken versuchen einige der neuen Lesebücher bereits – im Vorgriff auf die Textarbeit in der Sekundarstufe II – in den Klassen 9 und 10 den Prozess der Kanonisierung selbst zum Gegenstand von Beobachtungen zu machen. Schülerinnen und Schüler lernen unterschiedliche Bewertungen eines Textes zu verschiedenen Zeiten kennen (Schiller: *Tell* – Frisch: *Tell für die Schule* – Peter Paul Zahl: *Fritz, a german hero*) und nehmen ihrerseits Stellung dazu (vgl. Korte 1996).

Ich möchte nun abschließend untersuchen, wie die in den Standards für die Klasse 6 genannten Kanon-Textsorten „Märchen", „Sage", „Fabel" in thematisch-integrativen Unterrichtseinheiten bearbeitet werden.

Die Prüffrage lautet:

Welchen Einfluss hat das didaktische Konzept des Kompetenzerwerbs und der Evaluation von Kompetenzen über Niveaukonkretisierungen auf die Erarbeitung dieser gewöhnlich als „alters angemessen" eingestuften Textformate?

4.1 Dominanz eines Themas oder einer Problemstellung (Doppeltitel)

Charakteristisch für Unterrichtseinheiten integrierter Lehrbücher sind Doppeltitel. In der Klasse 6 etwa „Freundschaften – wir diskutieren ein Problem", „Ich möchte ein Tier – erzählen, beschreiben, zeichnen", „Robin Hood – Ein Medienheld". Der erste Teil des Titels gibt ein Thema an, der zweite, was bei der Erarbeitung dieses Themas zu lernen ist. Literarische Textsorten wie Märchen, Sagen, Fabeln, Balladen kommen in Teiltiteln vor, sie sind aber nicht mehr direkt Unterrichtsgegenstand. Schüler/innen sollen sie über ihren Sitz im Leben kennen lernen, d. h. über den Gebrauch, der von ihnen im Medien geprägten Alltag gemacht wird.

Dementsprechend sind *Märchen* nicht mehr die „Gattung Grimm", deren Eindimensionalität, Flächenhaftigkeit oder Formelhaftigkeit erarbeitet wird, sondern – ganz wie in reich illustrierten und „für Kinder von heute überarbeiteten" Märchenbüchern, die in Kaufhäusern als Buch zu Cassetten oder CDs angeboten werden, – lehrhafte oder phantastische Geschichten aus der Vergangenheit, aus anderen Kulturen. Zu Märchen gehören dann auch phantastische Comics, Werbung und literarische Märchenparodien. „Auf Märchen trifft man überall" ist das Thema.

Gleiches gilt für *Sagen*. Antike und mittelalterliche Heldenepen sind mit Volkssagen unter dem Thema „Helden aus früheren Zeiten" subsumiert. Am Beispiel des heldenhaften Drachenkampfs werden im Deutschbuch 6 Figuren aus Sagen, Legenden und Märchen zueinander in Beziehung gesetzt, Drachensagen aus dem alteuropäischen Raum mit solchen aus China verglichen und schließlich die Wiederkehr der Heldenkämpfe in Medienprodukten, z. B. dem sog. „phantastischen Jugendbuch" (*Der Herr der Ringe, Der kleine Hobbit*), oder die lokalen Vermarktungen von Sagen in der Tourismusbranche (über einschlägige Werbebroschüren) thematisiert.

Bei den *Fabeln* geht es um die Frage: Wie klug sind Tiere? Können Tiere sprechen? Gegenübergestellt findet man Bilder von Tieren, wie sie uns die Zoologen über Reportagen (*Die letzten Wölfe in Alaska*) vorstellen, und kulturell geprägte Bilder der Vergangenheit (der böse Wolf aus Märchen und Sage). Die Aufgaben zu den Fabeln enthalten weniger Fragen der Textgestaltung („Der Dialog der Tierprotagonisten", das „Verhältnis von Erzählung und Moral"), sondern Problemstellungen etwa der Art: „Können wir Menschen von den Tieren etwas über richtiges Verhalten lernen?" (Drewermann 2002).

Die Unterrichtseinheiten sind durchweg reich bebildert, es gibt aber nicht nur Märchen-, Sagen- und Fabelillustrationen, sondern auch Fotos von Landschaften und Gegenständen, kulturell bedeutsame Bilder, z. B. antike Vasenmalerei oder mittelalterliche Buchillustrationen zu Sagen, moderne psychologisch interessante Illustrationen zu Märchen, Comiczeichnungen zu Fabeln. Dazu kommen farbig unterlegte Kästen mit Regeln und Tipps, Definitionen von Begriffen und Kurzporträts von Autoren. Die Unterrichtseinheiten pflegen einen weiten Begriff des Lesens. Das Lesen von Bildern, von Grafiken dient dem Erschließen der Texte. Die Lesebuchtexte verlangen eine diskontinuierliche Lektüre, ein häufiges Hin- und Herspringen zwischen dem Text zu den unterschiedlichsten Kontexten.

Woher rührt diese *Dominanz der Problemstellungen* gegenüber dem Sachstrukturellen der Gattungen, Genres und Textformate? Die Antwort ist klar: Es wird nicht mehr danach gefragt, wie man ein Märchen, eine Sage oder eine Fabel zu „interpretieren" habe, sondern was man an Allgemeinem, Interessantem an ihnen lernen kann, welche Kompetenzen mit ihrer Hilfe vermittelt werden können und welche Kompetenzen sie für ihr Verständnis voraussetzen. Da geht es beim Märchen z. B. darum, Mehrfachbedeutungen zu entwickeln (soziale und psychologische Deutungen), bei der Fabel darum, einer Tiergeschichte mehrere „Moralen" zuzuordnen oder durch eine gezielte Veränderung in der Tierbegegnung eine andere Lehre auszusteuern, bei den Sagen darum zu erkennen, wie mythische Urmuster immer wieder abgewandelt werden (etwa der Mythos der besonderen

Geburt) und in unterschiedlichen Kulturen immer wieder – und zwar bis hinein in die Welt der heutigen Medien – die gleichen Figuren (zum Beispiel Drachen als Ungeheuer) auftreten. Das sind Kompetenzen, die mit dem generellen Literacy-Konzept zu tun haben,

– aus einer Fülle von Einzelinformationen einen „Gesamtsinn" entwickeln,

– die „Mehrfachkodierung" eines Textes erkennen,

– mit kulturellen Umformungen allgemeiner Muster umgehen zu können.

Es sind diese allgemeinen Fähigkeiten, Geschriebenes angemessen in Gedachtes umzuwandeln, um derentwillen an Märchen die Unterscheidung von „Realem" und „Phantastischem" geübt, an Sagen nach einem möglichen „Kern" gesucht und bei Fabeln die hinter der Geschichte steckende „Idee" erfragt wird.

In den Unterrichtseinheiten geht es also nicht mehr in erster Linie um die literarischen Gattungen, noch weniger um deren literaturwissenschaftliche Analyse, sondern um den Erwerb von Kompetenzen, die ein angemessener Umgang mit Massenmedien, mit Konsumangeboten des Lektüremarkts voraussetzt und die ein produktives Reagieren auf kulturelle Angebote in der Gegenwart möglich machen. Es ist nur konsequent, wenn dazu die Format-Vorgaben der literarischen Texte an ihren Rändern aufgeweicht werden. Märchen verlieren ihre Grenze zur phantastischen Geschichte, Fabeln diejenige zur Parabel, Volkssagen die zu medial kodierten Helden und Geister- oder SF-Geschichten.

Zwei Belegbeispiele müssen uns hier genügen. Das erste finden wir im neuen Deutschbuch für die Klasse 5 Gymnasium (Ausgabe Baden-Württemberg 2004, S. 246 f., 250 f.) des Cornelsen-Verlags. In einer Unterrichtseinheit sind Märchen und Sagen unter einem Titel zusammengefügt, der explizit die Grenzen zwischen den Textsorten und die historischen Grenzziehungen aufhebt: „Märchen und Sagen aus alter und neuer Zeit". Bevor noch die Textsortenmerkmale als Lernstoff in einem Merkkasten zusammengefasst werden, erfolgt eine spielerische Aufgabe, ein „Märchenrätsel", die das Wiederentdecken bekannter Märchen in Zeitungsschlagzeilen verlangt: „Norddeutsche Musikgruppe erkämpft sich Ferienhaus im Naturschutzgebiet" (= *Die Bremer Stadtmusikanten*). Danach wird ein „Märchenatelier" errichtet, in dem die Aufgabe heißt „Aus Alt mach Neu". „Märchengegenstände" sind auf einer Fotografie verstreut (ein Schuh, ein Hut, ein Kochlöffel, eine Weinflasche) und die Aufgabe lautet: „Bringt Gegenstände mit, die aus euch gekannten Märchen stammen könnten. Ordnet sie ähnlich wie auf dem Foto an." Danach: „Sucht euch ein Märchen aus, das sich mit wenigen Requisiten [Gegenständen] spielen lässt." Auf der nächsten Doppelseite geht es darum, „ein Märchen als Sciencefiction-Geschichte [zu] erzählen" und – mit Hilfe einer „Geschichtenmaschine" – „Neue Märchen [zu] schreiben". Für die beiden letzten Aufgaben sind – in einer besonderen Schrifttype hervorgehoben – Textanfänge vorgegeben.

Hier sind die literarischen Texte ganz in den Lern- und Arbeitsarrangements aufgehoben. Die gewünschten Tätigkeiten der Schüler/innen nehmen die Doppelseiten des Lesebuchs ein. Die Texte selbst machen nur noch etwa ein Drittel der gesamten Unterrichtseinheit aus.

Das zweite Beispiel findet sich bereits in der acht Jahre alten integrierten Einheit „Wir lesen und schreiben Fabeln" für das fünfte Schuljahr (Ausgabe Nordrhein-Westfalen, 1994 ff., S. 88 f.) des gleichen Deutschbuchs. Die Überschrift der Einheit zeigt schon an, dass es nicht nur um Fabeln, sondern um das „Schreiben" geht. Im dritten Teil, der nach der Konzeption des „Deutschbuchs" dem „Üben und Festigen" vorbehalten ist, folgt das Thema – ähnlich wie bei unserem ersten Beispiel – dem Stichwort „aus alter und neuer Zeit". Es konzentriert sich auf „Katzen, Mäuse, Vögel und Menschen". Damit ist angedeutet, dass die Textsortengrenze aufgeweicht ist. Auf eine gereimte, aber durchaus realistische Tiergeschichte zwischen Katze und Maus von J. W. L. Gleim (die Katze fängt die Maus, spielt mit ihr und tötet sie dann) folgt Kafkas *Kleine Fabel* mit der Aufgabe, eine „Deutung" zu finden, da ja die Moral fehle. Schließlich noch das Gedicht *Der Mausefall* von Erich Fried, ein lustiges Gedicht, in dem die Machtverhältnisse umgekehrt werden und am Ende die Maus als einzige überlebt.

In der gesamten Teileinheit ist unter dem Titel „Fabel" keine einzige Fabel im Sinne Äsops oder Lessings anwesend. Alle Texte handeln von Tieren, alle sind nach dem Muster einer anthropomorphisierten Begegnung zwischen Antagonisten aufgebaut, aber keine zielt auf eine explizite Moral, keine realisiert das Muster einer warnenden oder mahnenden Aussage, „wie es in der Welt zugeht". Im Gegenteil. Die abgedruckten Texte variieren und modifizieren das Fabel-Schema hin zur Parabel, zur Tiergeschichte oder zum Kindergedicht. Entsprechend sind die Aufgaben konzipiert: Die „Fabeln" sind „weiter[zu]schreiben", die Tiere zu zeichnen, Sprechblasen sind möglich, die Fabelbegegnungen können gespielt werden. Lustige Zeichnungen geben Tipps, in welche Richtungen sich die kreativen Bearbeitungen bewegen können.

Sichtbar wird an diesem Beispiel, dass „Üben und Festigen" sich nicht auf Gattungsmerkmale, Textsortenspezifika oder historische Reflexionen über die gesellschaftliche Funktion solcher Texte konzentriert, sondern auf Handlungen zielt, die Kompetenzen erfordern. Die Operatoren der Aufgaben sind: „Nennt weitere ...", „Erzählt selbst ähnliche ...", „Überlegt andere Tiere zur gleichen Lehre", „Entscheidet euch für einen Vorschlag, der in einer anderen Klasse erarbeitet wurde", „Prüft die fremden Lösungen ...", „Vergleicht verschiedene Maus-Figuren miteinander".

Alle Operationen – mit Ausnahme des Zeichnens und Spielens – stellen kognitive Anforderungen. Die Kinder haben in anderen Teilen der Unterrichtseinheit Luther, Lessing und La Fontaine als wichtige Fabel-Autoren der Vergangenheit kennen gelernt. „Gefestigt" aber werden die zeitlosen kognitiven Operationen im Umgang mit deren Texten.

4.2 Textarrangements literarische Texte – Sachtexte
(Aktualisierung)

„Integration" verlangt, dass das Lesen und Interpretieren volkstümlicher Texte der Vergangenheit (eben Märchen, Sagen, Fabeln) durch solche Tätigkeiten ergänzt werden, die ursprünglich unter „Sprechen/Schreiben" oder „Sprachaufmerksamkeit" rangierten: Texte gekürzt wiedergeben, Erzählkerne ausgestalten, Bilder beschreiben oder Szenen kommentieren, vor allem aber: die genaue Bedeutung eines Wortes an einer bestimmten Textstelle ausmachen.

Eine besondere Verstehensbarriere bildet dabei das Alter der kulturell bedeutsamen Texte. Die Sprache der Märchen, Sagen, Fabeln ist nicht diejenige, die die Schüler gewöhnlich sprechen. Die zu erwerbende Kompetenz bezieht sich auf diesen Abstand. Die Schüler/innen müssen aus der sprachlichen „Fremdheit" Rückschlüsse ziehen, und nicht nur in Bezug auf den kulturellen Abstand (zwischen unserer heutigen Informationsgesellschaft und der ländlich-bäuerlichen oder der höfischen der entsprechenden Texte), sondern auch in Bezug auf die unterschiedlichen medialen Nutzungen, die „produktive Rezeption" der alten Texte in den Medien der Gegenwart. Eine besondere Bedeutung erhalten dabei die „Fassungen für Jugendliche", Nacherzählungen etwa der griechischen Sagen oder der Grimmschen Märchen im Stile von Abenteuerbüchern für Jugendliche, die dann ihrerseits wieder Nachfolgegeschichten (z. B. Fantasy-Literatur) mit sich bringen. Die Schüler/innen begegnen hier erstmals dem Prinzip des Seriellen, das die Kultur der täglich konsumierten Massenmedien prägt.

Sprachhistorisch auffällige Formulierungen finden sich in Balladen der Klassiker, in weit stärkerem Maße noch in Fabeln, so wie Luther oder Hans Sachs sie aufgeschrieben haben, in Sagen und Schwänken nicht nur in der ursprünglichen frühneuhochdeutschen Fassung, sondern auch in der Erzählfassung, die die Grimms sammelten. Selbst Gustav Schwabs Nacherzählungen der antiken Sagen sind sprachlich nicht mehr ohne weiteres zugänglich. Der Beginn von Schillers *Bürgschaft* kann uns als Beispiel dienen:

Zu Dionys, dem Tyrannen, schlich	„Ich bin", spricht jener, „zu sterben bereit
Damon, den Dolch im Gewande;	Und bitte nicht um mein Leben,
Ihn schlugen die Häscher in Bande.	Doch willst du Gnade mir geben,
„Was wolltest du mit dem Dolche, sprich!"	Ich flehe dich um drei Tage Zeit,
Entgegnet ihm finster der Wüterich.	Bis ich die Schwester dem Gatten gefreit;
„Die Stadt vom Tyrannen befreien!"	Ich lasse den Freund dir als Bürgen,
„Das sollst du am Kreuze bereuen."	Ihn magst du, entrinn ich, erwürgen."

Was ist ein „Häscher"? Und was heißt „in Bande schlagen"? Wer spricht zuerst, wenn der Tyrann „entgegnet"? Was ist gemeint, wenn jemand etwas „am Kreuze bereuen" soll? Will der Tyrann den Attentäter bekehren? Ist „jener" (also Damon) ein Selbstmordattentäter, der „zu sterben bereit" ist? Was heißt „die Schwester dem Gatten gefreit"? Heiratet da jemand seine Schwester? Von welchem Freund ist die Rede? Was ist ein „Bürge"? Erwürgt der Tyrann seine Opfer?

Das sind keine erfundenen Fragen; sie stammen aus einer siebten Realschulklasse in Ludwigsburg, die eine Inhaltsangabe der Ballade anfertigen sollte, und sie zeigen die massiven Verstehensbarrieren beim einfachen Lesen eines klassischen Textes. Die sprachliche Einsicht in die Kulturabhängigkeit der Wortbedeutungen und die Methode, auffällige Formulierungen und Ausdrücke aus dem Zusammenhang oder aus verwandten Wörtern, die heute noch gebräuchlich sind, zu klären, bilden im integrierten Literaturunterricht einen Baustein „Sprachaufmerksamkeit", der Bestandteil der reading literacy ist.

Für integrative Arbeitsschritte dieser Art sind informierende *Sachtexte* von großer Bedeutung. Sie thematisieren nicht nur die Sachverhalte, um die es geht, sondern auch – sozusagen als metakommunikative Bausteine – wie man mit alten Texten umgehen kann, z. B. wie man einen Wort-Kommentar anlegt oder wie man zum Thema „Kinder brauchen Märchen" psychologische Gesichtspunkte in die Märcheneinheit einbezieht. Sachtexte sind generell geeignet, literarische (und folglich zumeist fiktionale) Texte auf mögliche Anknüpfungspunkte an die Welt der Leser hin abzuklopfen. So kann ein Thema, das spezifisch für eine der alten Textsorten ist – z. B. das Fabel-Thema von Macht und Ohnmacht, Freiheit und Abhängigkeit, List und Dummheit – durch informierende Sachtexte oder journalistische Artikel in seiner Bedeutung für die Alltagswelt der Schüler/innen durchdacht werden.

Diese Sachtexte ihrerseits fordern weitere Lesekompetenzen. Auch sie berücksichtigen in der Regel nicht den Wortschatz, über den Kinder im Alter von 12 Jahren verfügen, sondern sie sind „Texte für Erwachsene."

Ein Beispiel: In einer Unterrichtseinheit über Märchen und Sagen, in denen die Figur des „bösen Wolfs" eine Rolle spielt, erlaubt eine Reportage aus GEO über die letzten Wölfe in Alaska, das in den kulturell bedeutsamen literarischen Texten der Tradition entworfene Bild des bösen Wolfs mit dem Bild, das heutige Zoologen von Wölfen entwerfen, zu konfrontieren. Dadurch wird der „ethnologische Blick", die Fähigkeit, etwas Erzähltes nicht nur unbedenklich hinzunehmen, sondern zu prüfen, als kulturelle Kompetenz entwickelt.

Dazu sind ebenfalls Operationen wie das Abklären spezifischer Ausdrucksweisen erforderlich. Man kann in der Reportage lesen, dass „der Wolf gemanagt" werden muss (von einem Wildlife-manager), dass Forscher „mit ökologischen Zusammenhängen spekulieren" und dabei mit „buchhalterischem Eifer" zu Werke gehen, etwa wenn sie Duftstoffe mischen, um Wölfe über deren „plastische Landkarte mit dem Geruch als vierter Dimension" in Fallen zu locken usw. Spezifischen Sachtext-Lektüreanforderungen, neben dem Fachvokabular vor allem die Auflösungen metaphorisch veranschaulichender Redeweisen („predatorpit" oder „Räuberloch" für ein Missverhältnis von Gesamtgewicht aller möglichen Beutetiere und aller möglichen Wölfe), muss entsprochen werden. Zudem verlangt die Reportage als Textsorte eine andere Haltung gegenüber dem Berichteten. Die Leser müssen bei der Lektüre sofort erfassen, dass sie sich in „einer anderen Welt" befinden als in der, in die sie sich bei der Lektüre einer Fabel oder eines Märchens begeben.

4.3 Das Überschreiten von Textsortengrenzen: der Aufbau von Lernwissen und von methodischen Kompetenzen (Tipp-Kästen)

Die PISA-Untersuchung verlangt von den Probanden zur Feststellung der reading literacy in der vierten und fünften Stufe, dass inhaltliches und formales Kontextwissen einbezogen wird. Es ist wichtig, beim Verstehen eines Märchens inhaltliches Vorwissen zum Verhältnis der Generationen, zum Verhältnis von arm und reich, zum geschlechtsspezifischen Verhalten von Jungen und Mädchen heranzuziehen, um etwa bei der Lektüre von *Brüderchen und Schwesterchen* verstehen zu können, warum Schwesterchen nicht möchte, dass das Brüderchen aus einer Quelle trinkt, die es in einen Wolf verwandelt. Es ist ebenso wichtig, Textsortenwissen einzubeziehen, etwa zu fragen, was die Nichtbeachtung der Grenze zwischen Phantastischem und Realem für Konsequenzen in Märchen und Sage hat: Man kann den Sinn eines Märchens oder einer Sage nicht erfassen, wenn man nicht konzediert, dass in diesen Textsorten das Wunderbare zum Selbstverständlichsten der Welt zählt und die Begegnung mit Jenseitigen wie Elfen, Feen, Zwergen, Drachen oder die Verwandlung in ein Tier sich mitten im Alltag der Menschen ereignet. Würde man dieselben Regeln auch für Reiseberichte oder Reportagen aus fremden Ländern anerkennen, würde man im Hinblick auf die Kategorie Glaubwürdigkeit scheitern. Die in Frage stehende Lesekompetenz besteht darin, dass die Lesenden berücksichtigen, in welchem Text sie welche Art des Phantastischen erwarten können. Wie ausgefeilt hier unser Wissen um Textsortengrenzen ist bemerkte man, wenn man etwa das Motiv der Verwandlung in eine Fabel zu transferieren oder ein Abenteuer des Herakles in Form eines Reiseberichts zu erzählen suchte.

Die Lehrbücher müssen diesem neuen Verständnis von Lesekompetenz entsprechen und Informationen, die den Lesevorgang steuern, korrigieren und an die gesellschaftlich geltenden Normen anpassen, auf den Lehrbuchseiten unterbringen. Deshalb enthalten die Doppelseiten sehr häufig „Informationskästchen" im Stile des bisher nur in Sprachbüchern üblichen Verfahrens, in denen themen- und textsortenspezifische Wissensbestände eingeblendet werden. Sehr häufig erscheinen diese Kästchen auch als „Zusammenfassung" des zuvor Erarbeiteten. Das heißt, dass zwischen den Arbeitsschritten und den Merkkästchen eine „Progression" eingehalten wird: Zuerst steuern die Arbeitsaufträge den Lernprozess, dann fassen die Merkkästchen dessen gewünschte Ergebnisse zusammen.

4.4 Problemgesteuerte Aufgabenkomplexe (Projektvorschläge)

Lehrbuchaufgaben waren bisher vor allem gedruckte Lehrerfragen zur Texterschließung oder Hinweise auf Schreibanlässe. Wie wir bereits im Abschnitt 2 beschrieben haben, stellen Arbeitsanregungen des neuen Typs Aufgaben als Problemlösungsaufträge, schlagen über spezielle Icons Arbeitsformen (Einzelarbeit, Arbeit in Gruppen) vor und fordern die Schüler/innen zu Ziel führenden Tätigkeiten auf. Sie regen an, Informationen zu beschaffen, Begriffe in Tabellen ordnen, Beobachtungen anzustellen, zu ordnen und zu bewerten. Sie geben zudem vor, was für Produkte dabei entstehen sollen.

Ein für diese Neuorientierung entscheidendes, aber bislang noch nicht gelöstes Problem ist die Lernprogression. Welche Teiltätigkeit setzt die Beherrschung welcher anderen Tätigkeiten voraus? Die Aufgabenstellungen sollen Schüler/innen und Lehrern angeben, auf welchem Niveau – und das heißt: mit welchem Komplexitätsgrad – welche allgemeinen Kompetenzen gefordert werden.

Auch hier ein Beispiel: Zu der Theseus-Sage von der Überwindung des Minotaurus im Labyrinth etwa heißt die Aufgabe im Entwurf zum neuen „Deutschbuch 6" (2004):

1. Besorgt euch in der Schülerbücherei oder der Stadtbibliothek die „Sagen des klassischen Altertums" von Gustav Schwab. Sucht euch darin einen „Helden" aus, erzählt eine seiner Taten vor der Klasse nach. Dazu müsst ihr
   – den Helden als Person vorstellen (z. B. etwas über seine Jugend erzählen)
   – den Kampf des Helden mit seinem Gegner so erzählen, dass eine spannende Geschichte daraus wird,
   – im Internet ein altes Bild oder ein Filmbild oder eine Illustration dazu auftreiben, als Bilddatei ausdrucken und auf Folie kopieren.

Bei der Fabel zum Wolf und Lamm (an einem Bach trinkend), die in der Version des Äsop (Steinhöwel) und derjenigen Lessings (Wolf und Schaf an einem breiten Fluss) sowie mit zwei unterschiedlichen Illustrationen vorgestellt ist, lautet die Aufgabe:

1. Die beiden Fassungen der Fabel unterscheiden sich in manchen Punkten. Stellt die Unterschiede in einer Liste zusammen.
2. Welche Einzelheiten der Tierbegegnung werden jeweils für die „Moral" verwendet?
3. Welche der beiden Geschichten gefällt euch besser und warum?
4. Arbeitet die folgende Minifabel zu einer ausführlichen Fabel aus, indem ihr
   – Vorwände des Wolfs ersinnt, aus denen ihr seine Absicht erkennen könnt,
   – Gegenargumente des Lamms überlegt, und
   – am Ende das glückliche „Entspringen" des Lamms wahrscheinlich macht.
   Am Ende eurer Fabel steht natürlich eine (neue?) Moral.

An einer anderen Stelle der Fabel-Einheit wird verlangt, eines der Grimmschen Tiermärchen, in denen der „böse Wolf" vorkommt (*Rotkäppchen*, die *sieben Geißlein, Der Fuchs und der Wolf*) so zu verkürzen, zu pointieren und mit einer Moral zu versehen, so dass eine Fabel daraus entsteht. Daran anschließend:

Stellt euch vor, die Mutter Geiß hat den Kindern immer verboten, beim Spielen in den Uhrkasten zu kriechen. Nur das kleinste Geißlein ist immer ungehorsam gewesen. Nun hat es als einziges überlebt und kann der Mutter die ganze Geschichte erzählen.

Es ist an diesen Aufgabenstellungen zu erkennen, welches Spektrum an Tätigkeiten zu einer erfolgreichen Bewältigung erforderlich ist: Eher wissenschaftliche Operationen werden verlangt (Listen anlegen, Bücher beschaffen) und mit Problemlösungsaufgaben verknüpft, sodass Entscheidungen zu treffen sind (welche Texte wähle ich aus, welche trage ich vor, wie arrangiere ich mein Material?). Dann sind kreative Schreib-Aufgaben zu lösen: eine Fabel ist auszuarbeiten (Textexpansion), ein Märchen ist umzubauen und auf einen Fabel-Dialog zu reduzieren. Schließlich müssen die Ergebnisse vorgestellt und dem Urteil der Mitschüler ausgesetzt werden (Präsentationskompetenz).

Deutlich reduziert sind hingegen Interpretationsaufgaben des Typs: Wie redet der Wolf, wie das Lamm, worauf will der Fabelautor uns hinweisen?

4.5 Aufgabenstellungen zur Evaluation (Klassenarbeitsvorschläge)

Aufgabenstellungen, die zur Evaluation geeignet sein sollen, müssen noch weiteren Kriterien entsprechen als Aufgabenstellungen zur Problemlösung. Sie müssen vor allem operationalisierbar und skalierbar sein, das heißt man muss von ihnen wissen können, welche Tätigkeiten die Probanden ausführen müssen, um sie zu bearbeiten und welche Komplexität diese Arbeitsaufträge haben.

Wenn es zum Beispiel nach der Einheit über Fabelfiguren und Tiere in der Natur darum geht, natürliches und kulturell zugeschriebenes Verhalten beim „bösen Wolf" auseinander zu halten, so wäre eine einfache (kognitive) Aufgabe, die aufgrund geschickter Informationsentnahme aus den vorgegebenen Texten zu lösen wäre, das Ausfüllen einer Tabelle, also das Klassifizieren von Einzelbeobachtungen:

Wie lebt, was tut und was kann ein Wolf?

a) Natur	b) im Märchen	c) in der Fabel
– _____	– _____	– _____
– _____	– _____	– _____

Es ist zu erwarten, dass das Leben der Wölfe in Rudeln, das Auftreten des Wolfs in Märchen und Sage als Einzelfigur erkannt wird, desgleichen die Zuschreibung von negativen Eigenschaften (Gier, Rücksichtslosigkeit) als menschliche Erfindung. Lautet die Aufgabe hingegen, die Wölfe in Alaska und die in der Fabel zu charakterisieren und genau zu beschreiben, so dass Mitschüler sofort erkennen können, welchen Wolf der Schreiber für seinen „Steckbrief" gewählt hat, so muss über die Informationsentnahme hinaus ein *eigener Text* komponiert (die Reihenfolge, die Ausgestaltung der einzelnen Beobachtungen festgelegt) und formuliert (Bausteine aus den Vorlagen, eigene Sätze) werden.

Sollte schließlich ein Textsortenwechsel verlangt sein (einen Märchentext in eine Fabel umschreiben oder umgekehrt), so wird über das kognitive Durcharbeiten (Entscheiden, was ist wichtig, was unwichtig in den Vorlagetexten) und den Aufbau des eigenen Textes das Vorwissen zu den in Frage stehenden Textsorten einbezogen.

Der Lehrer muss angesichts der in den Aufgabenstellungen versteckten Niveaukonkretisierungen entscheiden, welche Aufgabenstellungen er von allen Schülern, welche er von einigen (und freiwillig) verlangen will. Er kann durch solche Abstufungen unterschiedliche Niveaus der Bearbeitung einfordern und damit selbst etwas tun, was ihm im Lehrplan des Landes von den Spezialisten der „Evaluation" vorgegeben werden soll.

5. Fazit

Die Ausrichtung der integrierten Lesebücher der neuen Generation am „literacy-Konzept" wird in den Klassen der Sekundarstufe I eine neue schulische Lese- und Lernkultur etablieren. Die Begegnung mit ganzen Texten, mit Jugendliteratur unter dem Ziel der Leseförderung wird es im Deutschunterricht weiterhin geben, aber sie wird nicht mehr zu den Hauptaufgaben des Lesebuchs gehören. An die Stelle des zum Lesen motivierenden Lesebuchs tritt das Text-Lern-Buch, das Sprachaufmerksamkeit, fachmethodische Textbearbeitung und Informationssicherung akzentuiert und das auch die „kulturell bedeutsamen" Texte ganz wie Sachtexte durch Schnitt, Arrangement und Subsumierung unter Problemstellungen in diese Konzeption einbindet. Das Lesebuch wird zu einem Fachbuch.

Literatur

1. Lesebücher der Sekundarstufe I

Tandem. Hg. von Jakob Ossner; Rudolf Denk. Paderborn: Schöningh 1997ff.

Blickfeld Deutsch. Hg. von Peter Mettenleiter; Stephan Knöbl u. a. Paderborn: Schöningh 1998ff.

Deutschbuch. Hg. von Bernd Schurf. Berlin: Cornelsen 1998ff. Regionalausgaben Bayern und Baden-Württemberg sowie Neufassung 5/6 projektiert für 2004ff.

Deutsch vernetzt. Hg. von Jürgen Baurmann. Frankfurt a. M.: Diesterweg 2001f.

Dialog Deutsch. Hg. von Hermann Korte. Frankfurt a. M.: Diesterweg 2001ff.

Deutsch plus. Hg. von Carsten Gansel; Frank Jürgens; Kurt Rose. Berlin: Volk und Wissen 2001ff.

Kontext Deutsch. Hg. von Klaus B. Becker; Heinz W. Giese; Willibert Kempen. Hannover: Schrödel 2000f.

2. Sekundärliteratur

Abraham, Ulf (2000): Das A/andere W/wahrnehmen. Über den Beitrag von Literaturgebrauch und literarischem Lernen zur ästhetischen Bildung (nicht nur) im Deutschunterricht. In: Mitteilungen des Deutschen Germanistenverbandes, Jg. 47, H. 1 [= Ästhetische Bildung], S. 10–23

Bark, Joachim; Förster, Jürgen (Hrsg.) (2000): Schlüsseltexte zur neuen Lesepraxis. Stuttgart: Klett

Baurmann, Jürgen (2003): Schulisches Schreiben im Schnittpunkt von Schreibdidaktik und
Schreibforschung. In: Deutschdidaktik. Leitfaden für die Sekundarstufe I und II. Hg.
von Michael Kämper-van den Boogaart. Berlin: Cornelsen, S. 245–258

Bogdal, Klaus-Michael; Korte, Hermann (Hrsg.) (2002): Grundzüge der Literaturdidaktik. München: dtv

Bremerich-Vos, Albert (Hrsg.) (1999): Zur Praxis des Grammatikunterrichts. Mit Materialien für Lehrer und Schüler. Freiburg: Fillibach

Bremerich-Vos, Albert (2003): Bildungsstandards, Kompetenzstufen, Kernlehrpläne,
Prallel- und Vergleichsarbeiten. In: Deutschunterricht, Jg. 56, H. 5, S. 4–10.

Buß, Angelika (2003): Kanonprobleme. In: Deutschdidaktik. Leitfaden für die Sekundarstufe I und II. Hg. von Michael Kämper-van den Boogaart. Berlin: Cornelsen, S. 138–
148

Deutsches PISA-Konsortium (Hrsg.) (2001): Pisa 2000. Basiskompetenzen von Schülerinnen und Schülern im internationalen Vergleich. Opladen: Leske & Budrich

Deutschunterricht [Braunschweig] Jg. 56 (2003), H. 5: Standards/Aufgabenarten. Darin
Beiträge von Albert Bremerich-Vos (über Bildungsstandards, Kompetenzstufen, Kernlehrpläne, Parallel- und Vergleichsarbeiten), Juliane Köster (über Aufgaben in Lern-
und Leistungskontexten), Heiner Willenberg (Über Aufgabenstellungen in Vergleichsarbeiten)

Drewermann, Eugen (2002): Von Tieren und Menschen. Moderne Fabeln. Düsseldorf:
Patmos

Eggert, Hartmut (1997): Literarische Bildung oder Leselust? Aufgaben des Literaturunter-
richts in der literarischen Sozialisation. In: Das Literatursystem der Gegenwart und die
Gegenwart der Schule. Hg. von Michael Kämper-van den Boogaart. Baltmannsweiler:
Schneider Verlag Hohengehren, S. 45–62

Ehlers, Swantje (2003): Der Umgang mit dem Lesebuch. Analyse – Kategorien – Arbeits-
strategien. Baltmannsweiler: Schneider Verlag Hohengehren

Ehlers, Swantje (Hrsg.) (2003): Das Lesebuch. Zur Theorie und Praxis des Lesebuchs im
Deutschunterricht. Baltmannsweiler: Schneider Verlag Hohengehren

Fingerhut, Karlheinz (2001): Und die Literaturgeschichte als Lerngegenstand. In: Tumulte. Deutschdidaktik zwischen den Stühlen. Hg. von Cornelia Rosebrock; Martin Fix.
Baltmannsweiler: Schneider Verlag Hohengehren, S. 88–105

Fingerhut, Karlheinz (2002): Didaktik der Literaturgeschichte. In: Grundzüge der Literaturdidaktik. Hg. von Klaus-Michael Bogdal; Hermann Korte. München: dtv,
S. 147–165

Fingerhut, Karlheinz (2002): Die Evaluation des Leseverständnisses durch die PISA-Studie und der Literaturunterricht in der Sekundarstufe I. In: Deutschunterricht, Jg. 55,
H. 3, S. 39–45

Hurrelmann, Bettina (2002): Leseleistung – Lesekompetenz. Folgerungen aus PISA mit einem Plädoyer für ein didaktisches Konzept des Lesens als kultureller Praxis. In: Praxis
Deutsch, Jg. 29, H. 176, S. 6–19

Kämper-van den Boogaart (2000): Leseförderung oder Literaturunterricht: Zwei Kulturen in der Deutschdidaktik. In: Didaktik Deutsch, Jg. 9, H. 1, S. 4–22

Kämper-van den Boogaart, Michael (Hrsg.) (2003): Deutschdidaktik. Leitfaden für die Sekundarstufe I und II. Berlin: Cornelsen

Klieme, Eckhard u. a. (2003): Zur Entwicklung nationaler Bildungsstandards. Eine Expertise. Vorgestellt von Edelgard Buhlman, Bundesministerin für Bildung und Forschung, u. a., Berlin. Unter: ›www.cvauf.de/material/zur_entwicklung_nationaler_bildungsstandards.pdf‹

Klotz, Peter; Peyer, Ann (Hrsg.) (1999): Wege und Irrwege sprachlich-grammatische Sozialisation. Bestandsaufnahme, Reflexionen, Impulse. Baltmannsweiler: Schneider Verlag Hohengehren

Klotz, Peter (2003): Integrativer Deutschunterricht. In: Deutschdidaktik. Leitfaden für die Sekundarstufe I und II. Hg. von Michael Kaemper-van den Boogaart. Berlin: Cornelsen, S. 46–59

Köster, Juliane (2003): Die Profilierung einer Differenz. Aufgaben zum Textverstehen in Lern- und Leistungssituationen. In: Deutschunterricht, Jg. 56, H. 5, S. 19–25

Korte, Hermann (1996): „Früher". Zeiterfahrung und historisches Verstehen im Literaturunterricht. In: Wovon der Schüler träumt. Leseförderung im Spannungsfeld von Literaturvermittlung und Medienpädagogik. Hg. von Joachim S. Hohmann. Frankfurt a. M.: Lang, S. 188–201

Korte, Hermann (2002): „Das muss man gelesen haben!" Der Kanon der Empfehlungen. In: Ders. (Hrsg.): Literarische Kanonbildung. München: Text + Kritik, S. 308–323

Lange, Günter; Neumann, Karl; Ziesenis, Werner (Hrsg.) (1998): Taschenbuch des Deutschunterrichts. Bd. 1: Grundlagen, Sprachdidaktik, Mediendidaktik; Bd. 2: Literaturdidaktik. 6. Aufl. [Jubiläumsausgabe], Baltmannsweiler: Schneider Verlag Hohengehren

Müller-Michaels, Harro (1998): Literarische Anthropologie in didaktischer Absicht. Begründung der Denkbilder aus Elementarerfahrungen. In: Deutschunterricht [Berlin], Jg. 52, H. 5, S. 164–174

Lesen für das Leben. Erste Ergebnisse von PISA 2000. Hg. von OECD Publication 2, rue André Oascal 75775 PARIS Cedex 16 (ISBN 92–64 59671 – 2 No 52 280 2001)

Menzel, Wolfgang (2002): Lesen lernen dauert ein Leben lang. In: Praxis Deutsch, Jg. 29, H. 176, S. 20–40

Paefgen, Elisabeth (1999): Einführung in die Literaturdidaktik. Stuttgart; Weimar: Metzler

Rosebrock, Cornelia; Fix, Martin (Hrsg.) (2001): Tumulte. Deutschdidaktik zwischen den Stühlen. Baltmannsweiler: Schneider Verlag Hohengehren

Vereinbarung über Einheitliche Prüfungsanforderungen in der Abiturprüfung (Beschluss der Kultusministerkonferenz vom 1. 6. 1979 in der Fassung vom 24. 5. 2002

Willenberg, Heiner (1999): Lesen und Lernen. Eine Einführung in die Neuropsychologie des Textverstehens. Heidelberg, Berlin: Spectrum

Witte, Hansjörg; Garbe, Christine; Holle, Karl; Stückrath, Jörn; Willenberg, Heiner (Hrsg.) (2000): Deutschunterricht zwischen Kompetenzerwerb und Persönlichkeitsbildung. Baltmannsweiler: Schneider Verlag Hohengehren

CORNELIA ROSEBROCK

Rezeptionskompetenz in Bildschirm- und Bücherwelten

1. Die medienkulturelle Ausgangslage: literacy in Medien kontexten

Die Beobachtung, dass die Fähigkeit zur genuss- und ertragreichen Nutzung der Bildermedien in engem Zusammenhang steht mit der Fähigkeit, sich in Schriftwelten zu bewegen, dass also eine hohe Überschneidung zwischen Lesekompetenz und umfassenderer Medienkompetenz angenommen werden muss, ist nicht neu. Sie hat aber in den 90er Jahren und davor wenig Durchsetzungskraft gehabt gegenüber den beiden extremen und viel lautstärkeren Perspektiven auf Medienrezeption:

Das sind einmal die eher ängstlichen Vorstellungen, denen zufolge die Bildmedien eine entwickelte Rezeptionskompetenz im gesellschaftlichen Maßstab verhindern, weil sie die Individuen überschwemmen mit reizstarken, aber undifferenzierten Inhalten. Neil Postman (1984) etwa hat eine solche These vertreten, die in den 80er Jahren verbreitet war und, knapp und etwas polemisch gesagt, die rapide Verblödung der Gesellschaft als Ganzer durch die Fernsehkultur konstatierte und prognostizierte. Und tatsächlich weisen ja einige Umstände in diese Richtung: Zum Beispiel geht ausgiebiger und passiver Fernsehkonsum bei Kindern mit schlechteren Schulleistungen einher. Oder: Das Fernsehen orientiert sich inhaltlich tatsächlich stark am Gängigen, an „der Quote"; abweichende Erfahrung kommt hier nur am Rand vor, im Gegensatz zu dem medial alten Feld der Literatur. Für die progressive Verblödung der Gesellschaft gibt es freilich trotzdem keine empirische Bestätigung. Eher ist zu vermuten, dass die gesellschaftlichen Anforderungen an Medienkompetenz insgesamt wachsen, so dass Gruppen mit schwachen Kompetenzen womöglich größer werden und vor allem deutlicher sichtbar zurück bleiben, als das früher der Fall war.

Die entgegengesetzte Perspektive war von den euphorischen Vorstellungen geprägt, der gesellschaftliche Fortschritt bestehe im Abstreifen des alten Buchmediums, in der Entwicklung völlig neuer Formen der medialen Konstruktion und Repräsentation von Inhalten und entsprechend völlig neuer, schriftferner Formen der Rezeption. Der Medienwissenschaftler Norbert Bolz (1994) hat es zu Beginn der 90er Jahre mit solchen Thesen immerhin bis in die Werbespots der Telekom gebracht. Die Schrift und ihr wesentlichstes Medium, das Buch, haben in solchen technikfrohen Vorstellungen der medialen Zukunft von ihrer bisherigen Position als zentrales Medium gesellschaftlicher Organisation weitgehend abgedankt.

Beide Perspektiven auf den medialen Wandel und auf die Bedeutung von Schriftsprachlichkeit innerhalb dieses Wandels argumentieren auf der Basis einer
Opposition der alten und der neuen Medien. Gegen diese Opposition ist aber
Skepsis mehr als angebracht: Sowohl auf Seiten der Rezeption wie auf der der
Produktion von Medieninhalten verbinden sich nämlich faktisch die Medien eng
miteinander zu Medienverbünden. Die alten Medien verschwinden dabei durchaus nicht, sondern erscheinen neben und in den neuen. Das Internet kann das
aufs Evidenteste belegen.

Aber der Anlass der Mediendebatte als Ganzer scheint doch angemessen, nämlich die Zeitdiagnose eines medialen Epochenumbruchs. Es hat sich tatsächlich
eine Medienrevolution ereignet, eine elementare Umwälzung in den Formen, in
denen wir uns im individuellen wie gesellschaftlichen Maßstab miteinander und
über uns selbst verständigen.

2. Aufgaben von Schule angesichts der Mediensozialisations-
prozesse der Heranwachsenden

Davon können Sozialisations- und Lernprozesse nicht unberührt bleiben: Jahrhunderte lang war es die Aufgabe der Schule, die nachfolgende Generation in die
Schriftkultur als dem zentralen Medium des Zugangs zu situationsabstrakten Erfahrungen und zu akkumuliertem Wissen einzuführen. Das Fernsehen hat dann
im großen Maßstab neue Formen der Verarbeitung von Wirklichkeit und einen
neuen, schriftfreien Zugang zu seinen Welten eingerichtet und erst vor gerade
einmal 30 Jahren kulturell durchgesetzt. Mit dem Zusammenwachsen einerseits
der bewegten Bilder, andererseits der Idee des akkumulierten Wissens, der Idee
der Bibliothek in einem weiteren Medium, im Internet, ist zweifellos ein neuer
Schub in diesem tatsächlich kulturrevolutionären Prozess erfolgt.

Damit sind aber auch die Schule und der Unterricht in eine neue kulturelle Situation geraten: Ihre Hauptaufgabe, den Zugang zur Schriftkultur in einem umfassenden Sinn zu eröffnen, muss sich erweitern zu der Aufgabe, den Zugang zu den
verschiedenen medialen Formen der Produktion und des Austauschs von Wissen
und Erfahrung für alle zu ermöglichen. Zugleich sind ihr mit den audiovisuellen
Medien gewissermaßen Konkurrenten in der Vermittlung situationsabstrakter
Ereignisse zugewachsen, die weit mehr und umfangreicher, als es in früheren
Zeiten das Erzählen tat, die kulturellen Erfahrungen der Heranwachsenden mit-
bestimmen. Anders formuliert: Kinder haben heute, anders als noch vor 50 Jahren, enorme Medienerfahrungen, bevor sie in die Schule kommen, und die Medien sind mächtige Instanzen in ihrem gesamten Sozialisationsprozess, die neuen
wie die alten.

Die junge, mit Medien sozialisierte Generation hat dabei der älteren Erfahrungen und Kenntnisse mit den neuen Medien voraus – Kinder kennen das Internet

oder auch Fernsehserien oft besser als ihre Lehrerinnen und Lehrer. Das ist allerdings keine historisch völlig einmalige Situation. Schon beim alten Medium, den Büchern, war sie zu beobachten: Im 19. Jahrhundert überholte die junge lesekundige Generation die alte, illiterate im Blick auf die Fähigkeit, sich in der neuen Industriegesellschaft zu orientieren und zu bestehen. Freilich mussten diese Fähigkeiten in Schulen angeeignet werden (vgl. Schenda 1993, 155). Dieses historische Beispiel macht auch deutlich, dass die Schule nicht einfach aus der Pflicht entlassen werden kann, Medienkompetenz zu vermitteln. Denn die außerschulischen Erfahrungen mit Computerspielen, mit japanischen Manga-Comics oder mit Musicclips, die die Jungen den Alten voraus haben, sind offensichtlich noch nicht das Ganze der medienkommunikativen Mündigkeit.

Aber was heißt „Medienerfahrungen", inwiefern gilt es, sie im Prozess des Aufwachsens gesondert zu betrachten, und wie verhalten sie sich zu einer Idee von media literacy, von einer die Medien umfassenden Rezeptionskompetenz?

Medien zeigen bekanntlich Bereiche von Welt und Wirklichkeit, die die unmittelbare Lebenswelt weit überschreiten; sie erweitern gewissermaßen den Bezirk des Erfahrbaren ungeheuer. Das gilt für die Schriftmedien gerade so wie für die audiovisuellen: Ferne Welten, ferne Zeiten und ferne Formen von Erfahrung werden zugänglich.

In einem dialektischen Verhältnis zu dieser Wirkung, Welt zu zeigen, steht die wirklichkeitskonstitutive Dimension der Medien: denn sie spiegeln die Welt natürlich nicht einfach wieder, sie sind zugleich wirksame Konstrukteure eigener Wirklichkeiten. Für kompetente Mediennutzer ist diese Dimension der medialen Konstruktion von Eigenwelten bzw. der Mitkonstruktion von Welt sichtbar beispielsweise bei virtuellen Medienprodukten, die bei der Herstellung ihrer Wirklichkeit weitgehend auf Realitätsfragmente verzichten können. Noch deutlicher werden sie in einem anderen Aspekt, nämlich in den Rückschlageffekten dessen, was gezeigt wird, auf das, was ist, in dem Umstand also, dass beispielsweise politische Realität durch die mediale Verbreitung mitbestimmt wird. Auch diese gestaffelten Möglichkeiten, sich zur Wirklichkeit zu verhalten – abbildend, durch die Schaffung einer Gegenwirklichkeit oder durch Mischformen dazwischen – und auf sie einzuwirken, ist kein völlig neuer Effekt, wie jede Literaturgeschichte zeigen kann. Aber durch den immensen Zuwachs der Mediennutzungszeiten im letzten halben Jahrhundert gewinnt er natürlich enorm an Bedeutung.

Kindern wächst die Fähigkeit, den konstruktiven Aspekt von Medienwelten wahrzunehmen, erst langsam zu. Fiktionalitätsbewusstsein ist z. B. im Grundschulalter in der Regel noch nicht sicher erreicht. Bei realitätsnahen literarischen Erzählungen etwa gehen Kinder mehrheitlich davon aus, dass der Erzähler als glaubwürdiger Zeuge den Geschehnissen beigewohnt hat und nun davon berichtet (vgl. Hurrelmann 1982), und beim Fernsehen vermuten jüngere Kinder zunächst, dass es sich um Bilder von einem fernen Ort handelt, die im Gerät vorgezeigt werden (vgl. Sutter; Charlton 2002, S. 142). Texte oder Sendungen, die das „Gemacht-Sein" ihrer internen Wirklichkeit deutlich vorzeigen, helfen ihnen, bei den Ausdifferenzierungen von Wirklichkeit in fiktionale und reale voran zu kommen und sich in deren kompliziertem Ineinander zu orientieren. Den besagten Rückschlageffekt medialer auf reale Ereignisse können wohl erst ziemlich kompetente Mediennutzer kognitiv isolieren und entsprechend verarbeiten.

Wenn man die skizzierte Medienentwicklung und den umfassenden Einzug der Medien in die Sozialisationsprozesse vor dem Horizont dieser Wirkungspotentiale mit der Frage zusammen denkt, welche Aufgaben Schule und Unterricht im Blick auf Medienkomeptenz übernehmen müssen, so zeigen sich einige Grundlinien:

Die alte Trennung von informatorischem und literarischem Weltzugang, abgebildet in den „zwei Kulturen" der Geistes- und Naturwissenschaft, wird vermutlich noch weiter an Evidenz verlieren, und mit ihr die Trennung von Information, Unterhaltung und literarischer Erfahrung sowohl in den Medienprodukten als auch in der Rezeption. Davon ist der Fächerkanon als Ganzer und auch die Aufteilung des Lesebegriffs im Deutschunterricht in einen sprach- und einen literaturdidaktischen betroffen. Die Zweiteilung des Bereichs Schriftsprache im Deutschunterricht ist so unbefriedigend, weil „literacy", Schriftsprachlichkeit, systematisch eben nicht auf der gleichen Ebene liegt wie „Literatur Verstehen" oder „Schreiben". Im angloamerikanischen Raum gibt es den schönen Begriff der media literacy, der zwanglos zusammen führt, was im Deutschen sprachlich als ein Gegensatz auftritt und in dieser Gestalt die Diskussion um Lesen im Medienkontext falsch polarisiert: der Gegensatz zwischen Medienrezeptionskompetenz und Schriftsprachkompetenz. Media literacy braucht man für die Rezeption medialer Formate, an denen Unterhaltung, Information und ästhetische Erfahrung zeichenhaft, graphisch und bildlich in unterschiedlichen Intensitäten beteiligt sind.

3. Dimensionen von Medienkompetenz

Der Begriff der Medienkompetenz sollte entsprechend statt in Opposition in enger Verbindung zu dem der Lesekompetenz modelliert werden. Buch bzw. Text können und müssen als Medien unter anderen betrachtet werden, media literacy soll als die übergeordnete Kategorie der spezifischer gedachten Lesekompetenz ausdifferenziert werden. Eine derartige theoretische Modellierung von Lesekompetenz wurde im DFG-Forschungsverbund „Lesen in der Mediengesellschaft" in den letzten Jahren entwickelt (Groeben 1999, Groeben; Hurrelmann 2002a, 2002b); seine Brauchbarkeit für didaktische Überlegungen soll unten vorgestellt werden – zuvor jedoch ein kurzer Blick auf die beiden Begriffskomponenten, nämlich „Medien" und „Kompetenz".

Es kursieren in den Wissenschaften wie im Alltag durchaus verschiedene Medienbegriffe. Der umfassendste wäre, alle Zeichensysteme grundsätzlich als Medien zu fassen – dann gehörte natürlich die Sprache selbst dazu, z.B. als Medium der direkten Kommunikation. Womöglich könnte man es noch weiter treiben und nicht nur Zeichen, sondern auch bloße Anzeichen, etwa Mimik, als Medium fassen. Das führt in eine nicht mehr sinnvolle Begriffsüberdehnung. Die Medienwissenschaft hat entsprechend einen Begriff mittlerer Reichweite entwickelt, der an Aufzeichnungsgeräte und Zeichenträger gebunden ist und ein konventionalisiertes kommunikatives Mittel darstellt: Die Schrift wäre in diesem Sinne Medium, Papier und Stift wären die Aufzeichnungsgeräte, und es bedarf des Erlernens einiger Konventionen, um sie zu rezipieren oder zu produzieren. Entsprechend kann man den Film, die Kinderhörspielkassette usw. als Medienprodukte beschreiben.

Schwieriger wird es mit der zweiten Begriffskomponente, dem Kompetenz-Begriff. Begriffsgeschichtlich lassen sich drei Ebenen bestimmen, die der Begriff historisch durchlaufen hat (vgl. Sutter; Charlton 2002):

Bekanntlich hat der Sprachphilosoph Chomsky der Kompetenz die Performanz gegenübergestellt: Kompetenz ist für Chomsky die nicht beobachtbare, grundsätzliche Sprachbefähigung des Subjekts. Performanz heißt dann sein eigentliches Sprechen, der notwendig partikulare Ausdruck von Kompetenz. Die Sprachkompetenz ist in diesem Chomskyschen Sinn universell, sie liegt logisch vor allem Ausdruck und sie ist angeboren (vgl. Chomsky 1972).

Der zweite wesentliche wissenschaftliche Kontext des Kompetenzbegriffs ist die Entwicklungspsychologie von Jean Piaget. Piaget übernahm die Universalität des Kompetenzbegriffs von Chomsky, ohne ihn allein auf die Sprache zu beziehen, er übernahm aber nicht seine Position als Komponente des Begriffspaars Kompetenz und Performanz und auch nicht die Vorstellung, dass es sich dabei um eine anthropologische Konstante handle. Kompetenzen werden in der Perspektive der piagetschen Entwicklungspsychologie prozesshaft und in einer gewissen Eigenlogik erworben, sie sind nicht angeboren. In diesem Sinne spricht Piaget z.B. von der Entwicklung von Handlungskompetenz als einer universalen Kompetenz (vgl. Sutter; Charlton 2002).

Eine dritte Modifikation erfuhr der Kompetenzbegriff schließlich in der Theorie kommunikativer Kompetenz von Jürgen Habermas (1981). Hier wird die soziale Interaktion zum entscheidenden Motor der Ausbildung kommunikativer Kompetenz. Die Universalität des Kompetenzbegriffs bleibt wiederum bestehen, ihre Ausbildung in der Intersubjektivität und schließlich im gesellschaftlichen Rahmen bildet sein Feld. Bei der Begriffsverwendung von Habermas wird deutlich, dass der Kompetenzbegriff in diesem begriffsgeschichtlichen Prozess an normativen Dimensionen gewonnen hat: Der herrschaftsfreien Kommunikation, bekanntlich die Zielperspektive bei Habermas, ist deutlich ein Sollen eingeschrieben, nicht die Beschreibung eines Zustands.

Bei den gegenwärtigen Gebrauchsformen von „Lesekompetenz" oder „Medienkompetenz" sind von dieser Begriffsgeschichte nur noch einzelne Momente üb-
rig. Kompetenz wird im medienpädagogischen Feld meist allein im Sinne von Fähigkeit, z. T. sogar im Sinne von einfachen Fertigkeiten verstanden (vgl. Rosebrock; Zitzelsberger 2002). Man kann zwar auf der Basis eines solchen Kompe-
tenz-Begriffs gut Leseleistung messen, wie die PISA-Studie (Deutsches PISA-
Konsortium 2001) gezeigt hat. Aber man kann die Erwerbsdimension des Lesens
oder der (Medien)Kommunikation oder der sozialen Interaktion nicht mehr beschreiben, wenn die weltkonstitutiven Momente der medialen Kompetenzen
keine systematische Berücksichtigung finden. Insofern soll ein Begriff von
media literacy umfassender dimensioniert sein und nicht bloß Fertigkeiten beschreiben.

Zweitens wird bei dieser Begriffsbetrachtung die gewissermaßen unausrottbare
Normativität eines umfassenden Kompetenzbegriffs sichtbar (Groeben 2002):
Welche Interaktionen kompetent sind, bemisst sich an vorgängigen Normierun-
gen. Diese Normativität muss aber nicht bedeuten, dass „Medienkompetenz"
ein empirisch gewissermaßen leerer Begriff ist, ein Ideal, das lebensfern in den
didaktischen Modellen auftaucht, sondern er muss sich deskriptiv nutzbar machen lassen, etwa durch eine hierarchische Stufung von Kompetenzlevels. Insofern steht in einer solchen Systematisierung die normative Idee eines „gesellschaftlich handlungsfähigen Subjekts" oben, eines Subjekts also, das bei dem gesellschaftlich erreichten Grad an Differenzierung der Kommunikationsverhält-
nisse mithalten und mündig handeln kann. Dann lässt sich ein Begriff von media
literacy folgendermaßen auffächern:

Zunächst stellt *Medienwissen* einen Ausgangspunkt der Fähigkeiten zur Medi-
enkommunikation dar. Elementar für diese Dimension ist zunächst, dass ein Bewusstsein davon da sein muss, dass man sich als Rezipientin/Rezipient nicht in
der Lebenswirklichkeit, sondern eben in einer Medienkonstruktion bewegt.

Was den Erwerb dieser Fähigkeit für die Schriftmedien angeht, so haben wir hier
kulturell gewissermaßen ein Curriculum vorliegen, das Kinder sukzessive an dieses Textwissen heranführt, nämlich Kinderliteratur: Sie stellt eine breite Skala
von Texten für Anfänger bis hin zu weit entwickelten Anforderungen an die Ver-
stehensleistung zur Verfügung. Die Texte für wenig medienerfahrene Rezipient-
innen/Rezipienten weisen dabei idealerweise eine hohe Regeldichte auf wie
z. B. die Märchen, deren Ablauf und Inventar genreumfassend gleich strukturiert ist, so dass sie den kindlichen Verstehensbemühungen ein verlässliches und
transparentes Gerüst anbieten. Von einem solchen deutlich markierten Gerüst
aus kann natürlich leichter erkannt werden, dass es sich um eine mediale Konstruktion handelt. Das gilt für andere Genres entsprechend, beispielsweise für
den Reim. Die Kinderliteratur als ganze könnte man unter dieser Perspektive als
ein über gut zweihundert Jahre entwickeltes praktisches Curriculum für den Einstieg in literarische Fiktionalität beschreiben (vgl. Lypp 2000).

Dimensionale Struktur von Medienkompetenz (media literacy)

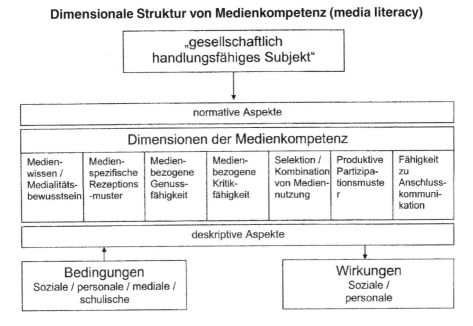

| Medien-wissen / Medialitäts-bewusstsein | Medien-spezifische Rezeptions-muster | Medien-bezogene Genuss-fähigkeit | Medien-bezogene Kritik-fähigkeit | Selektion / Kombination von Medien-nutzung | Produktive Partizipa-tionsmuster | Fähigkeit zu Anschluss-kommuni-kation |

Vgl. Groeben; Hurrelmann, 2002b

Im Blick auf die neueren Medien ist ein solches Korpus allerdings kulturell noch kaum entwickelt und etabliert, obwohl man an einzelnen Kindersendungen des Fernsehens, z.B. der Sesamstraße, Ansätze dazu finden kann: Die narrativen Regeln für die einzelnen Sequenzen werden hier gewissermaßen dezidiert vorge-zeigt. Insgesamt kann man aber weder für das Fernsehen, geschweige denn für das Internet, von einem der Kinderliteratur vergleichbaren Korpus an Medien-produkten sprechen, die eine Einführungsfunktion in das Regelsystem des Mediums übernehmen.

So schnell darf man ihn auch nicht erwarten: Die Mediengeschichte zeigt, dass es in der Vergangenheit immer so war, dass mit dem Einrichten eines neuen Medi-ums die Kriterien für die Unterscheidung zwischen Realität und Medialität neu zu ziehen waren, ein historischer Prozess, der sowohl die Inhalte als auch die For-men der Medienprodukte bis hin zu ihrer Rezeption veränderte. Ein Beispiel: Beim Erscheinen des *Robinson Crusoe* vor zweihundert Jahren gab es in Lon-don noch einen gewaltigen Skandal, als aufgedeckt wurde, dass alles gelogen war, wie die Zeitgenossen sagten. Oder, im Blick auf den Film: Die Angst, die das frühe Filmpublikum zu Beginn des 20. Jahrhunderts empfand, wenn eine Filmlokomotive auf es zuraste, diese Angst ist inzwischen gewissermaßen all-tagskulturell überwunden – soviel Medialitätsbewusstsein weisen heute wohl al-le Mediennutzer selbstverständlich auf, selbst junge Kinder. Im Bereich der neuesten Medien sind dagegen auch die Erwachsenen im Blick auf Medienwissen ziemlich analphabetisch. Für die virtuellen Welten etwa haben wir noch kaum einen medialitätsdistinktiven Blick entwickelt.

Ein erster Baustein für ein Konstrukt „Medienkompetenz" wäre also das Medialitätsbewusstsein, das mit Wissen, mit individuell und kulturell verarbeiteten Erfahrungen über das jeweilige Medium zusammen geht. Hier sind empirische und diagnostische Verfahren denkbar, um Kompetenzstufen zu bestimmen.

Praktischer und mehr an Training gebunden wäre eine zweite Dimension von Medienkompetenz, nämlich die *Verarbeitungsmuster*, die Medien je spezifisch anfordern und Rezipienten erfüllen oder teilweise erfüllen. Solche Muster sind am differenziertesten für das Lesen von Texten beschrieben worden. Die empirische Leserpsychologie und die Rezeptionsphänomenologie haben Modelle errichtet, wie das Prinzip der kognitiven Konstruktivität beim Lesen in Einzelnen mental verwirklicht wird – differenzierte, z. T. auf Texttypen spezialisierte Modelle, die hier nicht im Einzelnen entfaltet werden können. Elementar sind die Wahrnehmung der medialen Vorgabe in Sequenzen, die durch das konstruktive Bearbeiten von Leerstellen zu größeren Zusammenhängen synthetisiert werden, um auf höheren Ebenen Skripts, Schemata, mentale Modelle usw. zu errichten, die ihrerseits zu übergeordneten Zusammenhängen formiert werden usw.. Das alles findet vor intern errichteten Horizonten statt, ein für literarisches Verstehen besonders wichtiges Moment. Diese verschiedenen Prozesse werden bei der Rezeption auf verschiedenen Hierarchieebenen gleichzeitig und gleichsam online vollzogen, also im Fortgang des Lesens, und erfordern, dass der Text fortlaufend mental inszeniert und durch Weltwissen gleichsam vervollständigt wird. Diese Akte haben wegen ihrer Komplexität zur Bedingung, dass hierarchieniedrige Akte wie etwa die Wortidentifikation und das Erkennen von syntaktischen Mustern in langjährigem Training weitgehend automatisiert wurden. Solche Verarbeitungsmuster werden in Gestalt verschiedener Lesehaltungen vom Rezipienten durchaus differenziert eingesetzt gegenüber den verschiedenen Textsorten, die spezifische Erwartungen bei kompetenten Lesern hervorrufen. Die Passung von Genrewissen, Textvorgabe und feinjustierter Lesehaltung ließe sich als Beispiel dafür durchdeklinieren: Die mentalen Modelle und begleitenden Reflexionen müssen für die Textform Gebrauchsanleitung anders strukturiert sein als für ein Stimmungsgedicht.

Es gibt gute Gründe zu vermuten, dass vieles von dieser Grundstruktur kognitiver Konstruktivität, wie sie für das Lesen von Schrift entwickelt wurde, auf eine Modellvorstellung von Medienrezeption generell anwendbar ist – es gibt gute Gründe, doch vergleichsweise wenig empirisches Wissen. Aber auf der Ebene von Hypothesen lässt sich annehmen, dass die kognitiven Verarbeitungsstrategien, die dem Rezipienten zur Verfügung stehen, eine jeweils entsprechende Passung an die medialen Vorgaben aufweisen müssen. Beispielsweise fällt es älteren Leuten oft schwer, den sehr schnellen Schnittfolgen in machen Musikclips zu folgen und überhaupt ihre Ästhetik wahrzunehmen – offensichtlich stehen ihnen keine adäquaten Verarbeitungsmuster dafür zur Verfügung.

Bei dem Vorhaben, im Netz Informationen zu finden, ist die mitlaufende Konstruktion und Verfolgung von übergeordnetem Sinn notwendig, die das Medium vergleichsweise wenig unterstützt. Dass diese Kompetenzen auch durch Internetrezeption angeeignet werden könnten, dass sie also ohne vorherige Kompetenz zur Sinnkonstitution bei linearen Texten lebensgeschichtlich entstehen, ist im Moment nicht sichtbar und auch schwer vorstellbar.

Die Entwicklung und der Einsatz von Rezeptionsmustern ist praktisch an Motivation gebunden, die ihrerseits von den spezifischen Gratifikationen abhängig ist, die die Medienrezeption jeweils verspricht.

Mit dem Stichwort Motivation komme ich zu einer häufig vernachlässigten weiteren Komponente von Medienkompetenz, nämlich der medienbezogenen Genussfähigkeit. Dass auch Genussfähigkeit ein Kompetenzaspekt ist, wurde in den medienpädagogischen Debatten der letzten Jahrzehnte kaum wahrgenommen. In der Tradition der ästhetischen Theorie der Frankfurter Schule wurde eine kritisch-analytische, distanzierte Haltung bei der Medienrezeption gewissermaßen als Grundbedingung allen ästhetischen Erfahrens angesehen, und Genuss wurde leicht mit bewusstloser Identifikation und Affirmation in eins gesetzt. Dabei schließen analytische oder kritische Haltungen durchaus Genuss nicht grundsätzlich aus; der Genuss an der Kritik kommt bloß anders zustande als beispielsweise der an der Einfühlung oder der an der Spannung oder der an der kunstreichen Form. Zu vermuten ist, dass es doch viele verschiedene Quellen des Gefallens und der Gratifikation bei der Rezeption von Medien gibt, die sich zum Teil durchaus mit Analyse und Reflexion vertragen. Ein wesentlicher Aspekt der medienbezogenen Genussfähigkeit besteht dann darin, jeweils bedürfnisgerechte, also passende Medienangebote auszuwählen und tatsächlich zu finden, ein anderer, eine Vielzahl von Gratifikationen über verschiedene Medien erlangen zu können, also gewissermaßen über ein breit gefächertes Repertoire an Genussmöglichkeiten zu verfügen. Die didaktischen Aufgaben, die daraus folgen, liegen auf der Hand: Erstens ist die Privilegierung einer einzelnen Form kaum zu rechtfertigen und zweitens muss der spezifische Genuss tatsächlich auch erfahrbar werden.

Die medienbezogene Kritikfähigkeit ist, ganz im Gegensatz dazu, traditioneller Kernbestand aller Medienkompetenzüberlegungen – sämtliche Konzepte der Medienpädagogik berücksichtigen sie, in der Regel sogar an zentraler Stelle als Ziel der Medienbildung bzw. als Modus ihrer Erlangung (vgl. Rosebrock; Zitzelsberger 2002).

Schon mit dem Aufkommen von fiktionaler Literatur zur Unterhaltung vor bald dreihundert Jahren entstand die Vorstellung, die Einzelnen könnten von dem medialen Angebot überwältigt werden und sich darin verlieren, eine Angst, die jeweils auf die neuen Medien, aktuell auf Computerspiele und die Eigenwelten der Chatrooms, übergeht. Tatsächlich scheint es ja jeweils eine gewisse historische Zeitspanne zu brauchen, bis das Wissen über Medienstrukturen kulturell soweit verbreitet ist und die medienspezifische Rezeptionsmuster der Individuen so differenziert sind, dass in der Rezeption widersprechende Positionen parallel zum Nachvollzug des Medienprodukts aufrecht erhalten werden können und metareflexive Komponenten Anteil an den konkreten Rezeptionsakten haben – dass diese Kritikfähigkeit also kulturell entwickelt ist.

Ein Bestandteil dieser Kritikfähigkeit ist sicher die Verfügbarkeit der Unterscheidung von Inhalt und Form, ein anderer die Wahrnehmung der Perspektivik des Medieninhalts, ein dritter die Fähigkeit, die Botschaft des jeweils Gesehenen, Gehörten bzw. Gelesenen bewusst auch dann zu erkennen, wenn sie nur indirekt ausgesagt wird – alles Fähigkeiten, deren Einübung sich die Literaturdidaktik im Blick auf literarische Texte zum Ziel setzt, die aber durchaus universalen Status gegenüber Medienprodukten haben.

Hier wird wieder deutlich, dass sich die einzelnen Dimensionen der Medienkompetenz in Randbereichen jeweils überlappen: denn zur Kritikfähigkeit gehört ein entssprechendes Ausmaß an Medienwissen.

Die Auswahl bzw. die Kombination von verschiedenen Medien zu einem individuellen Ensemble ist eine weitere Dimension von Medienkompetenz, die mit der oben beschriebenen Medienrevolution gegenwärtig in den Vordergrund tritt. Denn die Medien differenzieren und vervielfältigen sich rasant.

Alle empirischen Studien zum Zusammenhang von sozialer Schicht und Mediennutzung zeigen, dass die aktive Nutzung von verschiedenen Medien für differenzierte Zwecke mit einem höheren Bildungsstand und entsprechender sozialer Position einhergeht, während die unterprivilegierten Schichten ein eindimensionaleres und weitaus weniger selektives Nutzungsverhalten zeigen und weitaus weniger von ihrem Mediengebrauch intellektuell und sozial profitieren. In den bildungsfernen Schichten werden die Medien nicht so ausgewählt und eingesetzt, dass sie dem Rezipienten bei der Verfolgung eigener Ziele von Nutzen sind; die Forschung spricht hier von aktiven und passiven Nutzungsmustern. Die schichtspezifisch unterschiedlichen Mediennutzungsmuster sind wohl deshalb ein so wirkungsvoller Transmissionsriemen gesellschaftlicher Ungleichheit, weil die Medien insgesamt eine zunehmend mächtige Sozialisationsinstanz geworden sind, indem sie auf die Wirklichkeitskonstruktion der einzelnen Einfluss nehmen (vgl. Bonfadelli; Bucher 2002). In diesem Sinn ist Medienrezeption ein privilegiertes Feld der Selbstsozialisation – mit hoher Selektionskompetenz ist im Sozialisationsprozess gewissermaßen Eigensinn verwirklichbar, insofern sich der Einzelne die Erfahrungen, die er machen will, auch medial verschaffen kann. In sozialen Schichten, in denen die Rezeptionshaltung eher passiv und die Selektion wenig differenziert und individualisiert ist, kann diese Chance der Medien zur Selbstsozialisation entsprechend kaum genutzt werden.

Insgesamt ist in diesem Kompetenzaspekt der Medienselektion und -kombination der Zusammenhang von Bedingungsfaktoren, Kompetenzlevel und Wirkungen empirisch gut ausgeleuchtet, so dass die normative Seite – nämlich aktive Mediennutungsmuster bei hoher Medienvielfalt als hohe media literacy in diesem Bereich anzusetzen – außerordentlich gut zu legitimieren ist.

Schließlich erlauben und fordern Medien auch produktive Partizipation – von e-mails oder homepages über Spielshows im Fernsehen bis zum Schreiben von Texten.

Mit dem Ansteigen des Umfangs an medienbasierter Kommunikation in der Gesellschaft ist ein Anstieg an Anforderungen zur kompetenten Nutzung für jeden Einzelnen verbunden – das ist schon in der jüngeren Geschichte deutlich: Wer heute beruflich bestehen will, braucht mehr Fähigkeiten zur Erstellung oder Bearbeitung von Medienprodukten vom schriftlichen Bericht bis zur digitalen Bildverarbeitung als noch vor 50 Jahren, wo ein Handwerksbetrieb noch einigermaßen zu führen war, ohne das z. B. differenzierte Textsorten gelesen oder gar geschrieben werden mussten. Das ist heute undenkbar.

Dass produktive Formen der Partizipation an Medienprodukten ein erfolgreicher Weg sind, sie von innen heraus kennen zu lernen, ist seit der Etablierung oder Handlungs- und Produktionsorientierung in der Literaturdidaktik anerkannt (vgl. Haas 1997). Von hier stammen auch die Erfahrungen und Thesen in bezug auf die Funktionen solcher Medienhandlungen für die Identitätsbildung. Die Produktivität als Fähigkeitskomponente beim Umgang mit Literatur lässt sich m. E. zwanglos von der Schrift auf die anderen Medien übertragen: Im Netz existieren beispielsweise zahlreiche Bereiche, in denen der spielerische Aufbau neuer Identitäten praktiziert wird. Dazu werden neue, gruppenspezifische Sprachkonventionen erworben, die situationsangepasst eingesetzt werden können. Für die SMS-Kultur sind sogar neue Zeichenkonventionen verfügbar (vgl. Döring 2003). Bekanntlich führen solche neuen Partizipationsmuster nicht dazu, dass die klassischen Formen, hier der Brief, kulturell verschwinden, sondern sie führen vielmehr zu einer Ausdifferenzierung des Genres in verschiedenen Medien mit je eigenen Konventionen und partizipativen Mustern.

Als letzte Dimension von Medienkompetenz soll schließlich die Anschlusskommunikation betrachtet werden. Während manche Medienrezeptionen selbst schon Kommunikation sind – vom Brief und seinen Varianten in anderen Medien war bereits die Rede –, stellen viele Rezeptionsformen gewissermaßen indirekt kommunikative Akte dar und das auch nur, falls man die Rezeption einer Erzählung unter einem weiteren Interaktionsbegriff fassen und als Kommunikation mit dem Autor verstehen will. Im Unterschied dazu ist mit Anschlusskommunikation die Verständigung mit anderen außerhalb des eigentlichen Rezeptionsakts über eben dieses Medienprodukt gemeint. Anschlusskommunikation ist diejenige Komponente von Medienrezeption, die die rezeptiven Aktivitäten gewissermaßen nach außen vermittelt.

Es mag auf den ersten Blick inkonsistent erscheinen, das nachträgliche Sprechen über eine Rezeption als Fähigkeitskomponente in deren Kompetenzbegriff mit einzubeziehen, aber es gibt m. E. einen starken Grund dafür: Wir wissen aus der Lesesozialisationsforschung, dass Lektüre kein so individuiertes Geschäft ist wie es in einer bestimmten Phase der Lesesozialisation im Umkreis der Pubertät scheinen mag. Im Gegenteil: Von Beginn an sind das Erlernen des Lesens und der Literaturerwerb in soziale Kontexte eingebettet, die sie motivieren, fortlaufend stützen und ihre Differenzierung vorantreiben. Durch solche kommunikativen Situationen wird lebensgeschichtlich medienbezogene Genuss- und Kritikfähigkeit praktisch erworben. In der Anschlusskommunikation werden die spezifischen Rezeptionsmuster von kompetenten Anderen für das Kind nachvollziehbar präformiert, indem weitere Bedeutungsdimensionen kokonstruktiv erschlossen werden oder, in der entgegengesetzten Bewegung, die Bedeutungsoffenheit reduziert wird, indem also insgesamt Bedeutungen ausgehandelt werden. Dieser Umstand ist durch die Forschung außerordentlich gut belegt und gilt durchaus auch für das Erwachsenenalter: Ein lesendes soziales Umfeld ist deshalb ein so wirkungsvoller Faktor der Lektüremotivation, weil es Anschlusskommunikation in Aussicht stellt, die die Lektüre gewissermaßen noch einmal in ein anderes Licht stellt und die Bedeutungen intensiviert. Das Bild vom einsamen, ganz auf sich gestellten und weltabgewandten Leser, das die gängigen Vorstellungen vom Lesen stark bestimmt, scheint eine unzulässige Generalisierung einer ganz bestimmten und begrenzten Lesehaltung mit einem relativ engen empirischen Radius zu sein.

Der hohen Bedeutung der Anschlusskommunikation für den Erwerb von Medienkompetenz trägt die Schule strukturell Rechnung: Der Literaturunterricht insgesamt kann als professionell organisierte Anschlusskommunikation an Printmedien beschrieben werden. Eine Aufgabe des Literaturunterrichts ist es, Textbedeutungen auszuhandeln und im Zuge dessen die kulturell etablierten Muster der Bedeutungskonstitution zu vermitteln. Damit zielt er darauf, den Erwerb spezifischer Rezeptionsmuster bei den SchülerInnen und Schülern zu erwirken und durch spezifisches Wissen um das Medium Literatur ihre Genuss-, Kritik- und Selektionsfähigkeit zu steigern.

Vermutlich trifft dies hohe Bedeutung der Anschlusskommunikation für die Ausbildung von Medienkompetenz nicht nur für die Lektüre, sondern ebenso für andere Medien zu. Für die Fernsehnutzung von Kindern ist das empirisch nachgewiesen (vgl. Hurrelmann u. a. 1996), in weiteren Feldern fehlen m. W. die Forschungen.

4. Medien im Deutschunterricht

Bei diesem Durchgang durch die Dimensionen der Medienkompetenz, wie sie im DFG-Schwerpunkt „Lesesozialisation in der Mediengesellschaft" entwickelt wurden, habe ich die Gemeinsamkeiten zwischen Lesekompetenz und allgemeiner Medienkompetenz in den Vordergrund gestellt. Diese Perspektive ist m. E. von hoher Evidenz: Für die genannten Teildimensionen von Medienkompetenz lässt sich jeweils für den Printmedienbereich und innerhalb dessen für die Literatur am präzisesten angeben, wie diese Fähigkeiten erworben werden, wie eine Skalierung zwischen fortgeschrittenen Kompetenzen und denen von Anfängern aussieht und wie die jeweilige Dimension differenziert werden muss – das gilt für sechs der sieben Komponenten, denn die Selektions- bzw. Kombinationsfähigkeit betrifft per se den intermedialen Bereich. Für diese Privilegierung des Printmediums wurden in erster Linie deskriptive Gründe ins Feld geführt: Die Printmedien sind kulturhistorisch am weitesten ausdifferenziert, die Rezeptionsmuster entsprechend stark aufgefächert und zum kulturellen Standard geworden, der in der Schule gezielt vermittelt wird. Ob es faktisch so ist, dass die elementaren Fähigkeiten in den verschiedenen Dimensionen von Medienkompetenz durch Lektüre von Printmedienprodukten erworben werden, und wenn ja, ob das bloß gegenwärtig oder sogar grundsätzlich der Fall ist, ist kaum begründet zu sagen; aber es ist natürlich eine didaktisch elementare Frage. Denn wenn es so wäre, dann wäre auch Literatur als prototypischer Kern der Printmedien und als wesentlichstes Medium des Erwerbs von Lesekompetenz in der Sozialisation entsprechend weiterhin schulisch zu privilegieren.

Diese Position hat durch die PISA-Studie in der gegenwärtigen bildungspolitischen Debatte einigen Aufwind, und sie scheint auch von der Sache her durchaus evident. Doch die PISA-Studie hat die Diskussion, wie Medien in die Schule passen, insgesamt in eine eher schwierige Situation gebracht, indem sie das Lesen gewissermaßen radikal und ausschließlich zum Indikator für den Bildungserfolg machte. Lesen ist für PISA bekanntlich die Schlüsselkompetenz für das erfolgreiche Bestehen in der gegenwärtigen Gesellschaft und Lesekompetenz in dem eher mechanistischen Sinn, der den Erhebungen zugrunde liegt, bildet ein effektives Kriterium zur Messung von Schulleistung insgesamt. In das hier entwickelte Schema von media literacy übersetzt, hat Pisa das Niveau der Rezeptionsmuster im Printmedienbereich gemessen und alle anderen Dimensionen weitgehend außer Acht gelassen, dem einsichtigen Gedanken folgend, dass die anderen Variablen für diachrone Sichtweisen auf den Erwerb von Lesekompetenz von Bedeutung seien mögen, für das Messen aber die Verfügbarkeit von textsortenspezifischen Rezeptionsleistungen ausreicht.

Die Konsequenzen, die von Bildungsplanern und den am Schulwesen Beteiligten zunächst und schnell gezogen werden, sind an den Rahmenplänen, an den Entwürfen für die Bildungsstandards und den neuesten Unterrichtsvorschlägen zu beobachten: Sie gehen zurück auf die Betonung des technischen Lesetrainings, auf die des Nacherzählens, um Verstehensleistungen inhaltsbezogen zu überprüfen, auf die Betonung des Trainings der Lesefertigkeit. Die anderen

Dimensionen von media literacy rücken in den Hintergrund. Die Versuche, andere Medien und Umgangsformen mit ihnen systematischer in das Deutschcurriculum und den Literaturunterricht zu integrieren – ich denke insbesondere an die Handlungs- und Produktionsorientierung der letzten 20 Jahre –, sind dadurch zunächst einmal zurückgeworfen. Im Blick auf eine umfassende media literacy werden die rückschrittlichen Tendenzen dieser schnellen Reaktionen auf PISA sichtbar: Wo es um korrekte Informationsaufnahme geht, ist etwa die Affektivität oder die Frage der Beteiligung am Text durch die Individuen nur Randbedingung. Der pragmatische Lesebegriff von PISA ist einer des „handlings" von Geschriebenem, was, wie gesagt, zum Messen tauglich ist; aber er lässt die weltkonstituierende Potenz der Mediennutzung außer Acht. Das darf in didaktischen Kontexten nicht toleriert werden.

Pisa hat aber auch produktive Momente in diese Debatte um Medien und Unterricht eingebracht: Einmal verwendet PISA Texte aus der Lebenswelt, wie sie einem alltäglich begegnen. Diese Alltagsorientierung des Textbegriffes ist m. E. ein wichtiger Impuls für den Deutschunterricht, der auch für den Literaturunterricht modifiziert fruchtbar werden sollte. Zweitens verwendet Pisa eine große Anzahl von Textformen, bekanntlich auch nicht-lineare, wobei die literarischen stark in den Hintergrund geraten sind. Zumindest diese Öffnung auf ein breites Textspektrum sollte den Leseunterricht befruchten – im erweiterten Textbegriff des Deutschunterrichts ist er zwar angelegt, aber oft genug nicht verwirklicht. Schließlich ist der Textbegriff von PISA fächerübergreifend angelegt.

Der Leseunterricht muss es auch sein, aber mehr noch: Er sollte als Zieldefinition media literacy didaktisch ausbuchstabieren und sich dabei zugleich bewusst bleiben, dass als das zentrale Medium des Erwerbs von media literacy mit guten Argumenten und bis auf Weiteres die Literatur gelten kann.

Literatur

Bolz, Norbert (1994): Nachgefragt. In: Gestern begann die Zukunft. Entwicklung und gesellschaftliche Bedeutung der Medienvielfalt. Hg. von Hilmar Hoffmann. Darmstadt: Wissenschaftliche Buchgesellschaft, S. 327 f.

Bonfadelli, Heinz; Bucher, Priska (Hrsg.) (2002): Lesen in der Mediengesellschaft. Stand und Perspektiven der Forschung. Zürich: Verlag Pestalozzianum

Chomsky, Noam (1972): Aspekte der Syntax-Theorie. Frankfurt a. M.: Suhrkamp

Deutsches PISA-Konsortium (Hrsg.) (2001): PISA 2000. Basiskompetenzen von Schülerinnen und Schülern im internationalen Vergleich. Opladen: Leske und Budrich

Döring, Nicola (2003): Mailen, Posten, Chatten, Mudden, Simsen. Interaktion und Partizipation per Tastatur. In: Schüler 2003: Lesen und Schreiben. Seelze: Friedrich-Verlag, S. 35–44

Groeben, Norbert (Hrsg.) (1999): Lesesozialisation in der Mediengesellschaft. Ein Schwerpunktprogramm. IASL, 10. Sonderheft, Tübingen: Niemeyer, S. 27–55

Groeben, Norbert (2002): Dimensionen der Medienkompetenz: Deskriptive und normative Aspekte. In: Medienkompetenz. Voraussetzungen, Dimensionen, Funktionen. Hg. von Norbert Groeben; Bettina Hurrelmann. München und Weinheim: Juventa, S. 160–197

Groeben, Norbert; Hurrelmann, Bettina (Hrsg.) (2002a): Lesekompetenz. Bedingungen, Dimensionen, Funktionen. München und Weinheim: Juventa

Groeben, Norbert; Hurrelmann, Bettina (Hrsg.) (2002b): Medienkompetenz. Voraussetzungen, Dimensionen, Funktionen. München und Weinheim: Juventa

Haas, Gerhard (1997): Handlungs- und produktionsorientierter Literaturunterricht. Seelze: Kallmeyer

Habermas, Jürgen (1981): Theorie des kommunikativen Handelns. Frankfurt a. M.: Suhrkamp

Hurrelmann, Bettina (1982): Kinderliteratur im sozialen Kontext. Weinheim, Basel: Beltz

Hurrelmann, Bettina; Hammer, Michael; Stelberg, Klaus (1996): Familienmitglied Fernsehen. Fernsehgebrauch und Probleme der Fernseherziehung in verschiedenen Familienformen. Opladen: Leske und Budrich

Lypp, Maria (2000): Vom Kasper zum König: Studien zur Kinderliteratur. Frankfurt a. M. u. a.: Lang

Postman, Neil (1984): Das Verschwinden der Kindheit. Frankfurt a. M.: Fischer

Rosebrock, Cornelia; Zitzelsberger, Olga (2002): Der Begriff Medienkompetenz als Zielperspektive im Diskurs der Pädagogik und Didaktik. In: Medienkompetenz. Voraussetzungen, Dimensionen, Funktionen. Hg. von Norbert Groeben; Bettina Hurrelmann. München und Weinheim: Juventa, S. 148–159

Schenda, Rudolf (1993): Von Mund zu Ohr. Bausteine zu einer Kulturgeschichte volkstümlichen Erzählens in Europa. Göttingen: Vandenhoeck & Ruprecht

Schiffer, Kathrin; Ennemoser, Marco; Schneider, Wolfgang (2002): Mediennutzung von Kindern und Zusammenhänge mit der Entwicklung von Sprach- und Lesekompetenzen. In: Medienkompetenz. Voraussetzungen, Dimensionen, Funktionen. Hg. von Norbert Groeben; Bettina Hurrelmann. München und Weinheim: Juventa, S. 282–300

Sutter, Tilmann; Charlton, Michael (2002): Medienkompetenz – einige Anmerkungen zum Kompetenzbegriff. In: Medienkompetenz. Voraussetzungen, Dimensionen, Funktionen. Hg. von Norbert Groeben; Bettina Hurrelmann. München und Weinheim: Juventa, S. 129–147

Tulodziecki, Gerhard (2002): Lesen als Mediennutzung – medienpädagogische Überlegungen zum Verhältnis von Lesekompetenz und Medienkompetenz. Vortrag beim 14. Symposion Deutschdidaktik in Jena, 25.9.2002, unter: http://www.sdd.de

SUSANNE GÖLITZER

Die Funktionen des Literaturunterrichts im Rahmen der literarischen Sozialisation

1. Literarische Sozialisation und Schule

In der Schule ist jeder Unterrichtsgegenstand – so auch die Literatur – ein Gegenstand *an* dem und *über* den etwas gelernt werden soll. Insofern im Kontext der Schule nicht bloß kulturelle Praktiken des Lesens von Literatur tradiert werden, die an ein eine spezifisches „Milieu" gebunden sind, sondern Kinder aus allen kulturellen Milieus der Gesellschaft gleichermaßen das Lesen von Literatur lernen sollen, kann sich die Literaturdidaktik nicht auf die Beiläufigkeit von Lernerfahrungen verlassen.

In der Lesesozialisationsforschung sind Modelle lebensgeschichtlicher Verläufe des Literatur-Erwerbs entwickelt worden, die aufzeigen, wie Entwicklungsaufgaben, die in diesem Zusammenhang von Kindern und Jugendlichen zu bewältigen sind, auch zu Lese-Krisen führen können. Mit Entwicklungsaufgaben sind die Anforderungen gemeint, „die die Gesellschaft an Individuen bestimmter Alters- bzw. Entwicklungsstufen heranträgt" (Eggert; Garbe 1995, S. 18). Der Erwerb von Lesekompetenzen und literarischen Rezeptionskompetenzen (Hurrelmann 2002) ist nämlich nicht als ein quasi-natürlicher Erwerbsprozess vorzustellen, wie dies Lesealter-Modelle suggerieren (vgl. Eggert; Garbe 1995); ebenso wenig kann er auf die Aneignung von Lesetechniken und Textarten reduziert werden. Wenn – wie in den hier zu entwickelnden literaturdidaktischen Überlegungen – Bezug genommen wird auf das Forschungsfeld „literarische Sozialisation", dann soll der Blick auf die Erfahrungen mit Literatur gelenkt werden, die für Kinder und Jugendliche und deren Sozialisationsverläufe relevant sind.

Man kann sich Lese-Krisen (vgl. Graf 2002) als schmerzhafte Diskrepanzerfahrungen vorstellen, die mit den schulischen Anforderungen im Bereich Literatur und Lesen zusammenhängen. Mit der ersten Lese-Krise muss bereits im ersten oder zweiten Schuljahr gerechnet werden. Die Lesefähigkeiten des Kindes sind meist auch lange nach der Einschulung noch nicht soweit ausgebildet, dass es entsprechend seines Lese-Bedürfnisses Texte lesen und verstehen kann. In der Vorschulzeit war dieses Lesebedürfnis aufgehoben in der Vorlesesituation. Erwachsene in der Familie oder im Kindergarten verbürgen mit dem gemeinsamen Lesen den Sinn des Textes und den Sinn des Lesens gleichermaßen. Ein Teil der Entwicklungsaufgabe besteht darin, über das selbstständige Lesen diese doppelte Sinnzuschreibung selbst tätigen zu lernen. Eine besondere Schwierigkeit stellt sich nun für Kinder und Jugendliche, die literarische Erfahrungen primär an und mit Fernsehsendungen, mündlichen Erzählungen o. ä. machen. Das Bedürfnis nach Erzählungen, Geschichten und phantastischem Stoff kann nämlich ebenso über filmische bzw. mündlich erzählte fiktionale Angebote befriedigt werden; Bücher oder literarische Texte zu lesen, stellt für diese Schülerinnen und Schüler nicht notwendigerweise eine Herausforderung dar, deren glückliche Bewältigung Befriedigung verspricht.

Die zweite Lese-Krise fällt meist mit dem Ende der Grundschulzeit zusammen. Die meisten Kinder, die zu einem selbstständigen Leseverhalten gefunden haben, entwickeln langsam andere Lesebedürfnisse und lassen die phantasiebefriedigende Kinderlektüre zunehmend hinter sich. Aber gerade an komplexeren Lektüren müssen nun andere Leseweisen entwickelt werden. Die Kinder und Jugendlichen, die bis dahin weder in der Schule noch außerschulisch stabile Lesegewohnheiten entwickelt haben, werden in der Sekundarstufe große Schwierigkeiten beim Lesen unterschiedlicher Texte haben. Der Lese-Lernprozess gilt als abgeschlossen, gezielte Hilfestellungen und Fördermaßnahmen im Bereich Lesen von Literatur finden sie nur selten. Die Heranwachsenden brauchen aber auch nach dem primären Schriftspracherwerb zusätzliche Unterstützung und Hilfen, um die nicht organisch zusammenlaufenden Erwerbsprozesse des Lesens und des Verstehens von Literatur erfolgreich bewältigen zu können. Die *Interaktion* zwischen einem kompetenten Anderen und den Kindern und Jugendlichen spielt dabei eine wesentliche Rolle. In der Familie erwirbt das Kind milieuspezifische Lese- und Literaturschemata; das Lesen von Literatur ist eingebettet in Praktiken des Umgangs mit Literatur:

> Es gibt situativ übliche Muster des Lesens und Schreibens, und Menschen bringen ihre kulturelle Erfahrung in solche Aktivitäten ein. Ihre Art, mit Schrift umzugehen, bezeichnen wir als Schriftpraktiken. [...] Schrift'praktiken' sind die in einer Kultur üblichen Formen des Schriftgebrauchs, auf die Menschen bei einem Schriftereignis zurückgreifen."[1]

In der Schule treffen auf Seiten der Schülerinnen und Schüler verschiedene Voraussetzungen im Bereich der Lesekompetenz und der literarischen Rezeptionskompetenz sowie unterschiedliche Lesekulturen zusammen. Gerade weil in der Schule von einer fraglosen Übereinkunft aller in den Normen und Praktiken des Lesens nicht ausgegangen werden kann, kommt der Literaturdidaktik die Aufgabe zu, die Ziele des Literaturunterrichts im Rahmen der literarischen Sozialisation zu bestimmen und zu beschreiben. Das Forschungsfeld „literarische Sozialisation" markiert deshalb den Horizont für die Literaturdidaktik, vor dem die Fragen der Auswahl von literarischen Texten, die Verfahrensfragen, die Fragen nach den Methoden und den unterrichtsorganisatorischen Entscheidungen beantwortet werden müssten, weil in ihm die heterogenen Lernvoraussetzungen

---

[1] Barton 1993, S. 216. Unter „Schriftereignis" versteht Barton „ein wiederkehrendes Ereignis mit bestimmten Interaktionsformen" (ebd.). Auch die allabendliche Vorlesesituation ist so gesehen ein „Schriftereignis".

nicht als Problem beschrieben, sondern als Ausgangsbedingung für literaturdidaktische und unterrichtspraktische Entscheidungen betrachtet werden. Den Heranwachsenden muss im Unterricht die Möglichkeit gegeben werden, nachhaltige Handlungsschemata – bezogen auf literarisches Lesen – zu erwerben, dauerhafte Lesegewohnheiten auszubilden und die Teilhabe an kulturellen Praktiken des literarischen Lebens erproben zu können. Schülerinnen und Schüler müssen eine solche Teilhabe als – wenn auch individuell unterschiedlich – bedeutsam erleben. Wie könnten nun die Ziele des Literaturunterrichts vor diesem Horizont skizziert werden?

2. Ziele des Literaturunterrichts in der literarischen Sozialisation

Von besonderer Dringlichkeit ist es m. E. erstens, *allen* zukünftigen Mitgliedern einer Gesellschaft den Erwerb verschiedener Leseweisen, Lesestrategien und die Erfahrung mit verschiedenen Lesesituationen und Textsorten zu ermöglichen.[2] Die Perspektiven einer Partizipation an der Schriftkultur im weiteren Sinne und der literarischen Kultur im engeren Sinne sind didaktisch nicht auseinander zu dividieren. Zur Teilnahme an der literarischen Kultur gehört, dass Schülerinnen und Schüler lernen verständigungsorientiert zu handeln, Literatur kritisch zu rezipieren, eine literarische Geselligkeit aufzubauen, unterschiedliche Leseweisen zu beherrschen und literarische Texte in andere Ausdrucksgestalten zu übersetzen. Damit ist als Ziel eine *literarische* reading literacy (vgl. PISA 2000, S. 78 ff.) umschrieben. Alle Handlungen im Literaturunterricht müssten nach dieser Zielformulierung an ihren Funktionen für diese literarische reading literacy gemessen werden. Die Schwierigkeit in der Praxis dürfte darin bestehen, die verschiedenen Leseweisen und Lesestrategien auf die verschiedenen Textsorten und die verschiedenen Verwendungszusammenhänge von (literarischen) Texten zu beziehen.

Zweitens sollten die *individuellen literarischen Rezeptionskompetenzen* einer jeden Schülerin/eines jeden Schülers in der Schule erweitert werden. Dazu ist es notwendig, einerseits die verschiedenen Voraussetzungen der Schülerinnen und Schüler in Bezug auf Lesen und Literatur und andererseits die literarästhetischen Herausforderungen eines Textes zu kennen.

In der Untersuchung: „Wozu Literatur lesen? Praktiken und Normen im Literaturunterricht der Hauptschule" haben wir[3] uns die Frage gestellt, inwieweit im

---

[2] Die Begriffe werden im Folgenden näher ausgeführt.

[3] Die Untersuchung wurde im Rahmen des Forschungs- und Nachwuchskollegs „Lesesozialisation, literarische Sozialisation und Umgang mit Texten" an der Pädagogischen Hochschule Heidelberg durchgeführt. Im Rahmen des Kollegs werden vier Forschungsprojekte zum Deutschunterricht in der Hauptschule von Professorinnen und Professoren des Instituts für Deutsche Sprache und Literatur und ihre Didaktik betreut. Die Durchführung und Auswertung aller Forschungsarbeiten erfolgte immer unter Beteiligung aller Kollegiatinnen und Kollegiaten. Im Rahmen von Kolloquien mit Studierenden und Wissenschaftlerinnen und Wissenschaftlern aus anderen Fachbereichen werden die Videoaufzeichnungen und Transkriptionen gemeinsam analysiert und ausgewertet.

Literaturunterricht an Entwicklungsaufgaben gearbeitet wird und wie die komplexe Aufgabe, Schülerinnen und Schüler im Lese-Lern-Prozess und im Literatur-Erwerb zu unterstützen, praktisch gelöst wird. Ich möchte hier erste Ergebnisse dieser Untersuchung vorstellen.

3. Praxis des Literaturunterrichts in der Hauptschule

Untersuchungsleitend war die Annahme, dass den Handlungen von Lehrerinnen und Lehrern unterschiedliche Vorstellungen zum Unterrichtsgegenstand „Literatur", zum Lesen und zum Lesen-Lernen zugrunde liegen. Diese Vorstellungen sind nicht deckungsgleich mit didaktischen Theorien, sondern sind vielmehr Formationen aus eigenen Literatur- und Leseerlebnissen, Alltagsroutinen und pädagogisch-didaktischen Theorien. Das Handeln der Lehrerinnen und Lehrer lässt sich im Unterricht beobachten, aber die „Theorien", Annahmen, Kognitionen und Handlungsanalysen, die zu diesem Handeln führen, sind gewissermaßen unter der Oberfläche verborgen und nicht ohne weiteres durch die Lehrenden explizierbar.[4] Diese Aufschichtung des praktischen professionellen Handlungswissens bezeichnet Herrlitz als metonymische Struktur (Herrlitz 1994).

Methodologisch ist die Untersuchung als ethnographische einzustufen, in der die Feldnotizen, die mehrstündigen Videoaufzeichnungen von Unterricht und die Interviews der Lehrerinnen[5] die Daten ausmachen, die anschließend analysiert werden.

3.1 Kurzbeschreibung der Untersuchung

Wir nahmen im Schuljahr 2002/2003 am Deutschunterricht sechs verschiedener Klassen des 5. und 6. Schuljahrs in Baden-Württemberg und Hessen teil. Der Unterricht wurde mit einer Videokamera aufgenommen, und eine Stunde, in der ein literarischer Text erstmalig gelesen wurde, wurde transkribiert. Die Auswahl des Textes sowie die unterrichtlichen Verfahren sollten von der Lehrerin vorgenommen werden, damit eine größtmögliche Alltagsnähe gewährleistet blieb. Nach dem Unterricht wurden die Lehrerinnen interviewt. Das Interview war zentriert um Fragen der Unterrichtspraxis, der Leistungen der Schülerinnen und Schüler im Bereich Lesen und Literatur, der didaktischen Orientierung und der literarischen Sozialisation der Lehrerinnen und deren Lektüreinteressen.

3.2 Methode der Auswertung

Da wir an den Praktiken im Literaturunterricht interessiert waren und diese nicht nur zu beschreiben suchten, sondern auch die zugrunde liegenden hand-

---

[4] Deshalb beschreibt Herrlitz (1994) das praktische professionelle Handlungswissen in einem metonymischen Modell, das auch mit dem Bild eines Eisberges verglichen wird.

[5] Es nahmen nur Lehrerinnen an der Untersuchung teil.

lungsleitenden Gegenstands-, Lehr- und Lernannahmen der Lehrerin rekonstruieren wollten, wählten wir ein aus der Gesprächsanalyse geläufiges Verfahren
der Datenanalyse. Zunächst wurden die Transkription der Stunde, in der ein literarischer Text eingeführt worden war, und die Transkription des Interviews von
zwei Forscherinnen unabhängig voneinander sequenzialisiert und paraphrasiert.
Die transkribierten Unterrichtsaufzeichnungen wurden anschließend in einem
Kolloquium Sequenz für Sequenz analysiert.[6] Nachdem eine Strukturhypothese
aufgestellt werden konnte, wurde das Interview zum Vergleich herangezogen.
Auch hier wurde zunächst eine Sequenzanalyse durchgeführt und dann stichpro-
benartig im weiteren Verlauf des Interviews kontrolliert, ob die Strukturannah-
me bestätigt werden kann oder revidiert werden muss. Durch das unterschiedliche Datenmaterial und die Hinzuziehung von Forscherinnen und Forschern, die
nicht am Unterricht teilgenommen hatten, wurde der „fremde Blick" auf die beobachtete Praxis garantiert. Dieses kontrastive Sampling von Materialien und
Blicken auf das Material ist ein übliches Verfahren der Triangulation.[7]

3.3   Erste Ergebnisse der Untersuchung

3.3.1 Phasen des Literaturunterrichts

Eine zunächst wenig spektakuläre Beobachtung war, dass Literaturunterricht
immer in Phasen gegliedert stattfindet und dass die Abfolge von Schritten, mit
denen eine Annäherung an Textbedeutungen versucht wird, alle analysierten
Unterrichtssequenzen bestimmt. Es ist geradezu von einem gleichbleibenden
„Annäherungsschema" an den Gegenstand „literarischer Text" zu sprechen, das
den Literaturunterricht in der Hauptschule zu bestimmen scheint. Ich möchte
die Phasen folgendermaßen bezeichnen:

Erste Phase:	Vorbereitung der Erstrezeption
Zweite Phase:	Primärrezeption
Dritte Phase:	Mündliche Anschlusskommunikation oder mündliche Textwiederholung
Vierte Phase:	Sekundärrezeption

Die Bezeichnung ist zunächst eine rein technische und verweist nicht auf die qualitative Ausgestaltung einer solchen Unterrichtsphase. Daneben gibt es natürlich
auch noch Phasen, in denen Bücher und literarische Texte vorkommen, die aber
nicht dem Literaturunterricht, sondern eher dem literarischen Leben an der
Schule zugeordnet werden müssen: Buchvorstellungen, Besuche bei Bibliothe-
ken usw.

---

[6] Vgl. Oevermann 1973 und verschiedene Papiere zur Methodologie und Methode unter http://
www.objektivehermeneutik.de/ (Zugriff am 19.9.03). Methodisch orientierten wir uns an Deppermann 2001 und Meuser; Nagel 1991 (vgl. auch Gölitzer 2002).

[7] Zu den verschiedenen Formen der Triangulation vgl. Flick 1992.

In den Phasen des Literaturunterrichts wurden unterschiedliche Praktiken beobachtet.

3.3.2 Praktiken im Literaturunterricht der Hauptschule

Die Praktiken,[8] die in der Phase der *Vorbereitung der Erstrezeption* beobachtet wurden, sollen vermutlich so etwas wie eine Vorentlastung leisten:

Die Schülerinnen und Schüler werden anhand von Bildern, Musik oder Gegenständen an die Themen, die in dem ausgewählten Text behandelt werden, herangeführt.

Anhand von Materialien und Bildern[9] werden individuelle Empfindungen, Gefühle und Einstellungen „abgerufen", die nach Meinung der Lehrerin in dem literarischen Text verarbeitet wurden.

Es werden lesestrategisch relevante Operationen (Leseinteresse sichern, Lesemotivation aufbauen, sprachliches und außersprachliches Kontextwissen bewusst machen usw.) am Text oder Buch durchgeführt. Solche Lesestrategien waren: Klappentexte lesen, Bilder ansehen und Vermutungen zur Handlung äußern, Autorenname und Titel aufschreiben.

Diese Vorentlastung geschieht immer sprachlich, das heißt, die Schülerinnen und Schüler sollen sich zu den Bildern und Materialien sprachlich äußern. Nur einmal hat eine Lehrerin ohne Vorbereitung mit dem Vorlesen eines literarischen Textes begonnen.

Die *Primärrezeption* des literarischen Textes geschah in den beobachteten Klassen immer in der Gruppe:

a. Schülerinnen und Schüler lasen den Text abschnittsweise ungeübt laut vor (die kürzeste beobachtete Vorlesesequenz war unter 30 Sekunden kurz).

b. In Gruppen wurde der zerschnittene Text (z. B. ein Gedicht) zusammengefügt.

c. Die Lehrerin las den Text laut vor.

Diesem ersten Lesen[10] folgte immer eine mündliche *Anschlusskommunikation* (Hurrelmann 2002), in der folgende Praktiken zu beobachten waren:

a. Der Inhalt eines Textes wurde durch eine Schülerin/einen Schüler wiedergeben.[11]

---

[8] Hier kann angesichts des noch nicht vollständig ausgewerteten Materials nur eine summarische Übersicht gegeben werden.

[9] In einer Vorbereitungsphase zu dem Gedicht *Ich male mir den Winter* von Joseph Guggenmos legte die Lehrerin z. B. kalte Kühlbeutel in einen Fühlkasten, in einer anderen Unterrichtsstunde wurde ein Schwarz-Weiß-Foto von einem ölverschmierten Seevogel an die Tafel gehängt.

[10] In zwei Klassen lag der Text den Schülerinnen und Schülern nicht vor.

[11] Dies tun die Schülerinnen und Schüler auch in den Klassen, in denen die Lehrerin nach dem Vorlesen des literarischen Textes zunächst schweigt.

b. Es wurde mündlich nach der lexikalischen Bedeutung der Wörter gefragt, von denen die Lehrerin annahm, dass die Schülerinnen sie nicht kennen. Nie ging es um hypothesenartige Entwürfe von Deutungen, sondern immer um Begriffsdefinitionen.

c. Die Lehrerin fragte (bei Erzähltexten) nach Handlungsmotiven oder Begründungen für das narrative Geschehen.

In einer anschließenden *Sekundärrezeption* geschieht nun das, was man gemeinhin als unterrichtliche Arbeit am Text bezeichnen würde; zu dieser Phase werden auch die meisten methodischen Vorschläge in der Literaturdidaktik gemacht:

a. Die einzelnen Textpassagen oder Textaussagen an der Oberfläche wurden in nichtsprachliche und sprachliche Ausdrucksgestalten übersetzt.

b. Es wurden Fragen zum Text gestellt, die schriftlich beantwortet werden mussten. Diese Fragen zielten auf die Wiederholung dessen, was im Text bereits gesagt wurde.

c. Es wurden Fragen zum Text gestellt, die es ermöglichen sollten, einen Bezug zur eigenen Lebenspraxis herzustellen. In diesen Fragen wurde die Handlung oder das Thema des literarischen Textes mit einem Erlebnis des jeweiligen Kindes verglichen („Hast du auch schon einmal so etwas erlebt?").

Die kognitiven Anforderungen, die der Beantwortung der Fragen und Aufgaben zugrunde lagen, müssen nach dem Lesekompetenzbegriff bei PISA auf der Niveaustufe I angesiedelt werden: Bezogen auf die Subskala „Informationen ermitteln" erfordern die Aufgaben auf dieser Kompetenzstufe vom Leser „eine oder mehrere unabhängige Informationen zu lokalisieren", bezogen auf „textbezogenes Interpretieren" wird vom Leser verlangt, den Hauptgedanken des Textes oder die Intention des Autors zu erkennen, bezogen auf „Reflektieren und Bewerten" muss der Leser „eine einfache Verbindung zwischen Information aus dem Text und weit verbreitetem Alltagswissen" herstellen (Deutsches PISA-Konsortium 2001, S. 89).

Dies soll an dem folgenden Beispiel konkretisiert werden. In einem sechsten Schuljahr einer Hauptschule zwischen Mannheim und Heidelberg wird *Hilfe, mein Gefieder ist voll Öl* von Dreuwke Winsemius gelesen. Das Buch ist ein realistischer Kinderroman, in dem der Kampf einer Schulklasse um den ölverseuchten Strand an der Nordseeküste geschildert wird. Es wird nicht nur das Thema „Umweltverschmutzung" erzählerisch umgesetzt, sondern auch die Geschichte der Hauptfigur Tina erzählt, deren Eltern gestorben sind und die in ihrer Klasse bisher eher eine Randposition eingenommen hat. In das gesellschaftlich relevante Thema des Umgangs mit Naturzerstörung wird die Problematik eines einsamen Kindes, seiner psycho-sozialen Situation und die Konflikte, die sich aus den sozialen Differenzen in einer Schulklasse ergeben, mit eingewoben. Die Lehrerin teilt nach dem ersten lauten Vorlesen (reihum) ein Arbeitsblatt aus, das in der jeweiligen Tischgruppe von den Schülerinnen und Schülern bearbeitet werden soll. Es enthält die folgenden Fragen:

1. Was erfährst du über Tina?
2. Lebt Tina bei ihren Eltern? Was ist mit ihren Eltern?
3. Wie kam es zu dem Namen Moma?[12]
4. Warum ärgert sich Tina vor allem über Chris/Hilbert?
5. Glaubst du, dass Tina ein bisschen neidisch auf andere ist?
   (falls ja, warum?)

Hinter den Fragen hat die Lehrerin Seitenzahlen aus dem Buch angegeben, damit die Schülerinnen und Schüler gleich wissen, an welchen Textstellen die Antwort zu den Fragen abgelesen werden kann. Sie schreiben die betreffenden Textstellen als Antworten auf das Blatt. Die Auseinandersetzung mit dem Text beschränkt sich auf die Wiederholung der expliziten Textaussagen, was mit „richtig" oder „falsch" überprüft wird.

Erst mit der Frage 5 verlässt die Lehrerin die Ebene bloßer Textrepetition und versucht eine Verbindung zum sozialen und psychologischen Alltagswissen der 11- bis 12-Jährigen. Ohne den bisher gelesenen Text noch einmal lesen zu müssen, ohne weitere Textarbeit können die Schülerinnen und Schüler zu der Antwort gelangen, dass Tina die anderen Kinder um die Eltern beneidet, die sie nicht mehr hat. Einen literarischen Text verstehen bedeutet in dieser Unterrichtseinheit pointiert gesagt, seinen Inhalt korrekt wiedergeben und über diesen Inhalt auf dem Hintergrund der Alltagserfahrung einige Vermutungen anstellen zu können (Frage 5).

Ich möchte ein weiteres Problem im Umgang mit Literatur am Material sichtbar machen. In einer fünften Klasse in einer kleineren Gemeinde an der Bergstraße wird das Gedicht von Joseph Guggenmos *Ich male mir den Winter* eingeführt. Die Lehrerin hat zunächst einen Fühlkasten im Stuhlkreis herumgehen lassen, in dem ein Kühlbeutel liegt. Die Schülerinnen und Schüler sollten auf Karteikarten schreiben, an was sie denken, wenn sie den Gegenstand im Kasten (Kühlbeutel) fühlen. Nachdem alle Kärtchen beschrieben in der Mitte des Kreises liegen, leitet die Lehrerin zu dem Gedicht über, das bis zu diesem Zeitpunkt noch nicht präsentiert oder auch nur genannt worden war. Der literarische Text wird hier noch nicht als „Gedicht" bezeichnet, weil die Schülerinnen und Schüler herausfinden sollen, dass es sich um ein Gedicht handelt.

> L: wenn ich hier in noch mal in die Mitte gucke dann wird es mir ganz kalt und wir gucken uns heute einen Text an eine bestimmt Art eines Textes und .. da hat der Autor dieses Textes genau das beschrieben was ihr jetzt auch schon so in die Mitte gelegt habt Schnee Eis und das gehört ja eigentlich alles was hatten wir noch alles Schnee Matsch und das gehört ja alles zum Winter ja und das wurde ja auch einige Male hier in die Mitte gelegt diese Kälte dieser kalte Beutel der da drin liegt das erinnerte viele einige an den Winter und dieser Text den ihr jetzt von mir bekommt .. beschreibt den Winter."[13]

---

[12] Moma ist die Großmutter von Tina.
[13] Unterrichtsaufzeichnung vom 14.11.02, transkribiert nach HIAT. „.." bedeutet eine kurze Pause (unter 3 Sekunden).

Die Lehrerin erklärt den Schülerinnen und Schülern, dass ihre eigenen Erfahrungen mit dem Winter in einem Gedicht verarbeitet wurden. Der lexikalische Eintrag einzelner Wörter wird mit der Bedeutung des Gedichts gleichgesetzt. Dies gelingt deshalb, weil unterstellt wird, dass es nur die eine Bedeutungsdimension in diesem Gedicht gebe, nämlich die allen mitteleuropäischen Menschen bekannte Erfahrung: Im Winter ist es kalt. Der literarische Text wird hier affirmativ zur eigenen Lebenserfahrung gelesen, er drückt nicht mehr, aber auch nicht weniger als das aus, was wir Leserinnen und Leser schon erlebt haben.

Während im ersten Beispiel der literarische Text auf seinen offensichtlichen Informationsgehalt hin gelesen wird, steht im zweiten Beispiel die Identifikation des Eigenen im (fremden) literarischen Text im Vordergrund. Die Praktiken des Lesens sind auf diese unterschiedlichen Aspekte literarischer Lektüre bezogen. In dem Unterrichtsbeispiel aus dem sechsten Schuljahr lesen die Schülerinnen und Schüler den Text reihum abschnittsweise laut vor. Danach werden unbekannte Wörter besprochen und Fragen zum Text gestellt. In dem Beispiel aus dem fünften Schuljahr beginnt die Lehrerin mit den Assoziationen zu einem kalten Beutel. Nachdem die Schülerinnen und Schüler das Gedicht strophenweise gelesen haben, sollen sie eine Strophe collagenartig (mit Tonpapier, Wasserfarben, Kunstschnee u. ä. Materialien) in der Gruppe gestalten. In dieser Phase versuchen die Gruppen, die Textaussagen im Gedicht in ein Bild zu übersetzen. Das Gedicht wird als „Malanweisung" benutzt. Eine solche Anweisung kann nur sinnvoll ausgeführt werden, wenn man annimmt, das Gedicht bilde die Realität ab und entsprechend sei der Text auch zu illustrieren.

3.3.3 Zusammenfassung der bisherigen Analyse-Ergebnisse[14]

1. Alle Prosatexte (in vier von sechs Klassen) wurden als Problemtexte behandelt. Sie wurden zum Anlass genommen, um daran die sozialen Konflikte in der Klasse zu besprechen, die eigenen Schwierigkeiten mit einer Situation zu thematisieren oder gesellschaftliche Probleme zu erörtern.

2. Das Textverständnis wird in allen sechs Klassen auf der inhaltlichen Ebene zu garantieren versucht. Die häufigste Strategie zur Sicherung des Wort- und Textverständnisses ist die Frage der Lehrerin nach unbekannten Wörtern.

3. Es werden mit der Lektüre eines Textes (Gedichte und Prosatexte) unterschiedliche Lernbereiche verbunden, besonders die „Wortschatzarbeit", aber auch Rechtschreibung oder das Lesen von Sachtexten.

4. Die häufigsten Lesestrategien, die an den Texten geübt werden, sind: lexikalische Bedeutungen von Wörtern und Ausdrücken klären, Fragen der Lehrerin zum Text beantworten, eigene Lebenspraxis mit Textaussagen in Beziehung setzen – sie geradezu im Text identifizieren.

---

[14] Die Auswertung der Untersuchung ist noch nicht abgeschlossen. Ich kann leider hier nicht ausführlich auf die einzelnen Beobachtungen eingehen und fasse die Beobachtungen zusammen, die fallübergreifend auffielen.

5. Das laute Vorlesen ist die häufigste Praktik des Lesens literarischer Texte. Wer laut vorliest und zuhört, so die Annahme, hat den Inhalt, den Text auch verstanden und ist vorbereitet auf das analytische Lesen, das der Primärrezeption meist folgt: einzelne Wörter und Ausdrücke klären, Inhaltsfragen zum Text beantworten usw.

6. Das laute reihum Lesen erfüllt auch Disziplinierungsaufgaben: Schaffung von Ruhe, Einhalten einer Reihenfolge.

3.3.4 Ergebnisse der Analyse der Lehrerinneninterviews

Nach dem Unterricht wurden die Lehrerinnen wie oben beschrieben interviewt. In der Analyse nach dem metonymischen Struktur-Modell (Herrlitz 1994) standen die Fragen im Mittelpunkt, welche Vorstellungen die Lehrerinnen und Lehrer vom Lese-Lern- und -lehrprozess und vom Unterrichtsgegenstand „Literatur" haben.

1. Die jüngeren Lehrerinnen (Berufseinsteiger und Fachfremde) orientieren sich im Alltag i. d. R. an ihren Kolleginnen und Kollegen; alle Lehrerinnen und Lehrer greifen zu Sprach- und Lesebüchern, zu Karteien und Lernheften.

2. Die Lehrerinnen begreifen die Mehrsprachigkeit ihrer Schüler als Problem, das es erst zu beseitigen gelte, bevor man an Literatur gehen kann. Diese Einstellung ist als „monolingualer Habitus" (Gogolin 1994) beschrieben worden.

3. Die Lehrerinnen versuchen verschiedene Lernbereiche des Deutschunterrichts zu integrieren.

4. Die Lehrerinnen haben einen sehr allgemeinen Begriff vom Lesen. In der Regel verstehen sie darunter ein „sinnentnehmendes Lesen". In den meisten Fällen kann das mit „sagen können, was in einem Text drin steht" übersetzt werden.

5. Die Freude am Lesen und die Konzentrationsfähigkeit werden als Voraussetzungen für den Literaturunterricht begriffen, nicht aber als erst an literarischen Texten zu entwickelnde Fähigkeiten.

Im Folgenden sollen diese Untersuchungsergebnisse im Zusammenhang der Lesesozialisationsforschung interpretiert werden.

4. Der Literaturunterricht in der Lesesozialisationsforschung

Bereits 1982 hat Hurrelmann festgestellt, dass die didaktische Verarbeitung der literarischen Texte häufig dazu führe, dass die Charakteristika fiktionaler Texte gelöscht werden und daher (1) die literarischen Texte eher Übungstexte als erfahrungsoffene Texte sind, (2) der besondere Diskurstyp, dem ein literarischer Text angehört, nicht deutlich wird, (3) unterschiedliche Deutungsformen nicht zueinander in Beziehung gesetzt werden und (4) Literatur primär als Lerngegenstand behandelt wird, an dem richtig/falsch-Operationen durchgeführt werden können.

Diese Reduzierung des Verstehens literarischer Texte, aber auch von Sachtexten auf ein Verstehen dessen, was die Wörter und einzelne Textpassagen lexikalisch bedeuten, lässt sich erklären, wenn man die Aussagen der Lehrerinnen in den Interviews dazu liest. Als Hauptprobleme der Schülerinnen und Schüler der Hauptschule wurden von ihnen ausgemacht: mangelnde Konzentration, mangelnde Sprachfähigkeit, mangelnde Lesekultur zu Hause. Offensichtlich glauben die Lehrerinnen, sie müssten kleinschrittig vorgehen und zunächst den naheliegenden, den Wortsinn erarbeiten, bevor sie zu allegorischen Lesarten von Texten kommen. In drei Fällen hatten die Lehrerinnen realistische Kinder- oder Jugendbücher ausgewählt, die eine Identifikation des Eigenen im Fremden erleichtern sollte. Aber auch in der Auseinandersetzung mit den Gedichten, bzw. mit einer Fabel wurde als Deutungskontext nur das Lexikon und die eigene Erfahrung zugelassen.

Diese Beobachtung stützt die Ergebnisse einer Untersuchung von Lehmann aus dem Jahre 1995:

> Generell lässt sich für beide Lehrerstichproben feststellen, daß sich die unterrichtliche Praxis weitaus stärker, als es die Gewichtung der Unterrichtsziele vermuten lässt, an der Ausbildung grundlegender Fähigkeiten und Fertigkeiten orientiert. Wichtig sind den Lehrkräften vor allem das 'laute Lesen' (Vorlesen in der Klasse oder in Kleingruppen, Vorlesen durch den Lehrer) sowie das Decodieren und die Erweiterung des Wortschatzes (Erlernen unbekannter Wörter, Arbeit mit Wortlisten, Erschließen neuer Wörter aus Texten). Diese Aktivitäten zielen auf Basisqualifikationen, die im Unterricht offenbar breiten Raum einnehmen.[15]

Dass die hier skizzierte literarische Praxis eine Kultur des Umgangs mit literarischen Texten in der Hauptschule darstellt, die Schülerinnen und Schüler nicht nachhaltig zu Leseerfahrungen führen kann, aber auch den Kompetenzerwerb im Bereich literarisches Lesen nicht nachhaltig unterstützt, zeigt sich an neuen Ergebnissen der lesebiographischen Forschung. Pieper, Wirthwein und Zitzelsberger (2002) haben in einer Befragung von ehemaligen HauptschülerInnen festgestellt:

> Noch weniger Kontur gewinnt in den Interviews der Literaturunterricht. Die jungen Erwachsenen erinnern, dass im Unterricht Texte und einzelne Lektüren gelesen wurden. Während Titel und Inhalte aber häufig der Erinnerung nicht mehr zugänglich sind, gelingt die Retrospektion auf die unterrichtlichen Verfahren. Noch einmal Stefan: „Ja und wie schon gesagt, das Buch ist dann, jeder hat ja das Buch vor sich gehabt und in der Reihenfolge, so wie man saß wurde durchgelesen. Immer einmal rechts rum, einmal links rum und kreuz und quer eben. Oder einer aus der Mitte genommen, der musst anfangen

---

[15] Lehmann 1995, S. 86. Es handelt sich hierbei um eine quantitative Untersuchung (schriftliche Fragebögen).

und dann ging's im Kreis rum, bis es wieder bei ihm war und dann ging's, wenn's noch nicht fertig war, noch mal so rum. (Pieper u. a. 2002, S. 43)

Umgekehrt verfügen wir über Ergebnisse aus der Lesesozialisationsforschung, aus denen sich durchaus positive Folgerungen für die Praxis des Literaturunterrichts und ihre Funktion in der literarischen Sozialisation ziehen lassen. Hurrelmann stellt fest:

> Vielmehr sind die meisten Faktoren, über die sich Lesefreude und feste Lesegewohnheiten konkret vermitteln, mit Bildungsvoraussetzungen verknüpft. Das eigentliche Fundament der Leseentwicklung bilden die sozialen Bezüge der Lesetätigkeit. Kinder erfahren durch Beobachtung und Koorientierung, welchen Wert das Buch für Leser hat. Das Lesevorbild der Eltern – insbesondere der Mutter – ist wichtig. Die Beobachtung der Erwachsenen kann ein Kind aber viel leichter in eigenes Tun umsetzen, wenn die Lesetätigkeit in gemeinsame Situationen, Gespräche miteinander und Handlungen eingebunden ist. Diese soziale Einbindung des Lesens ist der wirksamste Faktor der Lesesozialisation überhaupt: Kinder, die in ihren Familien gemeinsame Lesesituationen erleben, die erfahren, daß es gemeinsame Buchinteressen gibt und daß man sich über Bücher gesprächsweise austauschen kann, die in Buchhandlungen und Bibliotheken mitgenommen werden und deren Eltern aus eigenem Interesse auch einmal Kinderbücher lesen, werden am stärksten gefördert. (Hurrelmann 1994, S. 33)

Es darf als belegt gelten, dass Kinder sich von den Unterrichtsformen und Nachfragen der Lehrerinnen und Lehrern zu einer Freizeitlektüre ermuntern lassen (vgl. Hurrelmann 1993; Piper u. a. 2002). Offenkundig können Schule und Unterricht eine soziale Einbindung des Lesens doch leisten. Dies geschieht aber unter anderen Bedingungen und mit anderen Mitteln als in der Familie. Gerade an der didaktischen Reflexion der „sozialen Einbindung des Lesens" und einer Anschlusskommunikation, in der sich Erwachsene und Kinder oder Jugendliche über die unterschiedlichen Lesarten unterhalten, mangelt es aber. Die didaktische Relevanz des Literaturunterrichts liegt m. E. gerade darin, dass der Beschäftigung mit Literatur „nachweislich außerhalb der Schule beobachtbare oder wünschbare und mögliche Verhaltensweisen zugeordnet werden können" (Hoppe 1972, S. 92). Die Überlegungen zur Auswahl der Lektüre, die unterrichtlichen Leseweisen und die Ziele des Literaturunterrichts müssten demnach stärker funktional auf den Erwerb literarischer Rezeptionskompetenzen bezogen werden. Selten können Kinder und Jugendliche in der Schule Lehrerinnen und Lehrer beim Lesen verschiedener Texte beobachten oder erfahren, welche Texte den kompetenten Anderen wichtig sind oder Kopfzerbrechen bereiten. Gerade dies würde aber zu einer literarischen Kultur gehören.

Aber dies allein reicht nicht. Schülerinnen und Schülern, die mit dem Lesen selbst Schwierigkeiten haben, müssen in der Schule Gelegenheit bekommen, das Lesen von literarischen Texten zu lernen. In den von uns beobachteten Deutschstunden wurden den Schülerinnen und Schülern nur wenige Operationen zur Texterschließung angeboten. Solche Operationen könnten z. B. sein: Fragen an den Text formulieren, Strategien zur Kontextualisierung oder zum Schließen von

Verständnislücken entwickeln, wichtige Passagen zusammenfassen, einen Text noch einmal lesen oder wichtige Stellen unterstreichen. Corinna Pette (2001) hat über Leseprotokolle von erwachsenen Romanleserinnen und -lesern Strategien rekonstruiert, die uns bei der Bestimmung von für den Literatur-Erwerb funktionalen Operationen hilfreich sein können: Lesen des Klappentextes und Hypothesenbildung, Herstellen intertextueller Bezüge, Zurückblättern, Fragen formulieren, Überspringen der unverständlichen Stellen, Einteilungen von wichtigen und unwichtigen Handlungssträngen, Suche nach Konstruktionsmerkmalen, Anschluss an relevante Themen aus dem eigenen Leben, Lesepausen einlegen, Projektion eigener Gefühle auf Figuren, ironische Kommentare, Gestaltung der Lesesituation u.a.m. Solche Strategien dienen der Verstehenssicherung, der Aufrechterhaltung von Lesebedürfnissen über den Leseprozess hinweg, der Regulation emotionaler Betroffenheit, der Erleichterung der Aneignung eines Themas an die eigene Lebenspraxis, der Erhöhung der Lese-Motivation und/oder der Selbstvergewisserung bzw. der Identitätssicherung.

Zwei Schlüsse zur Funktion des Literaturunterrichts in der literarischen Sozialisation von Hauptschülerinnen und -schülern lassen sich nun nach dieser ersten Auswertung ziehen. Der erste: Die Praxis des unterrichtlichen Lesens ist kaum funktional bezogen auf außerschulische Lesesituationen oder Verwendungszusammenhänge, in denen Literatur gelesen, besprochen inszeniert oder geschrieben wird. Der zweite: Literatur als besondere Textsorte, die zwar verschiedene, aber auch spezifische Rezeptionsweisen erfordert und gestattet, wird im Unterricht kaum vermittelt. Die praktizierten Leseweisen (lautes Vorlesen) und die an der Textrepetition orientierte Anschlusskommunikation (Fragen zum Inhalt) bringen kaum einen Ertrag für den erweiterten Literatur-Erwerb. In dem Bemühen, die Schülerinnen und Schüler für das Lesen und die Bücher zu interessieren, werden häufig Texte ausgewählt, die mehr oder weniger explizit die Lebenswelt der jungen Leserinnen und Leser thematisieren. Ästhetische Akzentsetzungen findet man kaum.[16]

Eben diese Thematisierung der literarästhetischen Qualitäten von literarischen Texten müsste aber im Literaturunterricht erfolgen, wenn er die Aufgabe übernehmen soll, dem Literatur-Erwerb und dem Lese-Lernprozess gleichermaßen zu dienen. Die literarästhetischen Qualitäten sind es, die literarische Texte überhaupt auszeichnen. Beim literarischen Lesen unterscheidet der Leser/die Leserin nach diesem Kriterium die Sprache, die erzählte Welt, die Relevanz und die Funktion solcher Texte von anderen Texten. Mit der Literatur lernen Kinder und Jugendliche nicht nur eine neue Textsorte, sondern auch eine neue Sprachverwendung, einen Möglichkeitsraum, einen Übergangsraum (Abraham 1998) kennen.

---

[16] Wenn dieser Bereich einmal angesprochen wird, dann meist nur in Gestalt der formalisierten Betrachtung von Literatur: Bestimmung der Textsorte, Reimschema usw.

Abschließend sollen noch einige exemplarische Vorschläge gemacht werden, wie die literarästhetische Akzentsetzung, die soziale Einbindung des Lesens (Lesesituation) und die Ausbildung von Lesestrategien im Literaturunterricht der Hauptschule zusammengedacht werden können. Ein Lesecurriculum, in dem zu vermittelnde Lesestrategien auf die verschiedenen Textsorten und Lesesituationen funktional bezogen sind, steht noch aus.

5. Literarische Sozialisation im Literaturunterricht

Kinder und Jugendliche müssen die Möglichkeit haben, literarische Texte als „andere" Texte zu erfahren, sie müssen, mit Waldmann (1998) gesprochen, Differenzerfahrungen machen können. Dies können sie nur, wenn ihnen auch literarische Texte angeboten werden, die sprachlich „fremd" sind (vgl. Maiwald 1999). Die Schullektüre muss die Privatlektüre, die vorhandenen Wissens- und (Lese-) Erfahrungsbestände übersteigen.[17] In meinem Verständnis wären das Texte, die ganz offensichtlich keinen „Wortsinn" unterstützen. Wir brauchen im Literaturunterricht gerade der Hauptschule also auch Texte, die sich nicht an den Sprachgestus der Jugendlichen, nicht an die Lebenswelt der Kinder anschmiegen und nicht leicht verständlich sind. Deshalb halte ich Paefgens Überlegungen, Schülerinnen und Schülern möglichst Texte mit hohem Alteritätsgrad zuzumuten und sie bei der Mühe des Lesens mit verschiedenen – leider nicht explizierten – Strategien zu unterstützen, didaktisch für interessant (vgl. Paefgen 1989).

Die Bedeutsamkeit der Lesesituation ist in der Schule nicht automatisch mit dem Lesen gegeben. Vielmehr müssen solche Situationen und die damit verbundenen Leseweisen funktional auf den Text und Lesekulturen, die auch außerhalb der Schule Bestand haben, bezogen sein. Ein Lesen, das z. B. der Befreiung von psychischen Spannungen dient, wunscherfüllend und verstörend zugleich ist (vgl. Graf 2001, S. 210) kann nicht in aller Öffentlichkeit geschehen. Soll und muss über das Gelesene im Gespräch nachgedacht werden, dann bietet sich möglicherweise das Vorlesen als Primärrezeptionssituation besonders an. Wenn es dagegen um die Erledigung eines Arbeitsauftrages oder die Erarbeitung eines Projektes geht, dann dürften auch Lesesituationen angemessen sein, in denen Kleingruppen gemeinsam lesen.

In jedem Fall muss die Zielformulierung, die Kontextualisierung der Lese-Handlungen für die Schülerinnen und Schüler deutlich sein: Dienen sie der literarischen Geselligkeit, dem Entnehmen von Informationen zum Zwecke einer Projektarbeit oder soll analytisches Besteck und sein Gebrauch erlernt werden?[18]

---

[17] Maiwald (1999) unterscheidet zwei Formen der Aneignung literarischer Alterität: propositional, wenn dargestellte Welt fremd ist, sprachlich-ästhetisch, wenn Kodierung des Textes im Mittelpunkt steht.

[18] Vgl. die Lese-Modi bei Graf 2001.

Verschiedene Lesestrategien kann nur ausbilden, wer viel liest und viel Gelegenheit hat zu lesen: allein und leise, zu zweit sowie in der Gruppe. Dem kompetenten Anderen kommt beim Literatur-Erwerb eine besondere Rolle zu. Kinder und Jugendliche müssen Erwachsene beim Lesen von literarischen Texten beobachten können. Ähnlich wie im Spracherwerb lernen Kinder durch Beobachtung und Interaktion mit den Erwachsenen unterschiedliche „Gebrauchsformen" des Lesens von Literatur kennen. Allerdings muss der Erwerb solcher Lesestrategien in der Schule auch bewusst angestrebt und gefördert werden. Schülerinnen und Schüler müssen Gelegenheit haben, das Lesen – auch und gerade von Literatur – in der Schule zu üben, indem ihnen Hilfen zur Auswahl von Texten und individuelle Leseaufträge gegeben, mit ihnen Nachschlage- und Suchtechniken geübt oder Poetizitätssignale gesucht werden.

Insgesamt müssen m. E. die Methoden und Verfahrenweisen im Literaturunterricht stärker funktional auf die vorhandenen und angestrebten Lesekompetenzen und literarischen Rezeptionskompetenzen bezogen werden. Eine Reflexion über die außerhalb der Schule beobachtbaren, wünschbaren und möglichen Verhaltensweisen und Lesehaltungen gegenüber Literatur, die die Heranwachsenden erwerben sollen, und die Gestaltung eines Unterrichts, der diese Verhaltensweisen und die Ausbildung dieser Haltungen nachhaltig unterstützt, muss die Literaturdidaktik noch leisten.

Literaturhinweise

Abraham, Ulf (1998): Übergänge : Literatur, Sozialisation und literarisches Lernen. Opladen; Wiesbaden: Westdeutscher Verlag

Barton, David (1993): Eine sozio-kulturelle Sicht des Schriftgebrauchs – und ihre Bedeutung für die Förderung des Lesens und Schreibens unter Erwachsenen. In: Bedeutungen erfinden – im Kopf, mit Schrift und miteinander. Hg. von Heiko Balhhorn; Hans Brügelmann. Konstanz: Faude, S. 214–219

Deppermann, Arnulf (1999): Gespräche analysieren. Opladen: Leske & Budrich

Deutsches PISA-Konsortium (Hrsg.) (2001): Pisa 2000. Basiskompetenzen von Schülerinnen und Schülern im internationalen Vergleich. Opladen: Leske & Budrich

Eggert, Hartmut; Garbe, Christine (1995): Literarische Sozialisation. Stuttgart: Metzler

Flick, Uwe (1992): Entzauberung der Intuition. Systematische Perspektiven-Triangulation als Strategie der Geltungsbegründung qualitativer Daten und Interpretationen. In: Analyse verbaler Daten: über den Umgang mit qualitativen Daten. Hg. von Jürgen Hoffmeyer-Zlotnik. Opladen: Westdeutscher Verlag, S. 11–56

Gogolin, Ingrid (1994): Der monolinguale Habitus der multilingualen Schule. Münster; New York: Waxmann

Gogolin, Ingrid (2000a): Erziehungswissenschaftliche Reflexionen über den Widerspruch von „monolingualem" Unterricht und „multilingualer" Realität. In: Von der Notwendigkeit der Erziehungswissenschaft. Begründungsversuche und Reflexionen. Hg. von Peter Böhme u. a. Neuwied: Luchterhand, S. 117–129

Gogolin, Ingrid (2000b): Sprachliche Pluralität und das Lehren des Deutschen. Einige nicht fachdidaktische Anmerkungen. In: Jenseits von Babylon. Wege zu einer interkulturellen Deutschdidaktik. Hg. von Norbert Griesmeyer; Werner Wintersteiner. Innsbruck; München; Wien: Studien-Verlag, S. 13–22

Gölitzer, Susanne (2002): „Vorführstunden" – eine exemplarische Fallanalyse aus der Deutschlehrerausbildung in der zweiten Ausbildungsphase. In: Empirische Unterrichtsforschung und Deutschdidaktik. Hg. von Clemens Kammler; Werner Knapp. Baltmannsweiler: Schneider Verlag Hohengehren, S. 46–57

Graf, Werner (2001): Lektüre zwischen Literaturgenuss und Lebenshilfe. Modi des Lesens – Eine Systematisierung der qualitativen Befunde zur literarischen Rezeptionskompetenz. In: Leseverhalten in Deutschland im neuen Jahrtausend. Hg. von der Stiftung Lesen. Hamburg: Spiegel Verlag, S. 199–224

Graf, Werner (2002): Literarische Sozialisation. In: Grundzüge der Literaturdidaktik. Hg. von Klaus-Michael Bogdal; Hermann Korte. München: dtv, S. 49–60

Heath, Shirley Brice (1983/1999): Ways with words. Cambridge: University Press

Herrlitz, Wolfgang (1994): Spitzen der Eisberge. In: OBST, Jg. 48, S. 13–51

Hoppe, Otfried (1972): Operation und Kompetenz. Das Problem der Lernzielbeschreibung im Fach Deutsch. In: Linguistik und Didaktik, Jg. 3, H. 10, S. 85–97

Hurrelmann, Bettina (1993): Leseklima in der Familie. Gütersloh: Bertelsmann Stiftung

Hurrelmann, Bettina (1994): Familie und Schule als Instanzen der Lesesozialisation. In: Mitteilungen des Deutschen Germanistenverbandes, Jg. 41, H. 1, S. 27–40

Hurrelmann, Bettina (2000): Kinder- und Jugendliteratur in der literarischen Sozialisation. In: Taschenbuch der Kinder- und Jugendliteratur. Hg. von Günter Lange. Baltmannsweiler: Schneider Verlag Hohengehren, Band 2, S. 901–920

Hurrelmann, Bettina (2002): Prototypische Merkmale der Lesekompetenz. In: Lesekompetenz. Bedingungen, Dimensionen, Funktionen. Hg. von Norbert Groeben; Bettina Hurrelmann. Weinheim: Juventa, S. 275–286

Lehmann, Rainer; Peek, Rainer; Pieper, Iris; Stritzky, Regine v. (1995): Leseverständnis und Lesegewohnheiten deutscher Schülerinnen und Schüler. Weinheim: Beltz

Maiwald, Klaus (1999): Literarisierung als Aneignung von Alterität. Theorie und Praxis einer literaturdidaktischen Konzeption zur Leseförderung im Sekundarbereich. Frankfurt a. M. u. a.: P. Lang

Meuser, Michael; Nagel, Ulrike (1991): Experteninterviews – vielfach erprobt, wenig bedacht. In: Qualitative Sozialforschung. Konzepte, Methoden, Analysen. Hg. von Detlef Garz; Klaus Kraimer. Opladen: Westdeutscher Verlag, S. 441–471

Oevermann, Ulrich (1973): Zur Analyse der Struktur von sozialen Deutungsmustern. Unveröffentlichtes Manuskript. Aktualisierte Version unter dem Titel: „Zur Analyse der Struktur sozialer Deutungsmuster". In: Sozialer Sinn, Heft 1, 2001, S. 3–33

Paefgen, Elisabeth K. (1989): Textnahes Lesen. In: Textnahes Lesen. Hg. von Jürgen Bogdal; Karlheinz Fingerhut. Baltmannsweiler: Schneider Verlag Hohengehren, S. 14–23

Pette, Corinna (2001): Psychologie des Romanlesens. Weinheim: Juventa

Pieper, Irene; Wirthwein, Heike; Zitzelsberger, Olga (2002): Schlüssel zum Tor der Zukunft? Zur Lesepraxis Frankfurter HauptschulabsolventInnen. In: Didaktik Deutsch, H. 13, S. 33–49

Rosebrock, Cornelia (2003): Lesesozialisation und Leseförderung – literarisches Leben in der Schule. In: Deutsch-Didaktik. Leitfaden für die Sekundarstufe I und II. Hg. von Michael Kämper-van den Boogaart. Berlin: Cornelsen, S. 153–174

Waldmann, Günter (1998): Produktiver Umgang mit Literatur im Unterricht. Grundriss einer produktiven Hermeneutik: Theorie – Didaktik – Verfahren – Modelle. Baltmannsweiler: Schneider Verlag Hohengehren (= Deutschdidaktik aktuell; Bd. 1)

GERHARD HÄRLE

Literarische Gespräche im Unterricht
Versuch einer Positionsbestimmung[1]

1. Literaturerfahrung und das „schöne Gespräch"

Am Anfang aller Literatur ist das Gespräch. Dies gilt sowohl für die Entstehung der Literatur an sich als auch für unseren Umgang mit ihr, wie auch die von Valentin Merkelbach mit Bezugnahme auf Schleiermacher formulierte Frage nahe legt: „Kann das literarische Gespräch als Verständigung über Textverstehen auch ersetzt werden durch andere, das Lesen vertiefende Formen des Textumgangs, oder ist es im Sinne Schleiermachers Anfang und Zweck aller Wissenschaft von Literatur, unter Laien wie unter Fachleuten?" (Merkelbach 1995, S. 46). Ganz gewiss als „Fachleute" des literarischen Gesprächs sitzen in der Götterdämmerung, dem letzten Teil von Richard Wagners Tetralogie *Der Ring des Nibelungen*, die drei Nornen beisammen und rekapitulieren den bisherigen Verlauf der Wälsungen-Geschichte, die damit in eins auch die Menschheitsgeschichte ist. Sie knüpfen das Schicksalsseil, das zugleich den Erzählfaden bildet, den sie spinnen. Und die Aufforderung zur Erzählung besteht in Beschwörungen, die der Märchenformel ähneln: „Weißt du, wie es wird? – Weißt du, wie er ward?" So entsteht im Gespräch Literatur, die sich aus der Selbstvergewisserung einer Gruppe heraus entwickelt und sich als sinnhaltige Rekonstruktion und Überhöhung des Geschehens, als dessen Symbolisierung und Sinndeutung verstehen lässt. Wagners Szene greift die archaischen Frühformen der Weltliteratur auf, von denen auch Thomas Mann ein eindrückliches Bild entwickelt: In der Josephs-Tetralogie inszeniert er wiederholt jene Momente, in denen sich ein Kreis von Gesprächspartnern bildet und sich die Geschichte des eigenen Stammes und seines Gottes wieder und wieder erzählt. Es sind Momente besonderer Herausgehobenheit, besonderer sozialer und kommunikativer Dichte. Es sind auch Momente einer besonderen Ästhetik, in der im epischen Präteritum die Geschichte gegenwärtig und die Gegenwart zu Geschichte wird. In Abwandlung des modernen Begriffs der Belletristik, der „Schönen Literatur", heißt diese Erzählform bei Thomas Mann das „Schöne Gespräch", dem sowohl eine heilig-religiöse als auch eine unterhaltende Funktion zukommt (Mann [1933] 1974, S. 79–121, S. 357 u. ö.). Es

---

[1] Meine Ausführungen stehen im Zusammenhang des von mir geleiteten Forschungsprojekts „Das Literarische Unterrichtsgespräch" an der Pädagogischen Hochschule Heidelberg. Ich stütze mich auch auf Arbeitsergebnisse meiner Wissenschaftlichen Mitarbeiter Johannes Mayer und Marcus Steinbrenner, denen ich hierfür sowie für viele bereichernde kritische Gespräche über meine Position herzlich danke!

dient „nicht mehr dem nützlichen Austausch [...] und der Verständigung über praktische und geistliche Fragen, sondern der bloßen Aufführung und Aussagung des bereits Bekannten" (Assmann 2000, S. 186). Es ist die Frühform der Literatur. Der Knabe Joseph ist geradezu süchtig nach ihr. Er entlockt nach Art der Nornen den Älteren die literarischen Erzählungen durch ritualisierte Fragen – „Weißt du, wie es ward?!" – und gibt sie seinerseits dem kleinen Bruder Benjamin weiter, der kaum weniger süchtig danach ist und sich lustvoll in den Kreislauf des epischen Präteritums einspinnen lässt, das das Altbekannte zu immer wieder Neuem macht.

Was hier musikdramatisch und romanhaft, allerdings mit kultur- und sprachhistorischer Substanz, als phylogenetische Entwicklung der Literatur dargestellt wird, findet seine Entsprechung auch in der Ontogenese des kindlichen Literaturerwerbs. All unsere literarische Erfahrung hat ihre Wurzeln im Gespräch; ohne Gespräch ist literarische Erfahrung kaum denkbar.[2] Auch wenn das Charakteristikum der konzeptionellen wie der medialen Schriftlichkeit im Verlauf der europäischen Literaturgeschichte zunehmend an Bedeutung gewonnen hat: intentional ist Literatur stets aufs Gespräch hin angelegt; sie will zu Wort kommen. Darauf verweist auch Manfred Frank, der unter Bezugnahme auf Hegels Begriff des „redenden Kunstwerk(s)" literarische Texte als „geschriebene Reden" charakterisiert (Frank 1989, S. 127; Hervorhebung bei Frank). Mit anderer Begrifflichkeit konturiert Hubert Ivo das Oszillieren poetischer Sprachwerke zwischen konzeptioneller Mündlichkeit und konzeptioneller Schriftlichkeit als die Eigentümlichkeit der europäischen Literatur, die gleichermaßen Anteil habe an den Sprachfunktionen verbindlicher, situationsabstrakter „Gehorsamstexte" einerseits sowie phatischer, situativer und sozialer „Wettertexte" andererseits (Ivo 1994, S. 231 ff.). Selbst unter den Bedingungen der „einfachen" Kinderliteratur spricht Maria Lypp vom „Partiturcharakter" literarischer Texte und verweist damit auf den Charakter des Sprachkunstwerks, das wie eine Notenschrift erst noch zum Erklingen gebracht werden muss, damit es zu sich selbst kommen kann (Lypp 1997, S. 115).[3]

---

[2] Interessanterweise gibt es Hinweise darauf, dass die Kultur der Gehörlosen gerade *nicht* die literalen Formen bevorzugt, sondern stark körpersprachlich orientiert ist. Man kann vermuten, wobei Untersuchungen zu diesen Beobachtungen noch ausstehen, dass das Fehlen des Sprach*klangs* den Zugang zu Sprachkunstwerken überhaupt erschwert, ganz unabhängig von der in vielen Fällen voll entwickelten *Lesekompetenz* der Betroffenen. Bereits Schleiermacher stellt den Konnex zwischen literarischer Sprache und Klang mit Bezugnahme auf die Gehörlosigkeit her: „Auch soll in jedem Kunstwerk durch Sprache das musikalische Element vornehmlich hervortreten." Und: „Man kann freilich jede Sprache in eine Zeichensprache übersetzen, dann fehlt aber ganz das Verschmelzen der Elemente und das bestimmte Unterscheiden der bedeutenden Einheiten. Selbst so, wie sich die Sprache von selbst für die Taubstummen in ein sichtbares System verwandelt, geht doch das ganze musikalische Element verloren" (Schleiermacher 1977, S. 363 und 365).

[3] Natürlich gibt es auch im musikalischen Bereich „ExpertInnen", die den Vorgang des Erklingens nicht mehr explizit benötigen, aber in der inneren Wahrnehmung muss er beim Partiturlesen vollzogen werden können.

Deswegen ist es entschieden zu einseitig, den Zugang zur Literatur linear von der Lesefähigkeit abzuleiten und abhängig zu machen; sie kann ihm sogar im Wege stehen. Zwar scheinen nach Pieper, Wirthwein und Zitzelsberger (2002, S. 42 ff.) viele Lehrerinnen und Lehrer in ihren subjektiven Theorien die mangelnde literarische Rezeption(sfähigkeit) bei Hauptschülern mit deren mangelnder Lesefähigkeit zu begründen.[4] Aber es gibt aus ganz unterschiedlichen Forschungsfeldern, z. B. aus der Psychoanalyse und der Lesesozialisationsforschung, zahlreiche Hinweise darauf, dass die fehlende oder abnehmende literarische Rezeption(sfähigkeit) viel stärker auf ein Fehlen oder auf eine Störung der im wesentlichen gesprächsförmigen literarischen Erfahrung zurückzuführen ist als auf die unterentwickelte Lesefähigkeit – möglicherweise ist das Bedingungsverhältnis also gerade umgekehrt.

Ein kleiner Seitenblick in einen Klassiker der Kinderliteratur gibt Hinweise darauf, wie wichtig literarische Kompetenzen als Grundlagen für den Erwerb der Lesefähigkeit sein können und wie ihre Missachtung die Entwicklung einer differenzierten Lesekompetenz erschwert. Johanna Spyris Heidi exerziert sehr realistisch einen Leselehrgang am analphabetischen Geißenpeter. Dieser kann und will nicht lesen, aber er kann durchaus mit literarischen Formen wie dem Reim umgehen und ist in der Lage, die Wirkung eines Sprachspiels zu erfassen. In Heidis Fibel wird der Buchstabe „W" mit folgendem sadistisch anmutenden Zweizeiler eingeführt: „Ist dir das W noch nicht bekannt/Schau nach dem Rütlein an der Wand" (Spyri [1881] 1994, S. 76). Der makabre Sprachwitz der Verse besteht darin, dass die Assoziationen, die das Phonem „W" – gesprochen als „Weh" – auslöst, sich nur dem Analphabeten einstellen, während das Graphem „W" diese Assoziationen nicht begründen kann. Der analphabetische Hörer, an den der Text sich wendet, ist also dem alphabetisierten Leser um eine literarische Kompetenz überlegen, denn nur ihm gilt der Verweischarakter zwischen „W[eh]" und „Rütlein", der über das Graphem allein nicht erschließbar ist. Darum muss das Heidi diese Texte vorlesen, das heißt: ins Gespräch bringen, da sie nur so ihre (einschüchternde) Wirksamkeit entfalten (vgl. hierzu Härle 1999, S. 73 f.). – Es erscheint folgerichtig, dass der Geißenpeter jede noch so rudimentäre literarische Kompetenz in dem Maße verliert, in dem seine Lesefähigkeit zunimmt: Als er endlich alphabetisiert ist und der blinden Großmutter die frommen Lieder vorlesen kann, destruiert er deren poetischen wie religiösen Sinn radikal – und damit in eins destruiert er den Zweck seiner mühsamen erworbenen schulischen „Bildung" (Spyri [1881] 1994, S. 83).

---

[4] Der Beitrag von Susanne Gölitzer in diesem Band legt jedoch die Frage nahe, ob es nicht bisweilen mangelnde literarische Kompetenzen seitens der Lehrenden sind, derentwegen sie ihren Blickwinkel auf die (oft misslingende) sinnentnehmende Lektüre eines Textes einengen, was dann wiederum zu dieser kurzschlüssigen Theoriebildung führen kann.

In der kindlichen Entwicklung erfolgt das Kennenlernen oder der „Erwerb" von Literatur im Wege des Gesprächs, lange bevor das Kind mit der Schriftlichkeit und der Schriftform von Literatur in Berührung kommt. Schon in der ersten postnatalen Phase der Mutter-Kind-Dyade, die Lacan (1938, 1973) als „Spiegelstadium" bezeichnet, erfährt das Kind eine Form von Literatur im Gespräch, indem es im Dialog mit der Mutter – und das heißt immer auch: mit sich selbst – eine klingende Laut-Verbindung eingeht, die ihren Sinn nicht in der logischen Decodierung der Wort- und Satzsemantik findet, sondern in sich selbst trägt, gewissermaßen selbstreferentiell ist (vgl. Magunna 1995, bes. S. 87 ff.). In diesem a-logischen und zweckfreien Gespräch macht das Kind erste Erfahrungen mit literarischen Formen (Rhythmus, Klang, Wiederholung, Lautmalerei, Symbolik etc.) und vor allem mit literarischen Funktionen (Selbst-Produktion, phantasmatische Überwindung der Realität, Sinnentwurf, Unterhaltung etc.). Dabei stellt das gurrende und wiegende Gespräch der Mutter mit dem Kind ähnlich ihrer Milch eine Brücke zur verlorenen vorgeburtlichen Einheit dar – und das trägt zu der hocherotischen Besetzung des Gesprächs bei, das in seinen Grundmustern literarisch ist.

In zumindest rudimentären Formen verfügt jedes Kind, jedenfalls jedes hör- und sprechfähige Kind, über „literarische Kompetenzen". Es bildet sie nach dem Muster der Mutter-Kind-Interaktion aus und entwickelt sie in den Peer-Dialogen des kindlichen Spiels weiter. Selbst bei fast vollständiger Aliteralität des Elternhauses realisieren Kinder ein gewisses Maß an protoliterarischen Erfahrungen, die zumeist in Gespräch und Selbstgespräch ihre Wirkung entfalten. Als besonders prägnante Beispiele können die sogenannten Kinderverse gelten, die in der Spiel- und Straßenkultur den meisten Kindern bekannt und vertraut sind und die sich zwar in ihrer Lexik, nicht aber in ihren Strukturen und Funktionen in unterschiedlichen Zeiten und Kulturen unterscheiden. Ein Abzählreim wie „Ene mene mu/Und aus bist du" oder ein Kniereitspiel wie „Hoppe hoppe Reiter" sind literarische Kleinformen, nämlich gesprächsförmige Sprechhandlungen in Gedichtform. An ihnen machen Kinder in sozialer Interaktion und Kommunikation sinnliche Erfahrungen mit lyrik-spezifischen Strukturen, z. B. dem Metrum, in diesem Fall dem Trochäus; sie gehen aber auch mit komplexeren Metren um wie z. B. mit dem Daktylos in „Fischer wie tief ist das Wasser?" Deswegen herrscht in der Lesesozialisationsforschung auch Übereinstimmung, dass gesprächsförmige literarische Vorformen (Kinderreime, Wort- und Sprachspiele, Lieder) und Kommunikation über Literatur zentral wichtige Bestandteile eines erfolgversprechenden Erwerbs literarischer Kompetenzen darstellen (Hurrelmann 1997, S. 137; ähnlich auch Wieler 1997b).

Wichtiger aber als die nicht sehr weitreichende Einübung eines bestimmten Formenkanons ist meines Erachtens die Tatsache, dass Kinder durch diese protoliterarischen Texte auch Zugang finden zur Welt des poetischen, fiktionalen und metaphorischen – also literarischen – Sprachgebrauchs. Gerade Spottverse, wie Kinder sie gerne verwenden, zeigen das besonders drastisch, auch wenn deren ästhetischer Wert bestritten werden mag:[5] Bei dem nicht gerade salonfähigen Reim „Zicke zacke/Hühnerkacke" benutzt das Kind Sprache weder in ihrer appellativen noch in ihrer deiktischen Funktion; hier wird keine Beziehung zwischen Signifikant und Signifikat konstruiert oder re-konstruiert, auch ergeht keine Aufforderung zur Handlung. Der Vers hat schlechterdings keine referentielle Bedeutung. Das Kind hat Zicke oder Zacke niemals gesehen und, als Städter, Hühnerkacke vermutlich auch nicht. Es spricht also von etwas, das es nicht gibt, von etwas Imaginärem, dem es sich assoziativ annähern kann und das erst in der Differenz von Signifikant und Signifikat bedeutsam wird. Zicke und Zacke sowie den hier evozierten Hühnerkot gibt es nur in der Sprache, nirgendwo sonst. Der Vers erschafft erst die Realität, von der er spricht – : ein Charakteristikum, das das Federvieh dieses Kinderreims mit Hölderlins „trunkenen Schwänen" gemein hat ... Damit macht das kindische Sprachspiel nicht nur eine protoliterarische, sondern eine prototypische literarische Weise der Sprachverwendung zugänglich.

Hier aber, und damit reize ich die letzte Möglichkeit dieses Zweizeilerchens aus, erfahren Kinder literarische Sprache als eine Möglichkeit, den eigenen Horizont, die erlebte und beschränkte Welt-Wirklichkeit zu überschreiten. Wer Kinder beim Rufen solcher grenzwertiger Spottverse beobachtet, stellt fest, dass sie sich der Tabuverletzung und Grenzüberschreitung durchaus bewusst sind; als Indikatoren können ihr Gekicher, die blitzenden Augen und das rasche Sich-Verstecken vor dem kontrollierenden Blick gelten. In Witz und Aberwitz verlassen die Kinder die graue Welt des guten Geschmacks, rühren an Tabus, erheben Protest und gewinnen ein höheres Maß an Freiheit – alles primär und spezifisch der Literatur zuzuweisende Phänomene. Und diesen Mehrwert der Sprache können sie nur im Gespräch erfahren, denn dieser Mehrwert wird erst wirksam im Aussprechen und Hören: dazu gehören der Klang des Textes, die Gruppe derer, die Anteil daran haben, das Erleben von Gemeinschaft, die diesen Textsinn konstituiert und verbürgt und die sich des Normbruchs bewusst ist und ihn in Angstlust inszeniert. An solche bei nahezu allen Kindern vorhandenen Gesprächserfahrungen mit Literatur kann das Literarische Gespräch anknüpfen, wenn es denn literaturdidaktisch wirksam werden soll.

Nicht nur gegenstandsbezogene Beobachtungen wie die am Kindervers, sondern auch aus empirischen Studien stammende neuere Ergebnisse der Lesesozialisationsforschung weisen unmissverständlich darauf hin, dass eine gelingende literarische Bildung auf frühkindlichen literarischen Gesprächserfahrungen beruht. Dies wurde bislang zwar nicht an eigenen Studien zum Literarischen Gespräch

---

[5] Das traf aber in den 60er Jahren für Hans Magnus Enzensbergers inzwischen kanonisiertes Gedicht *Die Scheiße* auch zu.

mit Kindern, aber doch nachdrücklich an Untersuchungen zum Vorlesen gezeigt, das nur auf den ersten Blick ein monologisches Setting darstellt. Im Gegensatz zu dieser landläufigen Vorstellung jedoch betont vor allem Petra Wieler,
dass ein hoher Grad an Dialogizität seitens der Kinder schon im Vorschulalter
beim Vorlesen besteht – und zwar unabhängig davon, ob sich die vorlesende
Mutter ihrerseits aktiv dialogisch verhält oder nicht (vgl. Wieler 1997a, S. 71ff.;
Wieler 1997b, S. 190ff.).[6] Das Leseverhalten der Mutter hat demnach keinen
Einfluss auf das Entstehen der Gesprächsform, jedoch hat es Einfluss auf deren
mehr oder weniger fruchtbare Entfaltung oder auch ihr Versickern. Vorlesen in
der frühkindlichen Lesesozialisation ist insofern ein dialogischer Prozess, als in
ihm gemeinsam und wechselseitig der Sinn des Gelesenen ausgehandelt wird;
dies geschieht natürlich nicht argumentativ und deklarativ, sondern assoziativ
und affektiv. Nach Wieler (1997b, S. 24ff.) ist die Vorlesesituation durch eine hohe Interaktionsdichte und eine Ritualisierung gekennzeichnet, die dem Kind
den Sinn dessen, was da geschieht, verbürgt und erlebbar macht, auch ohne dass
es die lexikalische Bedeutung der einzelnen Worte oder Sätze „versteht" (jedenfalls nicht in einer abfragbaren, überprüfbaren Weise). Damit ist der Sinn des
Textes zugleich verknüpft mit der Sinnhaltigkeit der Vorlesesituation (und er
fließt aus ihr), die ihrerseits durch Nähe, Klang (Stimme der Mutter) und dyadi-
sche Symbiose der im Lese-Gespräch miteinander verbundenen (Klein-)Gruppe
begründet wird. In ihr wird ontogenetisch als Literaturerwerb reproduziert, was
phylogenetisch als Literaturgenese beschrieben werden kann.

Auch Maria Lypps Studien zum Vorlesen stellen dessen gesprächsförmigen Cha-
rakter in den Vordergrund. Allerdings interessiert in diesem Zusammenhang das
Vorlesen nicht in erster Linie als methodisches Konzept des Literaturunterrichts,
wiewohl sich auch zu dieser „dem Druck des Lehrplans" abgetrotzten Form der
Literaturvermittlung Produktives sagen lässt (Lypp 2000, S. 218). Vielmehr geht
es hier um das Vorlesen als ein bislang schon gut konturiertes Paradigma und eine
Begründung des Literarischen Gesprächs. Es wird im Sinne Lypps, Wielers und
Hurrelmanns verstanden als kommunikativer Prozess zwischen Erwachsenen
und Kindern, der den Forderungen nach „Gemeinsamkeit" und „symmetri-
sche(n) Verhältnisse(n)" (Lypp 2000, S. 220) bei gleichzeitigem Gegenstandsbe-
zug am ehesten gerecht wird. Lypp zufolge dient das Vorlesen prinzipiell dem
„entschulte(n) Umgang mit Literatur" (Lypp 2000, S. 219), der in sich selbst das
Potential des Gesprächs trage. Korczaks Erzählung aus seinem Roman *Wenn ich
wieder klein bin*, auf die Lypp sich bezieht, zeige, „wie Kinder durch versunke-
nes Zuhören zu sich selbst kommen und wie Schüler durch gemeinsames Zuhören zur kollektiven Verarbeitung eines Textes finden. Darüber hinaus zeigt sie
aber auch den Wunsch der Klasse nach einer Gemeinsamkeit mit dem Vorlesen-

---

[6] In der Studie wurden nur Mütter beobachtet, die ihrem vierjährigen Kind aus dem Buch *O wie
schön ist Panama* von Janosch vorlasen.

den. Diese hat nichts zu tun mit dem üblichen Gegenüber von Klasse und Lehrer." Das Vorlese-Gespräch vermittle vielmehr „ein kulturelles *Muster mit utopischer Qualität*" (Lypp 2000, S. 220f.; Hervorhebung G. H.).

Die Vorlesesituation, verstanden als Gespräch, begründet idealtypisch in sich eine Form der imaginären Welt, in der das Kind (der Mensch) Erfahrungen mit Fiktionalität und Poetizität machen kann, die sich wechselseitig sowohl in der Literatur als auch in der Vorlesesituation spiegeln. Der literarische Text einerseits und die Vorlesesituation andererseits beschwören das Phantasma der All-Einheit herauf, der Heilsamkeit und Heilbarkeit der Welt; sie fügen zu einem sinnvollen Ganzen zusammen, was außerhalb dieser geschlossenen und nur momentweise existenten Welt zerrissen, disparat und kontingent ist. Das Verstehen ergibt sich in ihr scheinbar mühelos. Nach Lacan ist es in unersetzbarer Weise die Stimme (der Mutter), die das Phantasma dieser Einheit verbürgt, und es ist in unvergleichlicher Weise die poetische und fiktionale Literatur, die dieser Einheit ihre Sprachformen verleiht, weil sie dem vor-logischen, zweckfreien und welterschaffenden Mutter-Kind-Dialog gleicht. Die Mutter-Kind-Dyade ist die Bürgin des dem Literaturerwerb zugrunde liegenden „literarischen Gesprächs", das aus ihr stammt und sie immer wieder neu erschafft. Diese emphatische Bewertung lässt sich auch mit Christine Garbes psychoanalytisch fundierter Auffassung stützen, die Literatur und ihre Rezeption tendenziell als „mütterlich codiert" beschreibt (Garbe 1996, S. 95). In unserer Untersuchung eines literarischen Gesprächs mit einer Gruppe von Studierenden haben wir unter anderem Blickwinkel ebenfalls die Beobachtung angestellt, dass das gelingende literarische Gruppengespräch offenbar die frühkindliche Gesprächssituation (nachvollziehend und kompensatorisch) zu re-aktivieren in der Lage ist, wobei die Gruppe selbst eine mütterliche Funktion übernimmt, in der das Sprechen und Hören bzw. Gehörtwerden archaische Sehnsüchte befriedigt. Dies kann zu einer hohen „Dichte" des Gesprächs beitragen, birgt allerdings auch die Gefahr der Verharrung in regressiven Tendenzen, aus denen der Gesprächsleiter Auswege anbieten muss, indem er die ebenfalls vorhandenen Strebungen zur Autonomie wahrnimmt und stärkt (vgl. Härle; Mayer 2002, S. 70f.). Diese an die frühkindlichen (und damit lebenslangen) Bedürfnisse rührende Bedeutung des literarischen Gesprächs muss man berücksichtigen, wenn man seine didaktische Bedeutung erfassen will.

2. Sprechen über Literatur – Literarisches Gespräch – Literarisches Verstehen

Auf der Grundlage der oben entwickelten phylo- und ontogenetischen Gesprächsförmigkeit der Literatur stelle ich vier Thesen auf:

– beim Literarischen Gespräch handelt es sich um eine der Literatur und dem literarischen Verstehen in besonderer Weise *angemessene* Form des Umgangs (vgl. Härle; Steinbrenner 2003),

– das Literarische Gespräch ist ein didaktisch *notwendiges* Verfahren, nicht nur eine Methode neben anderen, weil sich vor allem im Gespräch der Verstehensprozess als Annäherung an die „Vielstimmigkeit" des poetischen Sprachwerks ereignen kann,

– aus den Erkenntnissen über das Literarische Gespräch sind *Konsequenzen für die Ausbildung* von Lehrerinnen und Lehrern zu ziehen,

– durch Literarische Gespräche werden auch literaturfernen Kindern literarische Erfahrungen möglich, wie in dem „Kleinen Denkmal für den kleinen Kadir" beschrieben.

Bevor ich auf die didaktischen Implikationen des Zusammenhangs von Literatur und Gespräch eingehe, sei noch der Begriff des Gesprächs selbst konturiert, den ich zum einen gegen den Begriff des „Sprechens über …" abgrenze und zum anderen mit dem Attribut „literarisch" qualifiziere. In Heinrich von Kleists berühmtem Essay *Über die allmähliche Verfertigung der Gedanken beim Reden* findet sich eine Stelle, die für das hier zugrunde gelegte Verständnis von Gespräch gerade deswegen bedeutsam ist, weil es hier – wie bei der Vorlesesituation – auf den ersten Blick gar nicht um ein Gespräch, sondern um einen Monolog zu gehen scheint:

> Es liegt ein sonderbarer Quell der Begeisterung für denjenigen, der spricht, in einem menschlichen Antlitz, das ihm gegenübersteht; und ein Blick, der uns einen halbausgedrückten Gedanken schon als begriffen ankündigt, schenkt uns oft den Ausdruck für die ganze andere Hälfte desselben. Ich glaube, daß mancher große Redner, in dem Augenblick, da er den Mund aufmachte, noch nicht wußte, was er sagen würde. (Kleist [1806] 1967, S. 881)

Ganz gewiss ist nicht alles Sprechen schon von sich aus Gespräch, so wie es hier verstanden werden soll, auch dann nicht, wenn das Sprechen strukturell dialogisch aufgebaut ist, während umgekehrt auch monologisches Reden, wie in Kleists Beispiel, zum Gespräch werden kann, wenn das Gegenüber sich als aktiver Zuhörer beteiligt. Damit Sprechen zum Gespräch werden kann, bedarf es einer bestimmten Intentionalität und Qualität. Zum Gespräch wird Sprechen durch ein als unverzichtbar und in seiner personalen Eigen-Art wahrgenommenes Gegenüber (eines oder mehrerer Menschen), das Anteil hat an der „allmählichen Verfertigung der Gedanken"; dies kann explizit dialogisch, es kann aber auch durch aktives Zuhören als Wesensmerkmal des Gesprächs geschehen. Das Gegenüber ist bei Kleist als „menschliches Antlitz" und als „Blick" charakterisiert; sie leisten maieutische Unterstützung. Beide Bildvorstellungen evozieren die Sichtweise des kleinen Kindes, über das sich das aufmerksame Antlitz der Mutter neigt, in deren annehmendem Blick – das heißt: im Gespräch mit ihr! – das Kind mit seinen Gedanken, seinem Selbst- und Welterleben zu sich selbst kommt.

Ein Gespräch ist ein gemeinschaftliches Tun. Zum Gespräch wird Sprechen durch die Intention, ein Gespräch führen zu wollen – und es hat in der Regel eine doppelte Funktion: eine gegenstandsorientierte und eine interaktionelle. Die Begriffsbildung „Gesprächspartner", die uns aus der Alltagssprache vertraut ist, kommt nicht von Ungefähr, denn das Gespräch braucht nicht nur seinen Gegenstand, sondern auch ein Partnerschaftsabkommen als Grundlage und es dient zugleich der Entwicklung oder Festigung von Partnerschaftlichkeit oder, mit Hubert Ivo zu sprechen, von „Nachbarlichkeit" (Ivo 1994, S. 275, 259). Wer sich auf ein Gespräch einlässt, lässt sich auf eine Sache und auf PartnerInnen ein; andernfalls führt man kein Gespräch, sondern kommuniziert in einer anderen Form. Manfred Frank bezeichnet die hier postulierte Qualität des Gesprächs als „eigentliches" oder „wahres" Gespräch", und um dieses soll es sich beim Literarischen Gespräch handeln (Frank 1987, S. 38 ff.).

Wenn ich das Literarische Gespräch abgrenze gegen andere Formen der Kommunikation um und über Literatur, wie z. B. Diskussion, Argumentation oder frage-geleitetes Lehrgespräch, so nicht, um diese anderen Formen zu disqualifizieren, sondern um die Spezifika des Literarischen Gesprächs deutlicher werden zu lassen. Gespräche *über* Literatur sind durchaus möglich und zulässig, sie haben ihren eigenen Lerngegenstand und ihre eigenen Lernziele, von denen jedoch zu fragen ist, ob es sich dabei um genuin literarische Lernziele handelt. Damit soll nachdrücklich darauf hingewiesen werden, dass bei weitem nicht jedes Gespräch über Literatur auch ein Literarisches Gespräch ist. Im Gegenteil: Ich stelle die Behauptung auf, dass ein Gespräch über Literatur kein Literarisches Gespräch sein kann, weil es etwas Wesentliches von Literatur verfehlt. Um von einem Literarischen Gespräch sprechen zu können, muss dieses Gespräch genuine Zielsetzungen verfolgen, die der Qualität des „wahren Gesprächs" und der Qualität des „schönen Gesprächs" entsprechen. Statt sich beschreibend und analysierend mit dem literarischen Text zu befassen oder auf ein intendiertes Interpretationsziel zuzusteuern, muss das Literarische Gespräch einen interaktionellen Verstehensprozess als gemeinsame Sinnsuche ermöglichen und in seinen Strukturen abbilden.

Der Lerngegenstand „Sprachkunstwerk" als ein dem Fach Deutsch eigentümlicher Gegenstand ist durch eine Besonderheit charakterisiert, die ihn zum extrem schwierigen und damit zugleich wertvollen Lerngegenstand werden lässt. Wie Werke aller Kunstrichtungen, so ist auch das Sprachkunstwerk, der literarische, poetische, ästhetische Text, polyvalent, vielsinnig und vielstimmig. Nach Ivo sei sein „'markantestes Merkmal [...] die Vielstimmigkeit'. Sie bestehe darin, daß die in der griechischen Schriftkultur entwickelte literarische Auslegungspraxis 'kein letztes Wort' kenne und insofern 'zum Modell sprachverständiger Intersubjektivität' werden könne" (Haueis 1995, S. 194). Der literarische Text entzieht sich dem unmittelbaren Verstehen und damit der eindeutigen Auslegung.

Er entfaltet gerade in diesem Entzug seine eigentliche Qualität. Diese seine Schwierigkeit macht seinen Kunstcharakter aus, den verfehlt, wer ihn wieder in Eindeutigkeit zurückzuübersetzen versucht. Damit birgt der literarische Text einerseits in sich eine Mahnung daran, dass es so etwas wie unmittelbares Verstehen eigentlich gar nicht gibt, auch wenn wir in unserer Alltagskommunikation notwendigerweise von der Hypothese ausgehen müssen, dass wir einander verstünden. Andererseits verweist er darauf, dass es außerhalb, neben, hinter und über unserer Wirklichkeit andere Wahrheiten gibt, deren wir nicht habhaft werden, denen wir uns immer nur annähern können. Mit anderen Worten: Wer sich auf Literatur in ihrer eigentlichen Dimension einlässt, lässt sich auf das Problem des Verstehens und des notwendigen Nicht-Verstehens ein. Diese dialektische Auffassung des Verstehens von Literatur kann nicht als Besitznahme oder Aneignung, sondern nur als Prozess der Begegnung, der Umkreisung, der Annäherung gedacht werden. Gert Mattenklott hat dafür in einem Vortrag das Lied von der schwarzen Köchin benutzt: Wer eines literarischen Werkes ansichtig wird, solle siebenmal darum herum marschieren und dabei siebenmal den Kopf verlieren. Nehmen wir die kinderliterarische Metapher vom „Kopf-Verlieren" ernst, dann muss das Einüben einer Haltung, die dem literarischen Verstehen dient, damit einhergehen, dass Sicherheiten abgebaut sowie Erkennen und Aushalten von Ungewissheiten gefördert werden. Das steht in erheblicher Spannung zu unserer Einstellung zum Leben und zur Schule. In beiden dominiert das Streben nach Sicherheit: denn „was man schwarz auf weiß besitzt/Kann man getrost nach Hause tragen" und für das Examen lernen. Das Zitat stammt zwar bekanntlich aus Goethes Faust (V 1966f.), man übersieht aber nur allzu leicht – und vermutlich haben dies auch die Vertreter der Lesebuchkonzeption *schwarz auf weiß* seinerzeit nicht bedacht –, dass der Satz dem naiv-dümmlichen Schüler zugeordnet ist, nicht etwa dem Lehrer Faust. Wer sich hingegen im Sinne einer anspruchsvollen Verstehenstheorie auf Literatur einlässt, dem geraten Schwarz und Weiß durcheinander, denn er muss zwischen den Zeilen lesen und das Stumme zur Sprache bringen; er muss im Leerraum der Text-Pausen Sinnmöglichkeiten entwerfen; er muss im Niemandsland zwischen unterschiedlichen Texten auf Kaperfahrt gehen – dort aber gibt es mehr weiße Flecken auf der Landkarte als Spuren der schwarzen Kunst.

Es ließe sich einwenden, dies alles gelte nur für Sprachkunstwerke eines Kanons, der allenfalls im Unterricht der gymnasialen Sekundarstufe II von Bedeutung sei. Dagegen ist auf eine eindrückliche kinderliterarische Studie von Maria Lypp zu verweisen, in der sie zu kindlichen Verstehensprozessen bei der Lektüre von Jürg Schubigers Erzählung *Der blaue Falke* sehr überzeugend aufweist, dass die in dieser Erzählung eintretende Wende durch eine Figur herbeigeführt wird, die „gebrochenes Deutsch" spricht. Daraus leitet Lypp weiterreichende Konsequenzen für den literarischen Verstehensprozess an sich ab: „Das 'gebrochene Deutsch' ist ein Aufbrechen und Zerbrechen. Es leitet das Ende einer Sicherheit ein, die sich als falsch erweist. [...] Die Konstanz der Frage [des Mädchens nach dem blauen Falken] und ihre Intensität ist nicht [...] die Tugend der Unbeirrbarkeit einer Märchenheldin, sondern der Irrtum selbst. Die genormte Welt [...] muß in Richtung Mehrdeutigkeit verlassen werden" (Lypp 1997, S. 114). Diesen verunsichernden Verstehensprozess kann und muss Kinderliteratur einleiten, wenn sie denn als Gegenstand des Literaturunterrichts sinnvoll werden soll.[7]

In Gesprächen über ein vielstimmiges „poetisches Sprachwerk" (Ivo) können zwar wichtige Aspekte des Sprachkunstwerks erkannt und besprochen werden, aber es wird auf diese Weise eben gerade nicht als Sprachkunstwerk erfahrbar. Sprechen über einen literarischen Text (wozu ich auch das Diskutieren und Argumentieren rechne), ist eine Auseinandersetzungsform mit dem Text, in der die Tendenz zur Beherrschung des Textes und seiner Widersprüche dominiert. Wer *über* spricht, spricht nicht mehr *mit*; über etwas sprechen bedeutet, es in Besitz nehmen, seiner habhaft werden, es beurteilen. Gespräch über Literatur zielt auf ein – oft bereits von vornherein festgelegtes – Verständnis des Textes. Eine Literatur-Kritik beispielsweise ist ein Reden über Literatur; eine handelsübliche literaturwissenschaftliche Interpretation, entstehe sie in der Fachwissenschaft oder in einer schulischen Lernsituation, ist es zumeist auch.

Die für das literarische Verstehen besonders wichtigen Positionen der Hermeneutik und des Dekonstruktivismus machen darauf aufmerksam, dass das 'Reden über ...' notwendig den literarischen Text verfehlt. Das ist zunächst unvermeidlich.[8] Problematisch wird dieses Verfehlen jedoch dann, wenn es, wie zumeist, weder bemerkt noch in die didaktische Modellierung von Literaturunterricht einbezogen wird. Der schulisch institutionalisierte Literaturunterricht trägt zu diesem Manko erheblich bei. Das Literarische Gespräch hingegen geht von einem vorhandenen Verstehen aus und entwickelt es weiter, wobei es das Nicht-Verstehen als integrierenden Bestandteil des Verstehens, prinzipiell und insbesondere in Bezug auf Literatur, begreift (vgl. Härle; Steinbrenner 2003). Es soll so konturiert werden, dass die auch von Kleist angesprochene Suchbewegung durch wechselseitige maieutische Unterstützung im Sprechen und aktiven Zuhören möglich wird. Es ist die logische Konsequenz aus dem Charakter der Polyvalenz literarischer Texte und ihrer Deutungstradition im Abendland, dass sich die Vielstimmigkeit der „schönen Literatur" und ihre soziale Dimension in der vielstimmigen Gesprächsform am angemessensten zur Erscheinung bringen und in Erfahrung übersetzen lässt. Der individuelle und je singuläre Akt des Verstehens und Nicht-Verstehens oder gar des Kopf-Verlierens angesichts der in Literatur

---

[7] Bernhard Rank bietet in seinem Beitrag dieses Bandes ebenfalls wichtige Kriterien für die Qualifikation von kinderliterarischen Texten, die dem Anspruch an ein differenziertes Verstehensmodell angemessen sind.

[8] „Daß es (...) immer auch zur Vereindeutigung von Mehrdeutigkeiten kommt, ist keine Unart des jungen Lesers, sondern Bestandteil des Partiturcharakters eines literarischen Textes" (Lypp 1997, S. 115).

zur Sprache kommenden Widersprüche der Welt bildet nicht nur inhaltlich die differenten Potentiale des Textes selbst ab, sondern er zeichnet auch strukturell die Differenzstruktur des Textes, seine Brüche und Inkonsistenzen nach. Literarische Gespräche sind Bewegungen, so wie literarische Texte Bewegungen enthalten und auslösen; Literarische Gespräche sind Begegnungen, so wie literarische Texte Begegnungen ermöglichen; die Verständigungsbemühungen im Gespräch sind Initiatoren für die Verstehensprozesse der Gesprächspartner mit dem Text. Im Literarischen Gespräch als „wahrem Gespräch" sind Sprachformen zu suchen, die nicht auf definitorische Erklärung aus sind, sondern die den poetischen Nachvollzug ermöglichen in einer Pendelbewegung oder Balance von subjektiven, interaktionellen und intertextuellen Aspekten einerseits und eher textanalytischen Anteilen andererseits – Bettina Hurrelmann (1987) nennt dies eine Bewegung zwischen Elaborieren und Strukturieren; sie sei Bedingung und zugleich Ziel des Literarischen Gesprächs, bei dem die GesprächsteilnehmerInnen sich ihrer Verstehens-„Schemata" bewusst werden, sie artikulieren, miteinander in Beziehung setzen und modifizieren.

In diesem Begründungszusammenhang ist auch hinzuweisen auf die kulturelle Tradition des Literarischen Gesprächs, das seinen vorläufigen Höhepunkt im Übergang vom 18. zum 19. Jahrhundert erreicht hat, als in den entstehenden bürgerlichen Salons diese Art der gebildeten Konversation zu einer Begegnungsform wird, die der Utopie der „freien Geselligkeit" verpflichtet ist: freie Begegnung mit Texten, vor deren Instanz die Gesprächspartnerinnen und -partner sich frei wähnen von den Schranken des Standes, des Geschlechts und der Konventionen.[9] In ihr wird eine gewisse Zwanglosigkeit zum Programm des literarischen Zirkels erhoben, der zu Recht „Zirkel" heißt, weil man im Kreis um einen Text versammelt sitzt, womit es den GesprächsteilnehmerInnen möglich wird, zum einen – mit Kleist zu sprechen – einander das „menschliche Antlitz" und den „Blick" zuzuwenden, und zum anderen den Charakter der Nachbarlichkeit und der „Symmetrie" auch körperlich auszudrücken.

3. Das Literarische Gespräch als didaktisches Verfahren

Aus Sicht der Lesesozialisationsforschung fordert Bettina Hurrelmann (1997, S. 139 f.) für die Literaturdidaktik eine stärkere Orientierung an den positiven familiären Bedingungen der Lesesozialisation bzw. des Literaturerwerbs. Folgt man der bisher entwickelten Argumentation zu den Charakteristika des literarischen Textes als Gegenstand, des literarischen Verstehens als Gesprächsprozess und der literarischen Sozialisation als Erwerbsbedingung, so ergibt sich, dass

---

[9] Zum Literarischen Salon und seinem utopischen Charakter vgl. Seibert 1993, S. 303–346 und Härle 1996, S. 201–209.

eine Literaturdidaktik, wofern sie der Vermittlung von literarischer Bildung sich nicht gänzlich entschlägt, sich intensiv mit der didaktischen Konturierung des Literarischen Gesprächs befassen muss, auch wenn dieses Verfahren erheblich höhere Anforderungen an die literarische, persönliche und pädagogische Professionalität der Lehrerinnen und Lehrer stellt. Da gezeigt werden konnte, dass der kindliche Literaturerwerb dann eine besondere Gelingenschance hat, wenn er in gesprächsförmigen Settings sich vollzieht, dürfte man konsequenterweise nicht primär auf die Verfahrensweisen der handlungs- und produktionsorientierten Literaturdidaktik setzen, sondern man müsste – und dies ist auch meine Forderung – verstärkt jene Formen für die didaktische Konzeptualisierung in den Blick nehmen, die tatsächlich in der erfolgreichen familiären Lesesozialisation wirksam sind. Es sind allemal und weit überwiegend gesprächsförmige Prozesse, die die Verbindung zwischen den sinnverbürgenden Erwachsenen (im Regelfall die Mutter), dem über seine Verstehensgrenzen hinausgeführten Kind und dem (vorgelesenen oder im Gespräch zur Sprache kommenden) literarischen Text herstellen und mit Leben, Nähe und Affekt füllen. Der zentrale Parameter der Nähe, der das „Lese- und Gesprächsklima"[10] bestimmt, muss dabei nicht als gegeben vorausgesetzt werden, sondern er kann in der Gesprächssituation auch entstehen und gedeihen: Das Verhältnis von Vorgabe und Aufgabe ist als dialektisch zu bestimmen, nicht als konsekutiv.

Das Literarische Gespräch als didaktisches Verfahren ist insbesondere dadurch gekennzeichnet, dass es die mehrfache Funktion eines wahren Gesprächs zu erfüllen vermag, nämlich gleichermaßen sach- wie person- und gruppenorientiert zu sein. Dazu gehört, dass

– die Gesprächskonstellation für *alle* Beteiligten ein möglichst hohes Maß an Authentizität gewährleistet,

– im Gesprächsverlauf die sachbezogenen und die sozialen Parameter eine ausreichende Chance zur Realisierung erhalten,

– das Gespräch, mit Manfred Frank zu sprechen, in einer „gewissen Wärme" (Frank 1987, S. 92) gedeihen kann und

– schließlich die Zielsetzung nicht in der Erarbeitung einer fixierten oder fixierbaren Interpretation besteht, sondern die Suchbewegungen des Verstehensprozesses einbezieht und die Irritationen und Brüche des Verstehens und Nicht-Verstehens angemessen berücksichtigt.

Mit dem Begriff der Authentizität wird ein problematischer Begriff eingeführt, der hier nur ansatzweise diskutiert werden kann. Als „authentisch" soll in die-

---

[10] Wichtig ist hier der Begriff des „Leseklimas" nach Hurrelmann (1995), das in gelingenden Literaturerwerbsprozessen festgestellt werden kann und zu dem neben den Vorlesesettings auch beiträgt, dass Kinder *Erwachsene beim Lesen von Büchern* (im Unterschied zu anderen Printmedien) erleben.

sem Zusammenhang verstanden werden, dass in dem Gespräch ein möglichst hohes Maß an Übereinstimmung zwischen dem Gesagten und dem von den einzelnen Gesprächsteilnehmern Gedachten und Empfundenen angestrebt (nicht vorausgesetzt!) wird. Diese Idee der Authentizität darf aber nie den Charakter einer normativen Forderung annehmen; das wäre geradezu die Verkehrung ihrer Intention. Deswegen ist dem Authentizitätsanspruch immer zugleich auch die Wahlfreiheit zuzusprechen, wie sie etwa in einer der Kommunikationshilfen der Themenzentrierten Interaktion formuliert wird: „Sei authentisch *und selektiv* in deinen Kommunikationen. Mache dir bewusst, was du denkst, fühlst und glaubst, und überdenke vorher, was du sagst und tust" (Matzdorf; Cohn 1992, S. 76; Hervorhebung G. H.).

Damit stoßen wir auf eine Problematik, die eingehender zu erörtern wäre als es hier möglich ist: ob und wie sich der Anspruch auf authentisches Reden und Handeln überhaupt einlösen, überprüfen und bewerten lässt (vgl. Danner 2000) und ob und wie er im institutionellen Kontext der Schule realisiert werden kann bzw. soll. Es zeigt sich, dass im Authentizitätsanspruch des Literarischen Gesprächs seine Leistung und zugleich seine Gefahr liegen. Zum einen verspricht die Orientierung an Authentizität eine hohe Qualität von zwischenmenschlichen Begegnungen, die ihren Wert in sich selbst tragen, weil sie gleichermaßen eine heilsame (kompensatorische) Re-Aktivierung frühkindlicher Bedürfnisbefriedigungen und damit in eins eine auch persönlich qualifizierte Begegnung zwischen Lehrenden und Lernenden ermöglichen. Zum anderen birgt sie die Gefahr, zum Zwang zu werden und damit ihrer eigenen Intention zuwiderzulaufen. Überdies wird mit dem Begriff der Authentizität ein Kriterium benannt, über das wir zwar intersubjektive Verständigungsmöglichkeiten haben, das sich aber weitgehend der Überprüfbarkeit und Messbarkeit entzieht. Arbeitet man aber mit einem Begriff, für dessen Vermittlung eine Form der inneren Übereinstimmung notwendig ist, können in Lehr-Lern-Zusammenhängen anti-aufklärerische Abhängigkeiten entstehen, die den intellektuellen wie persönlichen Freiheitsradius des Einzelnen verringern statt vergrößern.

Insofern muss auch der Authentizitätsanspruch des Literarischen Gesprächs versachlicht und auf konkrete Parameter bezogen werden. Deren wichtigste scheinen mir zu sein: die Textauswahl, die Beteiligung der Lehrerin/des Lehrers am Gespräch und die Konstituierung des Gesprächssettings.

Für die Textauswahl, die der/die Lehrende verantwortet, auch wenn er sie in den Entscheidungsraum der Kinder stellt, gilt insofern der Anspruch auf Authentizität, als ein Literarisches Gespräch dann eine höhere Chance hat zu gelingen, wenn der Lehrer ein eigenes Interesse am Text entfalten kann. Diese Forderung stellt auch Maria Lypp an ein gelingendes Vorlese-Gespräch: Erst dadurch, dass der Lehrer den Text sowohl zu einem Text für die Kinder wie auch für sich selber mache, könne sich „das Erlebnis der gemeinsamen Verzauberung" einstellen.

Diese Hinwendung zum Text als einem Text auch für ihn selbst kann dem Lehrer nur gelingen, wenn er „mit analytischem Blick nach der Verbindlichkeit eines Kindertextes für sich selbst" sucht (Lypp 2000, S. 221).

Diese Forderung hat ihre Gültigkeit für alle literarischen Texte und über das Vorlesen hinaus auch für das Literarische Gespräch in der Schule und im Kontext der LehrerInnen(aus)bildung. Die so verantwortete Textauswahl bietet wiederum eine gute Basis für authentische Gesprächsbeiträge der Lehrenden. Ein gelingendes Literarisches Gespräch wird immer ein Gespräch sein, an dem die Lehrenden sich mit eigenen, echten (das heißt, ihre eigenen Einstellungen, Wahrnehmungen und Fragen artikulierenden) Beiträgen beteiligen, wenn sie also weder rein intentional auf die Lernenden bezogene Beiträge einbringen oder das Gespräch nur moderieren oder gar sich durch Selbstabschaffung „pädagogisch beseitigen" wollen. Der literarische Text kann sich nur dann als demokratisierende Bezugsinstanz entfalten, wenn für alle Beteiligten gilt, dass ihre Beiträge im Blick auf Verbindlichkeit für die Sinnentfaltung prinzipiell gleichwertig sind, auch wenn den lehrenden und leitenden Personen in der Gruppe strukturell andere Aufgaben zufallen und die strukturellen Probleme auf Grund der funktionalen Unterschiede (Vorwissen, Lehrende – Lernende, Bewertungsinstanz, Macht etc.) nicht geleugnet oder beseitigt, aber doch „bearbeitet" werden. Authentische Beiträge des Lehrenden lassen die Lernenden erfahren, dass und wie der – in seinem Vorwissen tatsächlich oder vermeintlich überlegene – Gesprächsleiter von einem Text und den Gesprächsbeiträgen ebenso berührt, erheitert, unterhalten, irritiert oder auch gelangweilt sein kann wie sie selbst, dass die gemeinsame Suchbewegung nach Sinnmöglichkeiten des Textes an alle Beteiligten dieselbe Aufgabe stellt und dass darüber hinaus auch in der Konstellation des wahren Gesprächs eine Aufgabe liegt, an der alle Beteiligten gemeinsam arbeiten können: die Partnerschaftlichkeit und Symmetrie als Ziel zu verfolgen und dabei die funktionalen und institutionellen Differenzen nicht zu leugnen. Wenn somit die „Verstehenshoheit" bei der Gruppe liegt, nicht beim Lehrenden, kann die Gruppe die Annäherungen an die Sinnhaltigkeit eines literarischen Textes als gemeinsame Suchbewegung zugleich erleben und reflektieren und damit das der Literatur und dem literarischen Verstehen angemessene Problembewusstsein entfalten.

Die Konstitution der Gesprächssituation muss auch berücksichtigen, dass sich der Anspruch auf Authentizität – unabhängig von seiner Einlösbarkeit – mit den Kommunikationsbedingungen der Institutionen Schule und Hochschule reibt. Aber eine reibungslose Alternative gibt es nicht, auch wenn sie in den vereintlich offenen Lehr-Lern-Arrangements des selbstentdeckenden Lernens suggeriert wird. Im Gegenteil: Das Gespräch bietet gerade mit dieser Reibungsfläche die Chance, eine in sich authentische Lehr-Lern-Situation zu generieren, in der alle Handelnden gemeinsam diese Reibungen erkennen, artikulieren und bearbeiten können. So konstatiert Bettina Hurrelmann in ihrem – leider einzigen – Beitrag zum Literarischen Unterrichtsgespräch:

> Es stimmt, daß die Widersprüche der Schule als gesellschaftlicher Institution sich im Unterricht mit darstellen. Literaturunterricht gesprächsförmig zu organisieren, ist eine Form der *Bearbeitung* der Widersprüche, nicht einfach eine Lösung. Für das Gespräch im Unterricht gilt es, die Grenzen zwischen methodischer Unterstützung und Enteignung von Verstehensprozessen zu beachten. (Hurrelmann 1987, S. 78)

Auch Eduard Haueis kommt in seiner Auseinandersetzung mit der didaktischen Bedeutung des „Lernens in der 'Zone der nächsten Entwicklung'" nach Wygotski zu der Erkenntnis, dass „Lehr-Lern-Gespräche zwischen Lehrenden und Lernenden unter den Bedingungen von Unterricht von vornherein störanfälliger sind als in der außerschulischen Alltagskommunikation." Daraus dürfe man aber keine kurzschlüssigen Folgerungen ableiten: „Nachteile der Unterrichtskommunikation auszugleichen kann aber nicht bedeuten, naiv zu unterstellen, dass die genannten Unterschiede gänzlich aufzuheben seien" (Haueis 1999, S. 44). Nach Wygotski komme für Lernprozesse in der Zone der nächsten Entwicklung der sozialen Interaktion eine besonders hohe Bedeutung zu, weil sie „wegen ihrer affektiven Komponenten einen 'Sog' auf die Entwicklung von Kenntnissen und Fähigkeiten ausüben kann" (Haueis 1999, S. 45). Diese affektive Besetzung des Lernens und der Unterrichtskommunikation ist dadurch zu ermöglichen, dass in ihr der „subjektive Sprachgebrauch" im Sinne Humboldts zugelassen und gefördert werde (Haueis 1999, S. 46). Dabei sei es eine zwar oft geübte, aber falsche Praxis, diese soziale und kommunikative Ausrichtung des Lernens seiner Gegenstandsorientierung antagonistisch gegenüberzustellen, als sei Unterricht entweder kommunikativ und damit schülerorientiert oder sachorientiert und damit lehrerzentriert. Vielmehr sei „didaktisch [...] die 'Zone der nächsten Entwicklung' [...] so zu bestimmen, dass kommunikative Orientierung und Gegenstandsorientierung weder gegeneinander auszuspielen noch als konträre Pole aufzufassen sind, zwischen denen eine Balance herzustellen wäre. Die Gegenstandsorientierung (und damit die didaktische Modellierung) ist vielmehr in der durch Unterricht präfigurierten sozialen Interaktion enthalten. Ohne Gegenstandorientierung kann die soziale Interaktion zwischen Lehrenden und Lernenden nicht als Unterricht gelten" (Haueis 1999, S. 47).

Damit ist unter anderem und allgemeinerem Blickwinkel ebenfalls auf jene Spannung hingewiesen, die sich aus der Forderung eines authentischen Literarischen Gesprächs ergibt. Und hier wie dort wird eine Zielsetzung der Unterrichtsorganisation beschrieben, die dieser Spannung den ihr gemäßen Raum als Aufgabe des Unterrichts zuweist, die didaktisch zu modellieren, nicht aber methodisch zu eliminieren ist – und diese Formulierung ist gleichermaßen als deskriptiv wie als appellativ zu verstehen. Mit dem gruppen- und gesprächspädagogischen Modell der Themenzentrierten Interaktion (TZI) steht eine bewährte systemische Konzeption zur Verfügung, mit der die Form des authentischen Gesprächssettings besonders gut angebahnt und realisiert werden kann (vgl. Härle; Steinbrenner 2002). Dies kann hier nur in Grundzügen angedeutet werden. Wesentliches Kennzeichen ist die Ermöglichung von „Lebendigem Lernen", das sich für Menschen dann einstellt, wenn sie zwischen dem, was sie lernen, und ihrer Persönlichkeit eine sinnvolle Verknüpfung herstellen können. Gemäß der TZI hat diese Verknüpfung dann eine Chance, wenn im Verlauf eines Gruppenprozesses über einen längeren Zeitraum ein ausreichendes Gleichgewicht geschaffen werden kann (1) zwischen den Bedingungen und Bedürfnissen des Einzelnen, wobei jedes Mitglied der Gruppe zu diesen Einzelnen zählt, auch der Lehrer oder die Leiterin; (2) den Prozessen der Gruppe insgesamt, die auf der Grundlage gruppensoziologischer und –psychologischer Erkenntnisse als Akteur mit einer eigenen Dynamik verstanden wird und zu der ebenfalls die Lehrerin bzw. der Leiter als Teil dazugehört; (3) den Erfordernisse der Sache, um derentwillen die Gruppe beisammen ist und um die sie sich gemeinsam bemüht; (4) und schließlich dem Faktor der Umgebungsbedingungen, der Institution, der Gesellschaft. Begünstigt werden kann diese Balance zum einen durch die Setzung von Themen, die der Gruppe und ihrem Arbeitsprozess eine Zentrierung geben, zum anderen durch die Leitung, die zu einer TZI-Gruppe immer gehört und drittens durch eine spezifische Kommunikationskultur, die sich inzwischen auch unabhängig von TZI weit verbreitet hat. Dabei ist der TZI-Begriff „Balance" nicht im von Haueis abgewiesenen Sinn des Antagonismus, sondern in dem von ihm nahegelegten Sinn der Integration der am Lehr-Lern-Prozess beteiligten Faktoren zu verstehen.

Nicht von ungefähr findet das Arbeiten nach TZI in der Regel im Sitzkreis statt – aber auch das ist keine normative Größe, sondern eine Ermöglichungsbedingung. Die Bildung des Sitzkreises bedeutet einen sichtbaren und spürbaren Wechsel des Settings, und es ist wichtig, für seine Installation einige Sorgfalt aufzuwenden. Sein wesentlicher Zweck besteht darin, dass alle alle sehen können und einigermaßen ungeschützt beieinander sitzen. Damit wird dem Entstehen der „gewissen Wärme" und der Re-Aktivierung der personalen Begegnung im oben entfalteten Sinn eine Chance eingeräumt, wobei immer sehr genau darauf geachtet werden muss, dass auch dies nicht normativ, sondern als eine Möglichkeit zu verstehen ist, die der konkreten Lerngruppe angemessen ist – aber das „Nicht-Angemessen" zunächst als „Noch-Nicht-Angemessen" zu betrachten, verändert bereits den Blickwinkel und entwirft ein Ziel, auf das hinzuwirken sich lohnt. In diesem Gesprächskreis bildet der literarische Text das Zentrum, er ist der Mittelpunkt, um den der Stuhlkreis kreist und den die Themensetzungen des Leiters als Mittelpunkt erfahrbar machen können.

4. Ein literarisches Gespräch in der Ausbildung von Lehrerinnen und Lehrern

Um diesen Ansatz zu verdeutlichen, stelle ich einige Sequenzen aus einem Gespräch vor, das ich im Mai 2003 mit Studierenden in der ersten Sitzung des von mir geleiteten Hauptseminars „Theorie und Praxis des Literarischen Unterrichtsgesprächs" geführt habe. Dabei möchte ich aufzuweisen versuchen, wie durch die Wahl des Textes, die Eingabe von Themen und die Strukturierung des Gesprächs eine Form des Literarischen Gesprächs entstehen kann, die Verstehensprozesse anstößt und in der die angehende Lehrerinnen und Lehrer selber jene Erfahrungen sammeln können, die sie für ihre spätere Praxis benötigen. Meiner Meinung nach ist es dabei wichtig, Lehr-Lern-Situationen zu schaffen, die in sich möglichst authentisch sind, das heißt: die die Studierenden im Hier und Jetzt vor eine echte Aufgabe stellen, in denen sie als Lernende ähnliche Kompetenzen entwickeln können, wie sie später die Kinder entwickeln sollen. Dazu ist es notwendig, zum einen den Text so auszuwählen, dass er für die fortgeschritteneren Leserinnen und Leser vergleichbare Verstehensprozesse auslöst wie es ein anspruchsvoller kinderliterarischer Text bei Kindern vermag, zum anderen den Gesprächsverlauf als Verstehensprozess zu modellieren, in dem auch das Nicht-Verstehen seinen Raum haben kann, und zum dritten die Gleichwertigkeit aller Gesprächsteilnehmer so erfahrbar werden zu lassen, dass dabei die funktionale und institutionelle Rolle des Leiters und Lehrers nicht verwischt wird, sondern zum Auseinandersetzungsgegenstand werden kann. Nur so kann meines Erachtens die Lehr-Lern-Situation ein didaktisches Modell werden, an dem die Lernenden professionelle und individuelle Problemlösungskompetenzen entwickeln, das sie aber nicht als rasch überlebtes methodisches Muster unmittelbar auf ihren eigenen Unterricht anwenden können.

Als Beispiel wähle ich ein von mir geleitetes Gespräch, um mich damit selber der Kritik zu stellen und nicht meinerseits als Kritiker eines anderen Gesprächsleiters aufzutreten. Dass dabei meine Wahrnehmung von „blinden Flecken" getrübt ist, nehme ich umso leichter in Kauf, als diese blinden Flecken von jeder Leserin und jedem Leser leicht entdeckt werden können. Außerdem ist mein Ziel hier nicht eine eingehende Gesprächsanalyse, sondern die Veranschaulichung der von mir dargelegten Gedanken.

Das Gespräch fand mit neun „Freiwilligen" in einem Innenkreis statt, um den herum 31 andere Seminar-TeilnehmerInnen als BeobachterInnen saßen. Dies habe ich bei meiner Vorbereitung zu berücksichtigen versucht. Das Gespräch selbst mit insgesamt 96 Einzelbeiträgen dauerte ca. 40 Minuten. Für die anschließende Auswertung standen ca. 30 Minuten zur Verfügung; die TeilnehmerInnen im Außenkreis wurden einbezogen.

4.1 Textauswahl

Die Textbasis bildete das allen TeilnehmerInnen zuvor unbekannte Gedicht von Nelly Sachs, das keinen Titel trägt und mit den Zeilen „Linie wie/lebendiges Haar" beginnt. Die Wahl des Textes war von drei Überlegungen bestimmt. Zunächst hatte er einen thematischen Bezug zur Vorlesung über Motive der europäischen Liebeslyrik, die einige der SeminarteilnehmerInnen besuchten; dort hatte ich das Gedicht aber noch nicht vorgestellt. Sodann beschäftigte mich die Frage, ob die Studierenden in einem literarischen Gespräch tatsächlich Aspekte zur Sprache brächten, die ihnen wechselseitig Verstehenshilfen zu diesem vielstimmigen und nicht leicht zugänglichen Gedicht bieten würden. Und schließlich reizte mich selbst die Komplexität des Textes, die mich vor Verstehensschwierigkeiten stellte, so dass ich mir aus dem Gespräch auch einen persönlichen Zugewinn erhoffte.

1	Linie wie
2	lebendiges Haar
3	gezogen
4	todnachtgedunkelt
5	von dir
6	zu mir.
7	Gegängelt
8	außerhalb
9	bin ich hinübergeneigt
10	durstend
11	das Ende der Fernen zu küssen.
12	Der Abend
13	wirft das Sprungbrett
14	der Nacht über das Rot
15	verlängert deine Landzunge
16	und ich setze meinen Fuß zagend
17	auf die zitternde Saite
18	des schon begonnenen Todes.
19	Aber so ist die Liebe –

Nelly Sachs (1959)

Die Überlegungen zur Textauswahl beschreibe ich nicht um ihrer möglichen anekdotischen Wirkung willen, sondern weil ich an ihnen exemplarisch erläutern möchte, wie die Textauswahl zur Begründung des authentischen Gesprächssettings beitragen kann. Wenn es nicht, wie in diesem Fall, der Text selbst ist, der

den Leiter[11] in angemessener Weise an der Suchbewegung beteiligt sein lässt,
dann müssen es jene Aspekte sein, in denen er „mit analytischem Blick nach der
Verbindlichkeit" eines Textes „für sich selbst sucht" (Lypp 2000, S. 221). Andernfalls besteht die aus jedem Literaturunterricht bekannte Gefahr, dass die Lehrerin bzw. der Lehrer hinter der Vermittlung des Gegenstands wie ein Verkäufer
verschwindet und die Sache der Kinder gar nicht als seine/ihre eigene vertritt.

4.2 Herstellen der Gesprächsatmosphäre

Für die Entwicklung der Gesprächsatmosphäre ist es wichtig, die konkrete Situation ins Bewusstsein zu rufen, eine Verlangsamung des gesamten Prozesses anzustreben und zur Beschäftigung mit Literatur hinzuführen. Da es dabei um
Sprachkunstwerke geht, bevorzuge ich sprachliche Mittel und halte andere methodische Elemente zumeist für eher ablenkend als hinführend. Das Gespräch
fand in der letzten Phase der ersten Seminarsitzung statt, das heißt, dass wir Beteiligten einander noch kaum kannten und auch dieses Element in die Einleitung
einbezogen werden musste. Sie sah in wesentlichen Schritten so aus:[12]

L (Beitrag 1): Willkommen * im Innenkreis. *** WIR versuchen erst einmal uns * bewusst
zu machen, ** wie wir jetzt hier zusammensitzen, mit wem. *** Mal wahrzunehmen: *
mit wem bin ich jetzt im Innenkreis zusammen. ** Mit Menschen, die ich schon etwas näher kenne, mit Menschen, die ich noch nicht gut kenne * oder überhaupt nicht. *** Und
wir versuchen auch bewusst wahrzunehmen, in welcher Situation * wir sind: * dass ** um
uns herum * Menschen sitzen, die uns zuhören, *** mucksmäuschenstill auf das achten,
was wir hier miteinander sprechen. ** Und nehmen wahr, dass viel freundschaftliche
Aufmerksamkeit um uns herum ist, ** ein wenig Neid, ** ein wenig Hochachtung, **
viel Neugier *** und dass wir versuchen, in DIEsem Rahmen miteinander ins Gespräch
zu kommen, in ein Gespräch, bei dem es vor allem darauf ankommt, dass wir versuchen,
uns auf einen TEXT einzulassen und aufeinANDER uns einzulassen, ** in den Bedingungen, in denen wir hier * zusammen sind.
*[3 sec. Pause – Danach stellen die GesprächsteilnehmerInnen sich mit Namen vor (Bei-
träge 2–10), der Gesprächsleiter beendet die Runde]:*

L (Beitrag 11): Ich bin Gerhard Härle, und *[3 sec. Pause]* hoffe, dass ich einen Text gefunden habe, der es uns möglich macht, miteinander ins Gespräch zu kommen und in diesem Gespräch eiNAnder und den Text besser kennen zu lernen. Ich habe einen Text als
Gegenstand dieses Gesprächs und Anlass des Gesprächs ausgewählt, nämlich ein Gedicht, ** das mich selber sehr fasziniert, ** an dem mir vieles auch noch ein Rätsel ist, *
weshalb es mich besonders reizt, darüber ein Gespräch zu führen, ** obwohl ich mich
schon öfter auch mit dem Gedicht beschäftigt habe. ** Und ich habe es ausgewählt, weil

---

[11] In diesen Passagen spreche ich von mir selbst und deswegen nur von *dem Leiter* ohne das weibliche
     Pendant.
[12] Auszeichnungen im Transkript: * = kurze Sprechpause (weniger als 1 sec.); Versalien = Betonung;
     L = Leiter; T1w/T1m = Teilnehmerin, Teilnehmer. Die anderen Auszeichnungen werden hier ver-
     nachlässigt.

es auch zum Themenkreis des Seminars gehört, das gestern begonnen hat, nämlich ein * Gedicht ist, das in den Bereich der Liebeslyrik gehört, und wir ja gestern auch schon begonnen haben, dort über Gedichte zu sprechen und einige TeilnehmerInnen hier * sind, die auch an diesem Seminar teilnehmen und das war für mich eine ganz reizvolle, äh, eine ganz reizvolle Kombination. *[2 sec. Pause]* Ich spreche dieses Gedicht einmal und bitte Sie alle, * einfach mal zuzuhören und ** so entspannt und GEspannt wie möglich diesem Text zu folgen.

[6 sec. Pause – Danach liest L das Gedicht vor, teilt es nach einer kurzen Pause aus und gibt nach einer weiteren Minute anderen TeilnehmerInnen die Gelegenheit, das Gedicht ebenfalls vorzulesen]

Die Bewusstwerdung der Gesprächssituation und des Gesprächsanlasses ist ebenso von Belang wie die Form der Anrede der Gruppe: Sie geschieht in Formulierungen, Betonungen und auch bewusst gesetzten Redundanzen, die zur Verlangsamung und zum „inneren Ankommen" beitragen können. Im ersten Abschnitt der Einleitung wird ein Wechsel vom Wir zum Ich sichtbar, der jedoch keinen Adressaten- oder Subjektwechsel markiert, sondern einen Wechsel der Redeform. Ganz ungeeignet ist die Anrede der Gruppe in der 2. oder 3. Person Plural („Ihr" oder „Sie"), denn damit schließt sich der Leiter von vornherein selber aus.[13] So ist zunächst das „Wir" angemessen. Wenn jedoch subjektive, introspektive und imaginative Fähigkeiten aktiviert werden sollen, eignet sich die Anrede in „Ich"-Form, wobei deutlich werden muss, dass hier der Leiter nicht von sich selbst spricht (wie es im 2. Abschnitt der Fall ist), sondern dass er die Ich-Form gewissermaßen identifikatorisch gebraucht: So wird jedes Gruppenmitglied als „Ich" angesprochen, gemeint und aktivierend herausgefordert. Damit wird zugleich auch der oben entwickelten Einsicht in die Funktion des Literarischen Gesprächs als Re-Aktivierung und Re-Inszenierung archaischer Bedürfnisse nach Nähe und Einheit Raum gegeben und die Gesprächssituation als persönliche Interaktion einzelner Ichs im Wir konturiert, wobei die gemeinsame Sache die Gemeinschaft des Wir stiftet.

Im weiteren Gesprächsverlauf trägt der Leiter dafür Sorge, dass sich einzelne Gruppenmitglieder am Gespräch beteiligen können. Dafür ist die Form der gleichschwebenden Aufmerksamkeit hilfreich, die nicht nur die expliziten Redebeiträge oder deutlichen Störungen wahrnimmt, sondern auch Veränderungen des Gruppenklimas (oft an der eigenen inneren Reaktion abzulesen), nonverbale Signale einzelner Gruppenmitglieder oder Rivalitäten zwischen Einzelnen. Diese gleichschwebende Aufmerksamkeit ist eine lernenswerte Fähigkeit, die eine hohe professionelle Kompetenz und eine gute Grundlage für hilfreiche Interventionen darstellt.

Zur Gesprächsatmosphäre gehört auch das Gesprächsende, dessen Gestaltung ebenfalls in der Verantwortung des Leiters liegt. Eine frühzeitige Anbahnung

---

[13] Die Anrede in der 2. Person ist dann notwendig, wenn tatsächlich ein Impuls gegeben wird, in den der Leiter ausdrücklich nicht integriert ist.

dieses Endes ist wichtig, und es sollte stets mit positiv konnotierten Signalwör-
tern wie „abschließen", „abrunden", „für heute zu einem Ende bringen" und
nicht mit Impulsen wie „einen Schnitt machen", „aus Zeitmangel abbrechen"
oder ähnlichem herbeigeführt werden.

4.3 Der Verstehensprozess

Der Leiter trägt des Weiteren dafür Sorge, dass sich das Gespräch im Wechselspiel von Sachorientierung und Personorientierung entfalten kann – Ivo (1994,
S. 263 ff.) hat hierfür das schöne Symbol der „Balancierstange" gefunden. Darauf nimmt er insbesondere Einfluss durch die Eingabe von Themen, die im Sinne
der TZI den Gesprächsprozess anstoßen und im Idealfall ihrerseits das Gespräch
leiten. Dies wirkt entlastend und demokratisierend, insofern der Leiter ebenso
wie alle TeilnehmerInnen unter dem Thema als gemeinsamer Leit-Idee steht.
Ein Thema kann grammatikalisch in Frageform formuliert sein – intentional
stellt es keine Frage (etwa im Sinne des fragend-entwickelnden Unterrichtsgesprächs) dar, sondern einen Gesprächsimpuls; deswegen wird es auch nicht mit
einem Fragezeichen sondern mit einem Punkt transkribiert. Es soll Zugänge für
möglichst jeden Einzelnen zum Gegenstand eröffnen, wobei hier mit „Gegenstand" sowohl der Text als auch der literarische Verstehensprozess gemeint ist.
Dabei soll das Thema nach Möglichkeit den Prozess der Gruppe und die vom
Rahmen gesetzten Möglichkeiten berücksichtigen und für die Gesprächssituation nutzbar machen.

In dieses Gespräch wurden vor allem zwei thematische Impulse zur Gesprächs-
entwicklung eingegeben:

–   Nachdem die TeilnehmerInnen das Gedicht still gelesen hatten, bat ich alle
    darum, sich eine Wendung dieses Gedichts einzuprägen, „die mich besonders
    anspricht, weil sie besonders ein Bild in mir auslöst oder ne Frage oder mir
    ganz fremd ist, ich gar nichts damit anfangen kann" (Beitrag 17). Jede(r) trug
    dann auswendig eine Wendung vor, die gewissermaßen das „subjektive Mate-
    rial" der ersten Auseinandersetzung mit dem Text darstellte. Um das Ge-
    spräch darüber anzuleiten, gab ich als Thema ein:

    L (Beitrag 29): Wenn wir * unsere eigenen Wendungen * und die der anderen hören: **
        welche Bilder, welche inneren Bilder, welche Fragen, welche Atmosphäre stellt sich
        ein.

–   Im weiteren Verlauf, in dem die TeilnehmerInnen ausgehend von diesen Wen-
    dungen miteinander „elaborierend" (Hurrelmann) ins Gespräch über ihre
    Texteindrücke und die von ihnen ausgelösten subjektiven Wahrnehmungen
    gekommen waren, wollte ich wieder eine („strukturierende") Bezugnahme
    auf den Text anregen und bat darum, die zuvor beiseite gelegten Textblätter
    wieder aufzunehmen. Dazu gab ich als Thema ein:

L (Beitrag 47): Was sagen diese Bilder * über das, zu dem Gedicht und was sagt das Gedicht zu diesen Bildern. ** Gibt es eine Antwort auf unsere inneren Bilder, wenn wir das Gedicht lesen, und geben unsere inneren Bilder eine Antwort auf die Fragen, die das Gedicht aufwirft.

Die thematischen Impulse, die teilweise vorbereitet sind, teilweise aus dem Gesprächsprozess heraus entstehen, versuchen die subjektiven Sichtweisen aller Beteiligten miteinander und mit dem Text in Beziehung zu setzen. Sie weisen auf Spannungen hin, in denen sich das Verstehen entfalten kann, sind aber keine Aufgabenstellungen, in denen das Ergebnis bereits antizipiert ist. Sie versuchen einzuladen statt zu konfrontieren, und sie beziehen den Leiter/Lehrer und die TeilnehmerInnen/StudentInnen/SchülerInnen in den Gesprächsprozess ein. Sie sollen im Sinne der TZI „generativ" wirken, das heißt: Prozesse des „lebendigen Lernens" generieren.

In diesem vom Thema konturierten Rahmen bringt sich der Leiter durch seine eigenen Beiträge zum literarischen Text und zum Verstehensprozess ein, die von seinem echten Interesse, seinen eigenen Erkenntnissen und Fragen geleitet sein sollten: In ihnen kann und soll er auch als Person sichtbar werden (zu den daraus entstehenden Problemen siehe Abschnitt 4.4). Die Arbeit am Verstehensprozess kann so zu einer gemeinsamen Arbeit aller Beteiligten werden; sie führt einerseits durch die Auseinandersetzung mit den Verstehens-Schemata zu Interpretationshypothesen, andererseits zu neuen Fragen – das Literarische Gespräch ist zwar realiter endlich, idealiter jedoch unendlich.

In dem beschriebenen literarischen Gespräch zu *Line wie …* von Nelly Sachs entstanden nach dem Eindruck aller Beteiligter durchaus Ansätze von Verstehen des zunächst weitgehend als unverständlich, fremd oder rätselhaft empfundenen Gedichts. Das Herausgreifen und Bewusstmachen einer eigenen Wendung zu Beginn des Gesprächs bot ein Feld von Annäherungsmöglichkeiten an eigenartige Begriffe wie „todnachtgedunkelt" oder „Sprungbrett der Nacht", die durch Vergleiche der individuellen Konnotationen und Assoziationen sowie durch Reminiszenzen an die Schullektüre aktualisiert wurden. Dabei wurden nicht nur Hinweise auf Vertrautheit mit den Sprachbildern des Gedichts produktiv, sondern auch Bekundungen von Verstörung durch sie:

T4w (Beitrag 31): Ich habe, äm, den Begriff „todnachtgedunkelt" […], weil er mich so geSTÖRT hat.
T5w (Beitrag 37): Ja, zum Beispiel das Wort „todnachtgedunkelt". * Können wir jetzt nichts aus unserem Vorwissen damit anfangen, wir müssen ein neues Bild in uns konstruieren dazu. […] Also, ist weniger ein gewisses Gefühl, sondern in ERster Linie, äm, wird ein, ein, ein Bild komponiert.

Die Gruppe setzt sich in intensivem Wechsel der Beiträge mit der Frage auseinander, ob und inwiefern es sich hier um ein Liebesgedicht handelt oder ob nicht gerade diese verstörenden Bilder gegen die Erfahrung der Liebe sprechen; eine

Teilnehmerin bündelt diese zentrale Verstehensproblematik, ohne eine „Vereindeutigung" anzustreben:

T7w (Beitrag 50): Also, ich habe so für mich das Gefühl und auch durch die Beiträge, ähm,
der anderen jetzt so bestätigt, dass da schon eine relativ starke Zwiespältigkeit in dem
* Gedicht gegeben ist, nämlich eben dieses einerseits Bedrohliche, ähm, das schon *
in das man sich scheinbar stürzt durch diesen Sprung vom Sprungbrett, aber andererseits scheint mir das von, ähm, derjenigen Person, die diesen Sprung wagt, irgendwo
doch, äh, es ist eine freiwillige Bereitschaft vorhanden, sich in dieses, sei es jetzt ein
Abenteuer oder, äm, irgendwas, reinzustürzen, * weil auch, ich finde dieser Schlusssatz sagt so „aber so ist die Liebe" entweder man wagt es oder man wagt es nicht, es ist
ein Risiko und es hat was Bedrohliches, aber es muss auch was ganz stark Anziehen-
des haben, damit man * diesen Sprung wagt. * Also irgendwie einfach diese Zwiespältigkeit, * RISIKO, aber auch starke Anziehungskraft.

An diese Fokussierung schließt sich eine Folge von Beiträgen (51–76) an, die explizit aufeinander Bezug nehmen und das Thema der Liebe in ihren unterschiedlichen Facetten umkreisen, teils mit Verweisen auf die eigene Lebenserfahrung
und/oder –hoffnung, teils in Auseinandersetzung mit einzelnen Wendungen des
Gedichts. So entsteht ein dichtes Geflecht von Bedeutungszuschreibungen mit
dem deutlichen Charakter der Suche nach Problemlösungen. Die Sprecherwech-
sel sind hier zumeist durch Formeln wie „Ich denke es auch …", „Spannend finde ich an dem, was du sagst …", „Ich muss dich fragen, wie du gerade darauf
kommst …", „Das sehe ich ganz anders als du …" und ähnliche markiert. Sie
zeigen einen hohen Grad der Bezogenheit bei gleichzeitiger Bereitschaft zur authentischen individuellen Mitteilung an.

In der Endphase des Gesprächs löst die Frage einer Teilnehmerin eine vertiefende Wendung aus, die auch noch die enigmatische Schlusszeile des Gedichts und
ihre dialektische Spannung, die bislang kaum zur Sprache gekommen waren, in
den Blick nimmt:

T1w (Beitrag 74): Aber warum, denkst du, sagt sie dann „Aber" * in der letzten Zeile? Also, DAS spricht nämlich für mich gegen eure Interpretation, * dass es so um die Liebe
allgemein geht. Was ist dieses ABER?

T6m (Beitrag 75): Da klingt für mich auch so was an, äh, wie, äh, wie ein Anspruch an
mich, * das, äh, dieses Bild von Liebe auch, äm, denken zu wagen. * Also, dass ich das
auch, äm, * ich soll mich, ich soll es wagen, auch so eine Liebe denken zu können, *
ein Anspruch, „Aber so ist, so ist die Liebe", * also ein ziemlich großer Anspruch
auch an mich, der dieses Gedicht liest. * Und sie setzt damit für mich auch etwas entgegen eben gerade (zur) traditionellen * Liebesvorstellung, wie du sie * beschrieben
hast, nur so die überschwängliche Liebe. * Das andere gehört für sie * auch dazu und
das ist für mich * [T9w: (Ich würde sogar)] ein Anspruch von diesem Gedicht (…).

T9w (Beitrag 76): Ich (möchte) noch ein bisschen weiter gehen als Du. Nicht nur, äm,
nicht nur sich sehr wahrnehmen, sondern aktiv handeln: * „ich setze meinen Fuß auf
die zitternde Saite", ich nehme die Situation wahr und entscheide mich bewusst dafür,
[…] * (dann hat das die) Konsequenz.

L Beitrag 77): Und dieses existentielle Risiko dann auch einzugehen [T9w: Ja] (wahrzunehmen und einzugehen.) [T9w: Mhm]

T3w (Beitrag 78): Ich tue mir noch ein bisschen SCHWER [...]

Es war natürlich nicht in einem Gespräch auszuschöpfen, dieses reiche Gedicht, weder in einem *Gespräch* noch in *einem* Gespräch – da es überhaupt nicht auszuschöpfen ist. Aber gerade dies, seine prinzipielle Unausschöpfbarkeit, durch die es erst zum poetischen Sprachwerk wird, konnte in diesem Gespräch nicht nur kognitiv erkannt, sondern auch personal erfahren werden. Denn die Verstehensangebote jedes einzelnen Beitrags lösten neue Verstehens- und Nichtverstehensangebote aus, in denen die Vielstimmigkeit des Textes im wahrsten Wortsinn „zur Sprache" kam. Symbolisch zeigt auch Beitrag 78 (T3w) an, dass der Gesprächsprozess die Ermutigung mit sich gebracht hat, eine scheinbar geschlossene und vom Leiter offenkundig gebilligte Deutung nicht hinzunehmen, sondern mit einer neuen Frage zu konfrontieren. Das heißt, im Gespräch wurde ansatzweise bei den Beteiligten das Wissen angebahnt, dass die Auseinandersetzung mit lohnenden literarischen Texten auch die Bereitschaft verlangt, sich auf einen tendenziell unendlichen Verstehensprozess einzulassen und als Lernende(r) wie als Lehrende(r) diesen tendenziell unendlichen Verstehensprozess didaktisch zu modellieren: nicht als Abfolge beliebiger subjektiver Statements oder als textferne kreative Nachschöpfung, sondern als spannende Spurensuche, neugierige Umkreisung und behutsame Annäherung an das Gedicht – und an die Menschen um dieses Gedicht herum.

4.4 Grenzsituationen

In allen Gesprächsprozessen, insbesondere in denen innerhalb eines institutionellen oder hierarchischen Rahmens, haben Leiterbeiträge ein besonderes Gewicht, sei es dass sie Anlehnung, sei es dass sie Ablehnung oder gar Angst hervorrufen. In diesen Reaktionen spiegeln sich nicht nur die psychischen Strukturen der Einzelnen, sondern auch die institutionellen Bedingungen des Gesprächs, das in seiner Zielsetzung „frei", in seiner Realisierung jedoch gebunden oder „interdependent" ist. Diese Spiegelwirkung ist jedoch nicht als Nachteil zu verstehen, sondern als ihrerseits authentisches Lernfeld; sie bietet sich als Kriterium der Nachreflexion oder in fortgeschrittenen Gruppen sogar zur gemeinsamen Bearbeitung an.

Die Wirkmacht der institutionellen Bedingungen zeigt sich beispielsweise, wenn in einer turn collision zwischen Leiter und TeilnehmerIn der Leiter das Rederecht übernimmt, wobei zu den statusspezifischen Problemen häufig noch genderspezifische hinzukommen. Ereignet sich eine solche Kollision zwischen zwei TeilnehmerInnen, so handeln sie das entweder selbständig oder mit Hilfe des Leiters aus. Begeht der Leiter seinerseits einen solchen „Übergriff", tritt die Teilnehmerin/der Teilnehmer meist von selbst zurück: Die leitende Instanz als Hilfe fehlt, da Leiter und Aggressor identisch werden. Oft geht – und dies ist aus

Nachgesprächen bekannt – beim verstummenden Teilnehmer die Resignation mit dem regressiven Gefühl einher, er habe ohnehin nur etwas Unwichtiges oder Dummes sagen wollen, während der Leiter den wirklich wichtigen Beitrag geleistet habe. Eine solche Sequenz ergibt sich in unserem Gespräch, als ich in der Gesprächsmitte unbedingt den Impuls einbringen will, wieder stärker auf den Text Bezug zu nehmen. Ich beginne zeitgleich mit Teilnehmerin 4 zu sprechen und setze mich durch:

L (Beitrag 47): [*gleichzeitig T4w: (...)*] Können wir gerade mal etwas dazunehmen noch, nämlich dass wir den Text wieder anschauen. Das war, ist mir auch wichtig natürlich, dass wir nicht NUR, äh, unabhängig, äh, vom Text sprechen, aber vielleicht, äh, passt das auch oder Sie können dann trotzdem anknüpfen, äh, ich möchte * einfach uns bitten, dass wir jetzt noch mal MIT einbeziehen in die EIgenen Bilder, die wir schon zum Teil angesprochen haben, oder auch Irritationen * noch mal mit einbeziehen, was SAgen diese Bilder * über das, zu dem Gedicht und was sagt das Gedicht zu diesen Bildern. ** Gibt es eine Antwort auf unsere inneren Bilder, wenn wir das Gedicht lesen, und geben unsere inneren Bilder eine Antwort auf die Fragen, die das Gedicht aufwirft. * Und da, aber ich möchte, Sie wollen auch schon was dazu sagen aber, aber ich möchte trotzdem beachten, dass Sie vorhin * auch was sagen wollten.

T4w (Beitrag 48): Ja, ich kann es aber zurücknehmen, also, oder möchte es auch zurücknehmen * an dieser Stelle.

L (Beitrag 49): Vielleicht hätten Sie (meinem Impuls nicht gleich) [T4w: Nee, weil es schon nach (...) ist, also, ist mir jetzt nicht so wichtig]. Ah gut. Aber achten Sie darauf, [T4w: Ja] dass es nicht einfach untergeht, sondern dann irgendwie wieder Raum bekommt.

Sequenzen wie diese zeigen, wie schwer es ist, ein „wahres freies Gespräch" zu führen, da gerade in der institutionellen Abhängigkeit der Lernenden von den Lehrenden das Streben nach Gleichberechtigung und Gleichwertigkeit schnell konterkariert werden kann. Hier misslingt die Kommunikation partiell. In der höflichen Zurücknahme der Teilnehmerin liegt die Gefahr der Selbstabwertung und im nicht reflektierten Durchsetzen des Leiters die Gefahr der Selbstaufwertung. Solche Situationen sind ebenso peinlich wie unvermeidlich. Aber sie bieten zugleich auch wertvolle Lernaufgaben, die durch Bewusstwerdung und Bearbeitung zu allmählichen Veränderungen beitragen können. Sie durch Reduktion des Lehrers auf die Moderatorenrolle vermeiden zu wollen, hieße auch, diese Lernmöglichkeiten zu reduzieren, die sich gerade im Versuch ergeben, das Literarische Gespräch als „wahres Gespräch" zu gestalten, und die zum Prozess des Verstehens und Nicht-Verstehens dazugehören.

Fazit

Zum Literarischen Gespräch kann ein Gespräch mit einem literarischen Text dann werden, wenn in ihm die hier idealtypisch beschriebenen Faktoren wirksam werden. Die Wirksamkeit ist nicht prinzipiell, sondern nur graduell abhängig von der Geübtheit der Gruppe in solchen Gesprächen, und natürlich wird eine unerfahrene oder gar widerständige Gesprächsgruppe auch nur wenige Schritte in diesem Prozess des Verstehens gehen können – aber kleine Schritte können erste Schritte sein, die nach und nach größer werden. Unabhängig von der Erfahrung sind es Elemente wie das Wahrnehmen und Ernstnehmen der GesprächsteilnehmerInnen und ihrer Beiträge, die ein Gespräch zum „wahren Gespräch" machen können, in dem der Prozess des Verstehens sich entfalten kann. Stellvertretend für mehrere Kommentare soll das Schlusswort einer Teilnehmerin stehen:

> **T5w** (Beitrag 89): Für mich hat dieses Gespräch bedeutet, dass, ähm, * ich neige dazu, wenn ich ein Gedicht nicht auf den ersten Blick * verstehe, dann blättere ich weiter, das sind meistens Gedi' Gedichtsammlungen, die ich in der Hand habe, * und ich lese nur punktuell eins oder das andere * und blättere ich schnell weiter. * Und in so einem Gespräch * sitzen wir alle daran, * daran zu arbeiten und das zu entschlüsseln und wirklich (so die Sachen) dahinter zu kommen, äm, was eine gute Sache ist. * Ich würde, mich würde das wahnsinnig inter', äh, ich fände das wahnsinnig spannend, diese ganzen Bilder noch intensiver zu bearbeiten, und, und da ist mir gerade im Moment eingefallen: wir könnten auch versuchen, wirklich ein surrealistisches Bild, ein, ein tatsächliches Bild herzustellen. * Äh, ja.

Die Verlangsamung der Annäherung an einen fremden Text und das Erlebnis der gemeinschaftlichen Arbeit stellen für diese Teilnehmerin eine ermutigende Erfahrung dar. Für sie führte das Gespräch zu einem vertieftem Problembewusstsein und einem erweiterten Textverstehen. Auf ihnen basiert ihr Vorschlag zu einer produktiven Auseinandersetzung mit dem Text, sei es in kreativen, sei es in kognitiven Formen – jedenfalls stehen erreichte Einsichten und Anregungen für weitere Auseinandersetzungen in einem text-angemessenen Verhältnis zueinander.

Allerdings bleibt das Risiko des Misslingens bestehen und das Verfahren des Literarischen Gesprächs ist in jeder Realisierung ein neues Wagnis. Doch auch darin entspricht es der wahren Begegnung mit Literatur, die auch je neu und je individuell das Wagnis einer Beziehung ist, die gelingen und die misslingen kann. Die Organisationsformen, die die TZI zur Verfügung stellt, bieten zwar keine Garantie, aber eine gute Chance, Gespräche so zu planen, zu leiten und auszuwerten, dass sie nicht nur Gespräche über Literatur, sondern Literarische Gespräche werden in dem Sinn, wie er in diesem Beitrag entwickelt wurde und wie er den Bedingungen einer gelungen literarischen Sozialisation entspricht.

5. Kleines Denkmal für den kleinen Kadir

An Stelle einer sachlichen Zusammenfassung möchte ich abschließend in Form
einer Erzählung an einen Schüler erinnern und an einen Verstehensprozess in
statu nascendi, wie er in einer Grundschulklasse möglich geworden ist. Natürlich muss sich das Literarische Gespräch in einer Lerngruppe mit unerfahrenen
Kindern sowie mit literaturfernen oder gar literatur-abgeneigten Lernenden anders organisieren als in einer studentischen Gruppe. Aber Studierende, die ihrerseits Erfahrungen gesammelt haben in literarischen Gesprächen zu Texten,
die an sie selber ähnliche Herausforderungen stellen wie gute kinderliterarische
Texte an Kinder, können dieses didaktische Verfahren auch methodisch umzu-
setzen lernen, ohne dabei die Lernmöglichkeiten des literarischen Verstehens
zu ignorieren.

Im Rahmen eines Schulpraktikums hat eine von uns betreute Praktikantinnen-
Gruppe mit einer vierten Grundschulklasse den poetisch-phantastischen Kinderroman *Afrika und blauer Wolf* von Daniel Pennac als Klassenlektüre behandelt. Ein kleiner Junge aus Schwarzafrika und ein blau schimmernder Wolf aus
der Arktis lernen sich in einem Zoo im unwirtlichen Europa kennen; sie erzählen
sich ihre Lebensgeschichten und werden Freunde. Zur Familie des blauen Wolfes
gehört seine Schwester namens Paillette, eine quicklebendige junge Wölfin mit
goldlohendem Fell, auf das die Jäger aus sind; um ihr Leben zu retten opfert sich
blauer Wolf auf.

Im Zuge der Lektüre dieses Romans wurden auch kleine literarische Gespräche
geführt, die dem Erfahrungsstand der Praktikantinnen und dem der Kinder angemessen waren: kurze Gesprächssequenzen, Vorlesegespräche oder auch einzelne Elemente wie das Auswendiglernen einer Wendung und deren Einbringen
in einen Gesprächskreis. Zu einem dieser Gespräche gehörte denn auch die Vorgabe, dass sich jedes Kind einen Satz aus dem 2. Kapitel merken sollte, von dem
es besonders beeindruckt war, den es schön oder geheimnisvoll fand. In der Ge-
sprächsrunde war es ausgerechnet ein türkischer Junge, ich nenne ihn hier Kadir,
der ansonsten im Unterricht ohne Hilfe fast nichts zuwege brachte, durch erheb-
liche Sprachschwierigkeiten auffiel und dem bereits jetzt auf seine Stirn das
Kainsmal „Hauptschule, unqualifizierter Abschluss!" gebrannt schien. Gerade
Kadir war es nun besonders wichtig, seinen Satz in das Gespräch einzubringen –
er drängte auffällig danach und zitierte schließlich auswendig: „Paillettes Fell
war erloschen." Im Roman bezeichnet dieser Satz die Stelle, an der die Lebenslust der kleinen Wölfin zerbricht, nachdem ihr Bruder sie aus der Gefangen-
schaft befreit hatte, in die er dadurch selber geriet: „Paillettes Fell war erloschen."

Das war tief berührend – und die Praktikantin erlag zum Glück nicht der Versu-
chung, Kadir danach zu fragen, was denn „erloschen" bedeute. Er hätte es nicht

gewusst und wäre in seiner Begeisterung durch eine solche Sachfrage seinerseits erloschen. In Kadirs Sprachwelt „erlischt" kein Feuer, es geht allenfalls aus; und die Übertragung auf ein glänzendes Fell, die Übertragung der Perfektform „erloschen" auf den Infinitiv „erlöschen" mit seiner schwierigen Konjugation – all das hätte er nicht zu leisten vermocht. Ich vermute, dass es für seinen Verstehensprozess den assoziativen Pfad über die bekanntere transitive Verbform löschen gab. Aber was hier passiert ist, war ganz offensichtlich keine Interpretation oder Re-Konstruktion durch semantische oder lexikalische „Sinnentnahme", sondern ein divinatorisches, entwerfendes Verstehen des spezifischen Erzählvorgangs, der ja schon in der Perfektform selbst steckt. „Erloschen" sein kann nur etwas, das zuvor gelodert hat – das hätte Kadir vermutlich nicht erklären können. Auch malen hätte er es nicht können, denn wie soll man ein „erloschenes" Fell malen – das ist ja etwas ganz anderes als ein stumpfes Fell; da müsste man ja die ganze Geschichte des Erlöschens in die Farben hineinzaubern können. Aber er hat es hörbar verstanden und zur Sprache gebracht; die gesammelte Anspannung seiner Wortmeldung signalisierte sein Verstehen im Spielfeld von Textbegegnung und zwischenmenschlicher Kommunikation. Das konnte meines Erachtens nur im Gespräch sich ereignen, in einem Gespräch zumal, an dem die Lehrenden beteiligt waren und den Sinn des gemeinsamen Tuns absicherten und verbürgten. Vermutlich konnte es auch nur geschehen in der Form des Zitats. Die dialogische, ernst nehmende Gesprächssituation aktivierte einen Verstehensprozess, in dem Kadirs Lebenserfahrung einerseits und andererseits die Poetizität des Textes wirksam wurden.

Man darf dabei annehmen, dass Kadirs Weg zum Verstehen in so etwas wie Empathie mit Paillette bestand: Wer, wenn nicht er, verstand etwas vom Erlöschen, war doch das allmähliche Erlöschen seiner eigenen Lebenslust in der Schule seine tägliche Erfahrung. Aber seine Äußerung erzählt nicht nur etwas von seiner eigenen Geschichte – was im übrigen auch schon außerordentlich viel wäre! –, sondern auch etwas von seinem im Gespräch freigesetzten Verstehensprozess in seiner ästhetischen Dimension. Gerade das geheimnisvolle, das fremde Wort erzählt die packendste Wahrheit. Gerade das fremde Wort spricht das Ich an, weil es selbst von der Fremdheit erzählt, vom Gefangensein, vom Nicht-mehr-ich-selbst-Sein.

Für sein Zitat hat Kadir dieses kleine Denkmal verdient. Es soll ihn würdigen und uns daran denken helfen, dass wir den Kindern eben gerade keine Texte anzubieten brauchen, die aus den Bausteinen ihrer eigenen Sprachwelt zusammengesetzt sind. Die Doktrin vom Abholen der Kinder, wo sie stehen, lässt sie denn auch oft genug an ihrem Ausgangspunkt zurück, statt sie dorthin zu locken und zu führen, wohin zu kommen sich für sie lohnt. Literarische Erfahrungen können sie nur machen, wenn wir als Erwachsene sie ihnen anbieten und uns dabei gemeinsam auf Fremdheit und Nicht-Verstehen einlassen. Dazu ist es notwendig, dass wir am eigenen Leib und Geist authentisch selber erfahren haben, wie sich das Verstehen und Nicht-Verstehen des Textes im Gespräch fruchtbar entfalten kann. Es erscheint mir unabdingbar, dass wir – als jetzt Lehrende und zukünftig Lehrende – diese Erfahrungen ebenso wie die Kinder machen, denn dann sind wir ihnen darin nicht überlegen, sondern ihre Partnerinnen und Partner. Im Gespräch können wir miteinander teilen und einander mitteilen, welche Entwürfe von Wirklichkeit wir aus der polyvalenten, vielstimmigen Sprache der Literatur gewinnen, was sie für unsere gemeinsame Welt und was sie für unsere je eigenen Leben bedeuten – als Abbilder, Gegenbilder und utopische Entwürfe.

Literatur

Andresen, Ute (1999): Versteh mich nicht so schnell. Gedichte lesen mit Kindern. Weinheim, Basel: Beltz, überarb. und erw. Aufl.

Assmann, Jan (2000): Religion und kulturelles Gedächtnis. Zehn Studien. München: Beck

Belgrad, Jürgen; Melenk, Hartmut (Hrsg.) (1996): Literarisches Verstehen – Literarisches Schreiben. Positionen und Modelle zur Literaturdidaktik. Baltmannsweiler: Schneider Verlag Hohengehren

Bremerich-Vos, Albert (1996): Hermeneutik, Dekonstruktivismus und produktionsorientierte Verfahren. Anmerkungen zu einer Kontroverse in der Literaturdidaktik. In: Literarisches Verstehen – Literarisches Schreiben. Positionen und Modelle zur Literaturdidaktik. Hg. von Jürgen Belgrad; Hartmut Melenk. Baltmannsweiler: Schneider Verlag Hohengehren, S. 25–49

Christ, Hannelore; Fischer, Eva; Fuchs, Claudia; Merkelbach, Valentin; Reuschling, Gisela (1995): „Ja aber es kann doch sein ..." In der Schule literarische Gespräche führen. Frankfurt a. M.: Lang

Cohn, Ruth C.; Terfurth, Christina (1997): Lebendiges Lehren und Lernen. TZI macht Schule. Stuttgart: Klett-Cotta (¹1993), 3. Auflage

Danner, Stefan (2000): Authentizität oder Selbststilisierung? Über Grenzen des Sagbaren in der pädagogischen Kommunikation. In: Vierteljahrsschrift für wissenschaftliche Pädagogik, Jg. 76, H. 3, S. 259–276

Frank, Manfred (1989): Das Sagbare und das Unsagbare. Studien zur deutsch-französischen Hermeneutik und Texttheorie. Erweiterte Neuausgabe. Frankfurt a. M.: Suhrkamp

Garbe, Christine (1996): Geschlechterspezifische Differenzierungen in der literarischen Pubertät. In: Der Deutschunterricht, 48. Jg., H. 1, S. 88–97

Hahn, Karin; Schraut, Marianne; Schütz, Klaus-Volker (2001): Kompetente LeiterInnen. Beiträge zum Leitungsverständnis nach TZI. Mainz: Grünewald

Härle, Gerhard (1996): Reinheit der Sprache, des Herzens und des Leibes. Zur Wirkungsgeschichte des rhetorischen Begriffs puritas in Deutschland von der Reformation bis zur Aufklärung. [Rhetorik-Forschungen. Hrsg. von Joachim Dyck, Walter Jens, Gert Ueding, Bd. 11] Tübingen: Niemeyer

Härle, Gerhard (1999): Die Alm als pädagogische Provinz – oder: Versuch über Johanna Spyris Heidi. In: Erfolgreiche Kinder- und Jugendbücher. Was macht Lust auf Lesen? Hg. von Bernhard Rank. Baltmannsweiler: Schneider Verlag Hohengehren, S. 59–86

Härle, Gerhard; Mayer, Johannes (2002): Literarische Gespräche im Unterricht führen. Ein Erfahrungsaustausch mit Ute Andresen. In: Lesezeichen. Schriftenreihe des Lesezentrums der Pädagogischen Hochschule Heidelberg, H. 9, S. 33–91

Härle, Gerhard; Steinbrenner, Marcus (2002): Themenzentrierte Interaktion – ein Vorschlag zur Interdisziplinarität in der LehrerInnen(aus)bildung. In: Interdisziplinäres Lehren und Lernen in der Lehrerbildung. Hg. von Anneliese Wellensiek; Hans-Bernhard Petermann. Weinheim: Beltz [Schriftenreihe der Pädagogischen Hochschule, Band 38], S. 126–138

Härle, Gerhard; Steinbrenner, Marcus (2003): „Alles *Verstehen* ist . . . immer zugleich ein *Nicht-Verstehen*." Grundzüge einer verstehensorientierten Didaktik des literarischen Unterrichtsgesprächs. In: Literatur im Unterricht, Jg. 4, H. 2, S. 139–162

Haueis, Eduard (1995): Einübung in kulturelle Vielstimmigkeit [Rezension zu Hubert Ivo: Muttersprache – Identität – Nation. Opladen 1994]. In OBST, H. 51: Schriftaneignung und Schreiben, S. 190–195

Haueis, Eduard (1999): Sprachdidaktische Gegenstandsmodellierung für das Lernen in der 'Zone der nächsten Entwicklung'. In: Dem denkenden Kopf die Möglichkeit der freieren Tätigkeit. FS für Bodo Friedrich. Hg. von Viola Böhme. Berlin: Volk und Wissen, S. 43–49

Hurrelmann, Bettina (1987): Textverstehen im Gesprächsprozeß – zur Empirie und Hermeneutik von Gesprächen über die Geschlechtertauscherzählungen. In: Man müßte ein Mann sein . . .? Interpretationen und Kontroversen zu Geschlechtertausch-Geschichten in der Frauenliteratur. Hg. von Bettina Hurrelmann. Düsseldorf: Schwann, S. 57–82

Hurrelmann, Bettina (1997): Familie und Schule als Instanzen der Lesesozialisation. In: Lesen im Wandel. Hrsg. von Christine Garbe u. a.: Lüneburg: Universität, Fachbereich I: Didaktikdiskurse: eine Schriftenreihe, S. 125–148

Hurrelmann, Bettina; Hammer, Michael; Nieß, Ferdinand (1995): Lesesozialisation. Band 1: Leseklima in der Familie. Gütersloh: Bertelsmann Stiftung, 2. Auflage

Ivo, Hubert (1994): Reden über poetische Sprachwerke. Ein Modell sprachverständiger Intersubjektivität. In: ders.: Muttersprache, Identität, Nation. Opladen: Westdeutscher Verlag, S. 222–271

Kleist, Heinrich von ([1806] 1967): Über die allmähliche Verfertigung der Gedanken beim Reden. Sämtliche Werke. München: Winkler, S. 880–884

Lacan, Jacques (1938): Art.: La famille. In: Encyclopédie française. Paris, Band 8

Lacan, Jacques (1973): Schriften. Band I: Das Spiegelstadium als Bildner der Ich-Funktion. Olten

Lypp, Maria (1984): Einfachheit als Kategorie der Kinderliteratur. Frankfurt a. M.: Lang

Lypp, Maria (1997): Schwankende Schritte. Mehrdeutigkeiten in Texten für Kinder. In: Kinderliteratur, literarische Sozialisation und Schule. Hg. von Bernhard Rank; Cornelia Rosebrock: Weinheim: Deutscher Studien Verlag, S. 101–115

Lypp, Maria (2000): Der Lehrer und die Eskimos. In: dies.: Vom Kasper zum König. Studien zur Kinderliteratur. Frankfurt a. M. u. a.: Lang, S. 215–221

Magunna, Michael (1995): Das „Spiegelstadium" und die Phantasie beim Lesen. Ein Beitrag zum Verstehen des Lesens von fiktionaler Literatur. In: Der Deutschunterricht, 47. Jg., H. 5, S. 84–96

Mann, Thomas ([1933] 1974): Die Geschichten Jaakobs. Gesammelte Werke. Frankfurt a. M.: Fischer, Band IV

Matzdorf, Paul; Cohn, Ruth C. (1992): Das Konzept der Themenzentrierten Interaktion. In: TZI. Pädagogisch-therapeutische Gruppenarbeit nach Ruth C. Cohn. Hg. von Cornelia Löhmer; Rüdiger Standhardt. Stuttgart: Klett-Cotta, S. 39–92

Merkelbach, Valentin (1995): Zur Theorie und Didaktik des literarischen Gesprächs. In: Hannelore Christ u. a.: „Ja aber es kann doch sein …". In der Schule literarische Gespräche führen. Frankfurt a. M.: Lang, S. 12–52

Merkelbach, Valentin (1998): Über literarische Texte sprechen. Mündliche Kommunikation im Literaturunterricht. In: Der Deutschunterricht, Jg. 50, H. 1, S. 74–82

Pieper, Irene; Wirthwein, Heike; Zitzelsberger, Olga (2002): Schlüssel zum Tor der Zukunft? Zur Lesepraxis Frankfurter HauptschulabsolventInnen. In: Didaktik Deutsch, H. 13, S. 33–49

Schleiermacher, Friedrich (1977): Hermeneutik und Kritik. Mit einem Anhang sprachphilosophischer Texte Schleiermachers. Hrsg. und eingeleitet von Manfred Frank. Frankfurt a. M.: Suhrkamp

Seibert, Peter (1993): Der literarische Salon: Literatur und Geselligkeit zwischen Aufklärung und Vormärz. Stuttgart; Weimar: Metzler

Spyri, Johanna ([1881] 1994): Heidi kann brauchen was es gelernt hat. Hamburg: Dressler

Werner, Johannes (1996): Literatur im Unterrichtsgespräch – Die Struktur des literaturrezipierenden Diskurses. München: Vögel

Wieler, Petra (1997a): Das Prinzip der Dialogizität als Grundzug der familialen Vorlesepraxis mit Kindern im Vorschulalter. In: Lesen im Wandel. Hg. von Christine Garbe u. a.: Lüneburg: Universität, Fachbereich I: Didaktikdiskurse: eine Schriftenreihe, S. 65–100

Wieler, Petra (1997b): Vorlesen in der Familie. Fallstudien zur literarisch-kulturellen Sozialisation von Vierjährigen. Weinheim, München: Juventa

Wieler, Petra (1998): Gespräche über Literatur im Unterricht. Aktuelle Studien und ihre Perspektiven für eine verständigungsorientierte Unterrichtspraxis. In: Der Deutschunterricht, Jg. 50, H. 1, S. 26–37

KASPAR H. SPINNER

Literarisches Verstehen und die Grenzen von PISA

Planung – Überwachung – Kontrolle: Wenn man diese drei Begriffe ohne weiteren Zusammenhang liest, dürfte man am ehesten an polizeiliche oder ähnliche Maßnahmen denken. Die Begriffe haben derzeit jedoch an ganz anderem Ort Konjunktur, nämlich in der jüngsten erziehungswissenschaftlichen und deutschdidaktischen Diskussion. Sie bezeichnen metakognitive Strategien, mit denen man sein Verstehen und sein Lernen optimieren kann. Sie sind in der kognitivistischen Verstehens- und Lernpsychologie entwickelt worden (Garner 1987) und werden vor allem seit PISA in der Lesedidaktik diskutiert (vgl. Baumert u.a. 2001, S. 272 ff., Bräuer 2002). Mit dem pragmatischen Lesebegriff, der PISA zugrunde liegt, sind sie gut vereinbar; wenn man allerdings literarische Rezeptionsprozesse in den Blick nimmt, ergeben sich Widersprüche. Mit literarischem Lesen assoziieren wir eher Begriffe wie *sich verlieren – selbstvergessen phantasieren – sich anrühren lassen*. In den folgenden Ausführungen gehe ich dem Spannungsverhältnis nach, das zwischen dem kognitivistisch und pragmatisch orientierten Lesebegriff von PISA und den Merkmalen literarischen Lesens besteht.

1. Was unter metakognitiven Strategien zu verstehen ist

Metakognitive Strategien des Planens, Überwachens und Kontrollierens spielen nicht nur beim Lesen, sondern bei allen Verstehens- und Lernprozessen eine Rolle. Ich charakterisiere sie hier im Hinblick auf ihre Bedeutung für das Lesen. Planende Strategien bestehen beim Lesen beispielsweise darin, dass man sich Fragen folgender Art stellt: Was möchte ich wissen (z.B. bei einer Recherche im Internet), welche Leseweise ist im gegebenen Fall angemessen (z.B. überfliegen oder im Hinblick auf ein bestimmtes Thema lesen), welche strukturierenden und gedächtnisstützenden Begleitaktivitäten sind ggf. angebracht (z.B. unterstreichen, exzerpieren)? Überwachende Strategien begleiten den Leseprozess; sie beziehen sich beispielsweise darauf, dass man seine Aufmerksamkeit darauf richtet, ob man tatsächlich versteht, was man gerade liest, dass man sich zu allgemeinen Aussagen Beispiele überlegt oder dass man sich Bezüge zu vorhergehenden Textaussagen vergegenwärtigt (z.B. bei einem theoretischen Text: Ist ein Begriff vorher in einer bestimmten Weise definiert worden? Oder bei einem Roman: Was habe ich über diese Figur schon erfahren?). Kontrollstrategien finden im Anschluss an das Lesen eines Textes oder Textteils statt und bestehen u.a. darin, dass man sich die wichtigen Informationen, die der Text geliefert hat, noch einmal vergegenwärtigt oder dass man die während der Lektüre angebrachten Unterstreichungen daraufhin anschaut, ob alle zentralen Aspekte des Textes mit ihnen markiert sind.

Lesestrategien sind, wie man an der Charakterisierung leicht ersehen kann, vor allem im Hinblick auf das Lernen aus Texten entwickelt und empirisch untersucht worden. Sie sind deshalb auch besonders relevant beim Lesen von Sachtexten. Sie spielen aber auch im Umgang mit Literatur eine Rolle; wenn Schülerinnen und Schüler beispielsweise eine Figurenbeschreibung erstellen sollen, müssen sie selektiv planend den Text auswerten und dann kontrollieren, ob sie alle relevanten Textaussagen zur Figur gefunden haben. Es ist also eine andere Leseweise gefragt als zum Beispiel bei einer Einschlaflektüre.

Metakognition im Leseunterricht sollte allerdings nicht auf die Strategien des Planens, Überwachens und Kontrollierens reduziert bleiben. Wichtig ist, dass ein grundsätzliches metakognitives Bewusstsein von Leseweisen und ihrer Funktion vermittelt wird. Schülerinnen und Schüler begreifen oft nicht, warum man in einer bestimmen Weise im Unterricht mit einem Text umgeht. „Wir haben halt so über den Text geredet, was wir so dazu meinen," bleibt als Eindruck hängen und trägt zum schlechten Image des Deutschunterrichts bei. Nur wenn die jeweilige Funktion von Vorgehensweisen begreiflich gemacht wird, können sie von Schülerinnen und Schülern auch angemessen eingesetzt werden. Selbst ein freies Gespräch über einen literarischen Text, offen und wenig zielbestimmt geführt, lässt sich ja begründen. Es findet seinen Sinn darin, dass literarische Texte darauf angelegt sind, bei den Rezipienten Vorstellungen und Assoziationen hervorzurufen; das freie literarische Gespräch über einen Text unterstützt eine solche Leseweise und regt zugleich den intersubjektiven Austausch an. Damit ist es Teil einer Hinführung zu dem, was man literarische Kultur in einer Gesellschaft nennen kann.

Es gibt eine ganze Palette von Umgangsweisen mit Texten, die wichtig sind – von der Entnahme einzelner Informationen über Interpretieren, Analysieren, Beurteilen bis zu kreativer Verarbeitung haben die unterschiedlichsten Vorgehensweisen ihren je spezifischen Sinn. Wenn Schülerinnen und Schülern dies vermittelt wird und sie lernen, über die Funktion von Leseweisen nachzudenken, werden sie nicht mehr der Meinung sein, dass nur die Vorlieben der einzelnen Lehrerinnen oder Lehrer der Grund für die jeweilige Vorgehensweise seien.

Ein Problem in der Schulpraxis besteht auch darin, dass es unter den Lehrkräften wenig Absprachen über die Vermittlung bestimmter Umgangsformen mit Texten gibt. Das gilt zum Beispiel für die Methoden der Textanalyse und -interpretation. Lehrkräfte sind meist kaum informiert, welches konkrete Instrumentarium eine Klasse im Jahr vorher kennen gelernt hat. Wenn ein Lehrer oder eine Lehrerin eine Deutschklasse neu übernimmt, müsste es eine Selbstverständlichkeit sein, dass er oder sie sich darüber genau informiert. Ein planvolles Lehren und Lernen ist nur auf solcher Basis möglich. Auch von Lehrkräften ist in diesem Sinne eine größere Bewusstheit über Methoden des Umgangs mit Texten zu verlangen.

2. Grenzen von PISA

Die neue Aufmerksamkeit für Lese- und Lernstrategien gehört zweifellos zu den auffallendsten Auswirkungen der PISA-Diskussion auf die Schulpraxis. Allein schon die vielen Übungsmaterialien, die die Verlage jetzt anbieten, zeigen dies. Das planende, überwachende, kontrollierende Lesen, um das es dabei geht, ist überwiegend kognitiv-rational ausgerichtet. Die emotionalen, imaginativen Aspekte des Lesens spielen bei PISA kaum eine Rolle. Das zeigt sich auch bei den Subskalen, in die PISA die Lesekompetenz aufgliedert, nämlich „Informationen ermitteln", „textbezogenes Interpretieren", „Reflektieren und Bewerten" (Baumert u. a. 2001, S. 83). Ich gehe im Folgenden auf fünf Dimensionen ein, die mit diesen Subskalen nicht erfasst sind und die generell bei PISA nur am Rande eine Rolle spielen, die aber für das literarische Lesen wichtig sind; es handelt sich um Imagination, Empathie, Subjektivität, Ambiguität und Symbolik.

2.1 Imagination

Die Fähigkeit zur Imagination ist ein Grundvermögen des Menschen; sie ermöglicht, dass man sich Erinnerungen vergegenwärtigen und Phantasien entwickeln kann, dass man also nicht auf die Erfahrungen im unmittelbaren Hier und Jetzt beschränkt ist. Auch Mythen und religiöse Erzählungen, die mit einer Suche nach Dimensionen jenseits der empirisch erfahrbaren Realität zu tun haben, hängen mit der Vorstellungskraft des Menschen zusammen. Die – orale und literale – Literatur ist seit Menschengedenken das Hauptmedium, mit dem die Menschen ihre Imaginationen entfaltet, untereinander ausgetauscht und tradiert haben.

Imaginationsfähigkeit ist also eine unverzichtbare Teilfähigkeit für das literarische Lesen: Ein Roman oder ein Gedicht ist darauf angelegt, dass sich der Leser etwas vorstellt. Durch die Rezeptionsästhetik ist diese Einsicht für Literaturtheorie und -didaktik wichtig geworden und hat dazu geführt, dass für den Unterricht Methoden der Vorstellungsbildung beim Lesen entwickelt worden sind, beispielsweise auf der Basis von handlungs- und produktionsorientierten Verfahren. Auch viele PISA-Aufgaben sind ohne Vorstellungsfähigkeit nicht lösbar, aber die Studie untersucht die Imaginationsfähigkeit nicht.

Imagination ist Voraussetzung für literarisches Verstehen und umgekehrt fördert die Beschäftigung mit Literatur die Imaginationsfähigkeit. Das gilt nicht nur für den Leseunterricht in der Schule, sondern für die gesamte literarische Lesesozialisation, zum Beispiel schon für Vorlesesituationen im Kleinkindalter. Beteiligt sind bei der Entfaltung von Imaginationsfähigkeit auch andere künstlerische Ausdrucksformen, seit 100 Jahren vor allem der Film. Imaginationsfähigkeit spielt darüber hinaus in vielfältigen Alltagszusammenhängen eine Rolle, beispielsweise wenn man etwas plant, etwa ein Fest, und sich vorstellt, wie man den Tisch schmücken könnte. Weil Imagination in dieser Weise vielfältige Funktionen im Leben eines Menschen hat, kommt dem literarischen Lesen als elaboriertester Form der Vorstellungsbildung eine allgemeinbildende Funktion zu, die über die Lesekompetenz hinausreicht.

In zivilisationsgeschichtlicher Perspektive kann man sagen, dass die Schriftlichkeit eng mit der Entfaltung von individueller Vorstellungsbildung verknüpft ist. Schriftlichkeit ermöglicht die einsame Lektüre, sie hat im Verlauf der Jahrtausende zu einer fortschreitenden Individualisierung und Intimisierung der literarischen Rezeption und der Literatur selbst geführt. Ein erzähltechnisches Mittel wie die erlebte Rede ist ein Beispiel dafür: Sie ist eine typische Technik schriftlichen Erzählens und erlaubt, sich in die Gedanken und Gefühle einer Figur hineinzuversetzen. Beim Lesen kann man Ort und Zeit vergessen, ein lesender Mensch ist einer, der in seinen Gedanken und Gefühlen irgendwo anders ist, dem Hier und Jetzt enthoben. In der Schriftlichkeitsforschung wird in der Regel eher der Rationalisierungseffekt von Schrift diskutiert, der ebenfalls überaus folgenreich gewesen ist. Für das literarische Lesen ist jedoch die imaginationsfördernde Wirkung der Schriftkultur wichtiger geworden.

Mit Lesetests sind imaginative Prozesse schwer zu erfassen. Testfragen, wie man sie bei PISA findet, isolieren Verstehensaspekte und nehmen auf rationale Prozesse Bezug. Imaginationen dagegen sind gestalthaft, komplex und schließen Emotionales ein. Zwar zeigt das Situationsmodell, das in der kognitivistischen Lesetheorie eine Rolle spielt, eine gewisse Nähe zum Imaginationsbegriff. Es besagt, dass man beim Verstehen einzelne Informationen unter Rückgriff auf das Vorwissen zusammenbaut zu einer anschaulichen situativen Textrepräsentation (vgl. Baumert u. a. 2001, S. 72, grundlegend z. B. Graesser; Zwaan 1995). Die Bildung solcher mentalen Situationsmodelle wird aber mit den Subskalen und den Kompetenzstufen nach PISA nicht oder höchstens indirekt erfasst.

Die Schwierigkeit der Testung von Imaginationsfähigkeit wird noch deutlicher, wenn man sich vergegenwärtigt, dass ästhetische Imaginationen sinnliche Wahrnehmungen evozieren. Wenn zum Beispiel bei der Schilderung einer unheimlichen Höhle von niederklatschenden Tropfen und modrigem Geruch die Rede ist, dann hat man als Leserin oder Leser bei intensiver Imagination den Eindruck, man höre das Geräusch und rieche den Geruch. Auch Metaphern können in diesem Sinne in ihrer wörtlichen Bedeutung virtuelle Sinneswahrnehmungen evozieren, zum Beispiel wenn davon die Rede ist, dass es einer Figur kalt den Rücken hinunter läuft.

2.2 Empathie

Mit der Fähigkeit zur Imagination ist auch die empathische Identifikation mit literarischen Figuren verknüpft. Sich in fremde Lebenssituationen hineindenken und die Gedanken und Gefühle von Figuren nachvollziehen zu können, gehört zu den wesentlichen Teilkompetenzen des literarischen Lesens. Zugleich ist damit eine Fähigkeit angesprochen, die für das Zusammenleben in der Gemeinschaft wichtig ist und die damit zur sozialen Kompetenz gehört. In der Entfaltung der Fähigkeit zur Empathie sehen viele Erziehungswissenschaftler und Literaturdidaktiker den wesentlichen Beitrag des Literaturunterrichts zur ethischen Erziehung (z.B. Ladenthin 1989). In der literaturdidaktischen Forschung wird auch empirisch untersucht, wie sich die Fähigkeit von Perspektivenübernahme und Empathie beim Lesen entwickelt (z.B. Schön 1990, Andringa 2000). Die Testung ist allerdings schwierig, weil jede Aussage, die ein Leser oder eine Leserin macht, schon ein gewisses Heraustreten aus der imaginativen Empathie mit einer Figur ist. Andererseits gehört es zu den wichtigen Zielen von Leseunterricht, dass die Fähigkeit, über begrifflos ablaufende Rezeptionsprozesse sprechen zu können, entwickelt wird. In einem gelingenden literarischen Gespräch wird eine Balance zwischen imaginativer Verstrickung in einen Text und distanzierendem Reden darüber angestrebt. Dazu gehört die Erfahrung, dass die Annäherung an das Fremde immer nur versuchsweise gelingen kann und vorläufig bleibt. In der gegenwärtig feststellbaren technokratischen Didaktisierung des Lesekompetenzbegriffs drohen solche Bildungsprozesse vergessen zu werden.

2.3 Subjektivität

Dass Verstehen von Texten nicht einfach Informationsentnahme ist, hat PISA durch seinen komplexen, kognitivistisch begründeten Lesekompetenzbegriff deutlich gemacht. Verstehen ist ein aktiver Prozess der Sinnkonstruktion. Dabei bringt der oder die Verstehende eigenes Vorwissen ein. Bei PISA wird das vor allem im Hinblick auf Reflexion über Texte und Bewertung gesehen. Insbesondere bei literarischen Texten geht die Bedeutung der Subjektivität beim Rezeptionsprozess jedoch darüber hinaus. Literarisches Lesen ist oft ein Prozess des Selbst-Verstehens, der Auseinandersetzung mit eigenen Wünschen, mit Leid, mit Wut, mit moralischen Konflikten usw. Man verknüpft lesend den Text mit persönlichen Erfahrungen, so dass eine Art Wechselspiel zwischen Textverstehen und subjektiver Selbstreflexion entsteht. „Ja, das möchte ich auch einmal erleben", „Genau so ist es, das kenne ich" oder „Nein, so etwas würde ich niemals tun" sind typische Reaktionen beim Lesen. Lektüre kann die Funktion haben, dass man sich mit seinem Leiden nicht alleine fühlt, dass man aggressive Gefühle fiktional ausleben kann, dass man sich ausgestalteten Allmachtsphantasien als Kompensation von Minderwertigkeitsgefühlen hingeben kann.

Die Beschäftigung mit Literatur als Auseinandersetzung mit dem eigenen Inneren kann so als psychologische Bildung bezeichnet werden. Wie bei den Stichworten Imagination und Empathie zeigt sich also auch hier, dass der Leseunterricht nicht nur dem Erwerb von Lesekompetenz dient, sondern darüber hinausgehende Bildungsziele anstrebt. Im Lesekompetenzbegriff von PISA werden solche Funktionen des literarischen Lesens nicht erfasst – die Studie erhebt ja auch nicht den Anspruch, von den Lernzielen der Schulfächer auszugehen.

Eine Testung der persönlichkeitsbildenden, psychologischen Wirkung von Literatur erweist sich als schwierig, weil sie sich (wie die Empathie) der Beobachtung teilweise entzieht. Erzieherisch ist Literatur übrigens gerade deshalb für die Persönlichkeitsbildung wirksam, weil sie den Schülerinnen und Schülern erlaubt, psychische Probleme zu thematisieren, ohne unter dem Zwang zu stehen, direkt von sich selbst sprechen zu müssen. Die literarische Fiktion ist wie eine Maske, hinter der man sich verstecken kann. Aber indem man über Figuren eines Textes spricht, kann man Probleme zur Sprache bringen, von denen man selbst bedrängt ist. Ein guter Literaturunterricht gewährt einen Schutz vor Selbstoffenbarung und bietet zugleich die Chance, dass Schülerinnen und Schüler ihre eigenen Lebensfragen wiederfinden. Mit narrativen Interviews kann man solchen Wirkungen von Leseunterricht nachgehen, aber kaum mit Testfragen.

2.4 Ambiguität

Eine weitere Schwierigkeit für die Testung von literarischem Verstehen ergibt sich durch die Ambiguität literarischer Texte. Damit ist hier gemeint, dass Literatur ihre nachhaltige Wirkung oft gerade dadurch entfaltet, dass ihre Aussage nicht eindeutig ist. Das gilt nicht nur für avancierte Hochliteratur, an die man in diesem Zusammenhang denken mag, sondern etwa auch für Kinderbuchklassiker. *Max und Moritz* von Wilhelm Busch kann man zum Beispiel lesen als moralische Geschichte von bösen Buben, die für ihre hinterhältigen Streiche und Quälereien bestraft werden. Aber man kann sich an den Streichen der beiden Buben und an ihrer Vitalität auch ergötzen und die Bildergeschichte als lustige Geschichte lesen. Schließlich kann man in *Max und Moritz* auch eine Satire auf bürgerliche Behäbigkeit sehen, die durch die Buben gestört wird. Buschs Bildergeschichte enthält auf schillernde Weise alle drei Bedeutungsdimensionen. Im Literaturunterricht wird man solcher Ambiguität literarischer Texte vor allem durch den prozessualen Charakter des Unterrichtsgesprächs gerecht. Es ermöglicht die Erschließung und Diskussion unterschiedlicher Deutungsansätze – und Schülerinnen und Schüler müssen lernen, dass der Umgang mit Mehrdeutigkeit im Literaturunterricht nicht mit subjektiver Beliebigkeit gleichzusetzen ist (das ist ein häufiges Missverständnis). Bei *Max und Moritz* lassen sich für alle drei genannten Leseweisen Argumente im Text finden. Die Fähigkeit, mit Mehrdeutigkeit angemessen umzugehen, kann so als wesentliches Lernziel des Literaturunterrichts betrachtet werden. Schwierig ist es, den entsprechenden Lernerfolg mit Tests zu überprüfen. Bei PISA ist es zum Beispiel so, dass bei jeder Antwort entschieden werden muss, ob die Aufgabe gelöst oder nicht gelöst worden ist. Zwischenstufen gibt es nicht. Deutschlehrerinnen und Deutschlehrer wissen aber, dass aufgrund des Ambiguitätscharakters von Literatur verschiedene Grade von tieferem und weniger tiefem Verstehen möglich sind, ja, dass es sogar produktives Missverstehen gibt. Richtig und falsch ist da ein zu grobes Instrumentarium. Bezogen auf PISA muss allerdings darauf hingewiesen werden, dass bei der Auswertung zum Teil durchaus unterschiedliche Antworten als Lösung der Aufgabe akzeptiert werden. Bei manchen Aufgaben ist man sogar erstaunt, was nach den Lösungsanweisungen noch positiv kodiert wird.

Um den Umgang mit Ambiguität im Unterricht zu veranschaulichen, seien hier noch zwei Beispiele angeführt. Die Fabel vom Löwen und der Maus gehört zu den Fabeln, die man für besonders leicht verständlich hält. Gerade an ihr kann man zeigen, dass mehrere Lehren formuliert werden können und dass die Auffassung, es ginge bei einer Fabel immer um eine einzige Lehre, fragwürdig ist. Man kann der Fabel vom Löwen und der Maus beispielsweise entnehmen, dass der Starke nicht überheblich sein soll, denn auch er kann einmal Hilfe brauchen. Die Lehre kann man auch ins Politische wenden: So mächtig sie auch scheinen mögen, selbst die Herrschenden können auf die Beherrschten angewiesen sein. Wieder anders wird die Fabel gelesen, wenn man von der Maus aus denkt und die Einsicht ausgedrückt findet, dass auch der Schwache und Kleine manchmal Macht hat; die Fabel erhält damit eine ermutigende Botschaft.

Als zweites Beispiel sei, ohne Bezug auf einen bestimmten Text, an die Tatsache erinnert, dass Erzählungen in vielen Fällen im Hinblick auf unterschiedliche Themenaspekte gelesen werden können; bei einer Geschichte von mehreren Kindern in einer Familie interessiert sich die eine Schülerin vielleicht besonders für die Geschwisterrivalität, die sie als jüngstes Kind aus eigener Erfahrung kennt. Ein anderes Kind mag sich mehr für die Rolle des Mädchens in der Auseinandersetzung mit den Jungen interessieren, ein lesender Junge vielleicht für die Gruppenprozesse der Jungen in der Geschichte. Viele Bücher der Kinder- und Jugendliteratur sind so angelegt, dass sie verschiedene Themen verarbeiten. In der Schule, und zwar von der Grundschule an, kann man Schülerinnen und Schülern vermitteln, dass man literarische Texte deshalb aus unterschiedlicher Perspektive lesen kann.

Eine besondere Herausforderung für die Methodik des Literaturunterrichts und erst recht für Lesetests stellt die Tatsache dar, dass es oft gerade die rätselhaften Texte sind, die sich besonders einprägen und von denen man, wie man sagt, nicht loskommt. Das ist auch bei Kindern schon so. Unauflösbare Ambiguität ist ästhetisch offenbar besonders wirkungsvoll. Deshalb kann das Bestreben, alles genau verstehen zu wollen und zu sollen, Zugänge zu literarischen Texten verbauen. Es gehört zum Umgang mit dem Ästhetischen, dass man auch Irritation und Unverständlichkeit aushält. Ein typisches Beispiel dafür, wie gerade ein rätselhafter Text besonders wirkungsmächtig ist, zeigt sich in der Tatsache, dass von den vielen Gedichten in *Des Knaben Wunderhorn*, der Sammlung von Achim

von Arnim und Clemens Brentano, ausgerechnet das überaus seltsame Gedicht
Das buckliche Männlein besonders bekannt geworden ist:

> Will ich in mein Gärtlein gehn,
> Will mein Zwiebeln gießen,
> Steht ein bucklicht Männlein da,
> Fängt als an zu niesen...
> [...]
> (Arnim von; Brentano [1806/08] 1957, S. 824 f.)

Zur ästhetischen Erfahrung gehört es, dass man sich von etwas angesprochen
fühlt, was man rational nicht eindeutig einordnen kann. Im Unterricht sollte dieses Phänomen ausdrücklich zum Thema gemacht werden. Bei Goethes Ballade
Erlkönig heißt das zum Beispiel, dass man die beiden Hauptdeutungen, nämlich
die rationale Erklärung als Fiebertraum und die Deutung des Erlkönigs als über-
natürliches Phänomen, gerade in ihrer Unentscheidbarkeit ins Bewusstsein hebt
– das entspricht ja auch, historisch gesehen, der Faszination durch das Wunderbare am Ende der Aufklärung, das man rational nicht einordnen konnte.

Ambiguität, Rätselcharakter von Literatur macht Überprüfung von Lernprozessen schwierig, und zwar vor allem dann, wenn der Schwerpunkt wie bei PISA auf
dem rationalen Verstehen liegt. Für den Unterricht allerdings ist die Ambiguität
eine Chance, weil sie reflexionsanregend wirkt und den Austausch über Leseerfahrungen und über Deutungsversuche interessant macht.

2.5 Symbolik

Intensive literarische Wirkungen beruhen auf Vorstellungsbildern, die im Leseprozess entstehen und in denen Leserinnen und Leser grundlegende Lebenser-
fahrungen zeichenhaft wiederfinden. So ist Johanna Spyris Roman *Heidi* mit seiner Entgegensetzung von Bergwelt als Heimat und Ort ungebundenen Lebens
einerseits und Großstadt als Erfahrung von Entfremdung und maßregelnder Erziehung andererseits für viele Kinder zum Bild für eigene Verlassenheitserfah-
rungen und Sehnsüchte geworden – ganz ähnlich wie Heidi im Roman im Gleichnis vom verlorenen Sohn ein Bild für die eigene Situation gefunden hat. Ein anderes Beispiel sind die grauen Herren aus Michael Endes *Momo*, die sich als
Symbol für das Diktat der Zeit und reines Nützlichkeitsdenken in das Bewusstsein vieler Leserinnen und Leser eingeschrieben haben.

Die Künste ebenso wie die Religionen haben seit je den Menschen Vorstellungs-
bilder zum symbolischen Verstehen von Welt gegeben. Es gehört zu den wichtigen Aufgaben von Bildung und insbesondere des Deutschunterrichts, den Heran
wachsenden diese Form von Weltverstehen zu erschließen. Ob Schülerinnen und
Schüler einzelne symbolische Bezüge in Texten erkennen können, wird durch
PISA-Aufgaben erfasst, aber ob nachhaltige, existenziell bedeutsame Erfahrun-

gen damit verbunden sind, entzieht sich dieser Art von Testung. Auch in dieser Hinsicht zeigt sich, dass PISA nicht alle Dimensionen erfassen kann, die zum Bildungsauftrag von Literaturunterricht gehören.

3. Schluss

Die PISA-Studie untersucht die grundlegenden Lesekompetenzen, die für das Leben in der modernen Gesellschaft notwendig sind. Sie erhebt nicht den Anspruch, alle Zielsetzungen des Lese- und Literaturunterrichts zu berücksichtigen. Bei den bildungspolitischen Konsequenzen, die derzeit aus PISA gezogen werden, zeigt sich allerdings eine Tendenz zur Reduktion auf den Lesekompetenzbegriff im Sinne von PISA. Lesetraining und Lesestrategien sind die neuen Schlagworte. Ein Unterricht, dem auch die spezifisch literarischen Bildungsziele wichtig sind, gerät unter Rechtfertigungsdruck. Es ist deshalb wichtig, dass in der bildungspolitischen Diskussion auch die Ziele jenseits von PISA im Bewusstsein bleiben und eine Verengung auf den rationalistisch-pragmatischen Lesekompetenzbegriff vermieden wird.

Literatur

Andringa, Els (2000): „The Dialogic Imagination". Literarische Komplexität und Lesekompetenz. In: Deutschunterricht zwischen Kompetenzerwerb und Persönlichkeitsbildung. Hg. von Hansjörg Witte u. a. Baltmannsweiler: Schneider Verlag Hohengehren, S. 85–97

Arnim, Achim von; Brentano, Clemens (1957): Des Knaben Wunderhorn. Alte deutsche Lieder [1806/08]. München: Winkler

Baumert, Jürgen u. a. (2001): PISA 2000. Basiskompetenzen von Schülerinnen und Schülern im internationalen Vergleich. Opladen: Leske + Budrich

Bräuer, Christoph (2002): Als Textdetektive der Lesekompetenz auf der Spur... Zwei Blicke auf ein Unterichtskonzept zur Vermittlung von Lesestrategien. In: Didaktik Deutsch, Jg. 7, H. 13, S. 17–32

Garner, Ruth (1987): Metacognition and Reading Comprehension. Norwood, New Jersey: Ablex

Graesser, Arthur C.; Zwaan, Rolf A. (1995): Inference Generation and the Construction of Situation Models. In: Discourse Comprehension. Hg. von Charles Weaver et al. Hillsdale, New Jersey: Erlbaum, S. 117–139

Ladenthin, Volker (1989): Erziehung durch Literatur? Zur moralischen Dimension des Literaturunterrichts. Essen: blaue eule

Schön, Erich (1990): Die Entwicklung literarischer Rezeptionskompetenz. Ergebnisse einer Untersuchung zum Lesen bei Kindern und Jugendlichen. In: SPIEL. Siegener Periodicum zur Internationalen Empirischen Literaturwissenschaft, Jg. 9, H. 2, S. 229–276

MARCUS STEINBRENNER

„Experten der Textkultur". Zum Stellenwert des literarischen Lesens in der Ausbildung von Lehrerinnen und Lehrern[1]

Die Ringvorlesung, die im Sommersemester 2003 an der Pädagogischen Hochschule Heidelberg stattgefunden hat und aus der die Beiträge dieses Bandes stammen, trug den Titel *Wege zum Lesen und zur Literatur*. Im Folgenden will ich der Frage nachgehen, welche Konsequenzen sich aus den unterschiedlichen Vorträgen für die Ausbildung von Lehrerinnen und Lehrern ergeben können und zwar insbesondere an einer Pädagogischen Hochschule als dem aktuellen Lernort, in den die Veranstaltung eingebunden war.

Zunächst ist zu fragen, wessen „Wege" wir eigentlich meinen, wenn wir von „Wegen zum Lesen und zur Literatur" sprechen. In der Ersten Phase der Ausbildung denken Lehrende und Studierende dabei häufig zu schnell an die Wege der Schülerinnen und Schüler und daran, wie sie ihnen diese Wege öffnen, ebnen und gestalten können. Dies verstehe ich als einen „Sprung", bei dem wir ganz offensichtlich von uns als jenen, die *hier* lehren und lernen, und von der Hochschule als dem aktuellen Lernort absehen. Es ist meines Erachtens deswegen ein „Sprung", weil damit übersprungen wird, dass wir selbst, gerade was das Lesen und den Gegenstand Literatur angeht, immer Lernende sind, die Wege zu suchen und zurückzulegen haben. Meine erste These lautet deshalb: *Die Wege zum Lesen und zur Literatur enden nicht mit dem Abitur.*

Das von mir als „Sprung" bezeichnete Phänomen lässt sich auch an aktuellen programmatischen Texten der Deutschdidaktik aufzeigen. So setzen sich zum Beispiel Karlheinz Fingerhut, Martin Fix u. a. in ihrem Aufsatz *Perspektiven der Sprach- und Literaturdidaktik nach der PISA-Studie. Acht Thesen* für das Gespräch über Texte ein und grenzen es pointiert von der bloßen Ausführung von Instruktionshandlungen an Texten ab. Sie bezeichnen das Gespräch in schulischen Zusammenhängen als ein Gespräch zwischen „Experten der Textkultur und Lernenden" (Fingerhut u. a. 2002, S. 47). Der gemeinte „Sprung" zeigt sich daran, dass in dem ganzen – zugegebenermaßen kurzen – Text nirgendwo beschrieben wird, was denn „Experten der Textkultur" sind und, vor allem, wie man zu einem solchen „Experten der Textkultur" wird. Dass die Erörterung dieser wichtigen Frage ausgerechnet in einem Sammelband mit dem Titel *Perspektiven der*

Lehrerbildung – das Modell Baden-Württemberg: 40 Jahre Pädagogische Hochschulen fehlt, ist bemerkenswert und überraschend. Der Aspekt der Lehrerbildung scheint hier vollständig ausgeklammert zu sein. Dem setze ich meine zweite These entgegen: *Es darf nicht einfach vorausgesetzt werden, dass Studierende des Lehramts Deutsch „Experten der Textkultur" sind – der Weg zum „Experten der Textkultur" muss ins Zentrum der Lehrerbildung rücken.*

Die Frage, wozu wir überhaupt „Experten der Textkultur" an den Schulen (und damit auch an den Hochschulen) brauchen, möchte ich mit Bezug auf die Vorträge der Ringvorlesung bzw. der Beiträge dieses Sammelbands anhand von zwei Aspekten erörtern:

Erstens: Beim Hören der Vorträge und bei der Lektüre der einzelnen Beiträge fällt auf, dass die meisten Autorinnen und Autoren, vor allem jene aus der Pädagogischen Hochschule Heidelberg selbst, betonen, dass die Auswahl der Texte durch die Lehrenden stärker an der literarischen und ästhetischen Qualität des Textes orientiert sein müsse und dass die hierfür notwendigen Kompetenzen bei den Lehrenden zu wenig ausgeprägt seien. Als Maßstab für die Qualität der Texte werden häufig Begriffe wie offen, mehrdeutig, vielstimmig, fremd und rätselhaft genannt; auch der „ästhetischen Alterität" kommt ein hoher Stellenwert zu. Einzelne Beiträge betonen zudem als Auswahlkriterium die konzeptionelle Schriftlichkeit der Texte, da nur über sie ein Zugang zu unserer Schriftkultur gewonnen werden könne.

Nach einem der Vorträge formulierte eine Studentin im Gespräch ihren Unmut: „Immer wird nur die Qualität der Texte betont – die Vortragenden sollen doch auch einmal genaue Kriterien angeben, was diese Qualität ausmacht". In dieser spontanen Äußerung wird die zentrale Fragestellung nach einem verbindlichen Maßstab für die Qualität von Texten angesprochen. Es existieren zwar zahlreiche Versuche, die beschreiben, was einen Text zum literarischen Text macht, und vermutlich gibt es auch Kataloge mit Kriterien, die abgearbeitet und für Prüfungen auswendig gelernt werden können. Doch sie würden bei der Bewältigung dieses Problems nur bedingt oder überhaupt nicht weiterhelfen, weil sie schematisch erfassen würden, was sich angemessen nur argumentativ und abwägend am Einzelfall entwickeln lässt. Aus diesem Grund beziehe ich mich hier auch auf keinen Kriterienkatalog oder erstelle selber einen, sondern formuliere als dritte These das Postulat: *Nur „Experten der Textkultur" können mit der Frage der Auswahl und der Qualität literarischer Texte umgehen. Diese Frage kann nur an den literarischen Texten selbst erlernt und beantwortet werden.*

In dieser These kommt zum Tragen, was sich auf der WebSite von Ulf Abraham findet: dass Didaktik, und insbesondere eine Didaktik, die eine Kunstform zum Gegenstand hat, selbst immer auch Kunstcharakter habe (Abraham 2003). Nach Schleiermacher trägt eine Tätigkeit den Charakter der Kunst in sich, wenn mit den Regeln nicht auch deren Anwendung gegeben ist, das heißt, wenn die Tätigkeit nicht mechanisiert werden kann (vgl. Schleiermacher 1977, S. 76 ff.). Wir können Regeln und Definitionen dafür angeben, was die Qualität literarischer Texte ausmacht, und das ist eine Aufgabe der Wissenschaft. Ihre Anwendung ist aber immer abhängig vom Einzelnen: vom konkreten Text und vom einzelnen, individuellen Leseakt. Genau deshalb entstehen bei Vielen Unbehagen, Unsicherheit und Aversion, wenn sie immer wieder, so auch in dieser Ringvorlesung, Begriffe hören, die sie nicht mit literarischen Texten und ihrer eigenen literarischen Erfahrung verbinden können. Dies gilt exemplarisch sowohl für die fünf Dimensionen literarischen Lesens, die Kaspar H. Spinner in seinem Beitrag entfaltet: Imagination, Empathie, Subjektivität, Ambiguität und Symbolik (siehe oben S. 171 ff.), als auch für die inzwischen zahlreich gewordenen anderen Begriffsraster, Stufenmodelle oder Curriculaentwürfe, die das Spezifische des literarischen Lernens erfassen wollen.

Zweitens: Mit dem zweiten Aspekt nehme ich vor allem Bezug auf den Beitrag von Susanne Gölitzer (siehe oben S. 121 ff.). Sie problematisiert auf der Grundlage ihrer Unterrichtsanalysen in der Hauptschule, dass im Unterricht zum einen häufig losgelöst vom Text über dessen „Inhalte" diskutiert und dass zum anderen das Textverstehen mit der Kenntnis der einzelnen Wörter gleichgesetzt werde. Literaturunterricht verlaufe oft nach einem Schema: Zuerst werden Passage für Passage die unbekannten Wörter „geklärt", dann werde, wie bei einem Sachtext, über die Sache, das Problem gesprochen (das dabei häufig auch „geklärt" wird), und das Ganze finde statt mit einer für die SchülerInnen leicht durchschaubaren moralischen Zielsetzung. Was die ästhetische Qualität und die Literarizität des konkreten, individuellen Textes ausmacht, wie er mittels der Sprache seinen Gehalt formt, in welcher Beziehung die einzelnen Teile des Textes zueinander stehen und in welchem Kontext der Text steht, falle dabei häufig unter den Tisch. Ich denke dies hat mehrere Gründe:

- die literarische Leseweise wird von der Institution Hauptschule und für die Zielgruppe HauptschülerInnen nicht für wichtig gehalten,

- die Lehrperson selbst erkennt diese Möglichkeiten der Lektüre nicht oder erachtet sie nicht für relevant,

- Texte mit diesem Anspruch zu lesen wird als „zu schwer" eingeschätzt und damit wird die zentrale Aufgabe der didaktischen Modellierung umgangen.

Meines Erachtens besteht ein enger Zusammenhang zwischen diesen Problemfeldern, und eine eingehende Analyse müsste eigentlich alle drei Faktoren einbeziehen. Dennoch sehe ich in diesem Zusammenhang von jenen Bedingungen ab, die spezifisch der Institution Hauptschule zugehören, denn dazu wäre eine umfassende bildungs- und sprachpolitische Diskussion über den Stellenwert von Literatur in unterschiedlichen Ausbildungsgängen notwendig, die zwar in der Literaturdidaktik geführt werden muss, die ich aber in dem hier gesteckten Rahmen nicht eröffnen kann.

Fokussiert man die Problematik unabhängig von der Schulart auf die Lehrenden und ihre (Aus-)Bildung, kann man wahrnehmen, dass das skizzierte „Unter-den-Tisch-Fallen" auch zusammenhängt mit der zu wenig ausgeprägten literarischen Kompetenz vieler Lehrerinnen und Lehrer und mit ihrer mangelnden Kompetenz, im Unterricht in einer Sprache über Literatur zu sprechen, die sowohl der Komplexität eines qualitativ anspruchsvollen literarischen Textes „gerecht" wird, als auch ihrer jeweiligen Zielgruppe, das heißt in diesem spezifischen Fall den HauptschülerInnen, angemessen ist.

Das Finden, Einüben und bewusste Anwenden einer dem komplexen literarischen Gegenstand und seinem Verstehen einerseits und der Lerngruppe andererseits „angemessenen" und zugleich „einfachen" Sprache im Umgang mit Literatur gehört für mich in das Zentrum der Lehrerbildung gerade für das Lehramt an Grund- und Hauptschulen. Dies lässt sich, wenn überhaupt, nur realisieren, indem wir im Rahmen der Hochschulausbildung

– selbst über qualitativ anspruchsvolle Literatur sprechen,

– darauf aufmerksam werden, wie wir über Literatur sprechen und wie über Literatur im schulischen Kontext gesprochen wird[2] und

– an konkreten literarischen Texten angemessene Fragestellungen, Themen und sogar Sprechformen und sprachliche Muster mit und für Studierende und Lehrende entwickeln.[3]

Dies sind zentrale, basale und zugleich höchst anspruchsvolle Aufgaben, für die sich die Literaturdidaktik immer wieder zu „vornehm" zu sein scheint, möglicherweise gerade weil diese Aufgaben so basal erscheinen, sicher aber noch aus tieferen, eher wissenssoziologisch zu beschreibenden Gründen.

Die „didaktische Modellierung" einer literarischen Lektüre sollte nur in begründeten Einzelfällen dazu führen, dass ein Unterrichtsgespräch, wie in dem von Inge Vinçon erläuterten Beispiel (siehe oben S. 51 ff.), mit der nur auf den ersten Blick einfachen, auf den zweiten Blick jedoch ziemlich problematischen Frage der Lehrerin beginnt: „Findet ihr diesen Ratschlag, den die eine Figur der anderen gibt, gut oder nicht so gut?" Solche Bewertungsfragen mit den Polen „gut – schlecht", „richtig – falsch" oder gar „positiv – negativ" scheinen in jüngster Zeit im Literaturunterricht die ebenfalls oft problematische Frage nach der Autorintention zu ersetzen. Literarische Texte zeichnen sich aber gerade dadurch aus, dass sie sich nicht mittels solcher zweiwertiger Raster bewerten und einordnen lassen. Die Häufigkeit dieser Fragen verweist auf ein nicht gegenstandsangemessenes Konzept von Textverstehen bei vielen Lehrerinnen und Lehrern. Es führt

---

[2] Die ethnomethodologische Konversationsanalyse von Unterrichtstranskripten kann hier ein sinnvoller Baustein in der deutschdidaktischen Ausbildung sein (vgl. Fuchs 2002).
[3] Die Wichtigkeit über konkrete, auf den individuellen Text und das Textverstehen bezogene Aufgabenstellungen nachzudenken betont zuletzt Juliane Köster (2003).

nicht zur Literatur hin, sondern eher von ihr weg, denn für eine „einfache" Antwort auf solche Bewertungsfragen bedarf es des literarischen Textes nicht.[4]

Zusammenfassend lässt sich sagen: Nur „Experten der Textkultur" können eine dem literarischen Gegenstand angemessene didaktische Modellierung leisten; sie sind keine reinen Textwissenschaftler, aber auch nicht nur Pädagogen. Das Problem der didaktischen Modellierung ist vor allem das Problem einer angemessenen Sprache – die Aufmerksamkeit für diese Sprache *muss ins Zentrum der Lehrerbildung rücken. Mit Begriffsbildungen wie „Experten der Textkultur" oder „Aufmerksamkeit für Sprache" lassen sich – bei aller Skepsis gegen generalisierte Leitbilder – vielversprechende Leitvorstellungen für eine Literatur- und Sprachdidaktik gewinnen, die sich als Kultur- und* als Textwissenschaft versteht.[5]

Damit kristallisiert sich als wichtige Fragestellung heraus, *wie* angehende Lehrerinnen und Lehrer zu „Experten der Textkultur" werden können. Meine letzte These, die in den bisher entwickelten Gedanken bereits enthalten ist, greift nochmals den Titel der Ringvorlesung auf: *Die Wege zum Lesen und zur Literatur führen über literarische Texte – auch und gerade jene Wege, die wir hier, am aktuellen Lernort Hochschule, Literaturwissenschaft und Literaturdidaktik nennen.*

In mehreren Diskussionen nach den Vorlesungen fielen Sätze wie: „Ich möchte mich dazu nicht so allgemein äußern – ich würde das gerne an einem Beispiel erörtern." Dafür fehlte dann jedoch meistens die Zeit, und das ist meiner Meinung nach symptomatisch für den literaturdidaktischen Diskurs. Bei vielen theoretischen Erörterungen stellt sich nach einer bestimmten Zeit ein gewisses Unbehagen ein und die Frage wird laut, was das abstrakt Entwickelte eigentlich auf einen konkreten literarischen Text bezogen bedeutet. Das ist eine wichtige und wertvolle Frage, und ich möchte deswegen nachdrücklich für eine *„textnahe Lehre"* und eine *„Textkultur an der Hochschule"* plädieren.

Zur „textnahen Lehre" ist zu sagen, dass literarische Merkmale nur in ihrer Funktion im konkreten literarischen Text vermittelt und erlernt werden können.[6] Zentrale Fragestellungen wie zum Beispiel „Was ist ein (für die Schule) wertvoller, was ist ein anspruchsvoller Text?" oder „Was sind dem Text und der Lerngruppe angemessene Fragestellungen, Themen und Sprechformen?" können

---

[4] Vgl. hierzu unseren Versuch, ein gegenstandsangemessenes Konzept von Textverstehen zu konturieren und daraus Konsequenzen für eine Didaktik des Literarischen Unterrichtsgesprächs zu ziehen (Härle; Steinbrenner 2003).

[5] Wolfgang Braungart (2002) und Iris Denneler (2001) rücken in ihren programmatischen Texten ebenfalls die Literatur wieder ins Zentrum von Literaturunterricht und –didaktik. In diesen lesenswerten und nicht ganz unpolemischen Texten dominiert eine kulturkritische Sichtweise auf Schule und Unterricht. Die Rolle des Deutschlehrers als literatur*wissenschaftlicher* Spezialist wird hier m. E. allerdings stellenweise wieder zu einseitig eingefordert.

[6] Diese Herangehensweise wird auch in der Sprachdidaktik in jüngster Zeit wieder verstärkt vertreten (vgl. Funke 2000).

und müssen immer im Zusammenhang mit konkreten literarischen Texten thematisiert und erörtert werden.[7]

Zur „Textkultur an der Hochschule" möchte ich herausstellen, dass ein reflektierter Zugang zu Literatur, der nötig ist, um an diesen Fragen arbeiten zu können, auf lebendigen literarischen Erfahrungen aufbauen muss, sonst bleibt er äußerlich und „tot". Auch an der Hochschule muss Raum für solche literarischen Erfahrungen, Raum für Lesen als „kulturelle Praxis" sein oder geschaffen werden.[8]

Abschließend möchte ich der am Anfang aufgestellten Forderung nachkommen, den Lernort Hochschule als Lernort ernst zu nehmen, und einen Blick auf unser Sprechen als Lehrende, Forschende und Vortragende werfen: hier begegnen wir genauso dem Problem einer manchmal vielleicht unangemessenen Sprache und eines äußerlichen, abgehobenen und toten Zugangs zur Literatur.

Im Herbst des Jahres 2002 veranstalteten die Forschungsprojekte am Institut für Deutsche Sprache und Literatur und ihre Didaktik der Pädagogischen Hochschule Heidelberg ein dreiteiliges webbasiertes virtuelles Diskussionsforum zum Thema der „Literarischen Kompetenz".[9] Für das Forum eins wurde ein deduktiver Zugang zum Begriff der „literarischen Kompetenz" gewählt: es diente dem Versuch, den Begriff durch eine Aufgliederung in Teilkompetenzen und durch Bezugnahme auf andere Theorien genauer zu fassen. Dieses Forum erhielt im Verlauf seines Bestehens 84 Beiträge. In Forum zwei konnten die Beiträgerinnen und Beiträger anhand zweier literarischer Texte ihre eigene literarische Rezeption rekonstruieren und dabei explizieren, welche Lese- und Verstehensleistungen sie entlang dieser literarischen Texte erwarten. In diesem Forum wurden 3 [sic] Beiträge geschrieben. Dies zeigt, dass es uns manchmal selbst schwer fällt, unsere theoretischen Erkenntnisse auf konkrete literarische Texte zu beziehen. In unseren literaturdidaktischen Theorien, ihrer Vermittlung und nicht zuletzt in ihrer Sprachgestalt sollten wir aber zu verwirklichen versuchen, was Humboldt (1968, VI, S. 217) eine „beständige, ungehemmte und energische Gemeinschaft" nennt: eine spannungsvolle Gemeinschaft zwischen uns als potentiellen „Experten der Textkultur", der Sprache literarischer Texte selbst und der Sprache des vermittelnden Umgangs mit diesen Texten in unserer Kultur.

---

[7] Erich Schön fordert dies ebenfalls für Schule *und* Lehrerbildung (Schön 2002, S. 88 f.): „Die Texte und ihr Verstehen müssen stärker in den Mittelpunkt gestellt werden, denn Textverstehen [...] lernt man nur durch Textverstehensbemühung. [...] wobei manchmal der Verdacht aufkommen könnte, dass die Lehrer selbst nicht die Kompetenz haben zum adäquaten Verstehen des einen oder anderen literarisch-ästhetischen [...] Werkes."

[8] Vgl. hierzu die Schule bezogen u. a. Hurrelmann (2002). Ein Bewusstsein dafür, dass dies auch an den Hochschulen notwendig ist, und eine Diskussion darüber, was dies konkret für die Hochschulen und insbesondere die Lehrerbildung bedeuten könnte, ist allerdings erst in Ansätzen vorhanden (vgl. Eicher 1999).

[9] Vgl. http://www.ph-heidelberg.de/org/lesesoz/konferenz1.htm (Stand: 01.09.2003).

Für die Wege zum Lesen und zur Literatur, die wir Literaturwissenschaft und Literaturdidaktik nennen, heißt das m. E., dass am Anfang dieser Wege Raum sein muss für literarische Erfahrungen und deren Reflexion, denn nur mit einer lebendigen Textkultur werden wir nicht von einem höchst elaborierten Modell von Medienkompetenz in sieben Dimensionen erschlagen – oder politisch korrekter gesagt: integriert.

Literatur

Abraham, Ulf (2003): http://www.uni-wuerzburg.de/germanistik/did/abraham/. Stand 01.09.2003

Braungart, Wolfgang (2002): Ästhetische Erziehung – was denn sonst? Einige nicht ganz unpolemische Thesen zum Deutschunterricht als Literaturunterricht. In: Mitteilungen des Deutschen Germanistenverbandes. Jg. 49, H. 2, S. 187–189

Denneler, Iris (2001): Literatur im Kulturbeutel? Ein kritischer Blick auf Didaktik und Kulturwissenschaft. In: KulturPoetik, Jg. 1, H. 1, S. 114–140

Eicher, Thomas (1999): Lesesozialisation und Germanistikstudium. Paderborn: Mentis

Fingerhut, Karlheinz u. a. (2002): Perspektiven der Sprach- und Literaturdidaktik nach der PISA-Studie. Acht Thesen. In: Perspektiven der Lehrerbildung – das Modell Baden-Württemberg: 40 Jahre Pädagogische Hochschulen. Hg. von Hartmut Melenk u. a. Freiburg i. Br.: Fillibach, S. 45–56

Fuchs, Claudia (2002): Ethnomethodologische Konversationsanalyse in der deutschdidaktischen Ausbildung. In: Ergebnisse aus soziologischer und psychologischer Forschung. Impulse für den Deutschunterricht. Hg. von Michael Hug; Sigrun Richter. Baltmannsweiler: Schneider Verlag Hohengehren [Diskussionsforum Deutsch, Bd. 4], S. 148–158

Funke, Reinold (2000): Wann ist grammatisches Wissen in Funktion? In: Der Deutschunterricht, Jg. 52, H. 4, S. 58–68

Härle, Gerhard; Steinbrenner, Marcus (2003): „Alles Verstehen ist ... immer zugleich ein Nicht-Verstehen." Grundzüge einer verstehensorientierten Didaktik des literarischen Unterrichtsgesprächs. In: Literatur im Unterricht, Jg. 4, H. 2, S. 139–162

Humboldt, Wilhelm von (1968): Gesammelte Schriften. Hrsg. von der Königlich Preußischen Akademie der Wissenschaften. 17 Bände. Berlin: Behr, 1903-1936. Reprint: Berlin: De Gruyter

Hurrelmann, Bettina (2002): Leseleistung – Lesekompetenz. Folgerungen aus PISA, mit einem Plädoyer für ein didaktisches Konzept des Lesens als kultureller Praxis. In: Praxis Deutsch, Jg. 29, H. 176, S. 6–18

Köster, Juliane (2003): Konstruieren statt Entdecken – Impulse aus der PISA-Studie für die deutsche Aufgabenkultur. In: Didaktik Deutsch, Jg. 8, H. 14, S. 4–20

Schleiermacher, Friedrich (1977): Hermeneutik und Kritik [1832/33]. Mit einem Anhang sprachphilosophischer Texte Schleiermachers. Hg. und eingeleitet von Manfred Frank. Frankfurt a. M.: Suhrkamp

Schön, Erich (2002): Einige Anmerkungen zur PISA-Studie, auch aus literaturdidaktischer Perspektive. Oder: Lesen lernt man nur durch Lesen. In: Lesen heute. Leseverhalten von Kindern und Jugendlichen und Leseförderung im Kontext der PISA-Studie. Hg. von Kurt Franz; Franz-Josef Payrhuber. Baltmannsweiler: Schneider Verlag Hohengehren [Schriftenreihe der Deutschen Akademie für Kinder- und Jugendliteratur Volkach e. V., Bd. 28], S. 72–91

BERNHARD RANK

Kinderliteratur, literarische Sozialisation und Schule oder: Vom Vergnügen am Umgang mit kinderliterarischen Texten

> Sinn wird zu einer Sache der Entdeckung,
> welche unsere Vermögen beansprucht,
> in der Regel die emotionalen und die kognitiven.
> Betätigung von Vermögen aber ist immer schon als ein
> ästhetisches Vergnügen verstanden worden.
>
> (Wolfgang Iser)

1. Vergnügliche Wege zur Literatur?

Texte, die speziell für Leseanfänger geschrieben und vertrieben werden, begleiten die Schulanfänger auf einem wichtigen Abschnitt ihres „Weges zum Lesen und zur Literatur". Sie markieren damit den ersten auffälligen Schnittpunkt zwischen den Erfahrungsfeldern „Kinderliteratur", „literarische Sozialisation" und „Schule". Grund genug, sie im Rahmen der Fragestellungen der Heidelberger Ringvorlesung und dieses Sammelbandes genauer in den Blick zu nehmen, um ihre Funktionen auf den verschlungenen Pfaden in der Landschaft des Lesens und der Literatur zu bestimmen.

Ein Einstieg „medias in res" – in Texten der Kinderliteratur weit verbreitet – ist dem Thema durchaus angemessen:

> Es war ein heller Sommertag. Wir sassen auf dem Balkon, im Schatten der Store, Vater und ich. [...]
>
> Erzähl mir eine Geschichte, schlug ich vor. Was für eine? fragte er. Ich sagte: Etwas von Bären. Von Bären kann man nur im Winter erzählen, behauptete er. Dann halt von Wölfen. Auch von Wölfen gibt es nur Wintergeschichten. Schnee und Wind und weisse Wälder gehören dazu.
>
> Wir schwitzten und schwiegen. Vater fragte: Muss die Geschichte auch wahr sein? Ich sagte: Ja. Nicht sehr, aber ziemlich wahr. Vater fing an: Bären haben einen Bärenhunger, wenn sie Hunger haben. Wölfe haben einen Wolfshunger. Sie fressen aber keine Bären. Sie fressen Hirsche und Elche. Und manchmal heulen sie, dass einem das Herz wehtut. Vater streckte seinen Hals wie ein heulender Wolf.
>
> Das ist vielleicht wahr, sagte ich, aber es ist keine Geschichte. Vater nickte. Er hatte eine tiefere Stimme, als er fortfuhr: Wölfe fressen junge Geisslein und kleine Mädchen mit roten Käppchen. Sie verkleiden sich in Grossmütter. Und dann sehen sie auch genau so aus.
>
> Ich rief: Oder Grossmütter sehen aus wie Wölfe. Ich dachte an Grossmama, Vaters Mutter. Sie ist manchmal sehr bissig. Grosspapa ist nicht bissig, er knurrt nur. Grossmütter sind vielleicht verkleidete Wölfe, sagte ich. Vater nickte.
>
> (Schubiger; Obrist 1998, S. 3 ff.)

Die erste Frage, die sich nach der Lektüre dieses Textausschnitts stellt, ist die
nach seiner Eignung für die Zielgruppe der Leseanfänger und nach seiner
Situierung im Feld der Kinderliteratur. Sie lässt sich editorisch, aber damit nicht
automatisch auch sachlich definitiv beantworten durch den Hinweis darauf, dass
er einem Band aus der Erstlesereihe des Schweizer Orell Füssli Verlags entnommen ist, dass er ansprechend aufgemacht und künstlerisch mit Bedacht illustriert
wurde und dass ein didaktisches Begleitheft dazu erschienen ist. Im Original entspricht der Satzspiegel auch den Kriterien für die Höchstzahl von Wörtern pro
Zeile und für den Umbruch nach den lese(r)freundlichen Prinzipien des „Flatter-
satzes" (vgl. Ockel 1992):

> Das ist vielleicht wahr,
> sagte ich,
> aber es ist keine Geschichte.
> Vater nickte.
> Er hatte eine tiefere Stimme,
> als er fortfuhr:
> Wölfe fressen junge Geisslein
> und kleine Mädchen
> mit roten Käppchen.
> Sie verkleiden sich
> in Grossmütter.
> Und dann sehen sie
> auch genau so aus.
> (Schubiger; Obrist 1998, S. 9)

Von der Form zum Gehalt und zur Funktion: Die Frage, was Kinder an diesem
Text ansprechen könnte, führt einen Schritt weiter. Mindestens drei Elemente
könnte man hier benennen: das vertrauensvolle Verhältnis zwischen Vater und
Kind (handelt es sich um ein Mädchen oder einen Jungen?), die Vorstellung von
den fressenden und heulenden Wölfen und den Einfall mit der „bissigen" Großmutter.

Ein letzter Schritt der Annäherung an diesen Text ist getan, wenn der erwachsene Literatur-Vermittler „mit analytischem Blick" nach der „Verbindlichkeit" dieses Anfängertextes für sich selbst sucht – eine für fruchtbaren Literaturunterricht
unabdingbare Voraussetzung (Lypp 1988, S. 650). Dafür bietet Schubigers Geschichte mit ihrer „Doppel-Adressierung" vielfältige Ansatzpunkte:

– Mit der Wendung „nicht sehr, aber ziemlich wahr" wird die Frage thematisiert,
  was zu einer Geschichte gehört und wann sie wahr ist.

– Es wird auf eine geistreiche Weise auf Märchenelemente Bezug genommen:
  Die Märchenatmosphäre klingt in der tieferen Stimme des Vaters an, dann
  werden die Geschichten vom Wolf und den sieben Geißlein und vom Rotkäppchen zitiert und erzählerisch umgestaltet.

– In der Textpassage nach „Großmütter sind vielleicht verkleidete Wölfe" geht
  es um das Thema des Sich-Verkleidens, also um ein amüsantes Spiel mit dem

Verhältnis zwischen „so aussehen wie" und „etwas sein". Frei von Realitäts-zwängen können Identitäten in der kindlichen Vorstellungswelt miteinander vertauscht werden.

– Auch für Erwachsene ist faszinierend, wie die Entstehung der inzwischen ver-blassten Metapher vom „Bärenhunger" re-konstruiert wird und dabei ihre produktive Kraft für originelle Neubildungen entfaltet. Zunächst wird die ge-wohnte metaphorisch gemeinte Zusammensetzung „Bären-hunger" in ihre Bestandteile zerlegt und auf die Ebene der wörtlichen Bedeutung zurückge-führt: „Bären haben einen Bärenhunger/wenn sie Hunger haben." Auf dieser Verstehensgrundlage bedarf die Neubildung „Wolfshunger" keiner weiteren Erläuterung: Wölfe haben logischer Weise diese Art von Hunger. Wer in dieser Logik weiter denkt, kann die beiden Vergleichspunkte miteinander verknüp-fen und dabei eine sprachlich naheliegende, real zwar nicht gegebene, in ihrer vorstellbaren Anschaulichkeit aber reizvolle Feststellung treffen: Wolfshung-rige Wölfe fressen aber keine Bären. Und wer sich diese Stelle merkt, wenn er bis ans Ende des Textes gekommen ist, kann sogar noch den letzten Schritt nachvollziehen: die Verwandlung des „Wolfshungers" in eine lebendige Meta-pher (s. u., S. 208).

– Schließlich die Wendung „sie schwitzten und schwiegen" mit ihrer subtilen Ko-mik: Auf der lautlichen Ebene werden die Wörter durch das Stilmittel der Alli-teration parallelisiert, im Kontext der semantischen Felder, aus denen sie stammen – Körperlichkeit und Kommunikation –, geraten sie miteinander in Kontrast (ganz abgesehen von der erheiternden Vorstellung, die schweigend einander gegenübersitzende, dabei heftig schwitzende Menschen im Kopf des Lesers wachrufen).

Eine fundamentale Ursache des „Vergnügens", das der Text Kindern wie Er-wachsenen bereiten kann, hängt damit zusammen, dass er etwas in Gang setzt und in Bewegung hält. Das Ganze kann ja wohl nicht nur wegen des „gags" mit den verkleideten Großmüttern erzählt worden sein. Wenn man die zitierte Ge-schichte auf der Suche nach ihrem Gehalt und tieferen Sinn nochmals liest, wird deshalb auch die Frage aufkommen, ob sie überhaupt einen richtigen Schluss hat. Ich werde darauf zurückkommen (s. u., S. 207).

Ein oft geäußerter Einwand soll nicht übergangen werden – man hört ihn sowohl von Studierenden als auch von erfahrenen Lehrerinnen und Lehrern: Sind sol-che Texte nicht zu schwierig für Kinder? Macht es ihnen denn überhaupt „Spaß", so etwas Hintersinniges zu lesen? Und wo bleibt die Spannung, wo bleiben die Identifikationsmöglichkeiten?

Diesem Einwand soll hier nicht vom Problem der Schwierigkeit her nachgegan-gen werden, sondern vom Stichwort „Spaß am Lesen". Im Untertitel des Bei-trags wurde allerdings der „Spaß" bewusst durch das „Vergnügen" ersetzt: „Vom *Vergnügen* am Umgang mit kinderliterarischen Texten". Diesem für den Zusammenhang zwischen Kinderliteratur, literarischer Sozialisation und Schule exemplarisch ausgewählten Unterthema nähere ich mich in vier aufeinander folgenden Teilschritten:

Zunächst gehe ich der Frage nach, warum der Aspekt des „Lesevergnügens" für das Thema „Kinderliteratur, literarische Sozialisation und Schule" ergiebig ist. Daran anschließend wird erörtert, was man sich unter „Vergnügen" im Einzelnen vorzustellen hat und welche Konsequenzen sich daraus bei der Beschäftigung mit Anfängerliteratur ergeben. Sodann geht es um die Rolle, die der Faktor „Vergnügen" im Konzept eines literarisierenden Unterrichts spielen könnte, und abschließend (Abschnitt 5) wird begründet, warum man besser von „Vergnügungen" und nicht von *dem* „Vergnügen" sprechen sollte.

2. Das „Vergnügen" im Schnittpunkt (kinder-)literartheoretischer und literaturdidaktischer Überlegungen

Das globale Thema „Kinderliteratur, literarische Sozialisation und Schule" wird hier exemplarisch an der Frage nach dem „Lese-Vergnügen" beim Umgang mit kinderliterarischen Texten erörtert. Diese Entscheidung lässt sich aus dem Gang der bisherigen und dem Stand der aktuellen Diskussion in zwei unterschiedlich ausgerichteten, aber eng aufeinander bezogenen Argumentationskontexten begründen: Meine Ausführungen zielen auf den Punkt, an dem sich der literaturtheoretische Diskurs über den „Funktionswandel" im Handlungs- und Symbolsystem der Kinderliteratur mit dem literaturdidaktischen Diskurs trifft, der zur Zeit über den Stellenwert kinderliterarischer Texte für die Zielsetzungen des Literaturunterrichts geführt wird.

In der Ringvorlesung des Heidelberger „Lesezentrums" vom Wintersemester 1995/96 „Bücher machen Schule. KJL in der Lehrerbildung" – veröffentlicht als Sammelband mit dem Titel *Kinderliteratur, literarische Sozialisation und Schule* – hat Cornelia Rosebrock einleitend drei Felder unterschieden, in denen KJL im Unterricht eine Rolle spielt (vgl. Rosebrock 1997):

1. Kinder- und Jugendliteratur in ihrer Funktion als Themenlieferantin:
   Ein Blick auf „Hitlisten", in denen im Unterricht häufig gelesene Texte zusammengestellt sind, zeigt, dass vor allem in der Sekundarstufe vornehmlich Bücher gelesen werden, anhand derer sich ein Problem zum Unterrichtsthema entfalten lässt. Beim Griff in die kinderliterarische Problemkiste finden Lehrerinnen und Lehrer von A (wie Alkoholismus oder Asylanten) bis Z (wie zerrüttete Ehen oder zerstörte Natur) so ziemlich alles, was das pädagogische Herz begehrt. Dass diese Funktion der KJL bevorzugt genutzt wird, liegt zum einen an der Vielzahl von Texten, die dafür zur Verfügung stehen, zum anderen am deutlich ausgeprägten stofflichen Interesse, das bei der schulischen Verwendung nahe zu liegen scheint.

2. Kinder- und Jugendliteratur in ihrer Funktion als Medium literarästhetischer Bildung:
Maria Lypp ist in dem Sammelband mit einem lesenswerten Aufsatz zum Thema *Mehrdeutigkeit in Texten für Kinder* vertreten (Lypp 1997). Sie vor allem war es, die darauf aufmerksam gemacht hat, dass Kinderliteratur für die unterschiedlichsten Bildungsaufgaben beansprucht worden ist, nicht aber für ein Gebiet, für das sie als „Literatur" prädestiniert scheint: für die Aneignung der Regeln des literarischen Systems. Anders als der Erwerb bestimmter Fähigkeiten und Erkenntnisse *durch* Literatur ist dies ein Lernen am Gegenstand selbst. Die Kinder haben entsprechende Fähigkeiten durch Bilderbuch, Märchenhören, Comic, Kassette, Fernsehen, Kaspertheater oder Spielvers erworben und erweitern sie durch eigenes Lesen – außerhalb der Schule und im Literaturunterricht.

3. Kinder- und Jugendliteratur in ihrer Funktion als schulischer Beitrag zur Lesesozialisation von Mediennutzern:
Inzwischen herrscht breiter Konsens darüber, dass das Fragezeichen, das Bettina Hurrelmann im Jahr 1990 hinter ihren Diskussionsbeitrag zum *Thema Kinder- und Jugendliteratur im Deutschunterricht – eine Antwort auf den Wandel der Medienkultur?* (Hurrelmann 1990) gesetzt hatte, durch ein Ausrufezeichen zu ersetzen sei. Nicht zuletzt wegen und nach PISA gilt: „Leseförderung – eine Daueraufgabe" (Hurrelmann 1996). Zu der themenbezogenen tritt damit eine kulturpolitisch und lesepädagogisch ausgerichtete „Funktionalisierung" der Kinder- und Jugendliteratur, die auf ihrem literarästhetischen Anspruch aufbauen, aber auch mit ihm in Konflikt geraten kann.

Aus dem damals wie heute zu konstatierenden Ungleichgewicht dieser drei Aufgabenfelder hat Cornelia Rosebrock die Forderung an die Literaturdidaktik abgeleitet, die dominante Ausrichtung auf die themensetzende Funktion der Kinder- und Jugendliteratur abzulösen durch eine tendenzielle Gleichberechtigung der Funktionen und dabei nach Schulstufen und Schulformen zu differenzieren (vgl. Rosebrock 1997, S. 19).

In seinem 1999 veröffentlichten *Plädoyer für die Anerkennung der Funktionsvielfalt von Kinderliteratur* argumentiert Hans Heino Ewers ganz ähnlich. Auch er unterscheidet drei Einstellungen zur Kinder- und Jugendliteratur, eine „pädagogische", eine „leserpsychologische" und eine „ästhetische". Der „pädagogischen" Funktion wird die „Erziehungsliteratur" mit ihrer Problemorientierung zugeordnet, der leserpsychologischen die Leseförderung und die Unterhaltungsliteratur. Die „ästhetische" Funktion sieht Ewers verwirklicht in kinderliterarischen Texten, die sich so weit wie möglich poetischer Verfahren und Techniken zu bedienen versuchen, die hochliterarisch gedeckt sind.

Im Blick auf die Schule konstatiert Ewers, dass die Literaturdidaktik unter dem Vorzeichen der Leseförderung endlich auch ihr traditionell gespanntes Verhältnis zur rein unterhaltenden KJL bereinigt habe (vgl. Ewers 1999, S. 35). Der dritte Funktionstyp, die später „anspruchsvoll" genannten Texte, eröffnen seiner Meinung nach neue Möglichkeiten für die literarische Bildung im Literaturunterricht. Als Beispiele führt er die moderne Kinderlyrik, die Geschichten von Jürg Schubiger, die modernen Kinderromane von Kirsten Boie und das Genre des Adoleszenzromans an.

Der folgende Überblick über die Ausdifferenzierung von kinderliterarischen Funktionen und über die literaturdidaktischen Prinzipien, die daraus abgeleitet werden, verdeutlicht die Gemeinsamkeiten und Unterschiede in der Sicht der aktuellen Entwicklungen:

Kinder- und Jugendliteratur in der Schule

	Rank/Rosebrock (1997)	Ewers (1999)
Funktionen	– Problemorientierung – Literarästhetische Bildung – Leseförderung	– Pädagogische Funktion – Ästhetische Funktion – Leserpsychologische Funktion
Literaturdidaktische Prinzipien	Veränderung der schulischen Praxis: – Relativierung der Problemorientierung – Gleichberechtigung der Funktionen	– Leseförderung: „rein unterhaltende" KJL – Literarische Bildung: „anspruchsvolle" KJL

Kaspar H. Spinner hat das Stichwort von der „Vielfalt" in einem Überblicksartikel über die moderne Kinder- und Jugendliteratur und ihre Didaktik aufgenommen, es aber deutlicher auf spezifische Aufgaben des Literaturunterrichts bezogen. Seiner Auffassung nach ist das kinderliterarische System „vielfältig wie nie zuvor" und stellt eine ansehnliche Zahl von Texten zur Verfügung, die sich für die von ihm favorisierten Ziele „Identitätsentwicklung", „moralische Bildung", „Fremdverstehen" und „literarisches Lernen" eignen. Er hat dabei insbesondere diejenigen Beispiele im Blick, die sich durch „psychologische Vertiefung" von Figuren und Problemkonstellationen auszeichnen (vgl. Spinner 2000).

Zwei Entwicklungen sind es, die zu einer veränderten Einschätzung kinderliterarischer Funktionen und zur Fokussierung der Diskussion auf die Einschätzung des Faktors „Lesevergnügen" geführt haben: Zum einen die im Jahr 2000 erstmals ins Spiel gebrachte These von Ewers zu den „Umrisslinien" einer „medial integrierten", auf Unterhaltungsbedürfnisse und damit auf Genuss ausgerichteten Kinder- und Jugendliteratur des frühen 21. Jahrhunderts (vgl. Ewers 2000), zum anderen die Kritik von Elisabeth Paefgen an einer Didaktik, die den Literaturunterricht unter die Zielsetzung „Hinführung zum frohen Lesen" stellt. Damit zielt sie auch auf die gesamte Zunft der Kinder- und Jugendliteraturdidaktik; namentlich genannt werden Gerhard Haas und Bettina Hurrelmann (vgl. Paefgen 1999).

Was Ewers angeht: Er konstatiert im Rückblick auf die 90er Jahre, dass die auffälligsten Veränderungen im Bereich der Unterhaltungs- oder Trivialliteratur für Kinder und Jugendliche stattgefunden haben. Er wählt für diese Gruppe von Texten den neutraleren Begriff „populäre Kinder- und Jugendliteratur". Film und Fernsehen gehen in der Tat dazu über, die eigenen Unterhaltungsangebote multimedial zu vermarkten: Es gibt das erzählende Begleitbuch zum Film, zum Computerspiel und zur Fernsehserie (bekanntestes Beispiel: *Gute Zeiten, schlechte Zeiten*); es werden Portraits von Popstars und Popbands, Fanromane, Begleitliteratur zu den Fernsehtalks und vieles dieser Art mehr auf den Markt gebracht. Innerhalb des Medienverbunds stellt die Literatur für Kinder und Jugendliche nur noch ein Medium unter anderen dar.[1] Als Freizeitangebot hat sie ihre traditionelle Monopolstellung bei jungen Leserinnen und Lesern eingebüßt. Bei Unterhaltungsangeboten wie Joanne K. Rowlings *Harry Potter* kann zwar die Buchfassung zeitlich an erster Stelle stehen; der Schritt zur multimedialen Verwertung folgt, wie sich gezeigt hat, in der Regel recht bald.

Für die Erforschung von Theorie und Geschichte der Kinder- und Jugendliteratur ist das eine Aufforderung, sich mit dem literaturpädagogischen Reizthema „Unterhaltung" neu zu befassen – was Ewers in einem differenzierenden Aufsatz auch tut (vgl. Ewers 2001). Die Leseförderer sehen sich damit konfrontiert, dass der Lesespaß, zu dem sie hinführen wollen, inzwischen massenhaft praktiziert wird, vielleicht aber doch nicht ganz so, wie sie es sich vorgestellt haben.

Ob der Literaturunterricht sich überhaupt auf dieses Feld begeben sollte, ist inzwischen allerdings nicht mehr ganz so selbstverständlich wie zu Zeiten der Ringvorlesung von 1995/96. Zur Debatte stehen vor allem die Argumente, die Paefgen vorgetragen hat. In kühner Zuspitzung hat sie die Dinge zwar nicht auf den Punkt, aber unter zwei gegensätzlich angeordnete Positionen gebracht (vgl. Paefgen 1999, S. 25f.):

---

[1] Vgl. dazu auch den Abschlussbericht über ein Projekt der Stuttgarter Fachhochschule „Hochschule der Medien": Ulrike Bischof; Horst Heidtmann: Film und Fernsehbücher: Kinder- und Jugendliteratur im Medienverbund. Stuttgarter Beiträge zur Medienwirtschaft Nr. 9, Juli 2003.

These	Didaktische Konsequenz
Auch das (richtige) Lesen literarischer Texte ist eine mühsame Sache und will gelernt sein.	*Von Anfang an zielstrebig gegen das gefühlsbetonte Lektürevergnügen angehen.*
Wichtig ist, dass die Schüler überhaupt lesen, und das tun sie eher, wenn sie das Vergnügen an literarischer Lektüre entdecken.	*Gefühlsbetonte Anmutungen durch Literatur verstärken und Raum für deren Veröffentlichung organisieren.*

Sensibilisiert durch die Fragestellung nach dem „Vergnügen" fällt sofort auf, dass dieser Begriff hier mit „gefühlsbetonten Anmutungen" gleichgesetzt wird. Sind diese Konnotationen erst einmal etabliert, kann man in der Argumentation rasch zur Polarisierung von Gefühl und Verstand übergehen. Ein Satz als Brücke, und schon ist man da, wo man hin will. Im Zitat sind die gedanklichen Stützpfeiler markiert:

> Der literarische Text kann *lustvoll* und *oberflächlich* zum *Vergnügen* gelesen, er kann aber auch *akribisch* und *ausdauernd* studiert werden, um das ästhetische Geflecht zu *analysieren* und *Erkenntnisse* über seine Struktur und seinen Inhalt zu erlangen. (Paefgen 1999, S. 25)

Die Gegensätze mit ihrer Verachtung des Vergnügens auf einen Blick:

Gefühl	*Verstand*
lustvoll lesen	akribisch lesen
oberflächlich lesen	ausdauernd lesen
Vergnügen	*Erkenntnis*
[Kinder- und Jugendliteratur/ Unterhaltungsliteratur]	[richtige Literatur]
[Grundschule]	[Gymnasium]

Wenn Paefgen zudem die seit den 80er Jahren aufgebaute Dominanz lesefördernder und handlungsorientierter Literaturlernkonzepte beklagt und dabei die Namen Hurrelmann und Haas ins Spiel bringt, findet man sich als Vertreter des Bereichs Kinder- und Jugendliteratur wohl oder übel auf der Seite der Didaktiker mit einer Vorliebe für gefühlsbetonte Anmutungen mit entsprechend geringem Verstand wieder.

Das allein wäre allerdings kein Grund für entschiedenen Widerspruch – der soll aus grundsätzlichen Erwägungen heraus vorgebracht werden: Paefgens Argumentation steht meines Erachtens auf einem unsoliden Fundament und wird weder der Vielschichtigkeit ästhetischen Vergnügens noch der Kinder- und Jugendliteratur gerecht. Diese These wird im Folgenden zur Sicherheit doppelt begründet: zunächst – am Beispiel der Erstlesetexte – vom Gegenstand aus, abschließend dann rezeptionsbezogen. Insgesamt komme ich damit zu einer differenzierteren Bestimmung des Faktors „Lesevergnügen" im Spannungsfeld zwischen unterhaltsamer und anspruchsvoller Kinderliteratur.

3. Vergnügen und Einsicht: Erfahrungen mit Anfängerliteratur

Die Probe aufs Exempel „Lesevergnügen" beginne ich bei der Gruppe der Bücher für Erstleser. Fast alle Jugendbuchverlage bringen inzwischen spezielle Reihen für diese Leserschaft heraus, nachdem es in den 60er Jahren bereits die Reihen *Mein erstes Taschenbuch* (Otto Maier) und *Lerne lesen* (Carlsen) als Vorläufer dieses Buchtyps gegeben hat. Hier bietet sich in der Tat eine sehr bunte Vielfalt dessen, was ich zunächst undifferenziert „Leseanimation" nennen möchte:

Wer vermutet, das habe etwas mit Anspielungen auf *Das große Lalula* von Christian Morgenstern oder auf die Sprachspiele Ernst Jandls zu tun, wird im Vorwort des lesedidaktischen Begleithefts, dem diese Abbildung entnommen ist, eines Besseren belehrt: „Der Reihenname *Daddeldu* soll die Zielgruppe auf pfiffige Art und Weise ansprechen. Zugleich steht *Daddeldu* mit dem liebenswerten Dachs als Reihenfigur für umfassenden Lesespaß und beste Unterhaltung".[2]

---

[2] *Mit Daddaldu Lesefreude wecken. Praktische Vorschläge für die Ganzschriftenlektüre in der Grundschule.* Ideen und Anregungen von Dr. Angelika König und Isolde Ponnath. Bindlach: Loewe Verlag 1999, Titelbild und Vorwort S. 5.

Vielleicht motivierend, aber auch kindisch, harmlos und simpel – mehr fällt dem kritischen Beobachter des Angebots dazu im Moment nicht ein. Inhalt und erzählerische Qualität vieler Texte, die sich unterhaltenden Lesespaß auf die Fahnen schreiben, sind entsprechend banal: Tiere aller Art und Größe gehen auf Reisen oder fahren in Urlaub, Vampire beißen nicht zu, sondern werden gebissen und Freundinnen oder Freunde finden Außenstehende im Handumdrehen. Für die renommierte Kinderbuch-Autorin Kirsten Boie, die die inhaltlichen, sprachlichen und erzähltechnischen Probleme beim Schreiben von Erstlesebüchern aus eigener Erfahrung gut kennt, hat das fatale Konsequenzen: Bei mangelnder Qualität können nämlich viele Texte das nicht leisten, was der Anspruch dieser Reihen ist: Kinder an das Lesen zu binden. „Sollten nicht, weil Erstlesetexte diese wichtige Funktion im Prozess des Leseerwerbs haben, gerade hier strengere Kriterien angelegt werden?" (Boie 1998, S. 32).

Dem ist aus literaturdidaktischer Sicht ohne jegliche Einschränkung zuzustimmen. Ich möchte aber noch einen Schritt weiter gehen und eine kategoriale Unterscheidung einführen: die zwischen „Texten für Leseanfänger" und „Anfängerliteratur". Dieser Unterschied lässt sich durch einen Vergleich von zwei exemplarisch ausgewählten Beispielen verdeutlichen:

Beispiel 1 (Aliki 1987)	*Beispiel 2 (Wölfel 1988)*

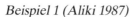

DER KROKUS

	Heute bin ich traurig aufgewacht.
	Ich weiß nicht, warum.
	Alle fragen: „Was tut dir weh?
	Warum bist du traurig?"
	Nichts tut mir weh.
	Ich bin nur traurig.
	Alle sagen: „Die Sonne scheint!
	Warum bist du traurig?"
	Aber ich kann es nicht sagen.
	Ich bin nur traurig.
	Auch mein Bär ist heute traurig,
	und ich weiß nicht, warum.
	Alle sollen uns in Ruhe lassen.

Auf den ersten Blick sind vielleicht keine großen Unterschiede zu bemerken: Beide Male ist die Textmenge überschaubar, der Wortschatz alltäglich, der Satzbau einfach, der Stil der mündlichen Sprache angenähert, der Aufbau klar strukturiert: Hier Rede und Gegenrede, da zwei sich wiederholende Strophen und ein abrundender Abschluss. Die Beispiele haben auch inhaltlich etwas gemeinsam: Es geht um Gefühle.

Auf den zweiten Blick tun sich aber *Welten* zwischen beiden Texten auf; man ist wirklich auf einem jeweils anderen Stern: Auf dem einen trifft man das schriftstellerisch Anspruchslose Hand in Hand mit dem pädagogisch Fragwürdigen, auf dem anderen hat sich das Literarische mit dem in einem guten Sinn Pädagogischen zusammengetan.

Das erste Beispiel: Im Titel des Bilderbuchs *Gefühle sind wie Farben* (Aliki 1987) klingt noch Poetisches an, aber der Merksatz „Etwas Schönes kann deine Gefühle anrühren" (links oben bei den Vögelchen) bringt die erste Enttäuschung: Die Antwort des blauen Vögelchens „wirklich" ist leider nicht ironisch, sondern ernst gemeint. Was folgt, ist ein Dialog, der, wenn er nicht unfreiwillig grotesk wäre, im Kontext einer Liebesgeschichte eine Funktion haben könnte: als beklemmend trauriges Bild für das Aneinander-vorbei-Reden der Partner. Jetzt aber ist das Ganze nichts als ein Bausatz von Fertigteilen zur Auslösung von Gefühlen: Natur, Sport, Freundschaft, Lyrik. Der Dialog transportiert zudem eine geschlechtsspezifische Norm: Gefühl wird dem Mädchen zugeschrieben, der Junge denkt ans Radfahren und klärt seine Freundin nebenbei gönnerhaft auf: „Du hast Frühlingsgefühle". Für das Klischee vom Bauch, in dem es kribbelt, hat Maria Lypp eine einleuchtende Erklärung: Dieses psychosomatische Phänomen werde wohl deshalb so bevorzugt, weil man meint, Körperlichkeit spräche das Kind eher an als Begriffe. „Daß nun der Bauch die prominente Rolle spielt, mag daran liegen, daß dieses Organ etwas unverfänglich Neutrales hat, obgleich es zu den unteren Regionen gehört. Vor allem aber hat der Bauch etwas Gemütliches und Witziges, und damit kann man sich vor Pathetik schützen, denn diese Art von Gefühlsdarstellung meidet emotionale Größe, Würde oder gar Überschwänglichkeit."[3]

„Emotionale Würde" – die lässt Ursula Wölfel (Beispiel 2) ihrem Kind, und der Appell, „Alle sollen uns in Ruhe lassen", reicht über die Grenzen ihrer „winzigen Geschichte" hinaus. Bei ihr ergibt sich das Pädagogische aus dem Literarischen, auf das ich nun den Blick richten möchte.

Was auffällt, sind die Wiederholungen. Für den Erwerb der Lesefähigkeit ist das eine Erleichterung, die zudem die Freude des Wiedererkennens von bereits Bekanntem auszulösen vermag. Literarisch erweisen sich die Wiederholungen als Elemente einer kunstvollen Struktur, und diese Struktur hat sowohl eine formale wie eine inhaltliche Funktion.

Am Anfang des Textes werden zwei *parallele Reihen* etabliert: Auf die wiederholte Frage aller anderen: „Warum bist du traurig?" wiederholt das kindliche Ich seine abweisend wirkende Antwort: „Ich bin nur traurig". Dabei wird zugleich eine *erste Opposition* eingerichtet und repetitiv bestätigt: die zwischen dem schweigsam-unzugänglichen „Ich" und seinen wohlmeinend-aufdringlichen Kommunikationspartnern (= „alle").

---

[3] In der Interpretation und Wertung dieses Beispiels folge ich Maria Lypp (2000, S. 45).

Eine *zweite Opposition* ergibt sich, wenn die in der zweiten Zeile leitmotivisch anklingende Empfindung „Ich weiß nicht, warum" ein zweites Mal zitiert wird. Diese Wiederholung in der Schluss-Strophe bezieht sich nun nicht mehr auf das Innenleben des sprechenden „Ich", sondern auf seinen Partner, den Bären. Verstärkt wird diese Opposition, weil die Frage „Warum bist du traurig?" vom traurigen „Ich" – im Gegensatz zu „allen" – in einem Akt der in diesem Gegensatz gelernten Empathie gerade *nicht* wiederholt wird.

So münden die oppositionell angelegten Parallelen in eine letzte, die sinntragende Opposition. *Wir* (= Ich und der Bär) sind traurig und *alle* sollen uns in Ruhe lassen. Warum uns alle in Ruhe lassen sollen und was der Traurigkeit abhelfen kann, braucht nicht gesagt zu werden, weil es in der sprachlichen Form des Textes enthalten ist. Das ist „Anfängerliteratur" par excellence: Einfache literarische Grundstrukturen vermitteln komplexen Sinn, den sich die „Anfänger", akribisch lesend, auf ihrer Verstehens-Stufe aneignen können.

Zwei Konsequenzen möchte ich aus diesem Vergleich zwischen den beiden Beispieltexten ziehen:

1. Wir dürfen uns nicht vor dem Problem der literaturpädagogischen Wertung drücken. Reinbert Tabbert hat vor kurzem in der Stadtbibliothek Reutlingen eine Ausstellung ästhetisch anspruchsvoller Bilderbücher zusammengestellt. Nach seinem Wertungskriterium befragt hat er eine Anmerkung gemacht, die genauso für andere kinderliterarische Buchgattungen gilt: „Da aber Kinder für Trivialität ebenso offen sind wie für Kunst, sollte es uns nicht gleichgültig sein, was auf ihr Gefühlsleben einwirkt" (Breitmoser 2003, S. 80).

2. Wir müssen zwischen Texten für Leseanfänger und Anfängerliteratur unterscheiden. Mithilfe von Büchern für Leseanfänger kann man lesen lernen und die Lesefähigkeit vervollkommnen; sie dienen nicht in erster Linie der Entwicklung einer literaturbezogenen, sondern einer allgemeinen basalen Lesekompetenz. Lernte man, überspitzt gesagt, zuvor Lesen nicht zuletzt auch deshalb, um in die Welt der Literatur hineinzufinden, so liest man jetzt Literatur, um Lesen zu lernen (vgl. Ewers; Weinmann 2002). In der Regel ist der literarische Wert der Texte dementsprechend, wobei man wirklich nicht alles über einen Kamm scheren darf: auch bei Lese-Texten gibt es bessere und schlechtere Exempel.

Anfängerliteratur nimmt darauf Rücksicht, dass der schulische Literatur-Erwerb mit einer ersten kritischen Phase beginnt: Frühestens in der dritten Klasse schließt sich nämlich die Schere zwischen der bereits im Vorschulalter entwickelten Fähigkeit, Geschichten in ihrem Zusammenhang zu verstehen und der Mühe des Entzifferns der Schriftsprache. Die Praxis des Vorlesens und das Lesen von Anfängerliteratur können diese Lücke überbrücken. Niemand hat das so klar gesehen und so prägnant formuliert wie Maria Lypp:

Dass der Erstlesetext die Komplexität der voraufgegangenen, vorgelesenen Literatur nicht hat, darf nicht zum Rückfallerlebnis werden. Wenn der Erstlesetext per definitionem die Fülle der Figuren und Aktionen, die das Kind aus Märchen und Medien kennt, vermissen lässt, bleibt nichts anderes als die Sprache. Sie allein muss auf dem abenteuerlichen Weg durch die Schrift selbst zum Abenteuer werden. Was könnte sich ein Autor, der sich Arbeit mit der Sprache macht, für einen besseren Leser wünschen als den Erstleser. Wie genau schaut dieser noch hin, wie wenig automatisch, wie wenig konsumierend und letztlich wie produktiv – auch fruchtbare Fehler produzierend – beteiligt liest er, muss er lesen, weil der schriftliche Text so schwer zu haben ist. [...] Der Aufwand, mit dem es [= das Kind, B. R.] sich noch von Wort zu Wort kämpft, verlangt, dass das Gelesene Wichtigkeit habe und dass diese Wichtigkeit nicht im Lernvorgang, sondern im Text selbst stecke. (Lypp 1998, S. 13)

Und wo bleibt das Vergnügen? Es resultiert aus der Forderung, statt auf leichtgängige Münze oder auf betonte Alltagssprachlichkeit zu setzen, dem „Glück sprachlicher Überraschungen" auf die Spur zu kommen (ebd.). Die Gefahr, dass Leseanfänger solche Überraschungen überlesen, ist bei ihnen am geringsten.

Einen Beleg dafür findet man in der eingangs zitierten Erzählung von Jürg Schubiger und den Begleitmaterialien, die dazu erschienen sind:

Unterdessen war die Luft
grau geworden.
Vater zog die Store hoch.
Ein Wind fuhr in die Bäume.
Die Blätter blinkten
wie Schwärme von Fischen.
Es donnerte.
Es tropfte.
Es schüttete.
(Schubiger; Obrist 1998, S. 18)

Im didaktischen Begleitheft ist ein Interview abgedruckt, das eine Klasse nach der Lektüre der Geschichte mit dem Autor geführt hat. Es belegt, dass man mit Kindern an solchen Texten sprachlich-literarische Aufmerksamkeit entwickeln kann, denn sie fragen: „Wie kommen Ihnen so Sätze wie 'Die Blätter blinkten wie Schwärme von Fischen' in den Sinn?" Schubigers Antwort:

Meine augenblickliche Umgebung, das Wetter, meine Stimmung regen mich an. [...] Ich sehe beim Nachdenken gerne zum Fenster hinaus. Wenn ich nicht weiterkomme, stehe ich auf und spaziere. Bei zu starker Anspannung geht nichts.

Es gibt ein Land, wo die Menschen den Göttern einen Stuhl hinstellen, damit sie kommen und sich hinsetzen können. Dass einer der Götter sich wirklich auch hinsetzt, lässt sich jedoch nicht erzwingen. Ähnlich ist es bei mir: Wenn ich mir die Bedingungen geschaffen habe, können die Einfälle kommen; erzwingen kann ich sie nicht. (Utzinger; Brändli 1998, S. 5)

Ein ähnlicher Glücksfall ist es, wenn man auf Texte stößt, bei denen sich die spannungsreiche Dialektik von Leseförderung und Einsicht in literarische Strukturen, Lesevergnügen und literarische Bildung im Hegelschen Sinne „aufhebt". Valentin Merkelbach betont in seiner Kritik an Elisabeth Paefgen vor allem diesen Zusammenhang, wenn er feststellt: „Auch das Vergnügen einfacher, ja einfachster literarischer Texte setzt, wie vorbegrifflich auch immer, Einsicht in die Machart voraus und erweitert zugleich diese Einsicht, ohne die Vergnügen nicht zu haben ist" (Merkelbach 2000, S. 94).

Ich sehe die mit Anfängerliteratur möglichen literarischen Erfahrungen auch als Beleg für meine im einleitenden Gespräch mit Gerhard Härle vorgetragene These, dass die Entwicklungslinien von Lesekompetenz und literarischer Rezeptionskompetenz von einem bestimmten Punkt an zusammenfallen (vgl. oben S. 3ff.). Das „textnahe Lesen", das „Anfängerliteratur" zugleich ermöglicht und einfordert, markiert exakt diesen Punkt. An Beispielen wie denen von Jürg Schubiger oder Ursula Wölfel lässt sich demnach zeigen, dass es Texte und Leseerfahrungen gibt, die das antithetisch angelegte Modell Paefgens relativieren – übrigens ganz in ihrem Sinne, was die Übernahme des Begriffs „textnahes Lesen" signalisieren soll.

Das Fazit: Anfänger*literatur* im eigentlichen Sinn dieses Wortes können Kinder lustvoll *und* genau, mit Vergnügen *und* Einsicht und mit Gefühl *und* Verstand lesen. Und sie lesen, weil sie sich einseitigen Polarisierungen (noch) nicht beugen müssen, zwar nicht „analysierend", aber dennoch Sinn-entdeckend und Sinn-verstehend.

4. „Ästhetisches Vergnügen" als Zentrum einer literarisierenden Didaktik der Kinder- und Jugendliteratur

Texte wie die von Ursula Wölfel oder Jürg Schubiger sind sicher eher die Ausnahme als die Regel. Wenn man sich aber mit geschärftem Blick auf die Suche macht, findet man genügend andere Beispiele. Ohne kinderliterarische Texte, die sich durch literarästhetische Qualitäten vom eher eingängigen Durchschnitt abheben, kann nämlich das Zentrum nicht gefüllt werden, das ich für eine „literarisierende Didaktik" (nicht nur) der Kinder- und Jugendliteratur angesetzt habe: die literarische Bildung. Der Denkrahmen, innerhalb dessen eine solche Didaktik zu entwickeln wäre, sieht in einem Versuch der modellhaften Visualisierung folgendermaßen aus:

```
                                    ┌─────────────────────────────────────────┐
                                    │  BEGRIFFLICH-ANALYTISCHES LERNEN         │
                                    │        Unterricht über Literatur          │
                    ┌───────────────┼─────────────────────────┐                │
                    │       LITERARISCHE BILDUNG              │                │
                    │      Literarisierender Unterricht        │                │
                    │  – aktiv ins „Spiel" ernsthafter literarischer           │
                    │    Kommunikation eintreten               │                │
                    │  – ästhetisches Vergnügen bei der Entdeckung             │
                    │    des „Sinns" in literarischen Texten entwickeln        │
                    │  – die Kommunikation darüber als für sich und            │
                    │    andere bedeutsam erfahren              │                │
         ┌──────────┼─────────────────────┐─────────────────┴────────────────┘
         │     LESEFÖRDERUNG             │
         │       Leseunterricht          │
         └───────────────────────────────┘
```

Das „Modell" hat, metaphorisch gesprochen, ein Zentrum (die literarische Bildung), eine Basis (die Leseförderung) und einen Überbau (das begrifflich-analytische Lernen). Die beiden Pole, die Elisabeth Paefgen angesetzt hat, die Leseförderung und das begrifflich-analytische Lernen, stehen sich nicht mehr direkt gegenüber: Ins „Zentrum" rückt mit dem literarisierenden Unterricht eine nach beiden Seiten offene „vermittelnde Instanz", deren Funktion an den aufgeführten Zielsetzungen abzulesen ist.

Der Begriff „Basis" hat insofern seine Berechtigung, als literarische Bildung ohne die von Gerhard Haas geforderten und methodisch konturierten „Basiskompetenzen" nicht zu erreichen ist.[4] Die Metaphorik von Basis und Überbau lässt sich aber nicht ohne Brüche an das Bild vom „Zentrum" anschließen. Deshalb eine abstraktere Formulierung: Literarische Bildung als Leitidee impliziert Leseförderung als *Voraussetzung* und begrifflich-analytisches Lernen als *Konsequenz*.[5]

Entscheidendes zu verdanken hat die hier vorgeschlagene Modellierung zum einen Ulf Abrahams Leitprinzip der „Übergänge" und seiner Unterscheidung zwischen Lesedidaktik und Literaturdidaktik (vgl. Abraham 1998), zum anderen Michael Kämper-van den Boogart, der unter Berufung auf Bourdieus Begriff der „illusio" eine strukturell und inhaltlich vergleichbare Konzeption zur Überwin-

---

[4] Literaturunterricht, so Haas (1997a, S. 35f.), „*öffnet* zunächst die Tür in die fiktionale Welt der Literatur" und vermittelt „Impulse zum intensiven *Verweilen* im Raum der Literatur". Grundlegend dafür ist vor allem die „literarische Kompetenz", verstanden als Fähigkeit, „mit einem Text Kontakt aufzunehmen und eine wie auch immer geartete, emotional-affektive oder kognitive Verbindung mit ihm einzugehen." Ohne diese Voraussetzungen könne „ästhetische Kompetenz" (= die Fähigkeit, die poetologische Struktur eines Textes zu analysieren und ihre Funktionen einzuschätzen) nicht erreicht werden.

[5] „Konsequenz" ist dabei kein Automatismus, sondern folgt der Entwicklungslogik stufenweise zunehmender Bewusstheit, die auch für den Zusammenhang zwischen Sprechtätigkeit und Sprachbewusstheit anzusetzen ist (vgl. dazu u. a. Rank 1994).

dung des Zielkonflikts zwischen Leseförderung und Literaturdidaktik vor-
schlägt. Letzteres ist direkt in die Zielsetzungen des „literarisierenden Unterrichts" (s. o.) eingegangen:[6]

> Um aktiv ins Spiel ernsthafter literarischer Kommunikation einzutreten, müssen die
> Schüler zumindest die Bereitschaft für den Glauben aufbringen, dass die im Umgang mit
> literarisch codierten Texten zustande kommenden Erfahrungen, Leistungen und Pro-
> dukte wichtig – und auf keinen Fall „beliebig" – sind. Dies wird wohl nur funktionieren,
> wenn sie die Wichtigkeit an anderen, die in solchen Erfahrungszusammenhängen
> stecken, d. h. das Spiel engagiert spielen, ablesen können. Und wenn sie im Spiel bleiben
> sollen, erfordert dies eine Kommunikation, die von ihren Teilnehmern als für sich und
> andere bedeutsam erfahren wird.

Von Abrahams Denkmodell weicht mein Vorschlag in zwei Punkten ab. Für problematisch halte ich, dass er die „Kompetenzen" im Umgang mit Kinder- und Jugendliteratur unter die Lesedidaktik subsumiert, obwohl seinen Darlegungen
zufolge dabei nicht die „Leseförderung", sondern der Bereich des „literarischen
Lernens" die zentrale Rolle spielen sollte. Zum „Kern" literarischen Lernens gehört für ihn die Fähigkeit, „mit Literatur (besser) umzugehen". Unter Berufung
auf Ivo, Haas und Fingerhut wird das als „literarische Kompetenz" bezeichnet
(Abraham 1998, S. 214). Da ich „literarische Bildung" hier nicht material (etwa
als Ansammlung von Wissen *über* Literatur), sondern formal (als *Fähigkeit*) be-
stimme,[7] gehört „literarisches Lernen", so verstanden, zum Kernbereich eines
„literarisierenden Unterrichts". In der Konsequenz dieser Um-Akzentuierung
würde ich die Kompetenzen, die Abraham in seinem Modell der Literaturdidaktik zuschlägt (Abraham 1998, S. 258f.), anders zuordnen: seine „poetische" und
„interaktive Kompetenz" dem „literarisierenden Unterricht", seine „sach-
sprachliche", „kognitive" und „moralische Kompetenz" dem „begrifflich-analytischen Lernen".

Für die Auswahl von Texten, die sich für „literarische Bildung" eignen, soll nicht
die Idee eines fixierten Kanons leitend sein, sondern die eines nach zwei Seiten
– für die Tendenz zur „Unterhaltung" (vgl. Hurrelmann 1998) und für die Aus-
prägung des „Kunstcharakters" (vgl. Lypp 1995; 1999) – offenen „Kerns" von literarisch und inhaltlich gewichtigen Texten. Man findet sie z. B. in der Gruppe
der „erfolgreichen" und der „anspruchsvollen" Kinderbücher,[8] in den Vor-
schlagslisten zum Deutschen Jugendliteraturpreis, unter den Buchempfehlun-

---

[6] Kämper-van den Boogart 2000, S. 20. Ein weiterer Gewährsmann ist Zabka 2003, S. 18–32.
[7] Ein solches Verständnis findet sich u. a. bei Maria Lypp: „Unter literarischer Bildung wird die
     Fähigkeit verstanden, sich der besonderen Kommunikationsweise zu bedienen, die ein literari-
     scher Text bietet" (Lypp 1989, S. 79) oder bei Cornelia Rosebrock (vgl. Rosebrock 2001).
[8] Zu den erfolgreichen Kinderbüchern vgl. Tabbert 1999. Diese Gruppe kommt deshalb in Frage,
     weil das Merkmal „erfolgreich" sich bei Tabbert nicht nur an den Verkaufszahlen und am Lese(r)in-
     teresse bemisst, sondern *zudem* am Qualitätsurteil der Vermittlungsinstanzen. Die „anspruchsvol-
     len" Kinderbücher werden u. a. charakterisiert in Ewers; Weinmann 2002.

gen in „Praxis Deutsch" und unter den in der Zeitschrift „Eselsohr"[9] als „aus dem Rahmen fallend" rezensierten Büchern.

Die Realisierung dieses Konzepts erfordert Schulen, an denen die „Basis" der Leseförderung auch außerhalb, aber in Verbindung mit dem Literaturunterricht ihren festen Ort hat.[10] Und es bedarf einer Konzentration auf methodische Verfahren, die die Aufgaben und Funktionen des „literarisierenden Unterrichts" tragen können. Im Mittelpunkt müssen hier m. E. die Methoden des „textnahen Lesens" und des „literarischen Unterrichtsgesprächs" (vgl. dazu den Beitrag in diesem Band von Gerhard Härle, S. 137ff.) stehen. Die Brücke zur Leseförderung kann und sollte man mit den Vorschlägen zu einem handlungs- und produktionsorientierten Literaturunterricht – vor allem nach der Konzeption von Gerhard Haas – schlagen. Den Übergang zum begrifflich-analytischen Lernen leisten auf der anderen Seite des methodischen Spektrums die „produktiven Verfahren", die Günter Waldmann für die Zielsetzung „literarisches Verstehen" entwickelt hat (vgl. Waldmann 1998). Und natürlich gehören auch entsprechende Veränderungen in der Ausbildung von Literaturlehrerinnen und –lehrern zu den Voraussetzungen, die gegeben sein müssen, wenn das Konzept adäquat umgesetzt werden soll (vgl. dazu den Beitrag in diesem Band von Marcus Steinbrenner, S. 179ff.).

Wie heißt es doch bei Goethe, einem „Vorläufer" des literarisierenden (Lese)-Unterrichts: „Es gibt dreierlei Art Leser: eine, die ohne Urteil genießt, eine dritte, die ohne zu genießen urteilt, die mittlere, die genießend urteilt und urteilend genießt; diese reproduziert eigentlich ein Kunstwerk aufs neue."[11] So gesehen zielt das hier vorgestellte Modell einer literarisierenden Didaktik (nicht nur) der Kinder- und Jugendliteratur auf nichts anderes als den dialektischen Prozess der Annäherung an Goethes Ideal eines Lesers von der „mittleren", der umfassendsten Art.

5. Vergnügungen beim Aneignen anspruchsvoller kinderliterarischer Texte

Bei aller Funktionsvielfalt und trotz allen Funktionswandels: Aus der Kinder- und Jugendliteratur lässt sich nach wie vor ein Curriculum für die literarische Bildung entwickeln. Dessen Basis sollte aus Texten bestehen, die dazu geeignet

---

[9]   Die Zeitschrift (12 Hefte pro Jahr) erscheint inzwischen im Verlag Leseabenteuer GmbH i.G. München, die Redaktion liegt in den Händen von Nicola Bardola.

[10] Dazu bedarf es zum einen der entsprechenden materiellen Ressourcen (sprich: das Lese- und Medienzentrum „vor Ort"), zum anderen der fachlichen Kompetenz von SpezialistInnen der Leseberatung und Literaturvermittlung.

[11] Aus einem Brief Goethes an Friedrich Rochlitz vom 13. Juni 1819 (Hamburger Ausgabe der Briefe Goethes, Nr. 1135).

sind, literarisches Lernen als „genussvolles Aneignen der Künste" zu inszenieren.

Mit der Wendung „genussvolles Aneignen der Künste" nehme ich Bezug auf Titel und Motto eines von Gudrun Schulz und Herbert Ossowski herausgegebenen Sammelbandes. Das Motto stammt aus dem Arbeitsjournal von Bertolt Brecht. Am 28.11.1944 kommt er dort auf einen der größten Meister der chinesischen Lyrik zu sprechen, den Po CHü-I. Seine Gedichte sind in einfachen Worten, jedoch sehr sorgfältig geschrieben. Es geht die Sage, Po Chü-I habe viel einem alten Bauernweib vorgelesen, um festzustellen, wie verständlich sie waren. Brecht notiert dazu, es gebe Leute, die es nicht fassen können, „daß für den Po CHü-I zwischen didaktik und amüsement kein unterschied besteht." Brechts Erklärung dafür lautet:

> kein wunder, wenn lernen uns, betrieben als schneller einkauf von kenntnissen zum zweck des wiederverkaufs, mißvergnügen erregt. in glücklicheren zeitaltern bedeutete lernen ein genußvolles aneignen der künste [...]. die dichtung, in ihren didaktischen wie in ihren anderen werken, vollbringt es, unsern lebensgenuß zu erhöhen. sie schärft die sinne und verwandelt selbst die schmerzen in genuß. (Brecht 1973, S. 706)

Der einleitende Beitrag des Sammelbands *Lernen als genußvolles Aneignen der Künste* stammt von Bettina Hurrelmann. Sein Titel lautet: *Lesen erhöht den Lebensgenuß, aber wollen Kinder noch genießen?* Auch Hurrelmann bezieht sich zunächst auf Bertolt Brecht und zitiert Sätze, die auf einem Plakat in ihrem Arbeitszimmer hängen: „In der Kunst genießen die Menschen das Leben. Genuß bietet eine Stärkung des Lebenswillens" (Hurrelmann 1997, S. 2).

Hurrelmann beantwortet die Frage, ob Kinder heutzutage noch genießen wollen, mit: „ja natürlich", weil sie den hier zur Rede stehenden Lesegenuss entsprechend weit auffasst. Sie spricht nicht nur von Lesegenuss, sondern auch von Leselust, Leseglück und Lesefreude, vermeidet aber die wohlfeile Formel vom „Spaß am Lesen", die vorgibt, wir wüssten schon, worum es geht.

Aus ihren Untersuchungen führt sie Belege dafür an, dass für viele Kinder das Fernsehen mit seinen nur oberflächlich spannenden, meist kurzen und einfachen, aber effektvoll aufgemachten Inhaltskollagen im Grunde keine Attraktion mehr darstellt. Es verbindet sich mit Langeweile und produziert Langeweile. „Und wenn ich dann einen Film angesehen habe, ist mir schon wieder langweilig" – so die wörtliche Äußerung eines Kindes, das mit dem Fernseher groß geworden ist. Fernsehen ist leicht, Lesen ist anstrengend für Kinder und macht so gesehen nicht nur Lust, verspricht aber bei der Überwindung von Schwierigkeiten Aussicht auf „Sinn". Die Lesegenüsse der Kinder leben von dieser Aussicht:

> Selbst wenn sie in ihren Familien wenig befriedigende Erfahrungen mit Büchern machen konnten, verbindet sich doch das Lesen für sie mit dem Versprechen von etwas Bedeutsamem, von etwas, das mit ihnen selbst und ihrer Welt zu tun hat, von Zusammenhang und – möglichst sozial stabilisiertem – Sinn. Danach verlangen Kinder. Dieses Ver-

sprechen ist die *positive Kehrseite* von einem anspruchsvollen Lesekonzept. (Hurrelmann 1997, S. 17)

Ein solches, ein „anspruchsvolles" Lesekonzept muss der Tatsache Rechnung tragen, dass es schon im Grundschulalter ganz unterschiedliche Lesegenüsse gibt. Im Allgemeinen denkt man dabei zunächst an das einsame, von unbewussten Wünschen geleitete tagtraumartige Lesen. Immer wieder vorkommende thematische Strukturen sind z. B. die glanzvolle Veränderung der äußeren Situation eines Kindes (Typ *Harry Potter*), die bessernde Einwirkung eines Kindes auf Erwachsene (Typ *Heidi* oder *Ronja*), die machtvolle und erotische Beziehung zu einem Tier (Typ „Pferdebücher") oder das Bestehen von Abenteuern in einer Gruppe (Typ *Fünf Freunde* – vgl. Hurrelmann 1997, S. 10). Nicht zuletzt Bettina Hurrelmann und Gerhard Haas ist es zu verdanken, dass solche Lesegenüsse in der Literaturdidaktik nicht mehr ignoriert werden. Die Einsicht in die Notwendigkeit von Leseförderung hat dem ja auch gehörig Nachdruck verliehen.

Es lässt sich jedoch die Tendenz beobachten, dass sich Leseförderung auf „kunterbunten Lesezauber" reduziert und dass sich der Erfolg in erster Linie bei jenen Kindern einstellt, die schon eine stabile Lesemotivation mitbringen. Die Risikogruppe der Nicht- oder Nicht-Mehr-LeserInnen in den Haupt- und Realschulen wird man mit diesem Versprechen kindlicher Lesegenüsse ohnehin nicht erreichen können. Didaktisch noch gravierender ist die Gefahr, dass sich der Leseunterricht vom literarisierenden Unterricht verabschiedet. M. E. liegt das auch daran, dass der Begriff des „Lesevergnügens" zu *eng* und zu *einseitig* verstanden wird. An dieser Engführung ist auch die Lesesozialisationsforschung beteiligt, die ihren Schwerpunkt auf die neuzeitliche Errungenschaft des stillen, das Erzählszenario in der Imagination belebenden, Figuren „identifizierend" aneignenden Lesens gelegt hat. Diese Leseweise hat ihre vorherrschende Stellung in Moderne und Postmoderne schon längst eingebüßt, wird aber für Kinder und Jugendliche, die medial schon in andere Rezeptionsformen eingeübt sind, noch immer als die dominante und ausschließliche propagiert. Außerdem bezieht sie sich nur auf das Lesen von Geschichten und Romanen. Wenn es um ästhetischen Genuss geht, werden Gedichte und dramatische Formen viel zu wenig beachtet.

Wie bereits ausgeführt ist das mit dieser Rezeptionsweise verbundene Lesevergnügen als Basis für die literarische Bildung unerlässlich, darf aber nicht immer nach demselben Schema, d. h. letztlich in trivialer Weise weitergeführt werden. Und man muss auch Texte anbieten, die andere Bedürfnisse ansprechen: z. B. solche wie die in den Abschnitten 1 und 3 vorgestellten. Zudem müsste man dem Gesichtspunkt Rechnung tragen, dass sich die Vorliebe für bestimmte Lesegenüsse entwickeln kann (und muss).

Daher ist dieser Abschnitt auch mit dem Plural „Vergnügungen" überschrieben. Zu denken ist zunächst an Sigmund Freud und seine Bemerkung, wenn uns der

Dichter seine Spiele vorspiele, empfänden wir „hohe, wahrscheinlich aus vielen Quellen zusammenfließende Lust" (vgl. Freud [1972]). Thomas Anz (1998) hat in seiner Monographie *Literatur und Lust. Glück und Unglück beim Lesen* die Vielfalt von Faktoren zusammengestellt und erläutert, die Vergnügen an literarischen Texten bewirken können. Ohne sich auf die Frage einer Hierarchie der Vergnügungen einzulassen, geht er ein auf Literatur als Spiel, auf das Wohlgefallen am Schönen und die Faszination des Schrecklichen, auf Spannungslust und Glückstechniken, auf Lachlust, auf erotische und pornographische Lust.

Am einleitend vorgestellten Text von Jürg Schubiger sollen abschließend die unterschiedlichen Vergnügungsmomente konkretisiert werden. Zuvor aber noch eine Anmerkung zu der Frage, ob und welche Art von Vergnügen Erwachsene beim Umgang mit Kinderliteratur empfinden können. Dieses Problem betrifft Erwachsene in ihrer Rolle als vorlesende Eltern und als Literatur-LehrerInnen in der Schule und es steckt wohl auch hinter der kritischen Anfrage, ob wir in der Lehrerausbildung damit zufrieden sein können, wenn Deutsch-Studierende auch im Studium vorwiegend Kinder- und Jugendliteratur lesen. Ohne den Anspruch an Verallgemeinerung soll zunächst der anerkanntermaßen anspruchsvolle Autor Jürg Schubiger zu Wort kommen. In dem Interview, das Schülerinnen und Schüler bei der Lektüre seines literarischen Anfänger-Textes mit ihm geführt haben, wurde er u. a. gefragt, für wen er schreibe. Seine Antwort:

> Am ehesten wohl für den kleinen Jungen, der ich selber einmal war.
> Oft stelle ich mir auch vor, dass ein unbekanntes Kind neben mir sitzt – ich sehe es in meinem Augenwinkel –; wir schauen uns die Welt gemeinsam an, und ich erfinde die Geschichte zusammen mit dem Kind. (Utzinger; Brändli 1998, S. 4)

„Für den kleinen Jungen, der ich einmal war": Bei James Krüss findet sich dazu die Forderung, Kinderliteratur müsse gleichermaßen von „Naivität" wie von „Kunstverstand" geprägt sein – eine Formel, die ja impliziert, dass beides miteinander vereinbar sein kann. Und die Vorstellung, dass ein Schriftsteller, der für Kinder schreibt, sie sozusagen „im Augenwinkel", nicht aber direkt vor sich haben sollte,[12] verstehe ich als Appell, in Texten der Kinderliteratur einen Platz zu suchen und zu finden, der Erwachsenen und Kindern gemeinsame, aber unterschiedlich akzentuierte Vergnügungen möglich macht. Gute, anspruchsvolle Texte bieten dem mitlesenden Erwachsenen einen solchen Platz an.

Zum Beispiel einen Platz für die *Lust am Spiel*. Ein zentraler Satz bei Anz: „‚Spiel' steht für die lustvolle Befreiung von unlustvollen Zwängen" (Anz 1998, S. 37). Diese Erfahrung wird beim Lesen von Schubigers Erzählung in zweierlei

---

[12] An anderer Stelle hat Jürg Schubiger (1999, S. 26) dieses Ideal so charakterisiert: „Meine Idee ist, dass man sich mit guten Geschichten für Kinder nicht in ein Kindergärtchen begibt und leicht in die Knie geht, ein bisschen schrumpft, um den Kindern näher zu sein. Mir scheint es wichtig, dass der Erwachsene erwachsen sein kann mit seiner eigenen Kindlichkeit und das Kind Kind sein kann, und dass sie sich im gleichen Text treffen, ihn aber nicht auf gleiche Art verstehen müssen."

Hinsicht möglich: Geschichten Erzählen ist an sich schon eine wundervolle Befreiung von den Lasten des Alltags und macht es speziell in dieser Geschichte darüber hinaus noch möglich, sich im Bild vom bissigen Wolf von den ungeliebten Seiten der geliebten Großmutter zu befreien. Auch das Motiv der Verkleidung gehört hierher. Nachahmungs-, Verkleidungs- und Verwandlungsspiele sind bei Kindern sehr beliebt, weil sie ihrem Bedürfnis nach Imitation, aber auch nach Heimlichkeit und Verstellung Rechnung tragen.

Zum Beispiel einen Platz für die *Lust am Schönen:* Dass den Kindern das sprachlich faszinierende Bild von den Blättern, die wie Schwärme von Fischen blinkten, gut gefällt, gerade weil es Fragen aufwirft, wurde schon erwähnt. Wohlgefallen an der Sprache rufen auch Alliterationen hervor; zu erinnern wäre an die Bedingungen für eine gute Wintergeschichte von wilden Wölfen: „Schnee und Wind und weiße Wälder gehören dazu" (Schubiger; Obrist 1998, S. 4).

Zum Beispiel einen Platz für die *Lust am Schrecklichen*: Dazu wäre die Anspielung auf das Märchen vom Rotkäppchen und die damit verbundene Angst vor dem Gefressenwerden zu rechnen – vorgetragen von einer tieferen Stimme, die Unheil verheißen und bewältigbare Angst auslösen kann.

Zum Beispiel einen Platz für die *Lachlust*: Sie wird befriedigt an einer Textstelle, die im einleitenden Zitat ausgelassen wurde und die es dem Kind ermöglicht, sich über die Gewohnheiten des Vaters zu erheben, sich von oben herab über ihn lustig zu machen: „Wenn er frei hat, muss er etwas mit mir unternehmen. Mutter will es so. Und er selber will es auch. Aber er hat dann keine Ahnung, was er mit mir tun soll" (S. 3).

Zum Beispiel einen Platz für die *erotische Lust*: Im Kindertext eine Fehlanzeige, wenn man ihre Vorstufen aus der oralen Phase nicht mit einbezieht (was man allerdings sollte). Dann wird man fündig bei der – in den Illustrationen lustvoll ausgemalten – Lust am Fressen: „Wölfe haben einen Wolfshunger" (S. 6; vgl. S. 22).

Die Frage nach der *Lust an der Spannung* macht es unumgänglich, Schubigers Geschichte zu Ende zu erzählen. Ihr Titel, *Nichtstun ist schwierig*, spielt auf das Thema Langeweile an und Langeweile ist ja geradezu das Gegenteil von Spannung.

„Sollen wir schwimmen gehen"? fragt der Vater, der noch immer unter dem Zwang steht, mit seiner Tochter/seinem Sohn etwas zu unternehmen. Aber dann müsste man auf oder über die Straße – dafür ist es zu heiß. Sie trinken etwas: der Vater ein Glas Bier – das Kind ein Cola.

> Und dann beschlossen wir, nichts zu tun. Gar nichts. Wir machten die Augen zu und den Mund. Ich hielt den Atem an. Das war schon ein bisschen nichts, aber gar nichts war es noch lange nicht. Immer war da noch etwas: der Kopf dachte und das Herz schlug, die Ohren hörten ein Radio oder Schritte im Kies, die Hände spürten das Trinkglas. Nichts tun ist schwierig, sagte ich. Aber schön, seufzte Vater.
> (Schubiger; Obrist 1998, S. 15 f.)

Im plötzlich hereinbrechenden Gewitterguss sitzen beide am Tisch und lassen sich „verregnen". „Mutter stand unter der Balkontür. Sie war eben gekommen. Was tut ihr denn da? Fragte sie. Nichts! Riefen wir. Mutter holte ihren Schirm. Sie spannte ihn auf und setzte sich zu uns" (S. 20). Und das Ende, auf das wir jetzt gespannt sind?

> Der Regen
> trommelte auf den Blechtisch,
> und er füllte die leeren Gläser.
> Vater stöhnte:
> Ich habe einen Bärenhunger.
> Ich einen Wolfshunger, sagte ich.
> Mutter fragte:
> Wer wäscht den Salat? (S. 22)

Wenn wir über Langeweile klagen, fehlt es uns nicht an Erlebnissen überhaupt, sondern an etwas, was unsere Aufmerksamkeit besonders beschäftigt. Hochkonzentrierte Aufmerksamkeit, die unter biologischen Gesichtspunkten besonders in Gefahrensituationen überlebenssichernde Funktionen hat, ist auch kennzeichnendes Merkmal des als beglückend empfundenen Zustands der rauschhaften Entrücktheit, die dem flow-Erlebnis seinen Namen beschert hat. So gesehen ist *Nichts tun* tatsächlich *schwierig* und absolut langweilig. Aber das Thema Langeweile interessiert die Kinder. Sie fragen Jürg Schubiger: „Ist es Ihnen nie langweilig?"

> Ich kenne Langeweile kaum mehr, seit ich ein Kind war. Oder nur noch wenn ich in einer Warteschlange stehe. Dabei ist Nichtstun eigentlich etwas Wichtiges. Ständig meinen wir, etwas tun zu müssen. Warum eigentlich? Menschen anderer Kulturen haben da eine Fähigkeit bewahrt, die wir von ihnen wieder lernen können (Utzinger; Brändli 1998, S. 5).

Das ist die eine, die inhaltliche Seite: die Verteidigung der Langeweile gegen den Aktionismus. Aber der Text ist vertrackter, er inszeniert einen Widerspruch und beschäftigt sich mit Langeweile auf eine überaus spannende Weise. Beim *Lesen* und *Nachvollziehen* der Geschichte wird nämlich überhaupt nicht *nichts* getan, sondern sehr viel. Entdecken und auflösen muss man z. B. den Widerspruch, mit dem uns die Geschichte entlässt: Nichts tun hilft nichts gegen Bären- und Wolfshunger: jemand muss den Salat waschen. Oder gibt es doch noch eine andere Möglichkeit? Blättern wir um auf die letzte Seite des Buches S. 209:

Dieser überraschende Schluss liefert nochmals ein Beispiel für die *Lust am Spiel* und es steht exemplarisch für die Art von „Vergnügen", in die sich alle anderen „Vergnügungen" dieses „spielerischen" Texts von Jürg Schubiger integrieren lassen.

Zum Spiel gehört ein gewisses Maß an Offenheit. Es gibt kein Spiel, dessen Ausgang gewiss ist – immer gibt es mehrere Möglichkeiten. Folglich ist ein spielerischer Text nicht eindeutig, sondern mehrdeutig; nicht abgeschlossen, sondern offen. Er *ist* Spiel und *hat* „Spiel".

Unter zwei Aspekten ist das von Bedeutung: einem inhaltlichen und einem formalen. Die eben demonstrierte semantische Offenheit von Schubigers Schluss-Wendung (der inhaltliche Aspekt) löst auch einen inneren Prozess aus. Der Psychologe Karl Bühler hat das Gemeinte 1918 mit dem Begriff der „Funktionslust" zu beschreiben versucht (vgl. Anz 1998, S. 59f.). Im Funktionieren nicht nur der Körperorgane, sondern auch der Phantasie, des Gedächtnisses, der Emotionen, des Denkens und des Willens spürt der Mensch insbesondere im Spiel seine eigene Lebendigkeit und seine Kompetenzen, letzten Endes also seine Fähigkeit überhaupt aktiv zu sein, seine Aktivitäten eigenständig zu kontrollieren und zu koordinieren. Die Lust an der Überwindung von Schwierigkeiten (auch der lesetechnischen und sprachlichen!) hat hier ihre Wurzel, aber auch jenes spezifisch ästhetische Vergnügen, das mit dem „Begehren nach Sinn" verknüpft ist. Wolfgang Iser zufolge aktiviert die Verborgenheit des Sinns in literarischen Texten eine Reihe von Vermögen – emotionale und kognitive –, deren reine Betätigung lustvoll ist. „Sinn", schreibt Iser, „wird zu einer Sache der Entdeckung", welche unsere Vermögen beansprucht, „in der Regel die emotionalen und die kognitiven. Betätigung von Vermögen aber ist immer schon als ein ästhetisches Vergnügen verstanden worden" (Iser 1972, S. 9).

Dieses Zitat erklärt vielleicht am schlüssigsten, warum ich für meinen Vortrag den Untertitel *Vom Vergnügen am Umgang mit kinderliterarischen Texten* gewählt und warum ich dabei den Gesichtspunkt der literarischen Bildung ins Zentrum gerückt habe.

Literatur

Primärliteratur:

Aliki: Gefühle sind wie Farben. Weinheim; Basel: Beltz 1987

Gelberg, Hans-Joachim (Hrsg.): Eines Tages. Geschichten von überallher. Weinheim; Basel: Beltz 2002

Schubiger, Jürg; Obrist, Jürg (Ill.): Nichts tun ist schwierig. Zürich: Orell Füssli 1998

Wölfel, Ursula: 25 winzige Geschichten. Mit Zeichnungen von Bettina Wölfel. München: dtv 1988 (Erstveröffentlichung 1986)

Sekundärliteratur:

Abraham, Ulf (1998): Übergänge : Literatur, Sozialisation und literarisches Lernen. Opladen; Wiesbaden: Westdeutscher Verlag

Anz, Thomas (1998): Literatur und Lust. Glück und Unglück beim Lesen. München: Beck

Boie, Kirsten (1995): Vom Umgang mit der Sprache beim Schreiben. Ein Werkstattbericht. In: Beiträge Jugendliteratur und Medien, Jg. 47 (N.F.), H. 1, S. 2–17

Boie, Kirsten (1998): Über das Schreiben von Erstlesebüchern. Überlegungen anhand konkreter Beispiele. In: Literatur für Einsteiger. Hg. von Malte Dahrendorf. Weinheim: Juventa, S. 22–35

Brecht, Bertolt (1973): Arbeitsjournal, Zweiter Band 1942–1955. Hg. von Werner Hecht. Frankfurt a. M.: Suhrkamp

Breitmoser, Doris (2003): Laura & die wilden Kerle. Eine Ausstellung in der Stadtbibliothek Reutlingen dokumentierte die Entwicklung der Bilderbuchkunst. Ein Interview mit dem Initiator Reinbert Tabbert. In: JuLit, Jg. 29, H. 2, S. 77–80

Dahrendorf, Malte (Hrsg.) (1998): Literatur für Einsteiger. Leseförderung durch Erstleseliteratur. Weinheim: Juventa (= 9. Beiheft der Beiträge Jugendliteratur und Medien)

Eco, Umberto (1984): Nachschrift zum Namen der Rose. München; Wien: Hanser

Eggert, Hartmut (1997): Literarische Bildung oder Leselust? Aufgaben des Literaturunterrichts in der literarischen Sozialisation. In: Das Literatursystem der Gegenwart und die Gegenwart der Schule. Hg. von Michael Kämper-van den Boogaart. Baltmannsweiler: Schneider Verlag Hohengehren, S. 45–62

Ewers, Hans-Heino (1999): Von 'der' Kinderliteratur kann keine Rede sein – Ein Plädoyer für die Anerkennung der Funktionsvielfalt von Kinderliteratur. In: Literarisches Lernen. Hg. von Matthias Duderstadt; Claus Forytta. Frankfurt a. M.: Arbeitskreis Grundschule e. V., S. 27–36

Ewers, Hans-Heino (2000): Auf der Suche nach den Umrissen einer zukünftigen Kinder- und Jugendliteratur. Ein Versuch, die gegenwärtigen kinder- und jugendliterarischen Veränderungen einzuschätzen. In: Kinder- und Jugendliteratur zur Jahrtausendwende. Autoren – Themen – Vermittlung. Hg. von Kurt Franz; Günter Lange; Franz-Josef Payrhuber. Baltmannsweiler: Schneider Verlag Hohengehren, S. 2–21

Ewers, Hans-Heino (2001): Unterhaltung – eine ernste Angelegenheit. Eine Aufforderung, sich mit einem alten Reizthema der Literaturpädagogik neu zu befassen. In: 1000 und 1 Buch, H. 1, S. 4–11

Ewers, Hans-Heino; Weinmann, Andrea (2002): Die neunziger Jahre. In: Geschichte der deutschen Kinder- und Jugendliteratur. Hg. von Reiner Wild. 2. Aufl., Stuttgart; Weimar: Metzler, S. 455–463

Ewers, Hans-Heino u. a. (Hrsg.) (2002): Lesen zwischen neuen Medien und Pop-Kultur: Kinder- und Jugendliteratur im Zeitalter multimedialen Entertainments. Weinheim: Juventa

Freud, Sigmund: Der Dichter und das Phantasieren. In: ders.: Studienausgabe. Hg. von Alexander Mitscherlich. Frankfurt: Fischer 1972, Band 10, S. 171–179

Graf, Werner (1996): Die Erfahrung des Leseglücks. Zur lebensgeschichtlichen Entwicklung der Lesemotivation. In: Leseglück. Eine vergessene Erfahrung. Hg. von Alfred Bellebaum; Ludwig Muth. Opladen: Westdeutscher Verlag, S. 181-216

Graf, Werner (2002): Literarische Sozialisation. In: Grundzüge der Literaturdidaktik. Hg. von Klaus-Michael Bogdal; Hermann Korte. München: dtv, S. 49–60

Haas, Gerhard (1997a): Handlungs- und produktionsorientierter Literaturunterricht. Theorie und Praxis eines „anderen" Literaturunterrichts für die Primar- und Sekundarstufe. Seelze: Kallmeyer

Haas, Gerhard (1997b): Produktive Imagination als Form der Textbegegnung und Textaneignung im Bereich der Kinder- und Jugendliteratur. In: Lernen als genussvolles Aneignen der Künste. Hg. von Gudrun Schulz; Herbert Ossowski. Baltmannsweiler: Schneider Verlag Hohengehren, S. 36–45

Hienger, Jörg (1976): Spannungsliteratur und Spiel. Bemerkungen zu einer Gruppe populärer Erzählformen. In: ders.: Unterhaltungsliteratur. Zu ihrer Theorie und Verteidigung. Göttingen: Vandenhoeck & Rupprecht, S. 32–54

Hoebbel, Klaus (2003): Schulbibliotheken. Grundlagen der Planung, des Aufbaus, der Verwaltung und Nutzung. Weinheim: Juventa (= 14. Beiheft der Beiträge Jugendliteratur und Medien)

Hurrelmann, Bettina (1990): Kinder- und Jugendliteratur im Deutschunterricht – eine Antwort auf den Wandel der Medienkultur? In: Der Deutschunterricht, Jg. 44, H. 3, S. 2–24

Hurrelmann, Bettina (1996): Leseförderung – eine Daueraufgabe. In: Mehr als ein Buch. Leseförderung in der Sekundarstufe I. Hg. von der Bertelsmann Stiftung. Gütersloh: Bertelsmann Stiftung, S. 13–34

Hurrelmann, Bettina (1997): Lesen erhöht den Lebensgenuss, aber wollen Kinder noch genießen? In: Lernen als genussvolles Aneignen der Künste. Hg. von Gudrun Schulz; Herbert Ossowski. Baltmannsweiler: Schneider Verlag Hohengehren, S. 2–19

Hurrelmann, Bettina (1998): Unterhaltungsliteratur. In: Praxis Deutsch, Jg. 25, H. 150, S. 15–22

Hurrelmann, Bettina (2002): Kinder- und Jugendliteratur im Unterricht. In: Grundzüge der Literaturdidaktik. Hg. von Klaus-Michael Bogdal; Hermann Korte. München: dtv, S. 134–146

Iser, Wolfgang (1972): Der implizite Leser. München: Fink

Kämper-van den Boogaart, Michael (2000): Leseförderung oder Literaturunterricht. Zwei Kulturen in der Deutschdidaktik. In: Didaktik Deutsch, H. 9, S. 4–22

Lypp, Maria (1988): Der Lehrer und die Eskimos – Vorlesen im Unterricht. In: Diskussion Deutsch, Jg. 19, H. 104, S. 645–650

Lypp, Maria (1989): Literarische Bildung durch Kinderliteratur. In: Literatur-Erwerb. Kinder lesen Texte und Bilder. Hg. von Peter Conrady. Frankfurt a. M.: dipa, S. 70–79

Lypp, Maria (1995): Das kalkulierte Einfache. Zum Kunstcharakter der Anfangsliteratur. In: Sprache und Stil in Texten für junge Leser. FS Siebert. Hg. von Angelika Feine; Karl-Ernst Sommerfeldt. Frankfurt a. M. u. a.: Lang, S. 109–119

Lypp, Maria (1997): Schwankende Schritte. Mehrdeutigkeit in Texten für Kinder. In: Kinderliteratur, literarische Sozialisation und Schule. Hg. von Bernhard Rank; Cornelia Rosebrock. Weinheim u. a.: Juventa, S. 101–115

Lypp, Maria (1998a): Der Struktur auf der Spur. Die Kinderliteratur im Spannungsfeld zwischen Leseförderung und literarischer Bildung. In: JuLit, Jg. 24, H. 1, S. 17–24

Lypp, Maria (1998b): Verfremdung als Erstleseerfahrung. In: Literatur für Einsteiger. Hg. von Malte Dahrendorf. Weinheim: Juventa, S. 13–21

Lypp, Maria (1999a): Kinderliteratur als verbale Kunst betrachtet. In: Literarisches Lernen. Hg. von Matthias Duderstadt; Claus Forytta. Frankfurt a. M.: Arbeitskreis Grundschule, S. 37–49

Lypp, Maria (1999b): Sperrige Wunder. Zu Jürg Schubigers Erzählungen. In: Nebenan. Der Anteil der Schweiz an der deutschsprachigen Kinder- und Jugendliteratur. Hg. vom Schweizerischen Jugendbuchinstitut Zürich, S. 235–246

Lypp, Maria (2000): Ausgesprochen alles. Sprachliche Fertigkeit im Kinderbuch. In: dies.: Vom Kasper zum König. Studien zur Kinderliteratur. Frankfurt a. M.: Lang 2000, S. 41–50 (ursprünglich in: 1000 und 1 Buch, H. 4, 1999, S. 4–9).

Maiwald, Klaus (1999): Literarisierung als Aneignung von Alterität. Theorie und Praxis einer literaturdidaktischen Konzeption zur Leseförderung im Sekundarbereich. Frankfurt a. M. u. a.: Lang (= Kinder- und Jugendkultur, -literatur und -medien; Bd. 2)

Maiwald, Klaus; Rosner, Peter (Hrsg.) (2001): Lust am Lesen. Bielefeld: Aisthesis-Verlag

Merkelbach, Valentin (2000): Hinführung zum frohen Lesen oder Vergnügen des Erkennens? In: Didaktik Deutsch, H. 8, S. 92–94

Ockel, Eberhard (1992): Blocksatz oder Flattersatz? Ein Beitrag zur Leseförderung. In: Diskussion Deutsch, Jg. 23, H. 126, S. 381–393

Paefgen, Elisabeth K. (1999): Der Literaturunterricht heute und seine (un)mögliche Zukunft. In: Didaktik Deutsch, H. 7, S. 24–35

Pennac, Daniel (1994): Wie ein Roman. Köln: Kiepenheuer & Witsch

Rank, Bernhard (1994): Wege zur Grammatik und zum Erzählen. Grundlagen einer spracherwerbsorientierten Deutschdidaktik. Baltmannsweiler: Schneider Verlag Hohengehren

Rank, Bernhard (Hrsg.) (1999): Erfolgreiche Kinder- und Jugendbücher. Was macht Lust auf Lesen? Baltmannsweiler: Schneider Verlag Hohengehren

Rank, Bernhard; Rosebrock, Cornelia (Hrsg.) (1997): Kinderliteratur, literarische Sozialisation und Schule. Weinheim u. a.: Juventa

Rosebrock, Cornelia (1997): Einleitung: Kinder- und Jugendliteratur im Unterricht – Aus der Perspektive der Lehrerbildung. In: Kinderliteratur, literarische Sozialisation und Schule. Hg. von Bernhard Rank; Cornelia Rosebrock. Weinheim u. a.: Juventa, S. 7–28

Rosebrock, Cornelia (1999): Zum Verhältnis von Lesesozialisation und literarischem Lernen. In: Didaktik Deutsch, H. 6, S. 57–68

Rosebrock, Cornelia (2001): Schritte des Literaturerwerbs. In: Lesezeichen: Mitteilungen des Lesezentrums der PH Heidelberg, Heft 10, S. 35–62

Sahr, Michael (2000): Leseförderung durch Kinderliteratur. Märchen, Bilder- und Kinderbücher im Unterricht der Grundschule. Baltmannsweiler: Schneider Verlag Hohengehren

Schön, Erich (1996): Mentalitätsgeschichte des Leseglücks. In: Leseglück. Eine vergessene Erfahrung. Hg. von Alfred Bellebaum; Ludwig Muth. Opladen: Westdeutscher Verlag 1996, S. 151–179

Schubiger, Jürg (1999): Kinderliteratur im Gespräch. Auszüge aus dem Gespräch mit Jürg Schubiger. In: Lesezeichen. Mitteilungen des Lesezentrums der Pädagogischen Hochschule Heidelberg. Heft 6, S. 9–31

Schulz, Gudrun; Ossowski, Herbert (Hrsg.) (1997): Lernen als genußvolles Aneignen der Künste. Einblicke in die Didaktik der Kinderliteratur. Baltmannsweiler: Schneider Verlag Hohengehren (= Schriftenreihe der Deutschen Akademie für Kinder- und Jugendliteratur Volkach e.V.; Bd. 21)

Spinner, Kaspar H. (1976): Das vergällte Lesevergnügen. In: Unterhaltungsliteratur. Zu ihrer Theorie und Verteidigung. Hg. von Jörg Hienger. Göttingen: Vandenhoeck & Rupprecht, S. 98ff.

Spinner, Kaspar H. (2000): Vielfältig wie nie zuvor. Stichworte zur aktuellen Kinder- und Jugendliteratur und ihrer Didaktik. In: Praxis Deutsch, Jg. 27, H. 162, S. 16–20

Tabbert, Reinbert (1999): Wie Eisberge in der Bücherflut: Erfolgreiche Kinderbücher. In: Erfolgreiche Kinder- und Jugendbücher. Hg. von Bernhard Rank. Baltmannsweiler: Schneider Verlag Hohengehren, S. 7–22

Waldmann, Günter (1998): Produktiver Umgang mit Literatur im Unterricht. Grundriss einer produktiven Hermeneutik. Theorie – Didaktik – Verfahren – Modelle. Baltmannsweiler: Schneider Verlag Hohengehren

Utzinger, Katharina; Brändli, Hansruedi (1998): Didaktisches Begleitheft zum Erstlesetext „Nichts tun ist schwierig". Zürich: Orell Füssli

Zabka, Thomas (2003): Interpretationskompetenz als Ziel der ästhetischen Bildung. In: Didaktik Deutsch, H. 15, S. 18–32

ULF ABRAHAM

Lernen – Lesen – Wissen. Fächerverbindender Literaturunterricht und Lesekompetenz

Warum haben die Grundschülerinnen und Grundschüler, die im Rahmen der IGLU-Studie auf ihre Lesekompetenz getestet worden sind, dabei signifikant besser abgeschnitten als die 15jährigen in PISA?

Über diese Frage wird derzeit viel diskutiert (vgl. z. B. Abraham u. a. 2003). Alle denkbaren Antworten zu erörtern ist mir weder grundsätzlich noch in diesem Beitrag möglich. Auf einen Erklärungsansatz allerdings möchte ich einleitend eingehen; er scheint mir geeignet, die Leistungsfähigkeit eines bestimmten didaktischen Konzepts vom literarischen Lernen zu beleuchten.

Meine These ist die folgende: Es ist auch, aber nicht *nur* eine Frage des „besseren Leseunterrichts". Vielmehr ist der Gebrauch von literarischen Texten, den man in deutschen Grundschulen macht, näher am angelsächsischen Konzept der „reading literacy" als derjenige auf den Sekundarstufen vor allem der Realschulen und Gymnasien:

– In der Grundschule liest man Texte jeder Art viel selbstverständlicher auf *Wissenserwerb* hin, als das auf der Sekundarstufe I der Fall ist, wo sich mit steigender Jahrgangsstufe Inhalte der literarischen Bildung (z. B. Gattungs- und Epochenbegriffe) in den Vordergrund schieben.

– In der Grundschule ist, schon weil oft viele Fächer in einer Hand sind, die Tendenz zum fächerverbindenden und –übergreifenden Arbeiten stärker. Ein Text, der in Deutsch gelesen wird, kann durchaus im Heimat- und Sach- oder im Religionsunterricht noch einmal anders beleuchtet werden. Perspektivenwechsel dieser Art sind im Literaturunterricht der weiterführenden Schulen noch die Ausnahme, obwohl es entsprechende Konzepte gibt (vgl. z. B. Bärnthaler; Tanzer 1999; Brinkmöller-Becker 2000).

– Schreiben und Lesen sind auf der Primarstufe selbstverständlicher miteinander verbunden und aufeinander bezogen, als das die seit 30 Jahren tradierten Grenzen zwischen den Lernbereichen auf der Sekundarstufe I nahe legen. Obwohl es auch dazu didaktische Überlegungen gibt, die weit über die Primarstufe hinaus reichen (vgl. z. B. Bambach 1989 über die Laborschule Bielefeld), ist die Grundschule einfach schon länger auf diesem Weg und (nicht nur in der Schweiz: vgl. Bertschi-Kaufmann 2000) gerade dabei, alle Medien in einen solchen Schreib-Lese-Unterricht einzubeziehen.

Damit macht die Grundschule wohl effizientere Angebote zur Vernetzung nicht nur der Lernbereiche des Deutschunterrichts, sondern auch der Wissensbestände, die *überhaupt* in der Schule erworben werden sollen. Das könnte ein Weg sein, den man in Zukunft nicht nur der PISA- und IGLU-Resultate wegen auch auf den weiterführenden Schulen geht. Leseförderung tut mehr als je Not, wenn Lesekompetenz nicht nur bei einem „oberen Viertel" deutscher Schülerinnen und Schüler gut werden soll. Ich bin aber überzeugt davon, dass Leseförderung nur dort wirklich zum Erfolg führt, wo man nicht nur motivierende Lernumgebungen einrichtet, sondern Vorbilder und Lernanlässe dafür schafft, dass *Literaturgebrauch zum Alltag gehört*, funktional in Handlungszusammenhänge eingebettet ist und dem, der Texte lesen und gebrauchen kann, bei der eigenen Lebensbewältigung hilft (vgl. Abraham 2003). Nicht selten ist es ja doch *literarische* Kommunikation, die uns Erwachsenen hilft eine Krise zu bewältigen, neue Kontakte zu knüpfen oder uns darauf zu besinnen, was uns wichtig ist: Über Romane, Gedichte oder Theaterstücke zu reden, kann Selbstbesinnung und Fremdverstehen befördern.

Literatur hat mit dem „wirklichen Leben" zu tun: Wo es der Schule nicht gelingt, diese Erfahrung zu vermitteln, und wo gleichzeitig, in den oft genannten buchfernen Elternhäusern, auch jedes *Vorbild* für Literaturgebrauch im Alltag fehlt, dort wird die Leseecke im Klassenzimmer, das Lektüreangebot der Schulbibliothek und die aufwändig organisierte Autorenlesung in der Wahrnehmung der Lernenden eine schulische Spezialität bleiben, mehr oder weniger gutwillig hingenommen als fixe Idee von Deutschlehrerinnen und Deutschlehrern, die das alles ja irgendwie wollen müssen.

Auch die Vermittlung des jetzt oft geforderten Lesestrategiewissens an Lernende wird nach meiner Überzeugung scheitern, wo sie isoliert (vom übrigen Deutsch-, aber auch Sachfachunterricht) betrieben wird. Ich habe nichts gegen einschlägige Trainingsprogramme (vgl. Souvignier u. a. 2003), glaube aber, dass ihr Gebrauch eingebettet werden muss in den Umgang mit authentischen, zu verschiedenen Zwecken tatsächlich im Unterricht (verschiedener Fächer) *gebrauchten Texten*.

Dass das auch für literarische Texte gilt, zeigt eine Reihe von uns in Würzburg angeregter Unterrichtsmodelle und –versuche (vgl. Abraham; Launer 2002). *Lernen*, das wir heute als möglichst weitgehend selbstgesteuerten Prozess des Auf- und Ausbaus mentaler Modelle von Gegenständen und Zusammenhängen verstehen, ist nicht nur in der Schule meist textbasiert; und Texte haben nicht *nur* die Aufgabe Informationen zu vermitteln und Begriffsnetze bereit zu stellen. Sie können außerdem Neugier auf Neues und Fremdes befriedigen sowie beim Lerner Vorstellungen anregen und beeinflussen. Diese zweite Funktion ist nach meiner Überzeugung für den Wissenserwerb genau so wichtig wie die erste. Denn: „Der Zugang zum Wissen läuft über Emotionen" (Willenberg 2000, S. 71). Insofern hat Literaturunterricht, traditionell in Deutschland sozusagen eine Domäne der Hermeneutik, zum Leseunterricht und zum Anliegen des Wissenserwerbs durch Texte viel beizutragen. Deutschunterricht und Deutschdidaktik „nach PISA" tun meines Erachtens gut daran, sich dem zu stellen – trotz aller Bedenken gegen eine Verzweckung der Literatur. „Auch wer diesen neuen Ansatz hoch einschätzt, kann allerdings fragen, ob denn nicht das Literarisch-Poetische eines Textes bei seiner angestrebten Doppel-Nutzung als quasi-ästhetisch-artistisches Gebilde einerseits und unterrichtlich akzentuierter Träger von Weltwissen andererseits zu kurz kommt" (Haas 2003, S. 63). Ich verstehe solche Bedenken und gebe zu, dass es ein Balanceakt ist beiden Seiten literarischer Textrezeption gerecht zu werden. Im Fall des Gelingens ist die Nutzung aber – dabei bleibe ich – keine „Doppel-Nutzung", sondern derjenige Gebrauch, den wir von Literatur seit jeher machen: Wir genießen sie als Sprach-Werk, aber wir brauchen sie auch zur Befriedigung unseres Wissensdrangs und Türöffner zu allem, was uns neu ist; und wir nutzen sie, wie angedeutet, in der Familie und darüber hinaus als Katalysatoren der Kommunikation (vgl. auch Hurrelmann 1998).

Das Konzept, von dem hier die Rede ist, sei in fünf Punkten erläutert. In einem sechsten Abschnitt möchte ich dann auf die dem Konzept inhärenten Spannungen eingehen.

1. Die Leistung der Literatur für Erwerb und Reflexion von Weltwissen

An die Stelle der üblichen Frage, was Literatur(unterricht) von den Lernenden fordert, setzten wir die Frage, was Lehrende und Lernende von der Literatur *erwarten dürfen*, was sie zu bieten hat; und zwar nicht nur in einem exklusiv dafür zuständigen Fach. Es geht also weniger um „literarische Bildung" als um „literarisches Lernen" – *Lernen in, von und mit Hilfe der Literatur* als einem Medium, das – was immer sie sonst ist und tut – auch *Weltwissen* schafft.

Um so zu fragen, muss man die Gewohnheit aufgeben, der „schönen Literatur" in der Schule einen festen Ort zuzuweisen, nämlich den Deutschunterricht. Diese besonders am Gymnasium gewohnte Sicht auf die Praxis hat ja ihre genaue Entsprechung in einer wissenschaftlichen Arbeitsteilung: Zuständig ist die Germanistik/Deutschdidaktik. Literatur, im akademischen Betrieb an eine Literatur-Wissenschaft verwiesen und von ihr aus erforscht und erklärt, erscheint dann in der Praxis schulischer Vermittlung als eindeutig zuordenbares Phänomen: Sie kommt in einem bestimmten Schulfach vor, das wiederum die Terminologie und Methodik zu ihrer Behandlung im Prinzip von der Bezugsdisziplin Germanistik übernimmt. Danach sind dann etwa „Gehalt und Gestalt" wichtig, „Gattung" und „Epoche", „Stil" und „Form", „Symbol" und „Metapher", „Tradition" und „Innovation".

Wir gingen dagegen davon aus, dass Literatur in der Schule bisher erst unzureichend zur Wirkung gekommen ist. Zu beschreiben und fruchtbar zu machen wäre Literatur als „pädagogikfähiges ästhetisches Medium" (vgl. Kremer; Wegmann 1998), dessen Kern *eine auf besondere Weise gelungene Wissensvermittlung* ist (vgl. Greiner; Abraham 2002). Allerdings ist damit keine Wiederentdeckung der alten Lesepädagogik mit ihrer Betonung didaktischer Nützlichkeit der Texte gemeint. Damit würde man ästhetische Texte unangemessen Weise pragmatisieren, d. h. sie als Container für „Informationen" missbrauchen. So würden Lehrende und Lernende in einem so (falsch) verstandenen „integrativen Unterricht" Literatur grundsätzlich missverstehen: Es geht doch nicht um den Transport von irgendetwas, was man auch anders „darstellen" könnte, sondern um Literatur als – in der Menschheitsgeschichte uraltes – Medium der Reflexion und der Kommunikation über Sach- und Wertfragen, über Fremd- und Selbstverstehen, über Außen- und Innenwelt.

Literarische Texte, so betrachtet, können aber zur Reflexion über „Sachen" durchaus beitragen – nur nicht dadurch, dass sie z. B. die Lebensbedingungen in der Dritten Welt besser erklärten als das Geographiebuch; sondern dadurch, dass sie Weltwissen schon *vorauszusetzen* scheinen und es doch dabei ausbauen. Und sie können moralische Urteilsfähigkeit oft gerade stärken, indem sie Maßstäbe oder Urteile nicht vorgeben, sondern in Frage stellen. Schriftsteller haben ja zu allen Zeiten die Wissensbestände ihrer Gegenwart aufgenommen, reflektiert, vernetzt und mit anthropologischen Grundfragen verbunden. Man kann solche Fragen, obwohl sie z. B. von der Tradition des *Bildungsromans* aus besonders relevant für den Deutschunterricht sind, offensichtlich nicht *einem* Schulfach zuweisen. Sie sind nur zu stellen und zu beantworten, wenn man Fächergrenzen nicht als Denkgrenzen akzeptiert.

Bei einer solchen Entgrenzung hilft die Literatur selbst. Sie nutzt, verschränkt und perspektiviert Wissensdiskurse auch aus Human- und Naturwissenschaften. Dabei regt sie eher die Vorstellungsbildung an als die Begriffsbildung, baut aber dennoch oft auch geographische, biologische, psychologische, philosophisch-ethische (usw.) Verstehensmodelle auf und trägt damit zur Erweiterung von „Weltwissen" bei: In diese Formel fassen wir *Alltags-*, *Erfahrungs-*, *Bildungs- und Fachwissen* zusammen und legen dabei Wert auf die *Beiläufigkeit* des Wissenserwerbs beim literarischen Lernen, das selbstverständlich Wissenserwerb über das „System Literatur" selbst *einschließt*, aber sich darin nicht erschöpft.

2. Literatur als Medium besonders gelungener Wissensvermittlung

In der Folge der „Genieästhetik" des ausgehenden 18. Jahrhunderts haben wir uns daran gewöhnt, in der Dichtung allererst *Subjektivität* zu suchen und zu finden: Ein „Ich" drückt sich aus; es konfrontiert uns mit seinen Gedanken und

Gefühlen, Stimmungen und Empfindungen, Meinungen und Ansichten. Aber den reinen *Ausdruck* gibt es nicht: Literatur, wie man so sagt, „spricht" oder „handelt" auch von etwas und entwirft eine Perspektive darauf. Sie setzt damit, den Autorinnen und Autoren mehr *oder weniger* bewusst, *Wissen* in Form und Gestalt um.

Diese Perspektive, aus der auch die sogenannte schöne Literatur Wissen verarbeitet und neu schafft, ist der philologischen Wahrnehmung und hermeneutischen Denkweise eher fremd. Und doch: Schriftstellerinnen und Schriftsteller sind häufig, auch wenn sie sich nicht als „Realisten" oder „Naturalisten" verstehen, *hervorragende Beobachter ihrer Mitmenschen*, mit überdurchschnittlicher Empathie und einem feinen Gespür für stilistische Nuancen und psychologische Bedingungen der Alltagskommunikation. Man hat sie deshalb geradezu als *subjektive Anthropologen* charakterisiert (vgl. Daniels 1989) bzw. das, was sie schreiben, als Formen von *Autoethnographie* (vgl. Bachmann-Medick 1996, S. 11).

Nun bilden literarische Texte grundsätzlich weder Weltwissen noch irgend etwas anderes ab. Und doch ist Wissensverarbeitung beim literarischen Schreiben kein Sonderfall, sondern die Regel. Allerdings unterliegt Literatur, im Unterschied zu einem Fachtext oder einer Reportage, nicht der Verpflichtung, darüber Rechenschaft abzulegen, wo das in sie eingegangene Wissen herstammt, wie weit es reicht, mit welchen Mitteln es geprüft worden ist usw. Aber „besonders gelungene Wissensvermittlung" kann sie dennoch sein, obwohl oder gerade weil Literaturschaffende Wissen nicht als etwas dem Text *Vorausliegendes* denken (als nur noch zu vermittelndes deklaratives Wissen über die Welt), sondern als durch das Schreiben zu schaffendes; sie erschreiben sich Einsichten in soziale und psychologische Zusammenhänge, in Bewusstseinslagen und Handlungsmotive.

Literatur als Medium, das durch Beobachtung und Selbstbeobachtung und nicht zuletzt Recherche gewonnene Einsichten schafft, erschöpft sich nicht in ihrer Darstellung, sondern legt ein Zeichensystem höherer Ordnung darüber. Die kleine Gans in Hanna Johansens Kinderbuch *Von der kleinen Gans, die nicht schnell genug war* (1989) ist eine Gans mit allen verhaltensbiologisch bekannten Eigenheiten einer solchen; und doch ist sie mehr als das, nämlich ein Muster für die Erfahrung der Stärke, die in der Langsamkeit liegen kann. Sie ist – nicht anders als Sten Nadolnys Held Franklin im Roman *Die Entdeckung der Langsamkeit* (1983) – *übertragbares Modell*, nicht abgebildete Wirklichkeit. Dass in beiden Fällen ungewöhnlich konkret benennbares Wissen aus der Wirklichkeit (die Verhaltensbiologie des Konrad Lorenz hier; dort die Kenntnis vom historisch verbürgten Admiral John Franklin, 1786–1847) in den Text eingegangen ist, ändert daran nicht das Geringste.

3. Literatur als Medium, das mit unseren Kenntnissen spielt und den Wissenstrieb verführt

Literatur als Medium besonders gelungener Wissensvermittlung setzt uns nicht so sehr „im Ernst" über irgend etwas in Kenntnis, als dass sie *ein Spiel mit unseren Kenntnissen beginnt*: Inwiefern entdecken wir in den von ihr entworfenen Bildern uns selbst? Wie viel ist übertragbar – hier vom Tier auf den Menschen (Johansen) bzw. vom 19. Jahrhundert in unsere Gegenwart und vom Seekrieg in den Frieden (Nadolny)?

Insofern es sich um konkrete Wissensbestände eines Faches (der Neueren Geschichte bzw. der Zoologie) handelt, könnte man natürlich, aus entsprechender Expertenperspektive, nach der „Richtigkeit" der „Darstellung" fragen. Aber man würde damit dem Medium Literatur nicht gerecht: Es liegt ihm wenig an *solcher* Richtigkeit. Die sogenannte künstlerische Freiheit beim Verändern von historischen, biografischen oder sonstwie faktischen Details ist kein Vorrecht einer Genialität, die es im Einzelnen nicht so genau nähme; sie ist ein Grundrecht derer, die (anders als Journalisten oder Wissenschaftlerinnen) nicht für die Sachrichtigkeit, sondern für die *Sinnhaftigkeit* dessen einstehen wollen und müssen, was der Text „sagt". Und auch dafür übernehmen sie die Verantwortung nicht allein: Sie nehmen uns, die Leserinnen und Leser, in die Pflicht. Dass wir es meistens nicht *merken*, ist der Verführungskraft der Texte zuzuschreiben. Literarische Vorstellungen entstehen ja nicht aus dem Nichts, sondern aus den Wissensbeständen, genauer gesagt: aus Erinnerungen und Beobachtungen, aber auch ihrer Systematisierung, Reflexion und Bewertung in unseren Köpfen. Das Mahl in der Hausgemeinschaft des Malers, zu der sich der Held von Sigrid Heucks Jugendroman *Meister Joachims Geheimnis* (1989) nach seiner Zeitreise in die Renaissance an den Tisch setzt: Wie riecht, wie schmeckt es? Die Werkstatt eines Renaissancemalers: Wie ist sie eingerichtet? Einerseits ruft man beim Lesen eigenes Weltwissen auf, andererseits wird die damit erreichte (oft noch vage) Vorstellung durch Information aus dem Text präzisiert.

Der Beitrag literarischen Lesens zu Aufbau und Reflexion von Weltwissen – auch und gerade als Wissen von historisch und/oder geografisch entrückten Welten – ist insgesamt ein indirekter, aber nicht zu unterschätzender. Die Ausnahme ist, dass man beim Lesen über einen noch unbekannten Sachverhalt gewissermaßen primär vom literarischen Text aufgeklärt wird; aber diese Ausnahme tritt sozusagen durchaus systematisch auf, nämlich überall dort, wo meine Lektüre meinen Erfahrungsbereich überschreitet, die Leseerfahrung, also die Lebenserfahrung ergänzt bzw. punktuell ersetzt. „Quasi-Erfahrungen" hat man das genannt (vgl. Krejci 1993) und vor allem sozialisationstheoretisch zu ihren Gunsten argumentiert: Jede Lebenswirklichkeit, und biete sie noch so günstige Bedingungen des Aufwachsens und Lernens, ist immer auch beschränkt; Leseerfahrung kann dort einspringen, wo diese Beschränkung Lebenserfahrung noch nicht oder überhaupt nicht zulässt.

Für direkten Wissenserwerb aber ist das Medium Literatur auf Grund der ihm eigenen Art Wissen zu schaffen gleichwohl ungeeignet: Guten Texten wird man so nicht gerecht und schlechtere Texte sind, als Formen von Wissensverarbeitung gelesen, von zweifelhafter Informativität. Selbst gründliche Recherche bietet, wie das prominente Beispiel Karl May zeigt, keine Gewähr gegen idealisierende Verzerrung und Stereotypisierung. Literatur ist Medium im Einzelfall besonders gelungener, aber auch für Klischeebildung besonders anfälliger Wissensvermittlung.

Das alles spricht nun nicht generell dafür, literarische Texte sozusagen als Wissensreservoirs zu nutzen. Denn wir wollen ja nicht auch noch in der literarischen Lektüre, was schon in der Schule das Problem ist: Subjektiv belangloses, d. h. auf uns selbst und unsere Lebensfragen nicht beziehbares Wissen über die Welt ansammeln. Aber uns Leserinnen und Leser interessiert doch – weit über den engen Umkreis alltäglicher Lebensvollzüge hinaus – alles, was uns Aufschluss gibt über die Bedingungen, unter denen wir sind bzw. bleiben können, was wir sind. Worin – beispielsweise – liegt der Reiz der Abenteuerliteratur für Heranwachsende und erwachsene Leserinnen und Leser, wenn nicht in der Möglichkeit, im literarischen Fantasieren an die Grenzen gehen zu können – Grenzen der eigenen Kultur, der Zivilisation, des Menschseins überhaupt? Wir testen ja beim Lesen beständig unser Weltwissen: Wie weit hülfe es uns innere und/oder äußere Probleme zu meistern? Wissensbestände, die wir aus dem Unterricht in verschiedenen Fächern, später aus einer Ausbildung oder Berufstätigkeit mitbringen, nützen uns dabei wenig als voneinander isolierte. Was weiß ich über ein mittelalterliches Kloster? Nicht viel vielleicht, wenn ich kein Historiker oder Kirchengeschichtler bin; aber doch, paradox gesagt, mehr, als ich *weiß*. Ein literarischer Text (Umberto Ecos *Der Name der Rose* von 1982) verführt mich dazu, meine Wissensbestände zu mobilisieren und dabei ihre Lückenhaftigkeit zu beheben, fast ohne es zu merken: Im Prozess des Verstehens muss ich mein Wissen buchstäblich zusammen nehmen und es beim Lesen um viele Einzelheiten ergänzen, um die konkreten Lebensvollzüge gegenwärtig zu haben, die ich zur Lösung des Krimi-Rätsels brauche. Denn darum geht es: Ich habe ein Ziel, für das der Erwerb weiteren Wissens funktional ist. Ich lasse die Welt eines mittelalterlichen Klosters vor meinem inneren Auge erstehen, weil ich mir, wie ein Kriminalist eben, Sachzusammenhänge und Handlungsbedingungen klar machen muss.[1]

---

[1] Ich lasse hier außer Acht, dass *Der Name der Rose* kein naiv erzählter historischer Roman ist und sich von den Romanen z. B. Tanja Kinkels dadurch unterscheidet, dass authentisches Quellenmaterial listig montiert ist. Dass und wie der Autor verschiedene Diskurse zusammen bringt und gegeneinander setzt, kann aber erst ein Leser entdecken, der bereits historisches Wissen aufgebaut und reflektiert hat.

Dieser *Verführungseffekt* unterscheidet die literarische Lektüre von einer Fach-
bzw. Lehrbuchlektüre.

4. Literarisches Lernen als Auf- und Ausbau von Denkmodellen und Vorstellungswelten und Literatur zur Selbst-Bildung

Ein Prinzip sowohl der Wirklichkeits- als auch der Textverarbeitung ist bekanntlich das „Inferieren", d. h. Ergänzen bzw. Erschließen vorenthaltener Informationen. Der Text – und zwar jede Art von Text! – wird so betrachtet zu einem Medium, das mir *Selbstunterricht* ermöglicht: Er fragt mich beim Lesen sozusagen
ständig mein Vorwissen ab und ergänzt es; damit ermöglicht er mir, wie ein guter
Unterricht auch, *Neues* zu denken, zu imaginieren, zu empfinden. Lesen heißt
grundsätzlich immer auch Lernen (vgl. ausführlicher Willenberg 1999), ohne
dass es dazu notwendig eines didaktisch aufbereiteten Textes bedürfte.

Begriffe von den im Text jeweils angesprochenen Lebensbereichen, Wissensbeständen und Zusammenhängen werden nicht einfach „entnommen", sondern
aufgebaut und mit Vorstellungen aus einem fiktionalen Raum verbunden: Besonders fiktionale Texte bieten ein erhebliches Potenzial an Vorstellungsanre-
gung (vgl. Abraham 1999) und stellen daher ein wichtiges integrierendes Element in einem fächerverbindenden Unterricht dar, der sprachliche und kognitive
Prozess durch Imagination stützt und verbessert (vgl. z. B. Lange 1997).

Damit wird Literatur zum Medium der „Selbst-Bildung". Sie verarbeitet weniger Sachwissen, als dass sie Perspektiven auf das System der *Werte* und *Normen*
entwirft, die in einer Kultur oder in Teilen davon Gültigkeit beanspruchen. Literatur sieht Fritzsche (1994, S. 29) zwar „nicht als Transportmittel für Haltungen
und Überzeugungen, sondern als Spielraum, in dem in der Phantasie Hand-
lungsmöglichkeiten ausprobiert und die ihnen zugrunde liegenden Normen und
Wertvorstellungen ausphantasiert, erkannt und diskutiert werden können". Unter dieser Bedingung aber entstehe beim literarischen Lesen eigentlich immer
ein Bild vom „besseren Leben". Ein solches Bild entwirft der literarische Text *explizit* – etwa wenn Julie (In J.C. Georges Jugendbuch *Julie von den Wölfen*,
1972) am Ende ihren vermissten Vater wieder trifft und feststellen muss, dass er
die alten Werte der Eskimokultur verraten hat, assimiliert ist und Jagdausflüge
mit dem Hubschrauber organisiert – oder *implizit*: In der Lebensführung moderner Anti-Helden, die keinerlei Vorbildcharakter mehr haben, ist ja die Möglichkeit eines „richtigen" Lebens nicht einfach negiert, sondern dem Leser, der Leserin als alternative Denk-Möglichkeit überlassen (z. B. bei Dagmar Chidolue:
Lady Punk, 1979).

„Bildung" also tendiert in der Begegnung mit dem literarischen Text zur Selbst-
Bildung. Hartmut von Hentig (1999, S. 69 ff.) nennt Maßstäbe dafür:

– Abscheu und Abwehr von Unmenschlichkeit
– die Wahrnehmung von Glück
– die Fähigkeit und der Wille sich zu verständigen
– ein Bewusstsein von der Geschichtlichkeit der eigenen Existenz
– Wachheit für letzte Fragen
– die Bereitschaft für (Selbst)-Verantwortung im Gemeinwesen.

5. Literatur als Gegenstand vieler Fächer und Förderung von Lesekompetenz im fächerverbindenden Unterricht

Fritzsche (1994, Bd. 3, S. 98f.) unterscheidet Literatur als Lerngegenstand von Literatur als Lernmedium. Wenn man der Literatur *überhaupt* eine Funktion bei der Sozialisation und Personalisation zugestehen wolle (vgl. ebd., S. 100), dann könne man eigentlich den schulischen Umgang mit ihr nicht auf die Perspektive „Lerngegenstand" beschränken. „Literatur ist kein Lernstoff!", sagt ähnlich Spinner (1988, S. 35) über den „Kern literarischer Bildung". Allerdings: „So zwingend es ist, den Literaturunterricht nicht auf 'Erziehung zur Literatur' zu beschränken, so schwierig ist dies in der Praxis" (Fritzsche 1994, Bd. 1, S. 100).

Es ist schwierig, solange man den Blick nicht öffnet auf Ziele und Wissensbestände anderer Fächer. Tut man das aber, so ergibt sich ein Leseunterricht als *literaturgestützte Interaktion*, die allemal themenzentriert ist. In ihr verbindet sich Sachlernen mit emotionalem und sozialem Lernen. Literatur wäre ja nicht nur pädagogisch-didaktisch, sondern auch historisch-anthropologisch als Gegenstand nur eines Faches *unterfordert*: Sie zeichnet sich nämlich eben dadurch aus, dass sie keinen einzelnen Fachdiskurs führt, sondern die in einer Gesellschaft geführten Diskurse miteinander verschränkt. Sie weiß darum gewissermaßen mehr von der Welt und vom Menschen als jeder einzelne Spezialdiskurs. Das ist ihr „Mehrwert" gegenüber den Fachdiskursen. Sie ist diesen zwar unterlegen an Genauigkeit und begrifflicher Präzision, doch *überlegen* an Vorstellungsreichtum und Nachhaltigkeit.

Literarisches „Lernen über Fächergrenzen" hinweg (vgl. Gudjons 2000, S. 99f.) sei hier gekennzeichnet durch drei Stichworte:

(1) Synergieeffekte:

Es ist ein Beitrag zur didaktischen Ökonomie (zum Begriff vgl. v. Hentig 1966), Texte zu Themen mit fächerüberschreitender Thematik in je unterschiedlicher Perspektive durch verschiedene Schulfächer erschließen und auswerten zu lassen. Die „nach PISA" so dringlich geforderte Ausbildung von Lese- und Schreibstrategiewissen bei den Lernenden, die ohnehin nicht Sache des Deutschunterrichts allein sein kann, sollte nach meiner Überzeugung in solch integrativen Lehr-/Lernzusammenhängen praktisch vermittelt werden, nicht in isoliertem Strategietraining.

Auch inhaltlich betrachtet macht fachliche Integration Sinn: Gerade in der Jugendliteratur werden häufig Sachzusammenhänge berührt, in denen Deutsch-
lehrende, auf sich gestellt, nur dilettieren können; sie können aber auch ihre
Schülerinnen und Schüler, die Fragen stellen, nicht immer damit abspeisen, dass
Literatur ja doch ein Symbolsystem sei, keine Wirklichkeit abbilde usw. Mit einer
solchen – semiotisch durchaus korrekten – Belehrung würden sie die oben
skizzierte Funktion des Mediums unterlaufen, unseren Wissenstrieb zu verfüh-
ren und mit unseren Kenntnissen zu spielen. Auf Reflexion von Weltwissen kann
und soll auch der Literaturunterricht, wenngleich oft fachlich (allein) überfor-
dert, bei solchen Texten durchaus hinzielen, und zwar im Fall des Gelingens mit
Synergieeffekt. So kann sich beim Lesen des Jugendbuchs *Julie von den Wölfen*
im Deutschunterricht, wenn das Überleben des Eskimomädchens Julie/Myax in
der Tundra diskutiert wird, genau das Verständnis für ökologische Zusammenhänge und den Kreislauf der Natur einstellen, das der Biologieunterricht anzielt.
Umgekehrt kann der Deutschunterricht von diesem profitieren (vgl. auch das
Unterrichtsmodell bei Lange 1995). Dass „fächerübergreifendes Lernen und
Lehren fachspezifische Einsichten und Erkenntnisse fördern und vertiefen"
kann (Karst 1998, S. 158), bleibt dem verborgen, der den Blick über die Fach-
grenze nicht als Herausforderung gerade an das eigene Expertentum versteht
und annimmt.

(2) „Ganzheitliche" Lernkultur:

„Ganzheitlichkeit" ist ein populärer, aber nicht unumstrittener Begriff. Für die
Allgemeine Didaktik ist er bei Wiater (1999, S. 84 f.) kritisch reflektiert. Weniger
wissenschaftlich exakter Terminus als Kampfbegriff, steht „Ganzheitlichkeit"
für einige gegen Instruktionsverliebtheit und Körperfeindlichkeit, aber auch gegen die „Diszipliniertheit" (wörtlich verstanden als *Verfächerung*) unserer Schulen gerichtete „Gegenbewegungen" (vgl. Beisbart 1996, S. 18 ff.):
1. die Anstrengung, Denken, Fühlen und Handeln miteinander verbunden zu
   halten,
2. das Bemühen, sich Wissen über Lernende in natürlichen Lernsituationen zu
   holen,
3. den Versuch, Realität in der Schule möglichst komplex zu lassen,
4. das Bemühen, Wissen als sprachliche und sozialvereinbarende Konstruktion
   aufzubauen sowie
5. das Bemühen, Einsicht in die Geschichtlichkeit von Welt und Gesellschaft zu
   vermitteln.

Beiläufigkeit des Wissenserwerbs im literarischen Lesen kann – unter bestimmten Bedingungen – diese fünf Zielsetzungen besonders gut erfüllen. So ist z. .B.
Das Kinderbuch als Medium ökologischer Bildung bezeichnet worden (Lindenpütz 1999). An diesem Gegenstandsbereich wird aber auch deutlich, dass wir es
bei der derzeit so hochgeschätzten Ganzheitlichkeit mit einem ambivalenten

Aspekt zu tun haben. Einerseits: „Ökologie als Metaerzählung, als Deutungs-
rahmen menschlichen Daseins, liefert der Umweltpädagogik ein begriffliches
Instrumentarium zur Rekonstruktion von Bildung und sozialer Lebenswelt unter der Leitidee der *Ganzheitlichkeit*" (ebd., S. 40). Andererseits muss die Autorin (ebd., S. 81 f.) feststellen, dass die „Sachgemäßheit der Darstellungen" dabei
nicht selten unter die Räder kommt – etwa dort, wo die untersuchten kinderliterarischen Texte bedenkenlos Flora und Fauna anthropomorphisieren (vgl. ebd.,
S. 82 f.) Sind also Texte aber entweder sachlich oder literarisch unzureichend, so
stößt fächerverbindendes literarisches Lernen an Grenzen.

(3) Entfächerung von Unterricht:

Fächerverbindender Literaturunterricht bedeutet nicht Vermischung fachlicher
Ziele und Inhalte bis zur Ununterscheidbarkeit, sondern *Verknüpfung* fachspe-
zifischer Sicht- und Darstellungsweisen miteinander zu einem produktiven Ganzen. In diesem Sinn von „Vernetzung" zu sprechen, kann Sinn machen. Nicht unbedingt muss man gleich ein pädagogisches *Programm* realisieren, und doch
kann man einen Beitrag zur Schulentwicklung damit leisten; man kann zunächst
reale Möglichkeiten gemeinsamer Planung und Realisation didaktischer Ziele
anvisieren. „Schulreform von unten ist erfolgreicher als Schulreform von oben"
(Meyer 1997, S. 15). Fächerverbindender Unterricht kann sich zunächst auch
unsystematisch und nach Gelegenheit (bzw. Grad der Offenheit des Unterrichts
und derer, die ihn machen) entwickeln. Er führt zu einer erstens (nur) partiellen
und zweitens befristeten „Entfächerung" (vgl. Baurmann/Hacker 1989) von Unterricht. Eine Systematik von Huber und Effe-Stumpf (1994, S. 64 ff.; vgl. auch
Gudjons 2000, S. 106) hilft den Grad „Entfächerung" zu klären: [2]

– *fächerüberschreitender Unterricht:* Aus einem Fach heraus wird gelegentlich
  auf andere (fachfremde) Aspekte eines Themas hingewiesen:

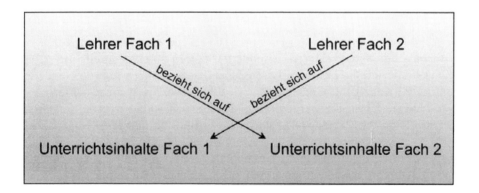

– *fächerkoordinierender Unterricht:* Schon in der Planungsphase werden zwei Unterrichtssequenzen verschiedener Fächer, die verbunden werden sollen, aufeinander abgestimmt:

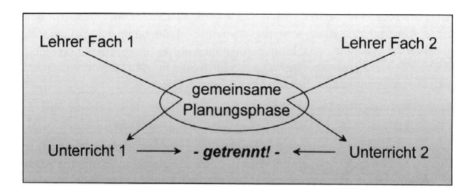

– *fächerergänzender Unterricht:* Zusätzlich zum Fachunterricht wird im Team-Teaching gemeinsam ein fächerübergreifendes Problem behandelt:

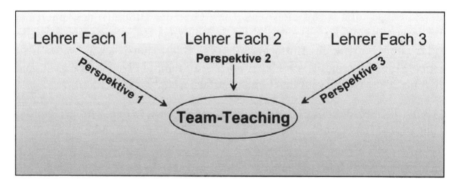

Als Deutschdidaktiker sehe ich besondere Chancen für eine mittelfristig erfolgreiche Förderung literarischen Lesens über Fächergrenzen hinweg gerade im „mittleren" Konzept. Das setzt nicht – wie der „fächeraussetzende" Unterricht – eine radikale Umstrukturierung des pädagogischen Alltags voraus, trägt aber gleichwohl zu ihr bei: Zunächst sind nicht Strukturen, sondern lediglich, was freilich schwer genug ist, einige Gewohnheiten zu verändern. Die ebenfalls aktuelle Forderung nach Leseförderung unter Einschluss der nichtsprachlichen Fächer wäre so schneller einzulösen, als radikalere Konzepte das möglich machen dürften. Solche Forderungen weisen mit Recht den Nicht-Deutschlehrenden eine wichtige Aufgabe im Rahmen einer Leseförderung zu, die heute als Daueraufgabe für alle Schulstufen und viele Fächer erkannt ist. Mit den Deutschlehrenden jeweils zu koordinieren wären vor allem folgende Ziele:

– Schwierigkeiten beim Verstehen von Fachsprachen wahrnehmen und lösen,

– Strategien und Arbeitstechniken zur Texterschließung vermitteln,

– die uralte „bildende" Wirkung des Geschichtenerzählens nutzen und die vorstellungs- und begriffsbildende Funktion des Lesens – besonders fiktionaler Texte – für den Wissenserwerb fruchtbar machen.

6. Spannungen im Konzept eines sach-/fachbezogenen literarischen Lernens

Synergieeffekte, Denken in Zusammenhängen und begrenzte Entfächerung: Das sind die drei erwünschten Wirkungen fächerverbindenden Umgangs mit Literatur, mit Aussicht auf einen lesefördernden Effekt. Es kann allerdings unklar werden, was im Wege der Fächerverbindung eigentlich *angezielt* ist (vgl. kritisch auch Höfner 1995). Mögen die Perspektiven auf den Gegenstand (Text) sich auch ergänzen, so entstehen gleichzeitig Spannungen zwischen Zielen, unter denen er betrachtet werden soll:

Leseunterricht ist nicht immer schon Literaturunterricht und umgekehrt. Die Spannung zwischen beiden ist auszuhalten.

Eine Didaktik, die Leseunterricht fundiert, denkt vom lernenden Subjekt aus *Lektüre als Akt* und *Literatur als Lernmedium* – und nicht, wie eine Didaktik des Literaturunterrichts, Unterricht vom zu erwerbenden Literaturbegriff her.[3] Daraus folgt, dass zwar Literaturunterricht, nicht aber (literarischer) Leseunterricht eine Spezialveranstaltung im Fach Deutsch sein darf. Das Fach muss die Kanonfrage ja stellen, hat daneben aber natürlich einen lesedidaktischen Auftrag *als Leitfach der Leseförderung* und muss besonders ab Klasse 8/9 darauf achten, dass Literaturunterricht nicht durch zu große Entfernung von Leseerfahrungen, -motivationen und -stoffen der außerschulischen Lebenswelt *lesedidaktisch kontraproduktiv wird* (vgl. Rosebrock 2003).

Sprachunterricht ist nicht immer schon Sachunterricht und umgekehrt. Die Spannung zwischen beiden ist auszuhalten.

Der Umgang mit Texten schult immer auch die Sprachaufmerksamkeit. Handelt es sich um literarische Texte, so tritt ästhetische Wahrnehmung (Form, Struktur, Gestalt …) hinzu. *Sprachaufmerksam* etwa macht Marie Hagemanns *Schwarzer, Wolf, Skin,* das uns eine Gruppe politisch allmählich sich (rechts-)radikalisierender Skins „mit menschlichen Zügen" (Engelhard 1996) vorführt, durch die Genauigkeit der gleichsam mimetischen Jargonverwendung *auch*; Reiter (1997, S. 56 f.) geht in ihrem Unterrichtsmodell zu dem Roman auch auf die wertende Funktion von Sprachregelungen ein und damit auf die *verbale* Seite der alltäg-

---

[3] Die folgende Gegenüberstellung wird begründet in Abraham 1998, S. 185 f.

lichen Gewalt. Das Modell bezieht neben Zielen aus dem Deutschunterricht auch solche aus den Fächern Geschichte, Sozialkunde und Religion/Ethik ein.

An *Schwarzer, Wolf, Skin* wird die Spannung zwischen Sprach- und Sachdidaktik deutlich: „Sache ist, was Sprache ist" (Schacherreiter 1999). Man kann und muss beim Lesen eine komplexe *Sache* klären, d. h. die politischen Spielarten in der Skinheadszene auseinander halten, historisch reflektieren, die Affinität mancher – nicht aller – zum Neonazismus herausstellen usw.[4] Aber ein thematischer, problemorientierter Sachunterricht ist nicht ausreichend, um der sprachlich-literarischen Herausforderung des Buches zu begegnen, das durchaus Ansprüche an die Lesenden stellt: Die Charakterisierung des Antihelden bleibt indirekt, geht nämlich aus erlebter Rede, Gedankenfetzen und Selbstkommentaren hervor; eine wie auch immer gestaltete Verurteilung durch die Erzählfigur unterbleibt. Unser Beitrag zu einem solchen Unterricht besteht also darin, die *Sprachlichkeit*, gleichsam den Literaturcharakter, dieses Buches zu reflektieren und zu bewerten.

Sach- und Sprachunterricht stehen ebenso wie Lese- und Literaturunterricht in einem Spannungsverhältnis.

Akzeptiert man das, so müssen sie einander nicht grundsätzlich im Weg sein, sondern können sich ergänzen zu einem Unterricht, in dem klar wird, dass und wie sich literarische Figuren wie Wolf Schwarzer durch ihre Sprache verraten und wie die Autorin mit der Sprache *und* mit literarischen Bauformen arbeitet, um das deutlich zu machen. Dennoch gilt auch hier, dass mit Zielkonflikten allemal zu rechnen ist.

Resümee

Wissenserwerb in einem fächerverbindenden Leseunterricht kann angezielt werden, ohne dass man notwendigerweise der Literatur damit Unrecht tut. Ich halte das für möglich in einem offenen Unterricht, der beiläufigen Erwerb von Weltwissen aus literarischen Texten fördert und andere Ziele – Erwerb von Textkompetenz und Strategiewissen – weniger beiläufig, d. h. bewusst verfolgt. Der Gefahr, literarische Texte als „Steinbrüche" für Sach- und Fachfragen zu missbrauchen, entgeht, wer sich auf das besinnt, was Literatur *und nur sie* leistet. Nicht beliebige Wissensbestände transportiert sie irgendwie „anschaulich", sondern sie vermittelt „Sachen" mit dem, was uns als Menschen ausmacht: Sprache, Empfindung, Selbst-Bewusstheit.

---

[4] Vgl. den informierenden Anhang in Reiters Unterrichtsmodell sowie die Materialien bei Koenen 1993.

Literatur

Abraham, Ulf (2003): Lese- und Schreibstrategien im themazentrierten Deutschunterricht. Zu einer Didaktik selbstgesteuerten und zielbewussten Umgangs mit Texten. In: Deutschunterricht und Deutschdidaktik nach PISA. Hg. von Ulf Abraham u. a. Freiburg/Br.: Fillibach (i. Dr.)

Abraham, Ulf; Launer, Christoph (Hrsg.) (2002): Weltwissen erlesen. Literarisches Lernen im fächerverbindenden Unterricht. Baltmannsweiler: Schneider Verlag Hohengehren

Abraham, Ulf; Bremerich-Vos, Albert; Frederking, Volker; Wieler, Petra (Hrsg.) (2003): Deutschunterricht und Deutschdidaktik nach PISA. Freiburg/Br.: Fillibach (i. Dr.)

Bärnthaler, Günther; Tanzer, Ulrike (Hrsg.) (1999): Fächerübergreifender Literaturunterricht. Reflexionen und Perspektiven für die Praxis. Innsbruck; Wien: StudienVerlag

Bambach, Heide (1989): Erfundene Geschichten erzählen es richtig. Lesen und Leben in der Schule. Konstanz: Faude

Baumert, Jürgen (Hrsg.) (2001): PISA 2000. Basiskompetenzen von Schülerinnen und Schülern im internationalen Vergleich. Opladen: Leske + Budrich

Beisbart, Ortwin (1996): Ganzheitliches Lernen als Aufgabe von Schule und Unterricht. (Selbst-)Konstruktion und vernetztes Denken im Deutschunterricht. In: LUSD. Bamberger Schriftenreihe zur Deutschdidaktik, H. 6, S. 11–34

Bertschi-Kaufmann, Andrea (2000): Lesen und Schreiben in einer Medienumgebung. Die literalen Aktivitäten von Primarschulkindern. Aarau: Sauerländer

Brinkmöller-Becker, Heinrich (Hrsg.) (2000): Fächerübergreifender Unterricht in der S II. Projekte und Materialien für das Fächernetz Deutsch. Berlin: Cornelsen Scriptor

Daniels, Celia A. (1989): The Poet as Anthropologist. In: Philip A. Dennis; Aycock Wendell (Hrsg.): Literature and Anthropology. Lubbock: Texas Tech University Press. S. 181–192.

Engelhard, Gundula (1996): Skins mit menschlichen Zügen. Eine Umfrage zu einem Jugendbuch. In: Der Deutschunterricht, Jg. 48, H. 4, S. 19–23

Greiner, Thorsten; Abraham, Ulf (2002): Die Lehre der Literatur oder Was Literaturlehrende von ihrem Gegenstand lernen können. In: Sprache und Literatur. Jg. 33, H. 1, S. 55–68

Haas, Gerhard (2003): Was Literatur leisten kann. In: Praxis Deutsch, Jg. 30, H. 179, S. 63

Hentig, Hartmut v. (1996): Bildung. Ein Essay. Darmstadt: Wissenschaftliche Buchgesellschaft

Höfner, Marion (1995): Fächerübergreifender Unterricht bei der Aneignung literarischer Werke. In: Mitteilungen des Deutschen Germanistenverbandes, Jg. 45, Hef. 5, S. 31–39

Huber, Ludwig (1997): Vereint, aber nicht eins: Fächerübergreifender Unterricht und Projektunterricht. In: Handbuch Projektunterricht. Hg. von Dagmar Hänsel. Weinheim: Beltz, S. 31–53

Hurrelmann, Bettina (1998): Medien in der Familie. Historische Sichten und aktuelle Befunde. In: Grundschule, Jg. 30, H. 12, S. 28–31

Karst, Theodor (1998): Für einen fächerverbindenden Deutschunterricht interdisziplinär studieren – Erfahrungen und Vorschläge. In: Verbessern heißt Verändern. Neue Wege, Inhalte und Ziele der Ausbildung von Deutschlehrer(inne)n in Studium und Referendariat. Hg. von Volker Frederking. Baltmannsweiler: Schneider Verlag Hohengehren, S. 157–166

Koenen, Marlies (1993): Schwarzer, Wolf, Skin von Marie Hagemann. Ein Jugendbuch im Gespräch. Anregungen für Unterricht und außerschulische Praxis. Stuttgart; Wien: Thienemanns

Krejci, Michael (1993): Lesen oder erfahren? In: Leseförderung und Leseerziehung. Theorie und Praxis des Umgangs mit Büchern für junge Leser. Hg. von Ortwin Beisbart u. a. Donauwörth: Auer, S. 65–71

Kremer, Detlef; Wegmann, Nikolaus (1998): Ästhetik der Schrift. Kafkas Schrift lesen „ohne Interpretationen dazwischen zu mengen"? In: Ästhetik im Prozeß. Hg. von Gerhard Rupp. Wiesbaden: Westdeutscher Verlag, S. 53–83

Lange, Günther (1995): Julie von den Wölfen: Interpretation eines Jugendbuchs im Spannungsfeld von Nähe und Distanz. In: Praxis Deutsch-Sonderheft 1995, S. 69–71

Lindenpütz, Dagmar (1999): Das Kinderbuch als Medium ökologischer Bildung. Untersuchungen zur Konzeption von Natur und Umwelt in der erzählenden Kinderliteratur seit 1970. Essen: Die blaue Eule

Meyer, Hilbert (1997): Schulpädagogik. Bd. II: Für Fortgeschrittene. Berlin: Cornelsen Scriptor

Reiter, Michaela (1997): Handlungs- und produktionsorientierte Leseförderung in der S I. Schwarzer, Wolf, Skin von Marie Hagemann als Schullektüre. LUSD (Bamberger Schriftenreihe zur Deutschdidaktik), H. 10

Rosebrock, Cornelia (2003): Wege zur Lesekompetenz. In: Beiträge Jugendliteratur und Medien, Jg. 55, H. 2, S. 85–95

Schacherreiter, Christian (1999): Sache ist, was Sprache ist. Eine Grenzziehung zur Förderung nachbarschaftlicher Beziehungen zwischen dem Fach Deutsch und dem Rest des Fächerkanons. In: Fächerübergreifender Literaturunterricht. Reflexionen und Perspektiven für die Praxis. Hg. von Günther Bärnthaler; Ulrike Tanzer. Innsbruck; Wien: Studien Verlag, S. 22–25

Souvignier, Elmar; Küppers, Judith; Gold, Andreas (2003): Wir werden Textdetektive: Beschreibung eines Trainingsprogramms zur Förderung des Leseverstehens. In: Didaktik Deutsch, Jg. 8, H. 14, S. 21–37

Spinner, Kaspar H. (1988): Der Kern literarischer Bildung. In: Bildung. Die Menschen stärken, die Sachen klären. Friedrich Jahresheft IV, S. 34–35

Wiater, Werner (1999): Vom Schüler her unterrichten. Eine neue Didaktik für eine veränderte Schule. Donauwörth: Auer

Willenberg, Heiner (1999): Lesen und Lernen. Eine Einführung in die Neuropsychologie des Textverstehens. Heidelberg; Berlin: Spektrum

Willenberg, Heiner (2000): Kompetenzen brauchen Wissen. Teilfähigkeiten beim Lesen und Verstehen. In: Deutschunterricht zwischen Kompetenzerwerb und Persönlichkeitsbildung. Hg. von Hansjörg Witte. Baltmannsweiler: Schneider Verlag Hohengehren, S. 69–84

Lebensdaten und Schriftenverzeichnis von Prof. Dr. Eduard Haueis

Zusammengestellt von Sabine Moch

Eduard Haueis, Dr. phil. habil., Professor für Deutsche Sprache und Literatur und ihre Didaktik

1938	in Nürnberg geboren
1958	Abitur
1960–1966	Studium der Germanistik und Romanistik an der Universität Erlangen-Nürnberg
1968	Promotion zum Dr. phil. (Dissertation: *Karl Kraus und der Expressionismus*)
1964–1969	Lehrer für Deutsch, Französisch und Geschichte an einem privaten Gymnasium
1970–1974	Wissenschaftlicher Assistent an der Pädagogischen Hochschule Ruhr, Abteilung Hagen
1974	Habilitation (Deutsche Sprache und ihre Didaktik)
1974–1991	Dozent, ab 1976 Professor an der Pädagogischen Hochschule Ludwigsburg
seit 1991	Professor an der Pädagogischen Hochschule Heidelberg

Schriftenverzeichnis (Auswahl)

Monographien

Karl Kraus und der Expressionismus. Phil. Diss. Erlangen-Nürnberg 1968

Die theoretische Grundlegung des gegenwärtigen Aufsatzunterrichts. Essen: Neue Deutsche Schule 1971

Aufsatz und Kommunikation (zusammen mit Otfried Hoppe). Düsseldorf: Schwann 1972

Zur Theorie des eigensprachlichen Unterrichts (zusammen mit Gerd Altenrichter und Gerlind Belke). Düsseldorf: Schwann 1974

Sprachwissenschaftliche Theoriebildung am Beispiel der kommunikativen Gliederung des Satzes. Stuttgart: Metzler 1977

Grammatik entdecken: Grundlagen des kognitiven Lernens im Sprachunterricht. Paderborn: Schöningh 1981

Aufsätze

Die gegenwärtige Situation des Aufsatzunterrichts. In: Linguistische Berichte, H. 22, 1972, S. 78–82

Vom Aufsatzunterricht zu einer Didaktik der Textproduktion. In: Aufsatz und Kommunikation. Hg. von Eduard Haueis; Otfried Hoppe. Düsseldorf: Schwann 1972, S. 63–99

Die Beschreibung literarischer Kodierungen und ihre didaktische Relevanz. In: Der Deutschunterricht, 25. Jg., H. 1, 1973, S. 67–77

Didaktische Aspekte der Textlinguistik. In: Linguistische Berichte, H. 23, 1973, S. 78–82

Massenmedien im Deutschunterricht. In: Deutschunterricht in der Diskussion. Hg. von Dietrich Boueke. Paderborn: Schöningh 1974 und 1979, S. 11–26

Aufsatzbeurteilung als administrative Maßnahme und als didaktische Aufgabe. In: Aufsatzbeurteilung heute. Hg. von Oswald Beck; Franz-Josef Payrhuber. Freiburg: Herder 1975, S. 51–66

Über das falsche interesse an einer richtigen aufsatzbenotung. In: Linguistische Berichte, H. 45, 1976, S. 83–89

Der wissenschaftstheoretische Status des Begriffs „Systematisch verzerrte Kommunikation" bei Habermas. In: Deutschdidaktik und Gesellschaftstheorie. Hg. von Karlheinz Fingerhut u. a. Paderborn: Schöningh 1977, S. 41–64

Funktionalität und Dysfunktionalität des Schriftspracherwerbs im Deutschunterricht der Grundschule. In: Aspekte des Deutschunterrichts in der Grundschule. Hg. von Otfried Hoppe. Kronberg: Scriptor 1977, S. 165–179

Lehr- und Lernformen im Fach Deutsch als wissenschaftliche Disziplin. In: Hochschuldidaktik Deutsch. Hg. von Norbert Hopster. Paderborn: Schöningh 1979, S. 112–128

Wenn's eine Satzeinbettung gibt, gibt's auch eine Worteinbettung. Beschreiben und Benennen sprachlicher Operationen. In: Praxis Deutsch, Jg. 8, H. 48, 1981, S. 19–21

Die gegenwärtige Aufsatzdidaktik und der Versuch, Vorurteile durch Wissen zu ersetzen. In: Praxis Deutsch, Jg. 9, H. 56, 1982, S. 15–16

Pseudokognitionen und Kognitionen in der Didaktik der Textherstellung. In: Textproduktion und Textrezeption. Hg. von Ernest Hess-Lüttich. Tübingen: Narr 1983, S. 49–55

Kognition und Instruktion (zusammen mit Ursula Weber). In: Planvoller Unterricht Deutsch als Fremdsprache/Beurteilen im Deutschunterricht. Hg. von Jakob Ossner u. a. Ludwigsburg (LHS 5) 1984, S. 122–132

Reflexion über Sprache: Probleme des Grammatikunterrichts in der Bundesrepublik Deutschland (zusammen mit Heinz W. Giese). In: Forces in European Mother Tongue Education. Hg. von Willie van Peer; Ivo Vernhagen. Tilburg University 1984, S. 113–124

Mehr Empathie tut not (zusammen mit Jürgen Baurmann). In: Jahrbuch der Deutschdidaktik 1983/84. Hg. von Harro Müller-Michaels. Tübingen: Narr 1984, S. 109-113

Report on the development of mother tongue education since 1970 (zusammen mit Franz Hebel und Rosemarie Rigol). In: Mother Tongue Education in Europe. Hg. von Wolfgang Herrlitz u. a. Enschede: SLO 1984, S. 112–132

Tongruppe, Informationseinheit und Thema-Rhema-Gliederung. Aspekte der kommunikativ-pragmatischen Struktur des Satzes. In: Deutsche Grammatik II. Hg. von Angelika Redder. OBST, H. 30, 1985, S. 13–30

Sprachspiele und die didaktische Modellierung von Wissensstrukturen. In: Germanistik – Forschungsstand und Perspektiven, 1. Teil. Hg. von Georg Stötzel. Berlin; New York: de Gruyter 1985, S. 658–667

Handbücher zum muttersprachlichen Unterricht in der Bundesrepublik Deutschland. In: IMEN-Newsletter Nr. 3, 1985/86

Mehr als ein Satiriker. Zum fünfzigsten Todestag des Schriftstellers Karl Kraus. In: Nürnberger Zeitung, 7.6.1986, S. 3

Modellierung von sprachlichem Wissen. (Bericht über die Sektion III des VI. Symposiums Deutschdidaktik 1986). In: Jahrbuch der Deutschdidaktik 1986. Hg. von Gerhard Rupp. Tübingen: Narr 1987, S. 225–228

Handlungsorientierung als Alibi für die Liquidation einer wissenschaftlichen Sprachdidaktik? In: Diskussion Deutsch, Jg. 18, H. 98, 1987, S. 551–561

Eine Praxis des Verkennens: Schriftsprachlichkeit, Kulturkritik und moderner Deutschunterricht. In: Diskussion Deutsch, Jg. 19, H. 99, 1988, S. 43–52

Didaktik im Spannungsfeld von „offiziellen" und „inoffiziellen" Formen von Sprachbewußtsein. In: OBST, H. 39, 1988, S. 65–81

[Bericht über die Sektion 5 des VII. Symposions Deutschdidaktik 1988]. In: Jahrbuch der Deutschdidaktik 1987/88. Hg. von Gerhard Rupp. Tübingen: Narr 1988, S. 170–172

Federal Germany School: A Portrait of Twelve Lessons in German Mother Tongue Teaching (zusammen mit Antje Fröhlich). In: Portraits in Mother Tongue Education. Hg. von Resy Delnoy u. a. Enschede: VALO-M 1988 (= Studies in Mother Tongue Education 4), S. 101–120

Ludwigsburg Case Study 1. An Incident of Reflection on Language in a 10th Grade German Secondary School. In: Tisvildeleje Papers. A Report of the IMEN Workshop, Tisvildeleje, Denmark, 26–29 May 1989. Hg. von Resy Delnoy; Sjaak Kroon. Enschede: VALO-M 1990, S. 59–64

[Rezension zu Otto Ludwig: Der Schulaufsatz]. In: OBST, H. 42, 1990, S. 189–191

Sprachbewußtsein in kommunikativen und kognitiv-operativen Unterrichtstätigkeiten. In: Diskussion Deutsch, Jg. 21, H. 121, 1991, S. 509–517

Approaches to Comparative Analyses of Case Studies on MTE (zusammen mit Antje Fröhlich). In: Comparative Analyses of Case Studies on Mother Tongue Education. Papers of the 3rd IMEN Conference, Ludwigsburg, 8 – 12 October 1990. Hg. von Resy Delnoy; Eduard Haueis; Sjaak Kroon. Enschede: VALO-M 1992 (= Occasional Papers in Mother Tondue Education 5), S. 119–134

Lessons on Regional Dialects in a 9th Grade Secondary School (zusammen mit Antje Fröhlich). In: Comparative Analyses of Case Studies on Mother Tongue Education. Papers of the 3rd IMEN Conference, Ludwigsburg, 8.–12. October 1990. Hg. von Resy Delnoy; Eduard Haueis; Sjaak Kroon. Enschede: VALO-M 1992 (= Occasional Papers in Mother Tondue Education 5), S. 253–256

Aufsatzlehre. In: Historisches Wörterbuch der Rhetorik, Bd. 1. Hg. von Gert Ueding. Tübingen: Niemeyer 1992, S. 1250–1258

„Thema und Rhema" – Vorschlag zur Trennung eines unglücklich verbundenen Paares. In: Folia Linguistica, Jg. 26, H. 1–2, 1992, S. 19–28

Europa der Mehrsprachigkeit. In: Bildung und Erziehung in Europa. Hg. von Willi Wölfing; Veronika Strittmater. Weinheim: Deutscher Studien Verlag 1994, S. 458–501

Mit der Schreibforschung weiter im alten didaktischen Trott? In: Schriftaneignung und Schreiben. Hg. von Jakob Ossner. OBST, H. 51, 1995, S. 97–115

Einübung in kulturelle Vielstimmigkeit. (Rezension zu Hubert Ivo: Muttersprache – Identität – Nation. 1994). In: Schriftaneignung und Schreiben. Hg. von Jakob Ossner. OBST, H. 51, 1995, S. 190–195

Aspekte und Probleme der Schreibunterrichts: Aufsatzunterricht. In: Schrift und Schriftlichkeit. Writing and its Use, 2. Halbband. Hg. von Hartmut Günther; Otto Ludwig. Berlin; New York: de Gruyter 1996, S. 1260–1268

Lebens-Kunst. Theatralische Patriarchen bei Thomas Bernhard. In: Künstlerisches Wirken. Hg. von Roland Gäßler und Walter Riethmüller. Weinheim: Beltz 1997, S. 258–271

Vom Theater der Schule zur Schule des Theaters. In: TheaterSpiel. Hg. von Jürgen Belgrad. Baltmannsweiler: Schneider Verlag Hohengehren 1997, S. 23–37

Leseförderung im Kontext des Schriftspracherwerbs. In: Lesezeichen. Mitteilungen des Lesezentrums der Pädagogischen Hochschule Heidelberg, H. 3, 1997, S. 35–61

Ein Bild ist noch keine Geschichte. In: Grundschule, Jg. 29, H. 11, 1997, S. 14–17

Irritationen durch Fachlichkeit. In: aber spätere Tage sind als Zeugen am weisesten. Zur literarisch-ästhetischen Bildung im politischen Wandel. Hg. von Hubert Ivo; Kristin Wardetzky. Berlin: Volk und Wissen 1997, S. 69–73

Sprachdidaktische Gegenstandsmodellierung für das Lernen in der „Zone der nächsten Entwicklung". In: Dem denkenden Kopf die Möglichkeit der freieren Tätigkeit. Hg. von Viola Oehme. Berlin: Volk und Wissen 1998, S. 43–49

Wie einfach ist der einfache Satz? In: Didaktik Deutsch, Jg. 4, H. 4, 1998, S. 33–42

„… daß keiner von euch Gentlemen weiß, worauf er sich da einläßt": Die Schatzinsel von Robert Louis Stevenson. In: Erfolgreiche Kinder- und Jugendbücher. Hg. von Bernhard Rank. Baltmannsweiler: Schneider Verlag Hohengehren 1999, S. 137–150

Von ungewissen Gewissheiten – für ein differenziertes Wissen zu Wortgruppen für die Lehrenden. In: Wege und Irrwege sprachlich-grammatischer Sozialisation. Hg. von Peter Klotz; Ann Peyer. Baltmannsweiler: Schneider Verlag Hohengehren 1999, S. 155–168

Kann die Schule ein Ort des Sprachlernens bleiben? In: Sprache an der Jahrtausendwende. OBST, H. 60, 1999, S. 77–94

Bildergeschichten nacherzählen – leichter gesagt als getan! In: Grundschule, Jg. 31, H. 4, 1999, S. 11–13

Schriftlich erzeugte Mündlichkeit: Thomas Bernhards Interpunktionen. In: Sprachliche Formen und literarische Texte. OBST, H. 61, 2000, S. 19–41

Denkschrift Deutschdidaktik (zusammen mit Jürgen Baurmann, Viola Oehme, Kaspar H. Spinner, Jörn Stückrath). In: Didaktik Deutsch, Jg. 6, H. 9, 2000, S. 73–83

Sprache vergegenständlichen: Dürfen Lehrkräfte weniger wissen als Kinder im 1. und 2. Schuljahr können müssen? In: Betrachtungen über Sprachbetrachtungen. Grammatik und Unterricht. Hg. von Heiko Balhorn u. a. Seelze: Kallmeyer 2000, S. 142–150

Die falsche Ganzheit in ihrer ganzen Falschheit. In: LAUD 2003. Serie A 572. Universität Essen: LAUD, 2003

Formen schriftlicher Texte. In: Didaktik der deutschen Sprache. Hg. von Ursula Bredel u. a. Paderborn: Schöningh 2003, S. 224–236

Im toten Winkel: Leseförderung und Schriftspracherwerb. In: Wege zum Lesen und zur Literatur. Hg. von Gerhard Härle; Bernhard Rank. Baltmannsweiler: Schneider Verlag Hohengehren, S. 21–34

Werke als Herausgeber

Produktion schriftlicher Texte. OBST, H. 36, 1987

Sprachbewußtheit und Schulgrammatik. OBST, H. 40, 1989

Comparative Studies in European Standard Language Teaching. Methododological problems of an interpretative approach. (zusammen mit Wolfgang Herrlitz) Enschede: VALO-M 1991 (= Studies in Mother Tongue Education 5)

Comparative Analyses of Case Studies on Mother Tongue Education. Papers of the 3rd IMEN Conference, Ludwigsburg, 8.–12. October 1990 (zusammen mit Resy Delnoy, Sjaak Kroon). Enschede: VALO-M 1992 (= Occasional Papers in Mother Tondue Education 5)

Muttersprachlicher Unterricht an Europas Schulen. OBST, H. 48, 1994

Skripten, intern veröffentlicht für den Gebrauch in der Lehre

*Theater in Europa. Vom ausgehenden Mittelalter bis zur Gegenwart.*Ludwigsburg: Fachbereich II der Pädagogischen Hochschule 1982

Aufsatzdidaktik. Ludwigsburg: Fachbereich II der Pädagogischen Hochschule 1983

Bernhard Rank (Hrsg.)

Erfolgreiche Kinder- und Jugendbücher

Was macht Lust auf Lesen? 1999. 213 Seiten. Kt. ISBN 3896761609. € 17,—

Woran liegt es, wenn Kinder- und Jugendbücher beachtliche Wirkungen auslösen – nicht nur zu ihrer Zeit und nicht nur bei jugendlichen Leserinnen und Lesern? Wodurch wecken sie die „Lust am Lesen" und welche Rolle spielen sie in der literarischen Sozialisation von Kindern und Jugendlichen? Welche didaktischen und methodischen Impulse ergeben sich daraus für den Literaturunterricht?

Die Beiträge dieses Bandes beantworten solche Fragen an ausgewählten Beispielen „erfolgreicher" Bücher aus Vergangenheit und Gegenwart. Die Bandbreite ist groß:

– Realistische Geschichten wie U. Wölfels *Die grauen und die grünen Felder* stehen neben (kinder)literarischer Phantastik in den *Narnia*-Bänden von C. S. Lewis, Motive aus der Welt der Sage in O. Preußlers *Krabat* neben naturwissenschaftlichen Stoffen wie der Reise *Von der Erde zum Mond* bei J. Verne;

– „Klassiker" wie J. Spyris *Heidi* werden kontrastiert mit aktuellen Texten wie D. Chidolues *Lady Punk*, Abenteuer in der Weite der See (R. L. Stevenson: *Die Schatzinsel*) mit Bewährung im Labyrinth der Großstadt (E. Kästner: *Emil und die Detektive*);

– Zu Büchern, die man zu Hause „verschlingt" – als Beispiel Karl Mays *Winnetou* kommen Texte, die man bevorzugt in der Schule durchnimmt: etwa P. Härtlings *Ben liebt Anna*.

Die literaturdidaktische Zielsetzung des Bandes ist darauf ausgerichtet, die Wirkungs- und Wertungszusammenhänge kennenzulernen, die zum Erfolg der ausgewählten Texte beigetragen haben, und daraus die entsprechenden methodischen Konsequenzen zu ziehen.

Bernhard Rank

Wege zur Grammatik und zum Erzählen

Grundlagen einer spracherwerbsorientierten Deutschdidaktik
1995. 196 Seiten. Kt. ISBN 3871164798. € 16,—

Im ersten Teil, den „Wegen zur Grammatik", geht es um das Erlernen und schrittweise Bewußtwerden der Regeln, die uns *grammatisches Verstehen* ermöglichen. Unter den Leitprinzipien „Spracherwerb" und „Sprachförderung" werden drei Erklärungs- und Begründungszusammenhänge miteinander verwoben: die Perspektive einer „funktionalen" Sprachbetrachtung, der Einfluß des Entwicklungsfaktors „Sprachbewußtheit" und das Modell einer „rezeptiven Grammatik", das auf die Analyse und Optimierung sprachlichen Verstehens ausgerichtet ist.

Die „Wege zum Erzählen" gehen zunächst den kognitiven, interaktiven, sprachlichen und literarischen Wurzeln der *Erzählfähigkeit* nach. Sie stellen dann die subjekt- und erfahrungsbezogenen Elemente in Alltagserzählungen und in Geschichten der Kinderliteratur in den Mittelpunkt. An der Schnittstelle zwischen Sprach- und Literaturdidaktik wird schließlich eine *Didaktik des Weiter-Erzählens* entwickelt.

Beide Teile enthalten ausgearbeitete Modelle, Materialien und Anregungen für die Unterrichtspraxis sowie Hinweise zu Sprachtherapie und Sprachdiagnostik: unter anderem ein Verfahren zur grammatischen Analyse freier Sprachproben und Vorschläge zur förderdiagnostisch orientierten Beurteilung mündlicher und schriftlicher Erzähltexte.

 Schneider Verlag Hohengehren
Wilhelmstr. 13; D-73666 Baltmannsweiler

Günter Waldmann

Autobiografisches als literarisches Schreiben

Kritische Theorie, moderne Erzählformen und -modelle, literarische Möglichkeiten eigenen autobiografischen Schreibens

2000. X, 299 Seiten. Kt. ISBN 389676313X. € 19,–

Von den zahllosen Veröffentlichungen zur Autobiografie ist dies die erste, die sie programmatisch als *Literatur* fasst, nämlich nach ihren konventionellen wie modernen literarischen Formen erarbeitet:

Dieses Buch beschreibt zunächst kritisch – u.a. mit erzähltheoretischen, soziologischen, psychologischen und philosophischen Überlegungen – die Probleme *konventioneller*, chronologisch in Ich-Form erzählender Autobiografien. Dann stellt es systematisch Erzählformen *modernen* autobiografischen Schreibens dar: in Ich-, Du-, Er-, Wir-Form, in Ich-Er-Form, mit erinnertem und erinnerndem, mit gespaltenem Ich, in diskontinuierlichen und anderen Erinnerungsformen, mit fiktionalen Teilen und in fiktionalisierenden Formen. Besonders wichtige und interessante moderne Erzählmodelle werden mit sechzehn größeren Textauszügen (u.a. von Peter Härtling, Christa Wolf, Nathalie Sarraute, Wolfgang Koeppen, Arno Schmidt, Georges Perec, Peter Weiss) belegt und näher erläutert.

Ein eigenes Kapitel behandelt die Möglichkeiten, diese modernen Erzählformen der Autobiografie an der Hochschule und in der Schule *produktiv* zu erarbeiten bzw. hier oder bei kreativem Schreiben selbst autobiografisch in ihnen zu schreiben – und dabei mehr als autobiografische Trivialliteratur hervorzubringen. Dafür sind ausführliche Kataloge von literarischen Formen und möglichen Inhalten autobiografischen Schreibens und sind als Beispiele auch neunzehn eigene autobiografische Texte in modernen Erzählformen beigegeben.

Produktiver Umgang mit Literatur im Unterricht

Grundriss einer produktiven Hermeneutik. Theorie – Didaktik – Verfahren – Modelle. Von **Günter Waldmann**. Deutschdidaktik aktuell Band 1

3. unveränd. Aufl., 2000. XI, 149 Seiten. Kt. ISBN 3896763547. € 14,–

Dieses Buch bringt eine umfassende Darstellung der Formen und Möglichkeiten des produktiven Umgangs mit Literatur im Unterricht:

Es entwirft zunächst aufgrund literaturtheoretischer Überlegungen zum literarischen Text, Autor und Leser ein Grundmodell literarischen Verstehens. Aus ihm entwickelt es ein didaktisches Phasenmodell produktiven literarischen Textverstehens mit vier unterrichtlichen Verstehensphasen und einer spielhaften Vorphase. Ein umfangreicher „Katalog" ordnet 166 – erprobte wie auch neue – produktive Verfahren diesen unterrichtlichen Verstehensphasen dergestalt zu, dass jeder produktive Zugriff genau in seiner Funktion und Leistung für den Verstehensprozess der Schülerinnen und Schüler einschätzbar ist.

Didaktische Überlegungen u.a. zum Verhältnis von produktiven und analytischen Verfahren, vor allem ausführliche methodische Handreichungen zum unterrichtlichen Umgang.

Schneider Verlag Hohengehren
Wilhelmstr. 13; D-73666 Baltmannsweiler